中国出版蓝皮书
CHINA PUBLISHING BLUE BOOK

ANNUAL REPORT OF
PUBLISHING INDUSTRY IN CHINA

2019—2020 CHINA

中国出版业发展报告

范 军 ◎ 主 编
李晓晔 ◎ 副主编

中国书籍出版社
China Book Press

图书在版编目（CIP）数据

2019—2020中国出版业发展报告/范军主编．—北京：中国书籍出版社，2020.9

ISBN 978-7-5068-7991-0

Ⅰ.①2… Ⅱ.①范… Ⅲ.①出版工作-研究报告-中国-2019－2020 Ⅳ.①G239.2

中国版本图书馆CIP数据核字（2020）第177032号

2019—2020中国出版业发展报告

范　军　主编

责任编辑	庞　元　杨铠瑞
责任印制	孙马飞　马　芝
封面设计	许惟一
出版发行	中国书籍出版社
地　　址	北京市丰台区三路居路97号（邮编：100073）
电　　话	（010）52257143（总编室）　　（010）52257140（发行部）
电子邮箱	eo@chinabp.com.cn
经　　销	全国新华书店
印　　刷	三河市顺兴印务有限公司
开　　本	787毫米×1092毫米　1/16
印　　张	23.5
字　　数	390千字
版　　次	2020年9月第1版　2020年9月第1次印刷
书　　号	ISBN 978-7-5068-7991-0
定　　价	128.00元

版权所有　翻印必究

《2019—2020 中国出版业发展报告》主编、副主编和撰稿人名单

主　编：范　军　中国新闻出版研究院

副主编：李晓晔　中国新闻出版研究院

撰稿人（按文章顺序排列，作者单位见内文）

　　李晓晔　周蔚华　程　丽　杨　伟　赵文义　陈国权

　　毛文思　刘成芳　刘积英　成永利　倪　成　徐　来

　　戴　颖　李丽梅　徐同亮　张文彦　田　菲　邓　杨

　　鲍　红　舒　彧　李　旗　张文红　陈怡颖　刘兰肖

　　刘莹晨　李家驹　王国强　黄昱凯　潘翠华

目　录

第一章　主报告

守正创新　稳中有进　推动出版业高质量发展

——2019—2020 中国出版业发展报告 / 3

一、2019 年中国出版业发展概况 / 3

二、2020 年中国出版业趋势分析 / 14

三、推进中国出版业发展的建议 / 21

第二章　分报告

第一节　2019—2020 中国图书出版业发展报告 / 31

一、2019 年图书出版业发展的基本情况 / 31

二、2019 年图书出版业发展的一些亮点 / 38

三、图书出版业发展存在的问题及对策建议 / 42

四、2020 年图书出版业发展趋势展望 / 47

第二节　2019—2020 中国图书市场报告 / 53

一、2019 年中国图书零售市场基本情况 / 53

二、2019—2020 影响和推动图书出版业的重要因素和事件 / 58

三、2020 年及未来一段时间图书出版业发展展望 / 66

第三节 2019—2020 中国期刊出版业发展报告 / 69

一、2019 年期刊业发展基本情况 / 69

二、2019—2020 期刊出版业发展趋势 / 74

三、关于期刊业发展的思考和建议 / 82

第四节 2019—2020 中国报业发展报告 / 89

一、2019 年报业发展的基本情况 / 89

二、2019 年报业发展面临的主要问题 / 92

三、2020 年乃至今后一段时期报业发展的思考与建议 / 98

第五节 2019—2020 中国数字出版业发展报告 / 103

一、2019 年数字出版业发展的基本状况 / 103

二、数字出版业的发展趋势 / 106

三、关于数字出版产业发展的建议 / 110

第六节 2019—2020 中国印刷业发展报告 / 114

一、2019 年印刷业发展的基本情况 / 114

二、2019 年印刷业发展面临的挑战 / 118

三、推动印刷业高质量发展的建议 / 122

第七节 2019—2020 中国出版物发行业发展报告 / 125

一、2019 年出版物发行业现状 / 125

二、2019 年出版物发行业特点 / 128

三、当前出版物发行业发展面临的问题 / 129

四、对当前出版物发行业发展的建议 / 131

第三章　专题报告

第一节　2019—2020 图书出版选题报告 / 137
一、重点选题板块基本情况 / 137
二、出版选题主要特征 / 142

第二节　2019 年出版单位社会效益考评状况综述 / 154
一、全国性出版单位社会效益专门性考评基本情况 / 154
二、地方出版单位社会效益评价考核实践 / 162
三、出版单位社会效益评价考核存在的问题 / 164
四、加强出版单位社会效益评价考核的对策建议 / 166

第三节　2019 年出版上市公司发展报告 / 168
一、2019 年出版上市公司发展总体情况及分析 / 168
二、2019 年出版上市公司发展的亮点及存在的问题 / 185
三、对出版上市公司发展的建议 / 188

第四节　2019—2020 全民阅读发展报告 / 190
一、全国国民阅读情况概述 / 190
二、第十七次全国国民阅读调查新发现 / 196
三、全国国民阅读展望 / 203

第五节　2019 年 VR/AR 出版情况分析 / 205
一、中国出版 + VR/AR 发展现状 / 205

二、VR/AR 与出版结合发展过程中存在的问题 / 210

三、VR/AR 技术在出版传媒领域的发展趋势 / 213

第六节 2019—2020 民营策划与发行企业研究报告 / 218

一、民营策划与发行企业的发展现状 / 218

二、民营策划与发行企业发展趋势 / 222

三、新冠肺炎疫情对民营策划与发行企业的影响 / 225

四、推进民营策划与发行企业发展的对策建议 / 229

第七节 2019—2020 出版物市场治理情况 / 232

一、2019 年出版物市场治理成效 / 232

二、2019 年出版物市场治理典型案例 / 237

三、2019 年出版物市场治理特点 / 242

四、2020 年出版物市场治理重点 / 244

第八节 2019 年新闻出版标准化综述 / 246

一、标准化工作的总体情况 / 246

二、标准化工作存在的问题与趋势分析 / 258

三、推进标准化工作的发展建议 / 262

第九节 2019 年我国出版专业教育现状、问题与思考 / 265

一、2019 年我国出版专业教育的现状分析 / 265

二、我国出版专业教育目前存在的问题 / 270

三、出版专业教育未来变革的建议 / 273

第十节 2019—2020 出版研究综述 / 279

一、2019 年出版研究八大亮点 / 279

二、2019 年出版研究的主要特点 / 284

三、2020 年出版研究展望 / 290

第十一节　2019 年新闻出版走出去情况分析 / 293

一、2019 年出版走出去基本情况 / 293

二、2019 年出版走出去的特征 / 298

三、推动出版走出去的建议 / 301

第四章　中国香港特别行政区、澳门特别行政区、台湾地区出版业发展报告

第一节　2019 年中国香港特别行政区出版业发展报告 / 305

一、出版界的大事 / 305

二、出什么书和看什么书 / 310

三、教育出版风起云涌 / 312

第二节　2019 年澳门特别行政区出版业发展报告 / 314

一、出版产品统计 / 314

二、图书出版情况 / 314

三、出版单位类型及出版数量 / 318

四、新成立的出版单位情况 / 322

五、报纸及期刊出版情况 / 324

六、出版业界交流 / 325

七、文化产业基金资助项目 / 326

八、书店业 / 326

第三节　2019年中国台湾地区出版业发展报告 / 328
　　一、出版概况 / 328
　　二、发展现状分析 / 330

第五章　出版业大事记

第一节　2019年中国出版业大事记 / 337

第二节　2019年中国香港特别行政区出版业大事记 / 347

第三节　2019年中国澳门特别行政区出版业大事记 / 357

第四节　2019年中国台湾地区出版业大事记 / 360

第一章
主报告

第一章

緒論

守正创新 稳中有进 推动出版业高质量发展
——2019—2020 中国出版业发展报告

2019 年是新中国成立 70 周年，也是全面建成小康社会的关键一年。出版界坚持以习近平总书记新时代中国特色社会主义思想为指导，坚持正确政治方向，牢固树立以人民为中心的工作导向，坚持把社会效益放在首位，实现社会效益和经济效益相统一，坚持围绕中心，服务党和国家事业大局，坚持改革开放，坚持守正创新，努力提质增效，聚焦人民群众精神文化新需求新期待，着力提升原创能力、激发创新活力、增强供给效能，推动我国出版业高质量发展。

一、2019 年中国出版业发展概况

（一）图书出版异彩纷呈，内容结构不断优化

1. 献礼新时代、纪念 70 周年，主题图书掀起高潮

2019 年 3 月，中宣部办公厅印发了《关于做好 2019 年主题出版工作的通知》，就 2019 年主题出版工作做出要求。2019 年 6 月，中宣部公布了 2019 年主题出版重点出版物 90 种选题，其中图书选题 77 种。这些选题涵盖了习近平新时代中国特色社会主义思想、马克思主义、中国共产党发展历程、精准扶贫和乡村振兴等相关的主题出版物，以及部分文学类、少儿类主题出版物，其中，新中国成立 70 周年的选题占了绝大多数。① 这些主题出版物既有高站位宏大叙事的，也有从小角度切入的，内容丰富多样，

---

① 孙海悦. 90 种！今年主题出版重点出版物选题确定 [N]. 中国新闻出版广电报，2019-06-10.

共同唱响了主旋律、积聚了正能量、展示了时代新成就、体现了时代新风貌。由此奠定了2019年主题图书的主旋律。

在习近平新时代中国特色社会主义思想研究方面，2019年，一批关于习近平新时代中国特色社会主义思想的图书不断推出。《习近平新时代中国特色社会主义思想学习纲要》《习近平谈治国理政》《习近平讲故事》《之江新语》《平"语"近人——习近平总书记用典》等阐释习近平新时代中国特色社会主义思想的图书不仅畅销国内，有的还远销海外。根据京东图书和艾瑞咨询联合发布的《2019年中国图书市场报告》显示，2019年纸书榜中，《习近平新时代中国特色社会主义思想学习纲要》名列第一。①《平"语"近人——习近平总书记用典》一书，中文版已发行超过300万册，并输出12个语种的版权。人民出版社出版的十九届四中全会文件及辅导读本，在不到一个月的时间里，发行量已超过550余万册。《习近平新时代中国特色社会主义思想三十讲》图书销售量更是突破了3 400万册，在喜马拉雅平台上线的同名有声读物播放量达到1.8亿次。这些无不体现了主题出版的巨大市场潜力。②

在庆祝新中国成立70周年方面，出版界聚焦于新中国成立70周年这一主题，精心推出了一系列兼具思想性和可读性的主题出版精品图书。这些图书从不同角度展现出70年来新中国的时代变迁和社会发展，展现新中国成立70年来取得的成就、经历的历史阶段和收获的宝贵经验。《新中国发展面对面》《新中国极简史：1949—2019的年度故事》《细节的力量：新中国的伟大实践》等图书从宏观视角展示新中国70年的发展变迁。此外，还有不少从微观视角切入的主题出版图书，以小见大，生动有趣，如《70年邮票看中国》通过70年来邮票的变迁来记录新中国发展历经的阶段；又如《账本里的中国》通过新中国成立70年来账本的变迁来反映中国经济的发展。

2. 科技图书、科普图书成为重要方面军

2019年，我国科技图书和科普图书脱颖而出，在弘扬中华民族优秀科技传统，补上科普出版的短板方面作出了贡献。2019年12月1日，新中国成立70周年科技出版十件大事暨2019年出版百种科技新书发布会在京举行。百种科技新书分为学术专著、

---

① 2019图书市场报告发布：文教书和童书市场规模持续扩大［EB/OL］. http://www.zqrb.cn/stock/shichangyanjiu/2019-12-26/A1577366125454.html
② 精品礼赞七十年　行业发展亮点多［N］. 中国新闻出版广电报，2019-12-23.

技术专著、科普读物、工具书四大类别，包括科学出版社出版的《战略性新兴产业发展重大行动计划研究丛书》等55种学术专著；人民交通出版社股份有限公司出版的《交通建设科技丛书"特大型桥梁防灾减灾与安全控制技术"》（5册）等28种技术著作；人民邮电出版社出版的《科技改变中国系列丛书》（6册）等10种科普读物；中国电力出版社有限公司出版的《电力工程设计手册》（31册）等7种工具书。这100种科技图书均列入中宣部2019年主题出版重点出版物、国家"十三五"重点出版规划和国家出版基金资助项目。

2019年，北京理工大学出版社《手绘中国历史地图》《手绘中国地理地图》销售火爆。同时，《科技改变中国》《这里是中国》《名画在左科学在右》《穿越时空看文明：全景手绘中国史》《藏在地图里的二十四节气》等10种图书入列"中华优秀科普图书榜"。北京理工大学出版社的引进版物理科学启蒙书《这就是物理（全10册）》，上市5个月销售200万册。

3. 少儿图书依然表现很强的活力

2019前三季度少儿图书畅销榜前10的图书（或系列图书）分别为《夏洛的网》《窗边的小豆豆》《猜猜我有多爱你》《没头脑和不高兴》《狼王梦》《小猪唏哩呼噜（上）》《小猪唏哩呼噜（下）》《草房子》《米小圈脑筋急转弯——脑力挑战赛》《米小圈脑筋急转弯——机灵小神童》这几款图书（或系列图书）。从榜单来看，经典图书仍然是榜单"常青树"、畅销系列仍然占据榜单多数席位（"米小圈"系列、"小猪唏哩呼噜"等），经过多年市场验证，经典图书和经典IP形象在家长和少儿心目中的地位强大，具有较强生命力。尽管新书缺乏，但少儿榜TOP100中仍有两本新书《墨多多谜境冒险（28）——深湖暗影（阳光版）》《我的野生动物朋友》。2019年少儿新书榜中，阳光版的"墨多多谜境冒险""淘气包马小跳""植物大战僵尸""特种兵学校"系列新作纷纷进榜。经典图书新版依然表现很强的活力，如《我的野生动物朋友》《天蓝色的彼岸》《一年级的小豌豆》等。此外，一些新的面孔进入新书中，如东野圭吾的《再见了，忍老师》、曹文轩的《草鞋湾》以及裘山山的《雪山上的达娃》等。

4. "小爆款"畅销书掀起涟漪

2019年度畅销书排行榜上，《活着》《三体》《追风筝的人》《百年孤独》《窗边的小豆豆》等依然是畅销书排行榜上的"常青树"。尽管出版界在讨论"大畅销书时代终结",但2019年的"小爆款"畅销书仍以其优质内容在图书市场掀起涟漪:四川科学技术出版社出版的仅两万字的中篇小说《流浪地球》,摘得中国科幻银河奖特等奖,带起了一拨"科幻热";"华为事件"使得《美国陷阱》成为热点,销量超过40万册;《人生海海》上市1个月发行60万册;《埃及四千年》上市7天首印的1万册售罄;《汴京之围》自7月中旬在喜马拉雅FM上线有声书,其播放量超过120万,纸质也实现2次加印,销量超过5万册;《有鸽子的夏天》获深圳读书月"年度十大童书"奖、2019年陈伯吹国际儿童文学奖,著名儿童文学作家汤素兰称赞,这本小说达到了"中国式的童年书写"水平。此外,《我用32个屁打败了睡魔怪》在悠贝上线预售后,有将近2万人下单购买;作者录制的故事音频,上线一周后,阅读量突破13万,销量6万册,发货码洋近240万元,堪称原创绘本中的"爆款"。2019年上榜的畅销书中,出现了国史题材新书,如《半小时漫画中国史》《显微镜下的大明》《全球科技通史》《简读中国史》等。视频经济、平台经济造就的畅销书依然火爆,如末那大叔《我喜欢你,像风走了八千里》、樊登《读懂孩子的心》、薛兆丰《薛兆丰经济学讲义》等。

(二)出版政策深入拓展,考评体系逐渐形成

1. 社会效益考核体系基本形成

2019年是全国范围开展图书出版单位社会效益评价考核元年。2019年1月,中宣部印发的《图书出版单位社会效益评价考核试行办法》开始施行,3月中央办公厅、国务院办公厅印发《关于加强和改进出版工作的意见》,4月中宣部印发《报刊出版单位社会效益评价考核试行办法》,加上在2019年之前已经发布的《新华书店社会效益考核评价办法》《网络文学出版服务单位社会效益评估试行办法》,整个图书出版行业的社会效益考核体系基本形成,出版发行单位"社会效益评价"进入可量化、可核查阶段。这为出版行业强化政治导向,提升产品和服务质量、完善产品结构、形成专业特色、实现社会效益与经济效益相结合,提供了思想引领与制度保障。

2. 加强政治把关，加大检查力度

2019年，管理部门在出版物质量管理方面不断出重拳进行规范和整治。一方面，从内容源头上加强政治把关；另一方面，不断加大专项检查力度。

3月，国家新闻出版署开始启动图书"质量管理2019"专项工作，对2018年以来出版的文艺、少儿、教材、教辅和科普类图书进行内容质量和编校质量检查，加大对引进版、公版图书内容和编校质量的检查力度，以三级审稿责任制度、责任编辑制度、责任校对制度和"三校一读"制度的执行情况为检查重点，共组织抽查100家图书出版单位的300种图书，并于11月公布了编校质量不合格图书名单，35种图书编校质量不合格，总体合格率为87%。

为进一步加强出版导向和出版质量管理，2019年10月25日，国家新闻出版署印发《图书、期刊、音像制品、电子出版物重大选题备案办法》，对涉及国家安全、社会稳定等12个方面的重大选题备案提出明确要求；11月下发通知，明确出版单位落实"三审三校"制度的基本要求，要求从制度落实、人员资质、主管主办职责落实、新媒体内容把关等方面进行自查自纠。两个文件对提高出版物质量，保障出版单位正确"航向"具有重要意义。

3. 政策扶持力度进一步加大

2019年，国家对出版业的政策扶持力度不减。以期刊出版业为例，出台了一批政策文件，加大对期刊业的扶持。2019年7月24日，中国科协、中宣部、教育部、科技部联合印发了《关于深化改革培育世界一流科技期刊的意见》。9月18日，中国科协、财政部、教育部、科技部、国家新闻出版署、中国科学院、中国工程院联合印发了《关于组织实施中国科技期刊卓越行动计划有关项目申报的通知》和《中国科技期刊卓越行动计划实施方案（2019—2023年）》。11月15日，国家新闻出版署对现行新闻出版领域的规范性文件进行了全面清理，截至2019年11月1日，继续有效的规范性文件共282件，为全国期刊出版单位的出版活动提供了政策支持。今年，为克服新冠肺炎疫情给出版业带来的不利影响，北京、上海、天津、江苏、浙江、广东等28个省市地方政府相继出台了扶持政策，这些政策在一定程度上帮助图书出版业渡过难关，同时保障图书出版业在非常时期发挥公共服务功能，实现社会效益。

(三) 科技创新引领发展，产业升级稳步推进

1. 精品引领数字出版新格局

2019 年以来，我国出版业融合发展持续深入，出版单位持续探索融合发展路径，在产品形态、服务模式、平台渠道、管理机制等方面加快融合，成效颇为显著。

2019 年 5 月，国家新闻出版署首次组织实施了数字出版精品遴选推荐计划，375 家出版单位和文化科技企业申报的 517 个项目，经科学评估、严格评审，10 月底，有 95 个年度精品项目脱颖而出。如将图书与衍生的音频、视频、VR、互动游戏、用户交流相结合的"四大名著数字出版工程"，让古老的敦煌壁画"活"了起来、让传统文化成为时尚生活方式的"敦煌岁时节令"等，都是以数字化手段开发出创新性表达与呈现方式，从高冷的学术研究圈层走入普通大众，以高质量的文化内容和文化创意，激发了优秀传统文化的生机与活力。

2019 年以来，网络文学持续良好发展态势，截至 2020 年 3 月，我国已有超过 4.5 亿网络文学用户。网络文学作品质量显著提升，精品化态势进一步凸显。现实题材发展势头持续强劲，主题类型日益丰富，基本涵盖了社会生活的各个层面，涌现出一批反映创新创业、精准扶贫、山村支教等新中国新时代风貌的作品，网络文学作品主旋律作品日益增多。在由国家新闻出版署和中国作家协会联合举办了"庆祝新中国成立 70 周年"优秀网络文学原创作品推介活动中，《上海繁华》《宛平城下》《传国功匠》等 25 部现实题材作品获得推介。[①]

2019 年，百度联合人民东方出版传媒有限公司、科学普及出版社推出的智能科普图书《科学大咖秀》等为少年儿童提供了优质阅读和互动交互体验。2019 年，教育出版单位持续深入推进教育出版资源与人工智能深度融合。如外研社推出了"综合智慧版"教材新版，将其《读写教程》与《综合训练》数字课程合二为一，以"教材＋复合数字课程＋U 卡通"的形式，覆盖"课堂、课下、课外"三大教学场景，依托外研社"U 校园智慧教学云平台"，运用智能语音评测、智能写作评阅等人工智能技术，基

---

① 2019 年现实题材网络小说创作综述——网络文学［EB/OL］. 中国作家网 http：// www.chinawriter.com.cn/n1/2020/0422/c404027－31683198.html

于教材内容重点训练单元相关语言知识，通过即时反馈强化语言技能，为学生、教师、院校提供智慧教育解决方案①。

在5G技术即将落地的大背景下，出版企业不再局限于文字内容产品的生产传播，而将文字、音频、视频、AR/VR等各种内容产品形态统一布局，加大了新媒体、融媒体产品、平台、接受终端的开发创建力度。这将给数字内容的发展带来新机遇。

2. 报业新媒体普及率再创新高

报社在新媒体领域投入巨大人力物力，坚持移动优先理念，极大地提升了报业的传播力与影响力。目前，人民日报已从一张报纸发展成为拥有报、刊、网、端、微、屏等10多种载体，综合覆盖用户超9亿的新型媒体集团。仅2019年全国两会期间，《光明日报》稿件、专题、策划类专题话题、有声漫画、视频、直播、图解、动画、VR全景、图片、原创评论、解读文章等多形式全媒体产品累计浏览量达3.2亿次，形成了全方位多层次多声部的主流报道矩阵。截至2019年7月底中国青年报社旗下100多个主要平台的用户总数达1.2亿多。人民网发布的《2019全国党报融合传播指数报告》显示，2019年，党报在各个渠道的覆盖率均较去年同期有所增长。全部党报的网站开通率为93.4%；聚合新闻客户端和微信平台入驻率均超过80%；76.1%（287家）党报建有新闻客户端；73.5%入驻微博平台；半数党报开通了抖音号。

3. 期刊数字化水平不断提升

许多期刊集团、单位积极开展主题宣传、策划具有正能量、时代感主题活动，围绕"新中国成立70周年""全面建成小康社会""脱贫攻坚"等时代主旋律，生成由文字、声音、图像、视频等媒介形态组合的多媒体内容产品，将网站、移动端、社交平台作为主要渠道实现移动化、互动化、立体化的传播矩阵，从不同角度用不同方式唱响主旋律、弘扬正能量。在传播渠道方面，很多刊社始终立足前沿科技求变求新，基本完成数字化转型，打造"两微一端"、抖音等多媒体传播模型；彻底结束照搬纸质媒介上网的低级融合时代，由"期刊+互联网"转变为"期刊×互联网"。在技术应用方面，部分刊社以大数据、人工智能和物联网等新型技术为支点，创新出版理念、模式、

---

① 外研社"智慧版"教材开启智慧教育新模式：利学、利教、利校、发展[EB/OL]. https://www.sohu.com/a/318790560_507486.

内容，凸显科技为文化出版赋能，借助人工智能语义解析、音视图文匹配、精彩内容捕捉等功能，拓展并丰富了期刊的技术应用，如《青年文摘》杂志启动"人工智能情感励志类学习机器人——狮小青"项目等。①

4. 发行业转型升级步伐加快，整体经营平稳增长

一是转型升级步伐加速推进，网点布局持续优化，2019年，实体书店在以图书经营和阅读体验为经营核心，以多元文化产品与服务为延伸，以数字技术为支撑，以智能化、智慧化为发力方向，在加快大中型门店结构调整与转型升级的基础上，加强了对小微型连锁网点的布局与优化，初步建立了功能齐全的大中型复合门店与快捷便利的小微型校园、社区、乡村智慧书店相补充，综合型网点与特色型网点相结合的线下网点体系，持续推进覆盖城乡的实体渠道建设，取得了较好成效。二是线上平台建设成效显著，网上销售飞速发展，以新华文轩、河南新华、江苏新华、湖北新华以及博库网为代表的实体书店全力推进线上销售，通过自建电商、第三方平台、融媒体平台等渠道，以"平台化＋技术"赋能行业上下游，向"线下＋线上"连锁多渠道经营战略转移。三是非图多元业务持续拓进，业态调整进一步完善，在坚持主业图书经营不动摇的前提下，非图业务全面推进、门店多元业态持续调整，摸索并逐渐走出了一条与时俱进、持续提升、多方延拓、融合互促的可持续发展之路，成为出版物发行业新的利润增长点与发展方向。

5. 印刷业减税降费力度不减，企业利润持续向好

据国家统计局统计，2019年印刷和记录媒介复制业规模以上工业企业实现营业收入6 649.4亿元，比2018年增长1.6%；利润总额437.6亿元，比2018年增长4.1%。与2018年相比，营业收入、利润总额的增速均有所降低，说明印刷业规模以上工业企业面临的增长压力在加大。但利润总额增速高于营收增速，说明印刷业规模以上工业企业的利润率延续了2018年的向好态势，继续有所改善。这在很大程度上受益于国家大力度的减税降费政策。

（四）公共服务提质增效，脱贫攻坚势头良好

近年来，出版业找准定位，通过图书出版、公司化运作、产业化经营等方式，为

---

① 付江. 稳中求进——2019年国内社科市场期刊动态盘点［J］. 科技与出版，2020（3）：74-80.

打赢脱贫攻坚战贡献了出版业的一份力量。

1. 出版业积极助力脱贫攻坚

一是出版相关著作，提供优质服务。中国出版集团策划推出"中国扶贫书系"100种图书，2019年出版40多种图书，讲好脱贫攻坚故事；中文天地出版传媒集团以革命老区井冈山为题材，策划出版了《井冈山的答卷》等图书；山西出版传媒集团有限责任公司教材中心为帮扶村学校捐赠人教版《新编小学生字典》；贵州出版集团围绕脱贫攻坚出版了26种主题图书、36种理论读物。二是通过项目化、公司化运作，助力贫困地区发展。陕西新华出版传媒集团投资500万元成立商贸公司，作为助力陕西紫阳县脱贫攻坚的专项扶贫项目；辽宁出版集团所属辽海出版社重点打造百所"辽海图书室"文化扶贫项目；四川发行集团制订"美丽四川文化扶贫专项行动"计划。三是围绕传统资源，推动产业经营。中国出版集团帮扶预算给青海泽库县总额近1 000万元，直接投入资金500万元，具体投入文化旅游、道路建设、小微企业扶持等项目。长江出版传媒集团将文化扶贫、产业扶贫结合，以种植基地兴建休闲生态农业、"村读"（朱铺乡村阅读文化空间）系列乡村文化产品为主体，以两个村庄为核心区，覆盖全村，建成集体验、研学、采摘、休闲、旅居五位一体的"晴耕雨读"田园综合体，等等。①

2. 数字农家书屋发展势头良好

各地把增加数字化阅读产品和服务供给作为农家书屋提质增效的重要载体，通过多种方式大胆探索、先行先试，书屋数字化建设形式多样、势头良好。截至目前，全国各地运用宽带互联网、移动互联网、广播电视网、卫星网络等技术手段和"两微一端"开展数字化建设的农家书屋已达12.5万家，比2017年年底增加4.8万家。② 数字化农家书屋不仅丰富了农村群众的精神文化生活，还成为群众学习教育的"大课堂""强村富民"的新载体。当前，农家书屋数字化建设已经形成了以下四种模式：基于宽带互联网传播技术建设的PC端书屋数字化模式；基于移动互联传播技术建设的手机端书屋数字化模式；基于广播电视网传播技术建设的电视端书屋数字化模式；基于卫星传播技术建设的卫星书屋数字化模式。

---

① 商报君. 扶贫扶智，这些出版机构走出了文化特色之路［N］. 中国出版传媒商报，2019-10-17.
② 农家书屋数字化建设现场推进会召开［EB/OL］. http://www.cnasr.com.cn/plus/view.php? aid=186

3. 全民阅读全面推进

2019年，我国有五部全民阅读地方法规相继发布并实施，分别是：《广东省全民阅读促进条例》《烟台市全民阅读促进条例》《河南省人民代表大会常务委员会关于促进全民阅读的决定》《贵州省全民阅读促进条例》《宁波市全民阅读促进条例》。至此，我国已有9省5市颁布并实施了全民阅读法规。2019年，各级政府对全民阅读日益重视，"书香中国""深圳读书月""全民阅读年会"等一大批品牌活动连年开展，极大地调动广大人民群众的阅读热情。作为文化宣传的重要阵地，以各地发行集团为代表的实体书店进一步推进门店转型升级，打造文化休闲体验中心，组织多种形式文化活动提升书店吸引力；借新中国成立70周年契机，组织多种形式的读书月、阅读日、专题展销、馆配会等大型活动，引领阅读新风尚；通过进一步拓展公共文化服务项目，强化与图书馆、政府文化机构的合作力度，打造政企结合的新型公共文化服务项目……出版物发行企业正通过深度参与公共文化服务功能，营造城市阅读的浓厚氛围，全面持续推进全民阅读。

（五）"一带一路"热点频现，对外交流跨上台阶

2019年，随着我国综合国力和影响力显著提升、"一带一路"建设的顺利开展，以及我国出版人的共同努力，中国加快了走出去的步伐，中国走出去硕果累累，对外合作方式不断创新，版权输出不断增加，越来越多"中国书架"落地外国，越来越多"中国故事"走进外国人心中，全方位、立体化的出版走出去传播体系逐渐完善。

1. 版权贸易活跃，版权输出提质增效

2019年我国出版业版权贸易活跃，在保证版权贸易数量稳步增长，版权贸易逆差持续减小的同时，出版单位不断尝试适合自己的版权输出方式，版权收益可圈可点，海外收入或版权贸易收入有一定程度的提升，首付版税和结算版税差距逐渐缩小，结算版税比例有较大提高，版权输出已逐步显现出经济效益。如中国社会科学出版社着力将主题出版、学术精品出版、大众出版与"走出去"紧密有机结合，坚持"高端"与"普及"有机结合，探索出了一条主题化、精品化、大众化、国际化四位一体、相互联动的出版产品线，目前已形成了"理解中国""中国制度""简明中国""当代中

国学术思想史"四大系列 14 个语种的出版矩阵。

2. 主题出版掀起国际合作热潮

围绕新中国成立 70 周年重大时间节点,出版单位主动与国际知名出版机构策划、合作出版了一批宣传阐释新中国成立 70 周年成就的主题图书,这些图书紧紧抓住新时代中国发展的主题,讲述中国故事,阐释中国主张,体现中国智慧,在海外取得了较好的影响。如中国国际出版集团配合习近平总书记及中央宣传部领导出访和出席重要国际会议活动,在吉尔吉斯斯坦、塔吉克斯坦、古巴、蒙古国、德国、巴西、波兰等 7 个国家举办了 7 场《习近平谈治国理政》《摆脱贫困》《之江新语》等习近平总书记著作首发式活动。《习近平谈治国理政》出版 30 个语种 35 个文版,海外发行量再创新高。同时,出版单位依据自身优势,形成主题图书多选题、多类型、全年龄段的选题开发、对外推介与特色优势内容设计、深度合作并举的对外内容生产宣传的良好态势。

3. 中外期刊交流成绩斐然

在国际交流方面,2019 年期刊业走出去取得了瞩目的成绩。由中国人民大学出版社发起成立的"一带一路"学术出版联盟在 2019 年更名为"一带一路"共建国家出版合作体,目前已经涵盖来自五大洲 56 个国家和地区的 310 多家学术、专业出版商。2019 年 4 月,该出版合作体在伊朗召开了"'一带一路'与民心相通"论坛,国际影响力逐步提升。不仅如此,我国期刊在加强国际交流的道路上正砥砺前行。2019 年 11 月 13 日,中国科传与法国物理学会等 4 家学会在巴黎举行了收购法国 EDP 科学出版机构 100% 股权的签约仪式,此举对中国科传建立国际化的期刊出版平台意义非凡,在提升科技出版实力,建设国际一流科技出版集团上将起到重要作用。[①] 与此同时,2019 年 11 月中国期刊协会率队赴美参加了第 42 届世界期刊大会,在此期间学习了发达国家期刊业在人工智能、数据挖掘、5G 应用等方面的新理念,充分促进了中外期刊界的交流。

4. 依托项目推动,彰显合作成效

在丝路书香工程、中国图书对外推广计划、经典中国国际出版工程等重点工程项目资助下,出版单位开展了一系列合作出版工程项目,以项目为依托,集聚规模和资

---

① 2019 年度中国出版业发展报告 [R]. 中国出版协会,2020 - 01 - 19.

源优势，初显成效。如高等教育出版社与国际知名学术出版机构合作出版的"当代科技前沿专著系列"，由一系列反映国际先进水平、原创性强的学术著作组成，借势"两个工程"等项目的资助，取得了良好的社会效益和经济效益，并获评为"2019—2020年度国家文化出口重点项目"。

5. 展会平台多层次搭建，少儿出版互动活跃

2019年出版企业积极参与国际书展和中国主宾国活动，同时在国内举办出版论坛，以及承办国际出版组织的相关会议，搭建国际出版交流合作的平台。如中国少年儿童新闻出版总社在伊朗德黑兰国际书展成功举办"传统文化与国际表达——中伊少儿图画书交流会"、中国原创插画展等多项专题活动，以及版权洽谈，为中国与伊朗乃至"一带一路"区域的少儿出版领域互相增进了解和加强交流起到了积极作用，并为中国少儿出版"走出去"寻找合作机会。在积极参加国际书展的基础上，2019年少儿出版与国际互动活跃，由我国出版企业举办、承办多场国际性论坛、展览、奖项等活动，不断加强我与国际少儿出版沟通交流。

二、2020年中国出版业趋势分析

2020年是全面建成小康社会的收官之年，是实现第一个百年奋斗目标的决胜之年。面对存在的问题，结合出版业未来发展趋势，出版界要以习近平新时代中国特色社会主义思想为指导，认真学习贯彻习近平总书记有关新闻出版工作的一系列重要论述，在总结2019年出版业改革创新发展的成就和经验的基础上，团结一心，共同努力，坚决打赢新冠肺炎疫情防控阻击战和经济社会发展攻坚战，确保出版业健康繁荣发展，为确保完成决战决胜脱贫攻坚目标任务，全面建成小康社会贡献力量。

（一）围绕习近平新时代中国特色社会主义思想主题出版物将不断涌现

习近平总书记在视察读者出版集团有限公司时指出，要提倡多读书，建设书香社会，不断提升人民思想境界、增强人民精神力量，中华民族的精神世界就能更加厚重深邃。为人民提供更多优秀精神文化产品，善莫大焉。要牢牢把握正确导向，在坚守主业基础上推动经营多元化，努力实现社会效益和经济效益双丰收。习近平总书记的讲话为出版业改革发展指明了方向，提供了根本遵循。

2020年是全面建成小康社会和"十三五"规划的收官之年。2020年2月，中宣部下发通知，明确了2020年主题出版的六方面选题重点。包括：①加强习近平新时代中国特色社会主义思想的研究阐释；②营造全面建成小康社会打赢脱贫攻坚战的浓厚氛围；③全力做好新冠肺炎疫情防控出版工作；④宣传阐释党中央精神和决策部署，唱响中国经济光明论；⑤立足培养担当民族复兴大任的时代新人，深化社会主义核心价值观宣传阐释；⑥提早谋划、提前启动，认真组织做好庆祝中国共产党成立100周年选题编写出版工作。2020年的主题出版将围绕这六方面的选题重点继续发力，通过对习近平新时代中国特色社会主义思想的宣传阐释，对一线脱贫攻坚的奋斗历程和先进人物的故事讲述，对新冠肺炎疫情防控科学知识的传播等，弘扬主旋律、汇聚正能量、振奋精气神。

（二）围绕决胜全面小康决战脱贫攻坚，推进出版公共服务体系建设

1. 为脱贫攻坚提供知识支撑和智力支持

在策划出版相关主题图书上加大投入。据中国版本图书馆书号（ISBN）选题数据统计显示，中国农业农村经济相关选题呈增长趋势。该类选题2019年有1 366种，相比2018年的1 314种，上升3.96%。内容主要围绕农业经济方针政策、农村经济建设与发展、种植畜牧水产等各部门经济以及地方农业经济等展开，反映了全党全社会坚决打赢脱贫攻坚战的坚强决心。

2. 全民阅读将迎来新的发展契机

2019年11月8—9日，由中共中央宣传部主办的全国全民阅读工作经验交流会在深圳召开，这是新闻出版转隶中宣部后第一次全国性的全民阅读会议，大会有两项议程格外值得关注：一是表彰了20项全民阅读优秀项目，二是代表们就《中央宣传部关于促进全民阅读工作的意见（征求意见稿）》进行了分组讨论。① 这都将对今后一段时

---

① 周元春，韩文嘉，林洲璐. 时隔10年，深圳又迎来全国全民阅读工作经验交流会［EB/OL］. 深圳新闻网 http：//www.sznews.com/news/content/2019-11/08/content_ 22612296.htm

期全民阅读事业的发展将产生重要意义。《中央宣传部关于促进全民阅读工作的意见（征求意见稿）》虽然尚未公开，但其重要性可想而知，这份纲领性文件将起到政策上的承上启下作用——总结十八大以来全民阅读法规政策思路和经验，并由中宣部牵头各相关部门共同推动全民阅读事业的发展，这将跨越之前行业条块分割带来的信息和意见不对称，促进意见的融通和各部门的合力推进。可以肯定，随着《中央宣传部关于促进全民阅读工作的意见》的出台，将进一步激发地方阅读立法的热情，吸引更多的专业力量参与全民阅读事业，推进指标体系和评估机制的发展，进而极大丰富全民阅读的政府工作理念。

3. 推动农家书屋数字化建设

农家书屋工程是国家重大文化惠民工程，作为农家书屋提档升级的重要途径，数字农家书屋成为我国公共数字文化建设体系的重要组成部分。经过近几年的探索，全国已形成数量可观、模式类型多样的数字农家书屋。2019年以来，有关部门通过召开农家书屋数字化建设现场推进会、举办2020"新时代乡村阅读季"活动等，加快落实《农家书屋深化改革创新提升服务效能实施方案》，推动农家书屋数字化建设，促进农家书屋提质增效、转型升级、深化服务，开创新时代农家书屋工作新局面。

与传统农家书屋相比，数字农家书屋在资源容量、内容更新速度、功能搭载、服务时长、效果监测等方面具有明显优势。

在此次疫情期间，全国各地农家书屋管理部门及书屋管理员，充分利用数字农家书屋、融媒体渠道和平台，宣传防疫知识、参与网格管理、助力复工复产，把党的防疫方针政策传递给亿万农民，成为广大农村联防联控、群防群控体系中的一支重要力量。深入推动农家书屋数字化建设工作，要坚持政府主导、社会参与，坚持符合实际、多措并举，坚持移动为先、内容为王，坚持技术驱动、智能管理，通过数字化阅读产品和服务有效供给，提升农家书屋数字化建设水平，打造农村思想文化阵地，助力乡村文化振兴战略实施。

（三）为全面打赢疫情防控阻击战提供坚强思想理论支撑

2020年，突如其来的新冠肺炎疫情，对经济社会发展和人民群众生产生活造成了很大影响，众多图书出版机构纷纷出版疫情防控相关的读物，为打赢疫情防控这场战役提供知识保障。

一方面，新冠疫情给图书出版业带来了严峻挑战。疫情期间的停工休业，使很多实体书店闭店歇业。快递物流的不畅通，使图书的线上商城的销量也受到影响。对图书出版产业上游的编辑工作而言，新冠肺炎疫情的出现打乱了原来的选题计划，读者的兴趣发生改变，必须重新做出调整。在新媒体的背景下，对内容的时效性有了更高的要求。图书出版业为了抢时效，需要大大缩减编辑审稿流程上所花的时间，这会最终影响图书的质量。而这些抢时效出版的图书，还面临着一定的风险。因为随着疫情的发展，专家对新冠病毒的认识也在不断变化的过程中。信息和知识也在不断的修正和更新的过程中，已出版的图书中的信息和知识如果无法及时做出修正，将面临着作废。而这些承载着过时信息和知识的图书如果流入市场，将影响读者的认知，带来不利的社会影响。

另一方面，新冠疫情又给图书出版业带来了一定的发展机遇。疫情期间，在零售行业大面积闭店停业、全民"宅家"的社会环境下，网络成了人们交流、获取信息甚至各类生活用品的重要来源。在和读者不能当面接触之后，书店和出版社也开始把与读者互动搬到了网上。一时间，实体书店上线"求生"成为行业热点话题。已有线上业务的实体书店更是加大线上业务运营投入，以期提升特殊时期的销售业绩。在实体书店纷纷"触网"的同时，出版社也在线上业务加大投入，多种类型的图书推介和直播带货活动大幅增加。电子书、有声书绕开了印刷、物流、实体书店等需要人工实现的环节，充分展现出了它们效率高、成本低、传递快等优势。广大读者在居家隔离的闲暇日子里，通过电子书和有声书丰富精神生活，在"停课不停学"的线上教学中，用电子书辅助教学。这一方面提升了电子读物的需求量，另一方面也有利于培养读者的电子阅读习惯，为将来扩大电子书和有声书市场埋下伏笔。特别是以教材教辅为主的出版社，原先配套纸质教材建立的线上平台，在这次"停课不停学"线上教学中发挥了重要作用，这将为这些出版社将来更好地进军在线教育领域奠定基础。疫情期间，多家出版社推出"直播营销"的图书销售模式，这些尝试是临时举措还是会成为出版企业的长期做法，都打开了人们的想象空间。

从短期来看，新冠肺炎疫情对于图书出版发行行业的冲击无疑是巨大的，非常时期，上下游出版发行机构不得不采取了某些非常做法。这些做法在以往的正常轨道难以实现，而此次疫情却提供了一个契机。无论是出版机构的产品载体多样性，还是发行零售机构的线上线下融合，抑或新的读者营销服务方式的建立，这都是这个特殊时期留给行业的宝贵财富。

（四）出版业高质量发展稳步推进

1. 加大图书质量监督检查力度，推动出版单位提质增效

2020年3月，国家新闻出版署启动图书"质量管理2020"专项工作。此次专项工作将进一步加大图书质量监督检查力度，旨在推动出版单位提质增效、打造更多精品力作，促进全行业质量意识和图书出版整体水平提升，为人民群众提供更加优质的精神食粮。检查重点是"三审三校"制度的执行情况。专项工作分为自查自纠、督查整改、抽查处罚三个阶段，并明确了要对存在严重违规行为的出版单位进行处罚并予以曝光。随着国家对于图书出版质量管理的逐步加强，出版单位将进一步提高对出版质量的重视，大力加强制度建设，加大质量保障力度，实现出版业的高质量发展。

2. 出版融合从数字化向智能化跃升

5G、人工智能、物联网、AR、VR、MR、大数据、云计算、区块链……随着媒体融合迈向纵深，不断激发人们对信息内容获取的新需求，也为出版业转型升级、融合发展开拓新的思路和模式。新技术为图书出版业发展带来了新机遇，驱动图书出版产业转型升级。图书出版在内容生产、内容呈现、产品形态、用户建设等方面都因新技术都有了新的可能，推动图书出版产业融合发展。

2019年，出版业加大了对区块链技术的探索和研究。2019年8月，我国首个出版行业专业知识服务门户网站开始运营，明确提出要通过区块链技术保护著作权。区块链技术有着不可伪造、全程留痕、可以追溯、公开透明等特点，对著作权的确权、维护、交易将带来极大的便利，既有利于更好地保护版权方的权益，又有利于提升内容创作者的积极性。此外，区块链技术还可以应用于图书出版业的内容变现、内容监管、收益共享等方面。区块链技术在出版业中更多的应用还在不断地探索中，可以预见，出版业对区块链技术实际应用的探索将进一步深入。

2020年将是5G全面爆发的一年,5G技术对出版产品研发、技术应用、销售运维、队伍建设、标准制定、政策出台将会起到较为积极的作用,将会催生出多元化的新闻资讯产品形态、多样式的新兴出版产品形态,同时将对新闻出版的盈利模式进行重塑和变更,将会带来一大批跨界、融合型人才队伍的成长,并在国家标准、行业标准、宏观调控政策方面起到创新与改革的预期效果。

3. 大力推动世界一流科技期刊建设

2019年8月,由中国科协和科技部等四部门联合印发的《关于深化改革培育世界一流科技期刊的意见》提出,尽管中国已成为期刊大国,但缺乏类似于世界一流科技期刊大国的影响力,这使得其在全球科技竞争中具有明显的劣势。因此,有必要加快世界一流科技期刊的建设,奠定坚实的科技文化基础。同时强调,以建设世界一流的科技期刊为目标,要实施中国科技期刊卓越行动计划,构建世界一流的中国科技期刊体系。为此我们必须系统地计划,专注于关键点,只有把握全局,发挥整体优势,才能促进期刊的高质量发展和期刊行业的可持续性发展。

建立世界一流的科技期刊是一项系统工程,一是要明确规划,通过建立高质量的编委会,吸引优质稿源,提升期刊的内容质量;二是要发挥数字平台的推动作用,积极构建我国的科技期刊数字出版平台,在该平台上汇聚各类型的数据和资源,用数字化重塑出版流程;二是要鼓励与推进期刊作者和研究人员把论文写在祖国大地上,吸引高水平研究成果在我国一流期刊首发,进而提升我国科技期刊的话语权。

培养世界一流的科技期刊没有捷径可走,不是一朝一夕的事,必须在国家、企业和个人的共同努力下,从政府到期刊出版部门,从科研机构到学者个人,按照《意见》中列出的对策和措施共同努力,提升我国的文化软实力和科技竞争力。

(五)"抱团"走出去、大版权融合运营成趋势

当前,出版走出去面临国际出版竞争日趋激烈,出版技术发展日新月异的挑战,出版企业着眼提高中华文化国际话语权和影响力,积极服务于"一带一路"国际合作,动员力量,克服疫情带来的不利影响,积极向全世界宣传中国的抗疫斗争,推出了更多展现真实、立体、全面中国的出版物,获得很多国家认可。

1. 体制机制不断完善,"抱团"走出去成为趋势

出版企业在多年持续的走出去工作中,及时总结经验,出版单位从体制机制、政策法规、投入保障、工作方法等方面不断改进并落实出版"走出去"战略。一些出版社成立走出去工作的独立部门,通过内容建设和流程管理的结合,加强对内容生产和选题策划环节的介入。同时,加强与兄弟单位的横向联合与合作,实现资源互补,或加强与非成员单位联系,实现"抱团走出去",也是近年来国内出版企业走出去的一个趋势。中国外文局所属外文出版社等 7 家出版单位、中国国际图书贸易集团公司等与来自全球 20 多个国家的知名出版机构建立了"中国主题图书国际合作出版协作机制"。人民出版社同中图公司、中教图公司、厦门外图等图书进出口公司,同社科文献出版社、五洲传播出版社等兄弟出版社进行了各种合作尝试,取得了很好的效果。

2. 国际影响力进一步提升,进入外方主流市场

出版企业利用自身领域优势,策划出版了一批优秀图书,凭借其优质内容,在国际市场获得较大影响力,并进入国际主流出版市场。中国教育出版集团《三体》三部曲仅英文版就被全球 1 350 家海外图书馆纳入馆藏,再一次刷新我国当代文学海外销量和影响力的最高纪录。值得关注的是,教育类图书借助各社优势,对外汉语、特殊教育、数学等教材走出国门,走进对象国国民教育体系。北京语言大学出版社在与泰国教育部基教委、职教委保持着多年的密切友好合作关系,多方联合推动《天天汉语》进入了泰国教育部官方汉语教学指定教材。

3. 多措并举,发力销售渠道

通过借助海外合作方销售渠道、建立网上自营销售平台等方式,进入国外图书主流销售渠道,不断扩大中国图书海外销售。如浙江大学出版社 2019 年 8 月开通出版社自营阿里巴巴国际站,并通过法国必维检验集团的进出口商品认证。自开业以来,短短数月已有多家国外买家询价,成功达成合作。通过都灵书展国际平台销售中国传统文化创意产品和图书,深受意大利读者喜爱。

4. 提升数字化思维,实现大版权融合运营

以 IP 思维向纸质图书以外的数字版权、VR/AR 等领域延续、加深合作,实现大半圈融合运营。如语文出版社与孔子学院总部就《普通话 1 000 句》达成合作协议,实

现该书四语种的实物输出，共计码洋85.8万元，下一步将继续翻译并出版《普通话1 000句》法语版、阿拉伯语版，并配合推出多语种APP、微视频和网络课堂，希望通过多语种、图文并茂、线上线下同步的语言学习产品打造语文社"走出去"的重点产品线，并吸引海外客户的注意，这对语文社初涉汉语教材版权输出领域有着重大的意义。

三、推进中国出版业发展的建议

（一）进一步促进出版业高质量发展

1. 提高对出版业高质量发展的认识

要深入学习十九大报告和习近平总书记关于高质量发展的重要思想，充分认识高质量发展的必然性。我国社会主要矛盾的变化，激发了人民群众对美好生活的新期待，出版业大规模品种扩张的粗放式增长阶段已经结束，正在迈向单品效益的精细化增长新阶段，因此，出版业必须从注重规模数量转变为注重质量和效益，从而满足广大读者对精神产品的更高要求。

2. 研究出版业高质量发展的系列指标

出版业高质量发展，有赖于制定一系列标准进行考核，通过创建和完善制度环境，推动出版业在实现高质量发展上不断取得新进展。这些标准包括指标体系、政策体系、标准体系、统计体系、绩效评价、政绩考核等，不仅是可以定性的，还应该是定量的。指标体系的制定，要妥善处理好待速度与质量的关系，因为"没有明确的发展指标，高质量发展也就没有目标"[①]。

3. 严格质量把关，打造精品力作

图书出版产业的高质量发展，首先需要做到对导向和内容进行严格把关，将"三审三校"制度落实到位。同时出版社要构建自身完善的图书质量保障体系，明确出版流程各个环节中的责任主体，完善图书质量的奖惩机制，保证每一本书都在严格的质

---

① 魏玉山. 关于研究出版业高质量发展的几个问题［J］. 出版发行研究，2019（2）.

量把关下出版。

4. 进一步提高出版企业管理的效率与效力

推动出版业高质量发展，除了要在体制机制上进行改革外，还要增强出版业的内部管理。一方面，要精简非增值的部门，减少成本负担，提高管理的效率。另一方面，通过创新机制，引入以项目为中心的团队协作模式，提高员工的工作效率和积极性，重塑传统图书出版机构内部的组织架构。

5. 加强出版学学科建设，推动构建中国特色出版学体系

2020年，我国将启动《学位授予和人才培养学科目录》的调整工作，出版界对增设出版学一级学科的呼声十分强烈，认为"出版硕士专业学位不能涵盖出版学的学术型学位，不足以支撑整个出版学的学科体系"[1]，由于"学科评估和资源配置按一级学科进行，这对于现在分散于其他一级学科之下的出版学发展极为不利"[2]。改革开放以来，我国的出版教育得到了长足发展，各方面条件已经成熟，建议将出版学作为一级学科列入国家的《学位授予和人才培养学科目录》之中，以推动中国特色出版学体系的建立和完善。

（二）加强和改进出版单位社会效益考评工作

1. 深化出版单位社会效益研究

出版界、学术界应以完善基础理论、破解关键问题为着力点，更好肩负起出版单位社会效益评价考核的研究任务。党委宣传部门、出版行政管理部门应组织实施一批研究课题，对出版单位社会效益基础理论、考评机制、考评标准、考评结果运用等关键领域进行深入研究，特别是组织有关方面在最新评价考核实践基础上进行总结提炼和针对性研究，形成一批有决策参考价值和实践指导意义的研究成果。

2. 完善出版单位社会效益评价考核机制

进一步加强和改进出版单位社会效益考评工作，应着力建立健全"双效"一体的

---

[1] 孙海悦. 全国政协委员、中国期刊协会会长吴尚之：独立设置"出版学"一级学科 夯实出版人才培养基础[N]. 中国新闻出版广电报，2020-05-27.
[2] 陈丹，宋嘉庚. 构建中国特色出版学体系理论思考和现实期待[J]. 中国出版，2020（4）.

综合评价考核机制和相关政策措施，落实落细社会效益和经济效益考核权重要求（社会效益指标考核权重应占 50% 以上），其中党委宣传部门承担"双效"一体考核主导推进、综合协调任务，出版行政管理部门具体承担社会效益考评任务，主管主办单位或政府职能部门具体承担经济效益考评任务，使考核权重要求落在实处、考评结果运用取得实效。应进一步推动主管主办单位履行应有职责、发挥应有作用，制定实施保障社会效益评价考核结果充分运用的配套政策措施，建立组织科学、运转有效的社会效益评价考核机制，进一步健全把社会效益放在首位、社会效益和经济效益相统一的体制机制。

3. 加强出版单位社会效益评价考核结果运用

各级出版行政管理部门、主管主办单位应进一步用好考评结果，与人员薪酬、评奖推优和各类政策资源有效使用结合起来，推动出版单位在社会效益首位导向下深化内部机构改革和运行机制创新。出版单位社会效益评价考核结果的充分运用，应进一步在三个方面落地落实：与出版单位负责人薪酬挂钩，需要体现出区分度，社会效益考评结果优劣体现为显性的薪酬高低；与干部队伍建设挂钩，将评价考核结果应用于干部调整、奖惩、培训等方面；与全体员工利益挂钩，将社会效益考评结果与员工薪酬确定与增长密切关联。

4. 扩大出版单位社会效益评价考核覆盖面

在坚持社会效益第一、社会价值优先前提下，出版行政管理部门应结合实际，进一步完善图书出版单位、报刊出版单位、网络文学出版服务单位社会效益考评办法，完善评价指标、评分标准，理顺管理体制、考评机制，不断提高考评工作科学性、有效性。应逐步扩大社会效益评价考核覆盖面，探索在国家层面制定实施图书出版集团、报刊出版集团社会效益评价考核办法，引领和推动集团层面更加重视社会效益、更好实现双效统一。出版集团应建立健全把社会效益放在首位、以内容生产为中心的运营机制，以更加宽广视野胸襟组建专业化编辑委员会，提高战略规划、选题策划和内容把关能力，推动出版单位健康繁荣发展、助力出版业高质量高水平发展。

（三）助力农村儿童阅读，积极推动文化扶贫

党的十八大以来，党中央把脱贫攻坚作为全面建成小康社会的底线任务和标志性

指标，作出一系列重大部署，以前所未有的力度推进，脱贫攻坚取得重大决定性成就。2020年是全面建成小康社会和打赢脱贫攻坚战的收官之年，要完成脱贫攻坚，实现全面建成小康社会的目标，出版行业要主动作为，精心谋划，采取多种措施，积极推动文化扶贫。一是要全力推进，多出精品，讲好脱贫攻坚故事；二是要探索出版精准扶贫工作模式，推动贫困地区文化建设发展，为农业农村发展提供知识支持、智力支持；三是要大力推进数字农家书屋工作的开展，积极推动农家书屋建设转型升级。

当前，乡村儿童阅读量比城镇儿童低，阅读质量差异更大，要解决城乡儿童阅读的差距问题，需要做好以下几个方面的工作。一是在国家层面制定儿童阅读促进法，保障儿童阅读权益，制订促进儿童阅读的专项规划，把农村儿童阅读作为重要的内容予以规定，做好儿童阅读特别是农村儿童阅读的顶层设计；二是在国家"十四五"规划当中继续列入，并加大普及力度，加快实施步伐，从中西部少数省区扩大到全国农村，从学龄前儿童为主扩大到小学阶段；三是充分发挥农家书屋在农村儿童阅读中的引航作用，加大农家书屋儿童出版物配送比例，为农村儿童提供更加丰富的出版；四是在农村中小学学校开设阅读课程；五是把引领农村儿童阅读作为大学生村官的一项任务，同时鼓励大学生假期回乡或去农村开展阅读推广活动。①

（四）加速出版产业融合发展

1. 抓住疫情带来的机遇，加快出版产业融合发展

新冠肺炎疫情对出版业冲击巨大，传统出版从内容创作、生产印制环节到线下营销渠道等都面临很大困难，而数字出版在业务流程、传播渠道、平台及资源方面的优势日益显现，读者对电子书、有声读物、网络文学、知识服务等新兴出版形态的需求大大增加，线上消费、学习、阅读习惯将进一步强化。出版单位要通过探索新兴线上服务模式，加快数字出版产品形态和服务模式的创新探索，寻找新的消费增长点；要充分运用新媒介、新渠道，加强品牌建设，增强用户黏性，提升品牌影响力；要加强用户需求研究，做好基于用户阅读行为的大数据分析，精准把握用户需求，优化产品定位和经营策略，进行内容和服务的分众化、差异化提供；要抓住校内教育内容资源

---

① 魏玉山. 加强农村儿童阅读习惯的培养［N］. 中国艺术报，2020-05-29.

需求上升的机遇，积极推动教育出版数字化转型。①

2. 加强对前沿技术的创新应用探索，加快5G环境下的新业务布局

5G时代，出版业面临新的发展环境，一是物联网会因为信息传输和存储效率的提高加速推进，让读者与出版单位之间，读者之间以及读者与内容、产品之间有了更紧密的连接与互动；二是未来具有数字阅读功能的智能产品、数字阅读消费场景都将得到拓展，对出版业的内容和服务模式创新提出新要求；三是区块链技术在电子数据的保存、处理、追溯方面具有天然优势；四是实现版权信息的全流程管理，将有效解决确权、用权、维权等方面痛点，为数字版权的保护、管理和安全交易提供更加有力的支持。因此，出版业要加强对前沿技术的研究和创新应用探索，加快5G环境下的新业务布局。

3. 强化新技术新营销运用，推动发行业融合创新

一是要进一步加速线上线下融合发展。持续培育互联网思维，加速传统业务互联网化。传统出版发行人要提高互联网思维，加速推进传统业务的互联网化，以适应互联网销售新模式，为读者提供全新的消费体验。持续发力线上，打造线上线下融合平台。此次新冠肺炎疫情对实体书店冲击巨大，线上渠道的重要性进一步凸显，出版发行业要充分利用渠道、门店以及服务、交流、互动等方面的优势，线上线下结合搭建新网络融合平台，创新经营模式。

二是要进一步强化新技术新营销运用。加速大数据挖掘，探索实体商业零售新模式，充分利用门店新技术所产生的海量大数据资源，深度挖掘分析，做到对读者的精准画像、精准营销、精准推送，以精准、个性营销留住读者，助力销售。加快短视频、直播运用，以新营销吸引新读者。

4. 加快期刊业数字化、智能化发展

一是要加快期刊数字出版转型升级。无论是从扩大期刊受欢迎度的角度还是从读者的便利性来看，期刊的数字化都是大势所趋，这就要求传统期刊出版单位积极适应，加快数字化转型和升级的速度，并探索出版业的新形态和不同的商业模式。

二是要培育5G时代下的智能化出版模式。期刊出版人需要充分地运用，促进人工

---

① 王坤宁，李婧璇. 业界探讨：我们如何直面疫情后的出版业 [N]. 中国新闻出版广电报，2020-03-30.

智能与期刊出版业的深度融合，同时要强化数字出版资源建设，整合资源优势，完成资源创新，充分发挥互联网时代的特点，培育5G时代下的智能化出版模式，促进期刊出版业转型升级发展。

三是要探索媒介融合时代期刊发展的新模式。随着媒介融合的飞速发展，传统的纸质媒体已进入融合之路。在媒体融合的浪潮下，一些旧模式难以满足当下期刊的可持续性发展，期刊的转型发展应转变观念，真正地树立媒体融合发展思维，充分利用新兴媒体技术优势建设新媒体平台，同时加强用户服务、拓展销售渠道，探索媒介融合时代期刊发展新模式，提升出版质量和期刊的竞争力。

（五）克服疫情影响，让中国声音更加响亮

新冠肺炎疫情使出版企业走出去受到很大影响，在带来挑战的同时，也带来了机遇。出版界要在向世界推广中国抗疫经验图书的同时，不断扩大中国出版影响力，进一步创新中国出版走出去的新模式，在后疫情时代迎来出版走出去的更大发展。

1. 克服疫情影响，让中国声音更加响亮

虽然疫情对中国出版业走出去造成了不小的影响，出版企业的国际贸易业务不可避免地受到影响，但疫情同时也进一步彰显了中国的实力和形象，让世界人民对中国道路、中国制度、中国精神和中国文化有了更加深入的了解，各类中国抗疫图书、网游、手游、网络文学、短视频内容在国际上的热销，进一步夯实了出版走出去的基础。因此，出版界要采取有效措施，化被动为主动，化不利为有利，克服疫情造成的不利影响，把握好疫情催生出的中国出版走出去的新模式、新机遇，加大政策力度，加快支持数字出版产品出海，积极抢占全球出版市场，从而让中国故事讲得更加精彩，让中国声音更加响亮。

2. 创新同步出版，提升传播能力

在抗疫斗争中，中国出版人主动发声，为向国际社会讲好中国抗疫故事，传递中国抗疫经验，分享中国抗疫方案作出了重大贡献。很多出版单位策划出版的抗疫图书以版权输出、合作出版等形式实现了多语种的版权输出。在传统的版权输出、翻译出版形式的基础上，多家出版社以同步出版中外文版本的形式，将中国在短时间内积累

的抗疫成功经验和做法及时、直接的与其他国家分享。这一创新形式大大缩短了翻译出版的周期，使出版能够快速地参与全球热点话题、热点问题的讨论，进一步提升了国际传播能力，是一个非常值得总结和推广的经验和做法。

3. 创新数字出版，加快转型升级

疫情期间，国内多家出版社将抗疫主题的电子书授权海外出版机构，并在海外平台上线发行，并获得了海外读者较高的阅读下载量，或将最新推出的抗疫主题的电子书或电子课程通过微信等途径免费分享给"一带一路"国家和其他国家的合作伙伴，分享中国的抗疫经验。出版单位要针对读者的阅读方式、获取内容的渠道以及内容的传播方式的变化，加速推进数字出版走出去。

4. 充分利用各类交流平台，推动国际合作

为响应国际儿童读物联盟（IBBY）"全球抗疫童书互译共读项目"倡议，国内多家出版单位捐出图书版权，并线上平台"生命树童书网"上线多语种版本，向全世界小读者免费开放阅读，同时该项目也吸引百余名译者报名。另有国内多家出版单位通过中华文化译研网、中国图书对外推广网、"一带一路"学术出版联盟、丝路童书国际合作联盟等平台积极与国外出版机构进行线上沟通联络，及时发送英文书目，积极推动国际出版交流合作。出版单位要充分利用各类国内外出版交流平台，加强合作交流，为后疫情时代出版走出去夯实基础。

参考文献

[1] 2019年新闻出版产业分析报告［R］.中国新闻出版研究院.

[2] 2019年新闻出版基本情况［R］.中国新闻出版研究院.

[3] 2019全国国民阅读调查报告［R］.中国新闻出版研究院.

[4] 范军.2018—2019中国出版业发展报告［M］.北京：中国书籍出版社，2019.

[5] 22家出版上市公司发布的2019年年度报告.

[6] 国家标准化管理委员会.2019年全国标准化工作要点.

[7] 姚林.报业媒体融合中的融媒体经营分析［J］.中国报业，2019（10）上：32-35.

[8] 彭兰.智能时代的新内容革命［J］.国际新闻界，2018（6）：88-109.

［9］璩静．新闻出版总署公布首次经营性出版社等级评估情况［EB/OL］．http：//www.gov.cn/jrzg/2009-08/10/content_1388082.htm

［10］沈艳波．把图书出版单位社会效益评价考核做实做细的探索与实践［J］．出版发行研究，2020（4）．

［11］范军，曹世生．关于切实做好图书出版单位社会效益评价考核的思考［J］．科技与出版，2019（7）．

［12］宋建国，等．企业标准化［M］．北京：中国标准出版社，2019．

［13］陈洁，吴申伦．顺应知识与阅读需求的兴与变：新中国编辑出版学70年（1949—2019）［J］．新闻与传播研究，2019（12）．

［14］吴尚之．中国期刊业40年发展成就与展望［J］．中国出版，2018（23）．

［15］段艳文．2019年中国期刊业观察［J］．青年记者，2019（36）．

［16］付江．稳中求进——2019年国内社科市场期刊动态盘点［J］．科技与出版，2020（3）．

［17］怀进鹏，朱作言，刘兴平．建设中国的世界一流科技期刊，提升我国在国际期刊界的话语权［N］．光明日报，2019-11-07（16）．

［18］国际君．《2019年度中国出版业发展报告》发布！六大方面展示出版业可喜成绩［N］．国际出版周报，2020-01-19．

（课题组组长：范军；副组长：李晓晔；成员：周蔚华、程丽、杨伟、赵文义、陈国权、毛文思、刘成芳、刘积英、成永利、倪成、徐同亮、张文彦、田菲、邓杨、鲍红、李旗、刘莹晨、于秀丽、崔璐；执笔人：李晓晔）

第二章

分报告

第一节 2019—2020 中国图书出版业发展报告

一、2019 年图书出版业发展的基本情况

2019 年，是新中国成立 70 周年，也是全面建成小康社会的关键一年。在这一年里，国家加大了对图书出版业的管理力度，细化了相关管理制度，在导向管理、内容管理和流程管理等方面出台了一些政策文件，明确了社会效益放在首位的具体要求。在图书出版业发展方面，图书出版物的五大板块都有许多亮点，力图体现高质量发展和融合转型的发展方向，并加大图书"走出去"实施力度，扩大中国图书在世界的影响力和传播力。

（一）加大管理力度，促进图书出版业高质量发展

建立健全出版正确导向把控机制，在坚持社会效益第一的前提下，实现两个效益的高度统一，推动图书出版业供给侧改革，加快出版业态转型，不断提高出版物质量，促进图书出版业的高质量发展，这是管理部门持续不断紧抓不放的一项重要工作。围绕上述目标，国家新闻出版署 2019 年出台了一系列政策措施。

1. 导向管理：加强和改进出版物重大选题备案工作

2019 年 10 月 25 日，国家新闻出版署印发《图书、期刊、音像制品、电子出版物重大选题备案办法》（以下简称新《办法》）。新《办法》明确规定了重大选题具体种类、申报流程、审批时间、有限期限、违反处罚办法等。该《办法》对涉及国家安全、社会稳定、文化安全等 12 个方面的重大选题备案提出明确要求，同时将 1997 年版

（以下简称旧《办法》）废止。

新《办法》在内容上对旧《办法》进行了删减和扩充，由旧《办法》的 9 条内容变为新《办法》的 17 条内容。其中，重大选题种类由旧《办法》中的 15 种变为 12 种，删除了 4 种选题，增加了外交方面重要工作选题。个别选题在顺序上有所变动，词语在表述上更为准确。还规定了地方出版单位、中央出版单位、军队出版单位的不同申请流程。此外，《办法》还重申了按照专业分工制订选题计划，严格履行出版物内容把关主体责任，坚持优化结构、提高质量，严格执行选题论证、"三审三校"制度，确保政治方向、出版导向、价值取向正确等。同时，《办法》还明确了将对重大选题备案执行情况开展年度检查和考核评估。①

旧《办法》自 1997 年 10 月 10 日颁布以来，对我国出版业的健康发展发挥了积极作用，但随着出版业的改革和发展，也存在一些需要调整的方面。这次国家新闻出版署在充分征求意见的基础上颁发的新《办法》，既体现了与时俱进的理念，也表明了国家加强出版业导向管理和内容管理、确保文化安全的坚定意志。

2. 考核机制：强化了对出版单位社会效益评价的可操作性

我国图书出版行业一度出现过度追求经济利益而忽视社会效益的现象。如果图书出版单位片面追求经济利益的最大化，出版一些思想导向或政治导向上有严重问题、格调不高、粗制滥造、内容不健康的出版物，将给全社会带来严重不良影响，更谈不上社会效益的实现。虽然我们也强调在坚持社会效益优先的前提下实现两个效益的统一，但由于图书出版单位的社会效益考核缺乏可操作性，难以有效实施。从 2019 年 1 月 1 日起，由中宣部颁布的《图书出版单位社会效益评价考核试行办法》开始施行，这意味着图书出版单位的社会效益评价进入可量化、可核查阶段，使该问题获得实质性突破。《办法》指出，图书出版单位社会效益是指图书出版单位通过以图书为主的出版物和与出版相关的活动，对社会产生的价值和影响。图书出版单位社会效益评价考核主要考核出版质量、文化和社会影响、产品结构和专业特色、内部制度和队伍建设等方面。图书出版单位绩效考核为综合性考核，需兼顾社会效益和经济效益，并把社会效益放在首位，社会效益评价考核的占比权重在 50% 以上。《办法》提出，图书出版

---

① 赵强. 重大选题备案制度助力出版高质量发展 [N]. 中国新闻出版广电报，2019－11－07 (3).

单位的出版物出现严重政治导向错误、社会影响恶劣的,社会效益评价考核实行"一票否决",年度考核结果定为不合格。对社会效益评价考核结果为不合格的图书出版单位,出版管理部门和主管部门要进行通报批评。连续两年社会效益评价考核结果为不合格的,责成主管主办单位对出版单位进行整改、调整出版单位主要负责人。连续三年考核结果为不合格的,依法依规对出版单位予以处罚直至退出。

此次《图书出版单位社会效益评价考核试行办法》的实施,使得社会效益评价考核更加明确具体和具备可操作性。《办法》规定的对社会效益不合格图书出版单位的相关处罚措施,对图书出版单位具有很强的威慑性和约束力,促使图书出版单位更加注重坚持正确政治方向、出版导向、价值取向,聚焦内容生产,提高出版质量,推出更多传播知识、传承文明、服务大众、推动社会发展的优质图书。

3. 流程管理:开展"三审三校"制度落实专项检查

针对出版单位内部存在管理失范,"三审三校"制度执行流于形式等问题,国家新闻出版署于 2019 年 11 月下发通知,明确出版单位落实"三审三校"制度的基本要求,并开展出版单位"三审三校"制度执行情况专项检查,要求各出版单位认真开展自查自纠和抽查督查,重点检查制度落实、人员资质、职责落实、新媒体内容把关等方面。

"三审三校"制度落实专项检查可以督促出版单位完善制度建设和确保制度落实,帮助出版单位排查出版流程上存在的风险隐患,以保证出版内容的导向正确和高质量发展。

(二) 五大板块基本情况

1. 主题图书

2019 年 3 月,中宣部办公厅印发了《关于做好 2019 年主题出版工作的通知》,就 2019 年主题出版工作做出要求。明确了五个方面的选题重点:①研究阐释习近平新时代中国特色社会主义思想;②庆祝新中国成立 70 周年;③宣传阐释中央精神和重大决策部署;④宣传阐释社会主义核心价值观;⑤展示真实立体全面的中国。这五方面选题重点给各出版单位指明了 2019 年主题出版的方向。

2019 年 6 月,中宣部公布了 2019 年主题出版重点出版物 90 种选题,其中图书选题 77 种。在这些选题中，新中国成立 70 周年的选题占了绝大多数，可见该选题是 2019 年主题出版的重中之重。① 此外，还涵盖了习近平新时代中国特色社会主义思想、马克思主义思想、中国共产党发展历程、精准扶贫和乡村振兴等相关的主题出版物，以及部分文学类、少儿类主题出版物。这些主题出版物既有高站位宏大叙事的，也有从小角度切入的，内容丰富多样，共同唱响了主旋律、积聚了正能量、展示了时代新成就、体现了时代新风貌。

2019 年 8 月，国家出版基金规划管理办公室公布了 2019 年立项的 67 个主题项目。这些项目的选题多种多样，主要集中于改革开放 40 年，此外还包含习近平新时代中国特色社会主义思想、马克思传记、中国经济和社会发展历程、十九大精神、精准扶贫、时代楷模等选题。② 各出版单位根据自身的优势特长报送了一批紧跟时代的主题项目，努力将习近平总书记提出的"举旗帜、聚民心、育新人、兴文化、展形象"的使命任务落实到位。

出版单位还通过吸纳新技术，创新主题出版物表现形式，提升传播效果，推动融合发展。为庆祝新中国成立 70 周年，回顾上海发展历程中 70 个重要瞬间，上海人民出版社出版了《新上海 70 个瞬间》主题图书，同时还在喜马拉雅等听书 APP 上上线了同名有声读物，线下推出了上海地铁 2 号线"新上海的 70 个瞬间"专列，在该地铁专列的扶手上还印制有二维码，乘客通过扫描二维码可以收听"新上海的 70 个瞬间"定制短音频，专列上还展示了上海重要时刻的 70 张珍贵历史图片，展现新上海建设的奋斗历程。上海人民出版社推出的这一系列主题出版融合产品，形式新颖，将线上与线下打通，大大提升了主题出版的传播效果。

2. 大型出版工程

2019 年，部分大型出版工程经过各方力量共同努力，历经多年的编撰，终于得以出版发行，引人瞩目。这些书籍在中华文化传承、知识积累、规范确立等方面发挥重要作用。2019 年 5 月，《马藏》第 1 部第 1—5 卷由科学出版社正式出版，第 6—10 卷也在 2019 年内出版。《马藏》是目前国内外最为完备、权威、最具思想性的一部马克

---

① 孙海悦. 90 种! 今年主题出版重点出版物选题确定 [N]. 中国新闻出版广电报, 2019-06-10.
② 参见国家出版基金官方网站 https://www.npf.org.cn/web/index.html

思主义发展的历史文献典籍。《马藏》的出版，创新了马克思主义传播史、马克思主义中国化研究的范式和方法，将为相关研究提示新的解读视角。2018年5月，习近平总书记到北京大学考察时，曾亲自询问"马藏工程"进展情况，称赞这项工程非常有意义。①

2019年5月，《中华大典·数学典》在中国科学院自然科学史研究所首发，它是一部系统、严谨和权威的中国古代数学原始资料汇编。《中华大典·数学典》编纂工作于2006年春启动，30余位数学史专家参编，共4卷9册近1 500万字，由山东教育出版社出版。2019年10月，《中华大典·理化典》在合肥发布，它的出版标志着中国古代物质科学文化研究再上新高度。《中华大典》是国务院批准并列入国家文化发展纲要的重点出版工程项目，是迄今规模最大的古籍整理工程，总共二十四典，《中华大典·数学典》和《中华大典·理化典》属于二十四典中的其中两部。

2019年11月，历时12年整理、五辑总计96册的国家出版基金重大项目《龙泉司法档案选编》由中华书局全部出版。《龙泉司法档案选编》收入了浙江龙泉地区所藏晚清至民国时期司法档案，是晚清民国档案文献整理的重大成果，是目前所知民国时期保存最完整、数量最大的地方司法档案。②

2019年，国家重大出版工程"中国历代绘画大系"历经14年，不断有阶段性成果出版。该工程是习近平总书记亲自批准，多年来一直高度重视、持续关注，并多次作出重要批示的国家级重大文化工程。它是目前全球范围内最大限度地还原中国古代绘画神韵的高精度、大开本图像文献集成，为厘清中国古代绘画真伪和流传提供了最清晰、最权威的传世图像。2019年7月，其中的《先秦汉唐画全集》"传世作品"卷由浙江大学出版社出版并通过验收。这一工程计划2021年完成。③

3. 教育出版

2019年，全国中小学的教材出版工作主要围绕着统编三科教材展开。从2019年秋季学期开始，义务教育阶段的道德与法治、语文、历史统编教材实现所有年级全覆盖。

---

① 《马藏》第一部1至5卷出版 [N]. 人民日报, 2019-05-06.
② 国家出版基金重大项目《龙泉司法档案选编》出版 [EB/OL]. 新华网 http://www.xinhuanet.com/legal/2019-11/15/c_1125237036.htm
③ 盛世修大典　丹青耀古今——国家重大出版工程"中国历代绘画大系"编纂出版纪事 [N]. 浙江日报, 2019-03-20.

高中阶段的统编三科教材在北京、上海、天津、山东、海南、辽宁6个省（市）率先使用。各大教育出版社全力投入到统编三科教材的征订、印制、发行工作中，以确保统编三科教材高质高效供应。同时基础教育出版机构还致力于建立与教材相配套的教学服务体系，包括教学研究、课程设计、教学活动、教学评价、教师培训等方面。教育出版社逐步实现由教材产品提供商转型为全方位教材服务提供商，由传统纸质教材升级为立体教材开发。此外，基础教育出版行业还主动适应5G时代信息化发展需要，建立教育资源线上平台，推动教育出版的融合发展。

2019年，各高校出版社积极推动马克思主义理论研究和建设工程（简称"马工程"）教材的出版与使用。从2005年"马工程"实施以来，已历经15年，"马工程"重点教材共立项139种，基本覆盖了高校哲学社会科学各学科领域。除此之外，2018年，教育部还启动了《习近平总书记教育重要论述讲义》教材的编写，也纳入了"马工程"重点教材体系。作为马工程教材建设的主力军，高等教育出版社承担了多数"马工程"教材的出版工作。除了保证出版"马工程"教材的高质量出版以外，高教社还为"马工程"教材打造多层次、立体化的教学资源，举办教材培训班，帮助教师用好书、上好课。高教社还主动适应当下大学生特点，借助互联网技术手段，提升教材育人效果。①

2019年，高校出版社立足于自身特色，打造出版品牌，推动融合创新发展，致力于打造以教材为核心的知识服务在线生态，探索新兴技术在教材出版发行中的应用，将教育出版的各个环节打通融合。清华大学出版社建立的文泉学堂于2019年正式启动推广工作，文泉学堂的定位是个性化的高等教育专业知识库，其聚合了高等教育需要的各类资源，提供三万余种电子书，七万多个多媒体配套课件、三百多门在线课程等资源，受到高校图书馆欢迎。

4. 专业与学术出版

2019年，学术出版单位致力于追求实现高质量发展，主动适应科技创新的新变化和新要求，依托大学多学科综合平台优势，整合学术产业链，推进融合创新发展。学术出版单位还积极推动学术出版走出去。中国人民大学出版社发起，2017年成立的

---

① 马工程重点教材：推动理论创新 体现中国特色[N]. 中国新闻出版广电报，2019-08-08.

"一带一路"学术出版联盟,目前已经涵盖来自五大洲56个国家和地区的310多家学术、专业出版商。2019年,该出版联盟更名为"一带一路"共建国家出版合作体。该出版合作体于2019年4月在伊朗召开了"'一带一路'与民心相通"论坛,产生了很大影响。[1] 2019年,北京大学出版社输出版权171项,输出语种达18种,特别是输出到越南、阿拉伯国家等新兴市场的图书,近年来都产生了持续的销售版税,说明北大社图书在"一带一路"沿线国家和地区市场上已经产生了经济效益。[2]

但目前学术出版的发展仍存在不足和问题:当期国家和社会对创新性知识的巨大需求与学术出版供给之间仍存在着较大差距,学术出版方还存在供给不足的问题;5G、人工智能、大数据、云计算、物联网等新技术的迅速兴起,使得留给学术出版进行转型升级的过渡期被迫压缩;学术出版转型升级所需的专业人才仍严重短缺,学术出版方仍面临能力不足的问题;与新时代和新技术相适应的学术出版体制机制仍有待建立和完善。

5. 大众出版

2019年,大众出版紧跟社会热点,满足大众需求,推出了一批价值较高、可读性较强的精品图书。少儿类图书的主题出版表现亮眼,围绕新中国成立70周年、现实题材、抗战题材等时代,策划了"共和国勋章"系列、"共和国大科学家故事丛书"、"中华先锋人物故事汇丛书"以及《天使的眼镜》《环形城堡》《童哨声声》等优秀作品。还尝试使用新技术创新表现形式,如浙少社推出的《领风者》是首部以马克思为题材的漫画,并且还推出了首个讲述马克思故事的全媒体系列产品,包括动画片、主题歌、舞台剧等全产业链产品。[3] 但少儿出版行业的发展也还存在问题:部分少儿类图书在价值观上仍存在错误引导,少儿图书市场中的科普图书原创力仍然不足。总体来看,少儿出版仍然竞争激烈,市场火热,但已往控量提质方向发展。

2019年文学类图书在唱响主旋律的同时,注重打造原创精品,还进行了融合发展的探索。长篇小说聚焦现实,围绕国家建设、家风建设、国家科技战略等时代主题进

---

[1] 2019年度中国出版业发展报告 [R]. 中国出版协会,2020-01-19.
[2] 北京大学出版社总编辑张黎明:以学术为本,立志冠清流 [N]. 中华读书报,2020-01-08.
[3] 刘蓓蓓,孙海悦. 7家专业少儿出版社编辑畅谈:做好少儿主题出版图书难点在哪儿 [N]. 中国新闻出版广电报,2019-02-25.

行创作，体现了较强的责任意识。因为 2019 年是矛盾文学奖的评奖年，所以有大批原创作品涌现。报告文学围绕新中国成立 70 年的主题，反映时代变迁，唱响主旋律。诗歌、散文创作活跃，品种丰富，套系化组合成为特点。古典文学、外国文学本着"古为今用、洋为中用"的原则，注重基础文献的整理和对经典的二次开发。文学类出版进行了融合发展的探索，文学产品的形态更为多样，有声读物将成为文学作品传播的一种重要形态。"文学 + VR"、"文学 + AR"等让文学作品焕发了新的生命力。文学出版还主动寻求与科技、影视、动漫、游戏、教育等相关企业的合作，以延伸文学出版的产业链。①

此外，大众出版中的金融理财类书籍受到读者喜爱。在艾瑞咨询公布的《2019 年中国图书市场报告》中，经典金融理财类书籍占据了 2019 年电子书畅销榜 Top10 中的绝大多数。大众出版中科技生活类图书因为 AI、5G、区块链、VR、大数据等新兴科技领域的流行而备受关注。②

二、2019 年图书出版业发展的一些亮点

2019 年，我国图书出版业在服务党和国家大局、融合发展、对外传播讲好中国故事等方面呈现了很多值得总结的亮点。

（一）弘扬主旋律的主题出版表现出色

2019 年的主题出版坚持价值引领、突出主旋律、思想鲜明、表现出色。图书出版界聚焦于新中国成立 70 周年这一主题，精心推出了一系列兼具思想性和可读性的主题出版精品图书。这些图书从不同角度展现出 70 年来的时代变迁和社会发展，展现新中国成立 70 年来取得的成就、经历的历史阶段和收获的宝贵经验。《新中国发展面对面》

---

① 2019 年文艺类图书选题情况：唱响主旋律注重原创打造精品 [EB/OL]. http://dy.163.com/v2/article/detail/ECVMDASP05149OFR.html

② 2019 图书市场报告发布：文教书和童书市场规模持续扩大 [N]. 中国新闻出版广电报，2019 - 12 - 26.

《新中国极简史：1949—2019 的年度故事》《细节的力量：新中国的伟大实践》等图书从宏观视角展示新中国 70 年的发展变迁。此外，还有不少从微观视角切入的主题出版图书，以小见大，生动有趣，如《70 年邮票看中国》通过 70 年来邮票的变迁来记录中国的发展历经的阶段；又如《账本里的中国》通过新中国成立 70 年来账本的变迁来反映中国经济的发展。

2019 年主题出版另一聚焦点是习近平新时代中国特色社会主义思想。中国共产党第十九次全国代表大会把习近平新时代中国特色社会主义思想确立为党必须长期坚持的指导思想并写入党章。2019 年，一批关于习近平新时代中国特色社会主义思想的图书不断推出。《习近平新时代中国特色社会主义思想学习纲要》《习近平谈治国理政》《习近平讲故事》《之江新语》《平"语"近人——习近平总书记用典》等阐释习近平新时代中国特色社会主义思想不仅畅销国内，有的还远销海外。根据京东图书和艾瑞咨询联合发布的《2019 年中国图书市场报告》显示，2019 年纸书榜中，《习近平新时代中国特色社会主义思想学习纲要》名列第一，由此可见其受欢迎程度。① 《平"语"近人——习近平总书记用典》一书，中文版已发行超过 300 万册，并输出 12 个语种的版权。人民出版社出版的十九届四中全会文件及辅导读本，在不到一个月的时间里，发行量已超过 550 余万册。《习近平新时代中国特色社会主义思想三十讲》图书销售量更是突破了 3 400 万册，在喜马拉雅平台上线的同名有声读物播放量达到 1.8 亿次。这些无不体现了主题出版的巨大市场潜力。②

（二）新技术给图书出版业带来新机遇

5G、人工智能、物联网、AR、VR、MR、大数据、云计算、区块链……新技术为图书出版业发展带来了新机遇，驱动图书出版产业转型升级。图书出版在内容生产、内容呈现、产品形态、用户建设等方面都因新技术都有了新的可能，推动图书出版产业融合发展。

新技术使得图书的内容呈现形式丰富多样。5G 背景下信息传输的高速率，为 VR、

---

① 2019 图书市场报告发布：文教书和童书市场规模持续扩大［EB/OL］. http：//www.zqrb.cn/stock/shichangyanjiu/2019-12-26/A1577366125454.html
② 精品礼赞七十年　行业发展亮点多［N］. 中国新闻出版广电报，2019-12-23.

AR、MR 技术融入图书产品中带来更为广阔的应用前景。这将颠覆纸书形态，为读者构建一个更加丰富多彩的知识世界，大大提升阅读体验。2019 年 8 月，第二十六届北京国际图书博览会暨第十七届北京国际图书节上，设立了"5G 新阅读展区"，读者可以在此亲身体验 5G + VR 虚拟沉浸式阅读、5G + AR 增强现实阅读、5G + MR 混合现实阅读、5G 高速率阅读、5G 全息交互分享，充分展示了 5G 时代"万书互联、人书互动、纸电融合"的未来新阅读应用场景。①

2019 年，图书出版业还加大了对区块链技术的重视程度。2019 年 10 月，习近平总书记在中共中央政治局第十八次集体学习时强调要把区块链作为核心技术自主创新的重要突破口。2019 年 8 月，我国首个出版行业专业知识服务门户网站开始运营，明确提出要通过区块链技术保护著作权。区块链技术有着不可伪造、全程留痕、可以追溯、公开透明等特点，这些特点使其非常适用于版权保护工作中。既有利于更好地保护版权方的权益，又有利于提升内容创作者的积极性。此外，区块链技术还可以应用于图书出版业的内容变现、内容监管、收益共享等方面。区块链技术在图书出版业中更多的应用还在不断地探索中。

（三）有声读物拓展传统出版发展空间

第十六次全国国民阅读调查数据显示，26% 的成年人有听书习惯。有声读物市场已连续 5 年均保持 30% 以上的增长。有声读物市场的蓬勃发展，让传统图书出版机构看到了新的商机，图书出版机构利用自身拥有的优质作者和版权资源，将纸书转化为有声书，延伸传统图书出版的产业链，实现利润增长。同时，有声书也有可能在一定程度上为纸质书做"宣传推广"，带动纸质书的销量。虽然目前有声读物的盈利能力还有限，但随着国民知识付费习惯的逐步形成，其前景可观。

接力出版社根据纸质书开发了 500 多种有声书，《小天鹅睡前故事》《故事中的经济学》《酷虫学校：我的同学是昆虫》《超级法则：从管教到自律》等有声书产品，广受读者好评。《我的野生动物朋友》纸质书、有声书、电子书在各渠道同步上市，纸质书首印 30 万册迅速售罄，已加印 4 次，有声书播放量超过 1 000 万次。纸、声、电三

---

① 郭永超. 5G 时代下主题出版的融合发展新思考 [J]. 出版广角，2020 (1)：22 - 24.

种不同形态的内容产品联动发力,更大化发挥 IP 价值。

中国出版集团整合旗下人民文学出版社等丰富出版资源,在喜马拉雅已上线 300 多种有声书产品,覆盖《三国演义》《西游记》《红楼梦》等经典名著,收获了 40 多万粉丝。人民文学出版社还搭建"人文读书声"有声小站,融合了看书、听书、看视频等多种阅读方式。

学习出版社以图书为蓝本,制作了《习近平新时代中国特色社会主义思想三十讲》有声读物。除在图书封底印制了听书平台的二维码以外,还在喜马拉雅、懒人听书等多个平台提供听书服务。自上线以来,在喜马拉雅平台的播放量达到了 1.81 亿次,订阅数量超过 6.5 万,图书销售突破 3 400 万册。在实现纸质图书和数字出版资源深度融合的同时,也再次说明,有声读物市场空间巨大。

(四)"一带一路"助力中国图书走出去

图书出版单位根据"一带一路"建设,加速了中国图书走出去的步伐,向"一带一路"国家输出图书版权,不断提升中国图书在"一带一路"国家的影响力。根据中国新闻出版研究院 2019 年 10 月发布的《"一带一路"国际出版合作发展报告》显示,我国已与 83 个"一带一路"相关国家开展图书、电子出版物、网络文学等方面的版权贸易,占与我国签署共建"一带一路"合作文件国家总量的近 2/3。

2019 年 9 月,"中国书架"肯尼亚合作签约仪式暨湖北出版文化成果展在肯尼亚举行,"中国书架"首次落地非洲,同时也签约了"荆楚书架"合作协议。此次活动还将几百种反映新中国成立 70 周年主题图书带给了非洲读者。湖北出版界大胆"走出去",在非洲传播中国文化、讲好中国故事,探索"一带一路"发展。

2019 年 10 月,第 3 届东南亚中国图书巡回展召开,中国 80 多家出版机构携 1 万多种、3 万多册图书赴泰国、菲律宾、老挝、马来西亚、缅甸、柬埔寨等东南亚国家进行巡回展出。少儿、艺术、文学和医学等类图书在东南亚各国非常受欢迎。举办的版权论坛和版权一对一交流会等活动受到海外书业欢迎,在图书销售、版权交易等多方面达成合作,还得到泰国、柬埔寨等国政府的高度关注和支持。

三、图书出版业发展存在的问题及对策建议

尽管出版业取得了不俗的成绩,但也有些长期以来一直制约出版业发展的问题,需要我们加以重视,并逐步加以解决。

(一)图书出版业发展存在的问题

1. 部分出版社把关不够严格,图书出版重"量"不重"质"

2019年,国家新闻出版署组织开展了图书"质量管理2019"专项工作,重点围绕文艺、少儿、教材、教辅、科普类图书进行了编校质量检查,共组织抽查100家图书出版单位的300种图书,经专家审核,于11月公布认定35种图书编校质量不合格,涉及29家图书出版单位,总体不合格率为11.7%。

近年来,在部分图书出版单位里,国家管理制度形同虚设。对图书导向和内容把关不严,对出版流程管理失范,造成了图书出版数量不断扩充,质量却跟不上的问题。一些图书出版机构严重超范围出书,出版了一堆可出可不出,没有什么价值的作品。甚至在一些少儿图书里,还夹杂着一些惊悚的、暴力的、色情的、粗口的内容,给少年儿童的成长带来不良影响。

为谋取利益,一些图书出版机构甚至进行买卖书号的非法交易,使一批随意抄袭、粗制滥造、胡拼乱凑的读物得以出版,损害了读者的利益,在社会上产生恶劣的负面影响。为赢得激烈的市场竞争,出现毫无创新的重复出版、跟风出版,造成了出版资源的极大浪费。还打起了价格战,无序的恶性市场竞争使图书出版的生态受到了严重的破坏,图书出版业可持续高质量发展难以为继。图书出版机构既是这其中的参与者,也是受害者。这也迫使我们思考如何对出版进行一次质量变革和管理变革。

2. 融合发展动力和能力不足,编辑出版队伍难适应新形势

2017年9月,国家新闻出版广电总局公布的《新闻出版广播影视"十三五"发展规划》中,将深化转型、融合发展作为"十三五"时期新闻出版业发展的重要任务。

2019年1月25日，习近平到人民日报社新媒体大厦调研时，再次强调了党中央对传统媒体和新兴媒体融合发展的高度重视。近年来，出版产业进行融合发展的步伐不断加快，在制度建设、标准建设、技术应用、人才培养等方面都取得成效，但也还面临挑战。

传统图书出版机构在技术能力和资本实力方面，远不及那些头部科技公司。如果没有政策和外部资源支持，图书出版机构在技术研发、技术应用、新媒体平台运营等方面的动力和能力依然不足。图书出版机构在推动图书出版与新兴技术融合发展过程中，还可能面临着收益转化慢甚至收不抵支的困境。但不及时的吸纳和应用新兴技术，传统图书出版业又会在日趋激烈的阅读市场竞争中，越来越多地受到新媒体的冲击。

图书出版业在转型升级、融合发展的过程中面临的另一问题是人才问题。编辑人才是图书出版业发展的基石。图书出版产业业态发生巨变，迫使编辑出版队伍也面临转型升级。新型编辑，不仅要会把关导向和处理字符，还要会整合碎片化的内容，建立海量内容资源库；还要会建设和打通新媒体平台，全渠道传播；还要会设计和生产多元化的内容产品，提高内容的点击率、浏览量和转化率。但显然，从目前来看，这类新型的编辑人才在传统的图书出版单位是稀缺的。

3. 出版机构组织架构仍需调整，管理机制改革有待深入

图书出版机构组织架构的调整和管理机制的深化，是实现其转型升级和融合发展的关键。传统图书出版机构内部采用的金字塔式的组织架构，已不适应当前图书出版业的融合发展。金字塔式的组织架构在运作时需要层层汇报，部门之间条块分割，有着厚重的"部门墙"，这会使得机构冗余、力量分散、反应迟缓、效率低下，易造成部门间职能缺位、错位、越位，难以充分调动各类资源，实现跨部门间的快速反应和协同合作，不利于图书内容的一次生产，多次转化，多形态、多渠道传播。而完全的打破原有的组织架构，进行部门重组，既会涉及复杂的人事问题，还会面临较大的风险。

图书出版机构内部的管理机制、方式、手段的不完善，会导致员工在融合发展的过程中难以形成合力。特别是在转型的过程中遇到困难或面临风险的时候，激励机制的缺位会使得编辑出版工作者缺乏动力去提升自身的素质与能力，以适应图书出版业融合发展的需要。

4. 新冠肺炎疫情使电子书需求量增加，但电子书商业价值转换不足

2020年1月，在全国暴发的新冠肺炎疫情，给全国人民的学习、工作和生活都带来了巨大的影响。减少外出的居家生活让广大民众有了更多的闲暇时间看书。另外，教育部2月7日提出"未经学校批准不准返校"的要求，全国中小学和大学都开始了"停课不停学"的线上教学活动。这些都在一定程度上，增加了民众对图书的需求量。而在疫情期间，图书零售实体店闭店和图书网店发货物流不畅通导致民众难以及时获取纸质书，因此转而寻求电子书，这使得电子书的需求量明显增加。

相比于传统图书，电子书可以直接线上制作、发布和获取，跳过了传统图书需要的线下印刷、物流运输、书店上架等依托人力的环节。在此次疫情中，电子书相比纸书更具有优势。各出版社和内容服务提供商相继将自有的优质资源免费开放给广大民众。中信出版社提供超过3 000本电子书和超过600本有声书，上海交通大学出版社首批开放了300多本电子书资源，中国人民大学出版社免费开放了"人大芸窗数字教材平台"……这些都极大的丰富民众的精神文化生活，方便了广大师生开展线上教学。

免费模式可以帮助国家渡过难关，体现出图书出版机构的社会责任担当。但我们也不能忽视免费模式对电子书盈利模式的冲击。图书出版机构在电子书内容生产时，也需要承担包括组稿、编辑、排版等在内的成本。免费模式虽然可以通过自有平台或第三方平台的流量变现，但一味的免费模式，一方面容易让用户变成"伸手党"，不利于付费习惯的养成，另一方面让电子书商业价值转换变难，纸质图书的销量受到影响，图书出版机构内容生产积极性受到打击。从长远来看，这不利于图书出版产业的可持续健康发展。因而图书出版机构如何在实现社会效益的同时，兼顾经济效益，实现多方共赢，成为图书出版行业需要面对的关键问题。

（二）促进图书出版业发展的对策建议

1. 由严格把关到创造精品，推动图书出版高质量发展

十九大以来，以习近平同志为核心的党中央多次强调高质量发展，高质量发展是新时代经济发展的最核心主题。图书出版产业的高质量发展，首先需要做到对导向和

内容进行严格把关，将"三审三校"制度落实到位。按照提质减量的要求，拒绝平庸选题，"三俗"选题；避免重复出版，跟风出版；杜绝胡拼乱凑，粗制滥造。同时出版社要构建自身完善的图书质量保障体系，明确出版流程各个环节中的责任主体，完善图书质量的奖惩机制，保证每一本书都在严格的质量把关下出版。

但不能满足于此，我国经济已由高速增长阶段转向高质量发展阶段，高质量发展是对经济发展的更高要求。图书出版业已结束大规模品种扩张的粗放式增长阶段，迈向单品效益的精细化增长新阶段。编辑出版工作不能止步于初级层面的加工、把关工作，还应上升到更高层面的提升质量，创造精品。从价值维度、品牌维度、创新维度去打磨，创造一批具有思想性、可读性、原创性的图书精品。以此来兼顾社会效益和经济效益，既推动社会的文化繁荣，又实现出版社自身的发展。

2020年3月，国家新闻出版署启动图书"质量管理2020"专项工作。此次专项工作将进一步加大图书质量监督检查力度，旨在推动出版单位提质增效、打造更多精品力作，促进全行业质量意识和图书出版整体水平提升，为人民群众提供更加优质的精神食粮。检查重点是"三审三校"制度的执行情况。专项工作分为自查自纠、督查整改、抽查处罚三个阶段，并明确了要对存在严重违规行为的出版单位进行处罚并予以曝光。由此可见国家对于图书出版质量管理的重视程度越来越高。

2. 提供融合发展相关支持，编辑出版队伍践行"四力"要求

传统图书出版业要实现融合发展，需要在技术研发、内容生产、平台运营等多个方面投入大量资金来进行维持和运作。要解决转型升级融合发展动力不足的问题，既需要国家在政策层面进行统筹规划，设立相关的奖励、鼓励措施和办法，在人才培养、技术研发等方面给予相应支持。还需要图书出版机构创新思路，尽快将新技术的应用变为利润增长点。要解决转型升级融合发展能力不足的问题，既需要图书出版机构提升在技术研发与应用、平台运营等方面的资金投入，重视技术人才的引进与培养，提升自主创新能力，还需要图书出版机构加强与外部科技企业的合作，加快新技术在图书出版领域的转化和应用。

解决图书出版业融合发展中能力不足的另一关键是编辑出版队伍的转型问题。习近平总书记指出："不断增强脚力、眼力、脑力、笔力，努力打造一支政治过硬、本领高强、求实创新、能打胜仗的宣传思想工作队伍。"2019年年初，中宣部下发了增强

"四力"教育的通知。编辑出版工作者的"脚力"在于站稳政治立场,形成政治定力;"眼力"在于对选题的发现力,对导向的判断力,对内容的辨别力;"脑力"在于对问题的思考能力、对新技术的学习能力、对实践的创新能力;"笔力"在于文字处理能力、写作能力、讲故事的能力。新型编辑出版人才,需要兼备政治素质、思想素质、文化素质、业务素质、学术素质和技术素质。图书出版机构应不断增强对新型编辑出版人才的培养,着力培养一批高水平、专业化、复合型、创新型适应融合发展的编辑出版人才。

除了编辑队伍面临转型外,近年来,也有越来越多的图书作者在向"企业家型作者"转型。在新媒体时代,图书作者们不仅要与同行竞争,还要与自媒体内容生产者以及其他的娱乐方式竞争,以争夺消费者有限的预算和休闲时间。这些图书作者明白仅仅写一本书是不够的,要把出版图书当作创业的过程,以一个完整的商业计划去推广图书,以公关的身份推销自己,打造专属的品牌,持续多渠道营销,还要尽可能的拓宽产业链,以实现更大程度的内容变现。"企业家型作者"的出现,打破了原有的图书作者的角色定位,顺应了互联网时代发展的需要,这应给编辑出版队伍的转型带来一定的启发。

3. 体制机制改革不断深入,提高管理的效率与效力

2019 年,出版单位的体制机制改革,从顶层设计到具体实施,已经紧锣密鼓地开展起来。根据 2018 年 2 月财政部和中宣部联合出台的《中央文化企业公司制改制工作实施方案》要求,2019 年,作家出版社等一大批部委出版社相继挂牌成立有限责任公司。通过深化文化体制改革,推进国有经营性文化事业单位转企改制,建立起有中国文化特色的现代企业制度,将有利于完善了法人治理结构,提高经营管理的效率与效力,提升出版企业的生产力,激发内部生产经营活力。

除了体制机制的改革以外,内部组织架构的调整也是关键。既要在宏观管理上把握好"方向感"问题,又要在微观管理上解决"执行力"问题。精简非增值的部门,减少成本负担,打破机构内部厚重的"部门墙",进行垂直领导,提高管理的效率。在部门壁垒打通的过程中,实现"共融",以适应新时代和新技术背景下图书出版产业融合发展的需求。除了整合内部资源以外,还要增强与外部资源的合作。此外,可以考虑创新引入以项目为中心的团队协作模式,提高员工的工作效率和积极性,重塑传统

图书出版机构内部的组织架构。

4. 建立全版权运营机制,实现纸书到数字出版产业链的延伸

根据融合发展的需要,重塑图书生产出版流程。创新纸书形式,将其与新兴技术相结合,使内容呈现方式多样化,增加阅读的趣味性和互动性,完善读者服务,提升阅读体验。同时,还应实现图书内容的一次生产,纸书、电子书、有声书、短视频等多形态转化,根据不同平台的特点,不同受众的需求,进行个性化、差异化的内容分发。重视探索电子书、有声书等数字出版物的商业价值转换模式,构建良性可持续发展的行业生态。通过建立全版权运营机制,将传统纸书内容的价值,延伸至数字出版全产业链,在更大程度上实现内容变现。

故宫出版社推出的《谜宫·如意琳琅图籍》,是一本以故宫为主要内容的游戏型解谜书籍。2019 年 8 月,《谜宫·如意琳琅图籍》荣获中国文化 IP 领域最高奖"金竹奖"年度大奖。该书创新了纸质书的阅读模式,将其与手机互动游戏结合,给读者带来一边看书一边游戏的有趣体验。将中华传统文化与科技互动创新融合,深受广大读者特别是青少年的喜爱。该书首印众筹金额达到 2 020 万元,打破了出版领域的世界纪录。目前该书单品印数达到 50 万册,销售实洋约 8 000 万元。《谜宫·如意琳琅图籍》的成功,更凸显了传统纸书创新发展的重要性。①

纸书通过打造 IP 在数字出版产业链延伸可以获得更多的经济效益,但近几年来虽然 IP 市场异常火爆,但逐渐趋向于理性,流量效应也渐渐削弱。随着内容审美水平的不断提升,大众对精品内容有着强烈的诉求。因而对纸书而言,深耕内容才是提升价值的关键。纸书到数字出版产业链的延伸,应建立在高品质内容的基础之上。

四、2020 年图书出版业发展趋势展望

新冠肺炎病毒给世界带来不确定性,也将对全球的政治、经济、文化、社会以及

---

① 故宫出版社推出游戏书《谜宫》第二部《谜宫·金榜题名》[EB/OL]. 人民网 http://culture.people.com.cn/GB/n1/2019/1219/c1013-31514193.html

国际关系等方面带来深刻而长远的影响,从而对出版业带来直接和间接影响。面对疫情给我国发展带来的挑战,习近平总书记多次强调,要深入分析、全面权衡,准确识变、科学应变、主动求变,善于从眼前的危机、眼前的困难中捕捉和创造机遇,努力在危机中育新机、于变局中开新局。

(一) 主题出版继续发力,将聚焦六方面选题重点

2020年是全面建成小康社会和"十三五"规划的收官之年。2020年2月,中宣部下发通知,明确了2020年主题出版的六方面选题重点,包括:①加强习近平新时代中国特色社会主义思想的研究阐释;②营造全面建成小康社会打赢脱贫攻坚战的浓厚氛围;③全力做好新冠肺炎疫情防控出版工作;④宣传阐释党中央精神和决策部署,唱响中国经济光明论;⑤立足培养担当民族复兴大任的时代新人,深化社会主义核心价值观宣传阐释;⑥提早谋划、提前启动,认真组织做好庆祝中国共产党成立100周年选题编写出版工作。①

2020年的主题出版将围绕这六方面的选题重点,继续发力。通过出版一批理论专著、权威读本、通俗读物来阐释习近平新时代中国特色社会主义思想蕴含的道理学理哲学。通过一线脱贫攻坚的奋斗历程和先进人物的故事讲述,为实现全面建成小康社会目标任务提供坚定的思想保证和强大的精神动力。通过出版一批针对新冠肺炎疫情防控、心理疏导、励志自强的读物,传播科学知识,加强健康安全和生态保护教育,培育公民文明习惯。总的来说,就是要通过这些重点选题的主题图书来弘扬主旋律、汇聚正能量、振奋精气神。

(二) 新冠疫情让图书出版业机遇与挑战并存

2020年,突如其来的新冠肺炎疫情,改变了所有人的生活。众多图书出版机构纷纷出版疫情防控相关的读物,为打赢疫情防控这场战役提供知识保障。科学出版社、人民卫生出版社等科技读物出版单位策划出版了一批疫情防控图书,并免费开放了数字内容资源,为一线医护人员的自身防范和病人护理工作提供专业知识服务。各大少

---

① 中宣部明确2020年主题出版六方面选题重点[N]. 中国新闻出版广电报,2020-02-21.

儿出版社陆续策划、推出一批图文并茂的少儿防疫读物，还在线上开放了海量优质资源，丰富了少年儿童的阅读和视听需求。多家教育出版社响应"停课不停学"倡议，免费提供电子版教材和线上学习资源。各大文学出版社丰富线上文学读物供给，策划创作抗疫相关的文学作品，发挥自身的文化阵地作用。总体来看，图书出版业根据自身优势，肩负使命，为抗击疫情做出了贡献。

新冠疫情给图书出版业带来了一定的发展机遇。在疫情期间，电子书、有声书绕开了印刷、物流、实体书店等需要人工实现的环节，充分展现出了它们效率高、成本低、传递快等优势。广大人民在居家隔离的闲暇日子里，通过电子书和有声书丰富精神生活，在"停课不停学"的线上教学中，用电子书辅助教学。这一方面提升了电子读物的需求量，另一方面也利于培养读者的电子阅读习惯，为将来扩大电子书和有声书市场埋下伏笔。特别是以教材教辅为主的出版社，原先配套纸质教材建立的线上平台，在这次"停课不停学"线上教学中发挥重要作用，这将为这些出版社将来更好的进军在线教育领域奠定基础。

虽然新冠疫情给图书出版业带来了发展的机遇，但也不能忽视其给图书出版业带来的挑战。疫情期间的停工休业，使实体书店也只能闭店歇业。快递物流的不畅通，使图书的线上商城的销量也受到影响。对图书出版产业上游的编辑工作而言，新冠肺炎疫情的出现将打乱原来的选题计划，读者的兴趣发生改变，必须重新做出调整。在新媒体盛行的背景下，对内容的时效性有了更高的要求。图书出版业为了抢时效，需要大大缩减编辑审稿流程上所花的时间，这会最终影响图书的质量。而这些抢时效出版的图书，还面临着一定的风险。因为随着疫情的发展，专家对新冠病毒的认识也在不断变化的过程中。信息和知识也在不断的修正和更新的过程中，已出版的图书中的信息和知识如果无法及时做出修正，将面临着作废。而这些承载着过时信息和知识的图书如果流入市场，将影响读者的认知，带来不利的社会影响。

（三）地方政策保障出版公共服务的实现

新冠肺炎疫情在全球的蔓延，导致全球的图书出版业都因此受到影响。图书出版产业链的多个环节受到冲击，首当其冲的是各类书展：巴黎书展取消，伦敦书展取消，莱比锡书展取消……参展商们不得不重新进行协商和洽谈，整个出版业的行程都被迫做出调整。"新冠"疫情还波及了制造业，受中国工厂停工影响，大量在中国印刷的书籍出现延误。实体书店更是受到重创，3月初意大利的图书销量减少了25%，在疫情重灾区的北方地区更是锐减了50%。

我国的图书出版业也是饱受新冠肺炎疫情的影响，图书出版产业链多个环节的企业响应国家号召暂停营业，不少企业因此陷入经营困境甚至面临破产，亟需救助。在疫情暴发时期，政府管理部门通过政策工具去弥补市场的不足以保证出版业的健康发展，显得格外重要。北京、上海、天津、江苏、浙江、广东等28个省市地方政府相继出台了扶持政策，这些政策在一定程度上帮助图书出版业渡过难关，同时保障图书出版业在非常时期发挥公共服务功能，实现社会效益。

北京市政府于2020年2月19日出台《关于应对新冠肺炎疫情影响促进文化企业健康发展的若干措施》，这其中包含"聚合力、促精品、育动能、强支持、优服务"5个部分共28条，故其又被称为"北京文化28条"。其中与图书出版业密切相关的包括：减免房租、税收及缓缴社保费用，实施财政补贴，鼓励网上办事、优化提升政务服务水平，引导和支持精品创作，鼓励出版单位在疫情期间免费对公众开放优质内容资源，鼓励实体书店和印刷企业在条件具备的情况下坚持营业，推进文化科技融合发展等等。① 此外，还有陕西省政府2月13日出台了《关于坚决打赢疫情防控阻击战支持文化企业平稳健康发展的实施意见》，上海市政府于2月17日出台了《全力支持服务本市文化企业疫情防控平稳健康发展的若干政策措施》。

受新冠肺炎疫情的影响，2020年对图书出版业而言将是充满挑战的一年。图书出版业的发展举步维艰，需充分发挥政府宏观调控的作用，帮助图书出版企业克服困难，保障图书出版业的平稳健康发展。在疫情期间，社会亟需精品内容凝聚合力，共克时艰，民众对精神文化产品的需求高涨。这需要发挥图书出版公共服务功能，落实其公益性职能，满足社会各方的需求。自新中国成立以来，我国的出版公共服务体系建设一直在不断的探索和完善过程中，而在这种非常时期，如何才能更好地发挥出版公共服务职能，如何才能更好地满足人民群众日益增长的美好精神生活需求，这对政府和

---

① 延缴社保、减免房租 北京28项政策助文化企业渡难关[N]. 中国新闻出版广电报，2020-02-20.

对出版业而言都是一次巨大的考验。

（四）5G 普及将持续改变图书出版行业业态

2019 年 11 月，三大运营商 5G 套餐的上线，这标志着国内 5G 正式商用。2020 年 5G 网络将逐步覆盖完善，5G 手机也将逐渐增多。网络覆盖和 5G 手机都会基本上在 2020 年普及。2020 年将会是 5G 全面爆发的一年。5G 的逐步普及将持续改变图书出版行业业态。

在图书内容生产方面，5G 和人工智能技术结合，助力提升组稿和校稿的效率和准确率。目前虽然市面上也有一些组稿和校稿的软件，但其成熟度仍不够高。编辑审稿和校对仍需要依托纸质稿，以人工肉眼为主，这使得编辑的大量时间和精力花费在了这些机械的重复工作中，缩减了策划和创意的时间精力投入。借助 5G 和人工智能技术，研发更多智能化的编辑软件，提升软件运行的流畅度，加快稿件传输的速率，提高审稿校对的准确率。逐步将编辑出版工作者从繁复的案头工作中解放出来，并使书稿的流转真正实现无纸化。

在图书内容呈现方面，5G 的普及助力图书的内容视频化呈现，将其与 VR、AR、MR 结合，给读者带来全新的阅读体验。5G 高速率、大容量、低时延的特点，将很大程度的改善网络视频收看体验。5G 普及将带领人们进入视频时代。图书的内容，除了现有的以电子书、有声书等形式呈现外，也趋向于以更为生动形象的视频来呈现。2019 年 3 月，扬州"四位一体"公共图书馆入选第三批国家公共文化服务体系示范项目，其电视图书馆将海量图书视频化呈现，自上线以来，已突破 600 万次的点播量，受到市民欢迎。① 这让我们看到了图书视频化呈现的巨大市场。

在读者服务方面，5G 技术能让出版社与读者的沟通更加实时和便捷。近年来借助二维码、微博、公众号等方式，相比过去，已大大拉近了与读者之间的距离，增强与读者的沟通与互动。5G 技术的普及，将使出版社与读者的沟通进一步增强。在图书的营销方面，出版社应更充分的使用社交媒体，开辟读者对于内容偏好的反馈渠道。在

---

① 厉害了！扬州"四位一体"公共图书馆服务荣膺"国家示范"［EB/OL］. https://www.sohu.com/a/301309596_99981013

传统出版转型升级融合发展的过程中,"读者优先"原则将变得更为重要,通过对读者阅读形成的大数据进行分析和利用,更加快速、精准地了解读者需求,从而定制化生产更多优质内容,并且实现精准化投放。

(周蔚华　中国人民大学新闻学院、
中国人民大学新闻与社会发展研究中心;
程　丽　桂林理工大学公共管理与传媒学院)

第二节 2019—2020 中国图书市场报告

2019 年正值新中国成立 70 周年，也是"十三五"规划收官前的关键一年。全国图书出版业坚持进一步优化行业发展布局，明确行业评价指标，在出版、发行领域不断推进机制和技术创新，提升全行业高质量发展水平，开创图书出版发行产业新局面。

2020 年初突如其来的新冠肺炎疫情，给全社会正常运行机制带来了重大影响，图书出版行业上下游也经历着严峻考验，为数众多的实体书店不得不闭店歇业，印刷、仓储、物流环节的临时停摆也让上游出版单位业务一度停滞。后疫情阶段，持续稳定发展的图书市场紧急刹车后重启，这是一次对上下游从业机构应急能力的重大考验，也给行业未来发展方向带来了新的思考和启示。

一、2019 年中国图书零售市场基本情况

（一）纸质图书零售持续稳定发展，零售总码洋突破千亿元

北京开卷[①]数据显示，近几年来我国图书零售市场继续保持两位数以上的增长速度，2019 年同比增长率为 14.4%，全国图书零售码洋总规模突破 1 000 亿元。

（二）新书品种数和码洋贡献率进一步下降，提质增效依然是行业重点

新书作为行业市场的动力源泉，2019 年新书品种数达到 19.4 万种，新书品种规模

---

① 北京开卷全称北京开卷信息技术有限公司。本文中关于零售市场规模、结构等相关数据，未经特殊说明，均来自于北京开卷相关数据分析，其数据统计来自 1998 年开始建立的"全国图书零售市场观测系统"。截至 2020 年，该系统覆盖全国线上、线下的 7 000 余家图书零售终端。

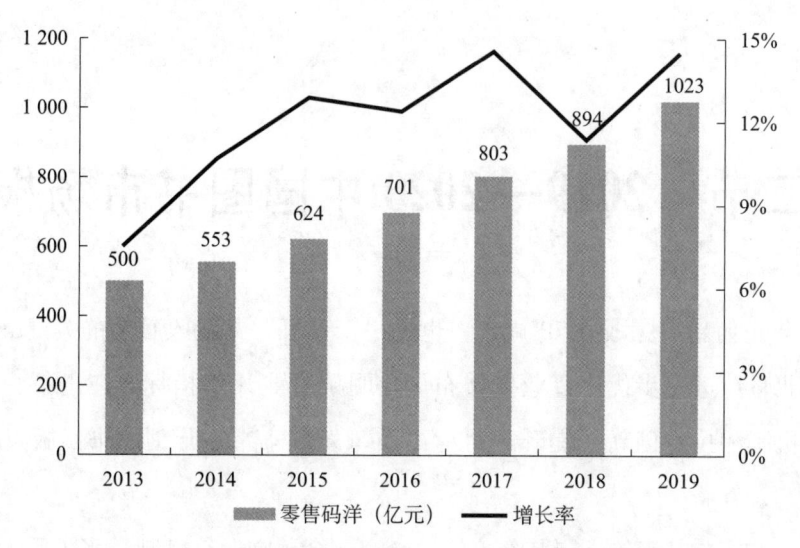

图1 2013—2019年图书零售市场码洋规模发展变化

相比往年进一步收缩，这也是年度新书品种数在20—21万种徘徊了七年之后首次回落到20万种以下。

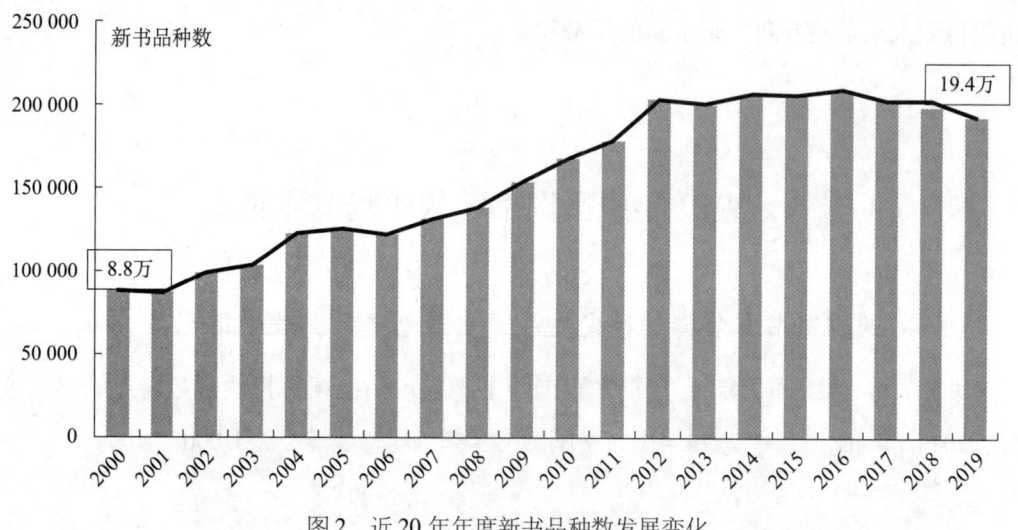

图2 近20年年度新书品种数发展变化

对比新书的市场销售情况，可以发现近些年新书对整体零售的销售贡献在不断下降，无论是新书的码洋贡献比率还是册数贡献比率都越来越小。2000年前后，新书在整体市场中的码洋比重接近三分之一，从2008年开始降到30%以下，之后持续下降，在2015年下降到20%以下。2019年当年上市新书的码洋贡献率仅为17.32%。因此，提质增效依然是当前行业发展的重点。

(三) 线上线下规模与折扣价差同步扩大,网店渠道六折售书成常态

尽管全国图书零售总体码洋规模在增长,但是进一步分析就可以发现市场增量主要来自于线上渠道,而对于实体店渠道来说,图书业务经营压力依旧巨大。2019 年全国实体书店渠道图书零售同比下降了 4.24%,而上一年度的 2018 年实体店图书零售已经下降了 6.69%。

自从 2016 年线上图书零售规模首次超过实体店渠道,线上渠道日益成为当前图书零售的主力渠道和增长来源,图书零售的渠道结构悄然发生改变。在 2019 年市场当中,线上渠道零售码洋达到 715 亿元,而实体店渠道码洋规模仅为 307 亿元——至此,线上渠道码洋规模放大到实体渠道的两倍以上。

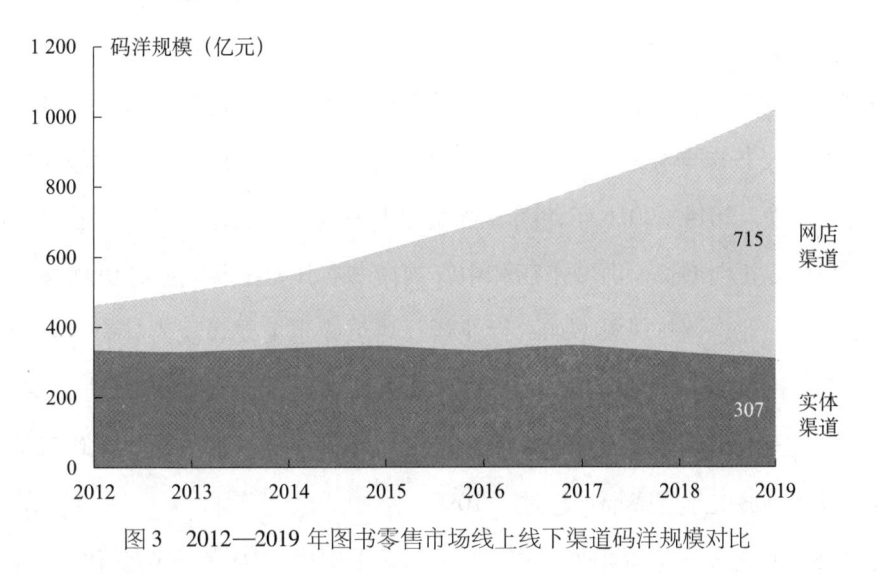

图 3　2012—2019 年图书零售市场线上线下渠道码洋规模对比

线上渠道强大销售能力的背后,是图书销售折扣的巨大优势。开卷数据显示,当前线上线下两个渠道的折扣差异已经超过图书定价的三成,2019 年实体书店渠道图书销售平均折扣是八九折,而在线上渠道这个指标是五九折——而后者还只是根据页面售价统计的结果,事实上,合并各类满减、优惠券等活动,线上渠道的实际图书销售折扣还会更低。再结合时间线进行考虑,在 2019 年,线上渠道的销售折扣相比上一年度是在下降的,2018 年线上渠道售价折扣为六二折。在 2019 年,网店渠道的售书促销

力度又有所加大,具体表现是"满减促销"已经逐渐常态化,除了"423""618""双11"等集中促销节点以外,不同类别、不同主题的"100—50""100—40"的促销活动轮番上演;社群电商平台的定期团购和结伴拼单、花样繁多的直播营销,更是把图书的终端销售折扣不断拉到更低。

因此,线上图书零售码洋规模的持续扩大很大程度上与不断花样翻新、力度加大的打折售书直接相关,这些做法进一步导致图书购买力向线上渠道的聚集和沉淀,甚至也颠覆了读者对于读书定价和销售模式的认知。

(四) 实体渠道压力普遍增长,不同规模书店各年度增减波动不同

近几年来,实体店图书零售总体处于震荡缓慢收缩的状态。受到不同地域电商服务能力以及当地书店经营环境差异的影响,不同地区、不同类型书店的各年销售增长表现也稍有差别。

2012—2013年实体书店渠道首次出现负增长,当时主要是位于直辖市和省会城市的大书城和超大书城群体受电商渠道分流导致销售乏力引起的,而规模较小的书店受到影响也比较晚。2014—2016年伴随着普遍的大书城升级改造和部分销售回流,大书城群体开始恢复正向增长,而城市店和中等规模书店开始出现明显的负增长。2017年前后,书店行业业态调整现象增加,行业新开店热潮也主要表现为具有一定特色的中小规模门店,因此规模稍小的城市店和部分中等书店开始成为新的销售增长动力。2019年,城市店群体实现了0.99%的正向增长,中等书店群体小幅下降0.22%,而超大书城以及大书城的年度降幅均超过了10%。

实体书店所处地域位置相关数据也验证了不同类型书店的近期变化,相比之下,一线城市书店更容易出现大幅起落,而二线城市书店、三线及以下城市书店在近两年的市场表现稍好于一线城市书店。在2019年,一线城市书店和二线城市数据均表现为9%左右的零售下降,而三线及以下城市书店转为正增长,实现了4.11%的销售增长。

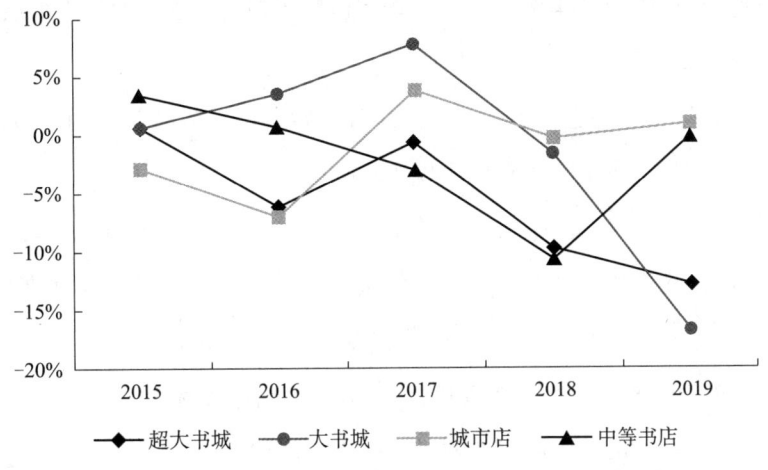

图 4 近年来图书零售市场不同规模书店年度增长率比较

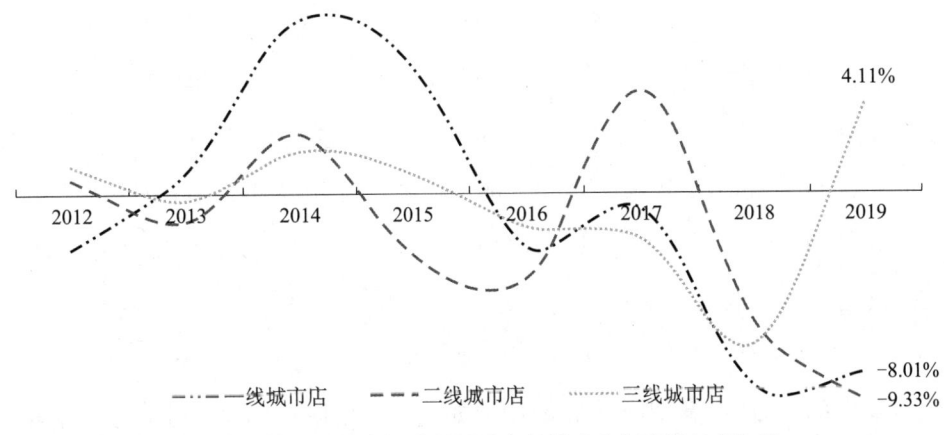

图 5 近年来实体店渠道不同城市级别书店年度增长率比较

可见,尽管各年度书店表现有所差别,但是实体书店渠道整体面临着普遍的销售下降压力,虽然不同类型书店在个别年份略有缓和,但是总体的图书销售业务压力仍旧非常突出。

(五)经典作品持续热销,主题出版受关注度高

2019年的图书热点话题并不出人意料,主要的畅销话题仍旧来自文学、少儿、学术文化等细分类,在畅销书榜单头部的多为上市多年的经典作品。《活着》《三体》三部曲和《窗边的小豆豆》占据了年度大众畅销书榜单的前五位,第六到第十位分别是《平凡的世界》《红岩》《夏洛的网》《追风筝的人》和《习近平在正定》。在大众畅销

书销量前 100 名榜单中，当年新书只有四本，包括《习近平在正定》《小孩》《半小时漫画唐诗》和《人生海海》。

在 2019 年市场上，主题出版和一些与时政、新科技趋势有关的图书也取得了不错的销售业绩，尤其是主题出版的整体表现比较突出。

主题出版一直是近几年图书市场上的重要话题，从 2015 年到 2019 年，重大历史纪念节点相对集中，我们陆续迎来了纪念中国人民抗日战争暨世界反法西斯战争胜利 70 周年、"红军长征胜利 80 周年"、中国人民解放军建军 90 周年、香港回归 20 周年、"七七事变"爆发 80 周年、中国改革开放 40 周年、新中国成立 70 周年等多个重要历史纪念时刻。围绕这些重大历史事件节点，市场上涌现了一大批高质量主题出版图书，各年度零售畅销榜也记录下了它们的身影。2014 年《之江新语》成为文学类全年最畅销的图书，《文化强国之路》《苦难辉煌》也进入当年非虚构类畅销书前 100 名。2015 年到 2017 年，《苦难辉煌》《中国共产党的九十年》《长征》《红星照耀中国》陆续成为年度畅销图书。2018 年，《梁家河》成为年度非虚构类畅销书第一名，《大江大河》《归去来》等作品也进入当年最畅销图书前 100 名。到 2019 年，《中国共产党的九十年》《红星照耀中国》《苦难辉煌（全新修订增补版）》《新中国：砥砺奋进的七十年》都在图书零售市场上取得了图书的销售表现。

同时，因 2019 年中美贸易摩擦升级，全球金融和科技领域话语权的争夺更加激烈，与此相关的图书也出现在开卷榜单中，如《美国陷阱：如何通过非经济手段瓦解他国商业巨头》《债务危机周期：投资机会、风险、态度与市场周期》《5G 时代：什么是 5G，它将如何改变世界》《华为精神》等等。

二、2019—2020 影响和推动图书出版业的重要因素和事件

2020 年初，一场突如其来的新冠肺炎疫情影响了各行各业，在这种情况下，图书出版发行也不可避免地受到影响。这其中，有行业运行节奏的短期改变，也有"急刹车"给上下游机构带来的"冷思考"。无论如何，疫情终将过去，生活还将继续，让我们来简单梳理近两年各项主要的行业影响因素。

（一）疫情改变2020年行业节奏，机会在重压下酝酿

1. 实体书店渠道近乎全面停摆，店面销售损失惨重

通常情况下，春节前后是实体书店全年销售的第一个高峰时段。春节假期中，读者往往会利用闲暇时间前往实体书店选购图书，尤其是寒假期间家长带孩子一起逛书店的情况会有效促进家庭亲子客流的图书销售，为实体书店带来不小的收益。但是2020年春节时间偏早（1月24日），而疫情暴发时间是在春节以前，这就直接导致了春节寒假高峰的消失。从实际数据来看，从春节前一周开始实体店图书销售就较上一年同期开始下降。

受疫情影响，2—3月全国多地实体书店关门停业，尤其是在2月份有行业调查显示闭店停业的书店占比超过了90%。从三月中下旬开始，随着疫情逐步得到控制，各地实体书店陆续恢复营业，但无论是客流还是实际销售都远远低于正常营业的一般水平。疫情期间停业使得实体书店店面销售几乎归零，恢复营业后又销售乏力，这些直接造成了2020年一季度全国实体店渠道图书零售指标的大幅下降。

开卷数据显示，2020年第一季度，实体店渠道同比下降了54.79%，其中2月份的开卷实体店图书零售指数为20年以来的月度最低值。同期，线上渠道同比上升3.02%，整体图书零售市场同比下降15.93%。

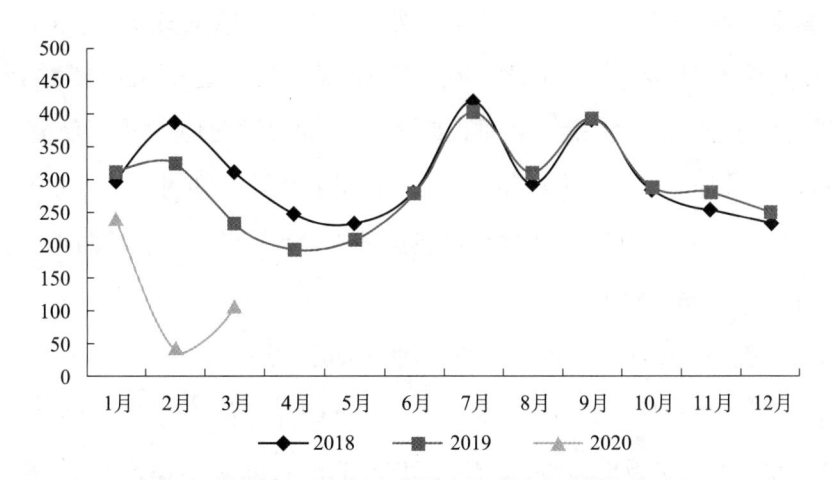

图6　疫情影响下的开卷实体店渠道图书零售指数对比

在实体渠道内部，实体店的销售影响是全国性的，各类型书店的大幅销售下滑没

有本质区别，相比之下，超大书城和大书城、一线城市书店的下降幅度更大一些。2020年初的这场疫情，对本就压力巨大的实体书店行业来说造成了重大打击。

截至5月，疫情影响仍未结束，各地仍需要施行一定的防控措施，"减少室内空间的人员聚集"也还是重要的管控要求。在此环境下，消费者对前往线下门店停留和消费也存在普遍的顾虑。而图书并非生活刚需商品，伴随着线上售书服务的恢复，图书消费需求可以通过线上渠道得到满足。而且，实体店的年初销售高峰早已过去，5—6月又是传统意义上的销售淡季，因此，实体书店的恢复之路尚不明朗。

2. 实体店新开店热潮因疫情放慢，当前自救成为主基调

2015年以来，各地新华书店在对原有大型门店进行升级改造的同时，不断深化网点布局，并开展面向不同人群、不同门店类型的深入探索，儿童书店、校园书店、社区书店都是重要的尝试方向；新华体系之外，"三联""言几又""方所""西西弗""钟书阁""中信书店"等全国连锁书店品牌继续拓展布局，有的年新开门店数量高达70多家；除了行业内已有书店品牌，业外商业地产机构操盘开店的现象也不少见，SKP RENDEZ-VOUS 时尚创意书店、机遇空间、深圳前檐都是商业机构自主打造的新型书店，与此同时，各地各具特色的独立书店也在增加。2019年7月，教育部办公厅发布《关于进一步支持高校校园实体书店发展的指导意见》，掀起了新一波的校园书店建设热潮，也可谓是2019年书店网点布局丰富的一大亮点。

2020新年伊始，各家书店经营者都在如常规划新一年的发展安排，计划扩大开店者有之，计划调整优化网点者也有之，但是突发疫情改变了这一切。因为疫情的影响，实体书店的现有业务已经面临巨大困难，部分书店已经开始通过"会员储值""众筹"等方式缓解现金流压力，更无力扩展新项目。因此在未来一段时间，行业内新开店趋势一定会放缓，在规划当中的书店项目可能正常或者延期开业，但前两年的新开店热潮在2020年即将"紧急刹车"。

3. 新书出版进程受阻，一季度新书品种数大幅收缩

下游闭店停业的同时，上游出版单位也一度面临业务停滞的阶段性压力。根据开卷在2—3月份进行的出版机构调研，超过70%的出版机构表示疫情对印刷影响非常严重，很多出版单位的新书印刷和老书加印计划都几乎处于停滞状态。另外，物流受限也一度影响出版社的市场供货，调查结果显示，超过90%的出版机构表示物流受疫

情的影响严重。春节之后，相当一部分物流公司不能正常复工或运输资源受限，导致出版机构的大量订单无法按时发出。

之后，伴随着物流、印制环节的产能恢复，下游添补货压力得以缓解，但是在新书出版和上市营销方面，不得不说还是被拖慢了节奏，新书出版进程延长，也直接导致市场上的新书品种供应明显下降。

2020年第一季度新书品种数仅为25 000多种，新书品种数不足上年同期的六成。

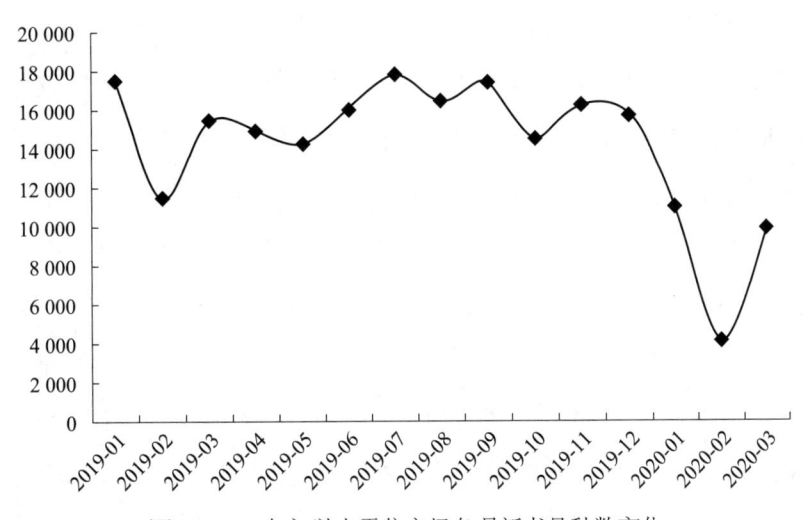

图7　2019年初以来零售市场各月新书品种数变化

4. 数字化产品优势显现，出版机构积极发布疫情防控相关出版物

2020年疫情影响下，上游出版单位在积极复业的同时，以数字形式载体的资源优势进一步发挥。

疫情暴发之初，安全防疫的信息知识成为全民关注的焦点。面对疫情下的信息知识不足和部分群众存在的恐慌情绪，出版人积极行动，广东科技出版社、湖北科技出版社等多家出版社第一时间印发病毒防疫手册。在纸质图书运送、发放不便的情况下，出版社主动开放内容版权，将电子版图书内容通过多种网络平台免费发布。同时，还有多家出版社联合卫生系统专家，分别策划出版面对成人、面对儿童的各类型防疫科普读物。随后，为丰富一般读者的居家隔离生活，商务印书馆、清华大学出版社等多家出版单位免费开放本版专业数字内容或学习资源。

这既是对出版机构快速响应能力的应急考验，也是对多年来行业数字出版成果的一次集中亮相。在日渐进入常态化的疫情防疫期间，数字内容产品将对全社会知识服务产生重大价值，这次特殊的经历也可能会在全社会范围内加速数字化学习方式的养成，这无疑为出版单位的未来业务发展带来了新的方向性机会。

5. 全行业被逼"上线"，线上营销方式"火线"升级

在零售行业大面积闭店停业、全民"宅家"的社会环境下，网络成了人们交流、获取信息甚至各类生活用品的重要来源。在和读者不能当面接触之后，书店和出版社也开始把读者互动搬到了网上。

众多书店纷纷建立读者微信群，支持读者在特殊时期购书尤其是中小学教材教辅的刚性需求，也有的书店在读者微信群当中举办各类读书分享活动，与读者保持互动黏性的同时也能带动线上图书销售。也有的书店借助各类新媒体平台开通线上直播业务，希望以线上图书销售的新途径弥补闭店销售损失。同时，天猫、京东等大型电商平台以及美团、饿了么外卖服务平台纷纷针对实体书店线上开店简化流程并提供部分优惠措施，助力书店快速启动线上业务。一时间，实体书店上线"求生"成为行业热点话题。已有线上业务的实体书店更是调整精力分布，加大线上业务运营投入，以期提升特殊时期的销售业绩。在实体书店纷纷"触网"的同时，出版社也在线上业务加大投入，多种类型的图书推介和直播带货活动大幅增加。

据不完全统计，2020年初以来抖音平台上的图书类直播和短视频均有所增加，这其中就有众多书店和出版单位的参与和投入。

6. "急刹车"促进"冷思考"，新的行业发展趋势或在酝酿

从短期来看，新冠肺炎疫情对于图书出版发行行业的打击无疑是惨重的，非常时期上下游出版发行机构不得不采取了某些非常做法。这些做法在以往的正常轨道中，可能"顾不到"也可能"还没准备好"，但是就是这样一个特殊时期，新的做法以"不得不"的方式走出了第一步。任何新的尝试都不一定能保证成功，但是激发了新的可能。无论是出版机构的产品载体多样性，还是发行零售机构的线上线下融合，亦或者新的读者营销服务方式的建立，这都是这个特殊时期留给行业的宝贵财富。

同时，更有价值的，是各家机构管理者在"急刹车"下的"冷思考"，这是离开日常经营惯性之外的再一次行业和自身审视，在此过程中，可能会有新的思想和发展

萌芽，行业未来的发展趋势也将再次酝酿。

（二）电子商务法颁布，出版业主管机关开展新闻出版网络治理

伴随着全社会电子商务技术的发展完善，网络书店的快速发展扩大了整体图书零售的市场总规模，网络书店已经成为图书发行零售的重要渠道，线上图书零售甚至已经超过了实体书店渠道的码洋规模。但是线上图书零售的快速发展也带来了一些新的问题，盗版、价格战都成为影响行业发展的负面现象。在2019年的电商销售平台上，甚至出现了一批以公版话题为主的"一折书"，比对之下会发现这些书属于"线上专供"——"高定价设计、超低折扣销售"，这些书大多仅在网店渠道供货和销售，形成爆款和巨量销售。尽管这样的图书在一定程度上也能满足部分读者的阅读需要，但是却对整个图书出版市场秩序产生了严重的破坏作用。

图书的核心是内容，图书的市场反馈本身是鼓励优秀内容创作的重要依据，混乱和不对等的销售模式将可能导致"劣币驱逐良币"。长此以往，必将影响上游出版单位的内容建设和创新能力。作为这样一种特殊商品，图书的内容价值并不以具体的载体形态或实体印制质量为转移，所以图书也就很难通过"线上线下同类不同款"的方式来回避销售折扣的影响。

2019年1月，《电子商务法》正式颁布实施，新闻出版管理部门开展网络治理，规范网上书店和网络交易平台的经营活动，重拳出击网销盗版、价格战，为网络发行健康发展营造良好市场环境，从而带动整体市场秩序逐渐优化。

（三）社会效益评价深入落实，形成全行业量化考核体系

2019年1月，中宣部印发的《图书出版单位社会效益评价考核试行办法》开始施行，3月中央办公厅、国务院办公厅印发《关于加强和改进出版工作的意见》，4月中宣部印发《报刊出版单位社会效益评价考核试行办法》，加上在2019年之前已经发布的《新华书店社会效益考核评价办法》《网络文学出版服务单位社会效益评估试行办法》，整个图书出版行业的社会效益考核体系基本形成，出版发行单位"社会效益评价"进入可量化、可核查阶段。这为出版行业强化政治导向，提升产品和服务质量、

完善产品结构、形成专业特色、实现社会效益与经济效益相结合,提供了思想引领与制度保障。

2019年,新华书店社会效益评价指标得到了进一步细化,而首次实施的图书出版单位社会效益评价考核也为各地出版单位明确了考核标准,图书出版发行单位社会效益考核将进一步落到实处。

(四)首届主题出版研讨会召开,主题出版工作向纵深发展

伴随着每年主题出版工作的深入开展,市场上已经形成了一大批高质量的主题出版图书,这些主题鲜明、内涵丰富、感染力强的图书,赢得了读者广泛的共鸣,各年度零售市场热销榜单也记录下了它们的身影,"叫好又叫座"成为这些图书产品的重要特点。

多年来,主题出版的内涵和深度不断扩展,从原来集中于政治类读物,扩展至围绕党和国家政治、经济、社会、文化等方面的工作大局,党和国家发生的重大事件、重大活动、重大节庆、重大题材、重大理论问题等主题。自十八大以来,主题出版的地位和作用更加突出。作为国家意志和时代精神的风向标,主题出版作品服务于党和国家的中心工作,占据了越来越大的市场份额,成为出版市场强劲的销售亮点和增长点。

如何总结主题出版的规律,并创新内容、创新机制、创新传播手段,需要理论层面的总结。首届主题出版学术研讨会以"思想引领时代——主题出版的使命、特点和趋势"为主题,标志着主题出版从实践上升为理论总结层面。会议期间,《主题出版发展学术报告(2019)》正式发布,对近年来主题出版的内涵和意义进行了深入分析,并提出了主题出版发展的六大新趋势,从长短期规划、出版选题、策划方式、产品形态、创作来源管理等各方面的发展情况进行了总结。报告的发布,代表着主题出版工作已经向纵深发展,成为行业出版工作的重要组成部分。

(五)"部编本"教材应用扩展和高考改革推进,教辅市场面临新变化

2019年,初中阶段思想政治、语文、历史三科"部编本"完成三年试点,从此覆

盖义务教育阶段所有年级，此前在这三个科目上使用的多种形态的教材停止使用，义务教育阶段各科教材"一纲多本"政策完成历史使命。6月，国务院办公厅发布《关于新时代推进普通高中育人方式改革的指导意见》，指导意见中明确，要制定普通高中新课程实施方案，2022年前全面实施新课程、使用新教材。主要科目教材版本统一后，相应年级的对应教辅图书也将发生较大变化。

在高考阶段，新的改革方案也在推进当中。2019年，河北、辽宁、江苏、福建、湖北、湖南、广东、重庆8省市发布高考改革综合方案，截至目前，全国已有14个省市进行高考综合改革，选科目模式成为广泛的方案选择。可以预见，高考改革将催生辅导用书的市场变化。这一变化对自选科目的教辅购买量会有直接影响，自主选科模式下，可选科目的教辅地域性和个性化特点将会有所加强。

（六）出版单位继续推进公司化改革，中信出版实现A股IPO

财政部、中宣部于2018年出台《中央文化企业公司制改制工作实施方案》，进入2019年，又有一批中央出版社完成公司制改制工作。年内，中国质量标准出版传媒有限公司由中国质检出版社改制成立，中国广播影视出版社有限公司、中国轻工业出版社有限公司、冶金工业出版社有限公司、作家出版社有限公司也陆续完成新一轮改制。

7月，中信出版集团股份有限公司成功登陆A股市场，成为2018年、2019年两年中唯一一家上市的出版传媒公司。继2017年7家出版传媒企业上市高潮过后，在中信之前，出版传媒公司上市并没有新的突破。据2019年12月5日证监会公开的审核名单，上海读客文化在深交所创业板申请首次公开发行股票企业基本信息情况表中名列第136位，而河北北洋出版传媒则位于2019年度首次公开发行股票申请终止审查企业名单之中。另有多家省级出版集团都组建了股份制公司，正在接受证券公司的上市辅导。

图书出版发行企业进一步推进公司制改革以及通过资本市场扩大融资，无疑将给企业未来发展带来更强的活力。

三、2020年及未来一段时间图书出版业发展展望

（一）后疫情时代，图书零售行业面临新一轮"洗牌"

新冠疫情彻底打乱了实体书店的正常经营节奏，无论是店面业务管理、新开门店布局还是更深层次的模式升级在短期内都让位于生存自救，这场突发疫情对于图书零售持续下行的实体书店群体来说无异于雪上加霜。

近几年实体书店的门店调整主要变化在于对空间体验的优化、对书店盈利模式的更多尝试，而所有的这些做法应该说还在各家机构的尝试探讨当中。疫情之下，图书零售业和其他各行业一样，可能会有一些抗风险能力偏低的书店倒下，也可能会有更具活力的书店运营模式经受考验在疫情后脱颖而出。无论如何，实体店图书零售将会面临新一轮洗牌。

当然，无论是实体书店还是网上书店，在疫情之下都更加主动地拥抱线上营销和服务方式，这也可能从根本上改变一直以来对于图书零售渠道线上与线下的独立划分。未来，将可能有更多的书店成为"两栖"模式，实体店面和网络通道都是对接和服务图书消费者的途径和工具。当实体店积累了成百上千的读者群，当读者也可以在各类视频和直播平台与书店经营者相见，那么实体书店与网上书店的界限将会越来越小，图书资料、阅读推荐服务和购买下单本身只是发生在读者和书店之间，至于是在线上沟通还是在门店见面将会越来越不重要。

在业务放缓的背后，书店人将有更多时间思考和准备，探讨适合实体店以及本机构的经营模式。除了资金投入会更谨慎以外，"扛得住"的书店人会静下心来，再一次探讨和构建书店的未来运作模式，定位设计、商业考量、技术升级将会成为构成未来新型书店的重要元素。所以，图书零售行业的这次影响既可能是"洗牌"考验，也可能是涅槃重生。

（二）出版融合进一步深化，新技术和市场需求共同推动服务进步

疫情期间，数字产品的发行和服务优势被充分显现出来，而在疫情期间大量免费

开放的内容资源也显示了图书出版行业在数字化服务方面的成果积累。数字化阅读、线上教学和远程学习方式的运行已经开始在用户群中悄然积累新的使用习惯，而这一次的集中使用也有助于数字内容服务机构更好地规划和完善产品。而 5G 技术和区块链技术的商用进程加速推进，也为内容产业更好地服务用户创造了更高效的通讯和硬件条件。

对于图书出版者来说，出版融合和技术升级无疑将会推动内容的策划与传播更加便利，使得内容产品发挥更深远的价值。经过多年的发展，无论是在电子图书、专业知识库产品还是各类新型的内容应用方面，国内出版机构已经积累了大量的资源，其中不乏获得国家重大奖项认定的优秀应用。未来，在数字出版、融媒阅读服务等方面，图书出版者大有可为。

（三）行业上下游营销运作模式将发生明显改变

在书店经营模式和出版产品形态发生变化的同时，新科技手段也将推动行业营销方式产生翻天覆地的变化。突发疫情期间，零售书店和出版机构加快尝试和应用网络营销手段，有的机构已经因此尝到了甜头。疫情过后，行业内整体运行方式的发展变化还将是一个长期的过程。无论如何，当下全社会信息流通方式的演化，必将促进出版业上下游机构与读者沟通和服务方式的改变，行业营销运作模式也将发生新的变化。

（四）图书零售市场总体需求依旧，线上线下价格矛盾亟待解决

图书作为内容和知识产品，全社会对图书产品的需求仍旧是稳定存在的，这一点并不会因为疫情影响而发生改变。但是此次突发疫情对于实体书店造成的打击将可能进一步激化线上线下的价格矛盾，疫情只是压倒骆驼的最后一根稻草，影响实体书店经营的一个重要原因就在于线上线下不平等的价格秩序。如果这一情形不能从长期得到改变，那么将可能有更多的实体书店从城市中消失。当下的实体书店已经不单单是一个售书的场所，而是承担着更多社会文化服务的功能，图书应该成为其中的核心产品因素。

截至本文定稿，在正在召开的 2020 年全国两会上，全国政协委员谭跃、潘凯雄、

于殿利联合提出《关于立法规范图书零售价格竞争的提案》，呼吁尽快以立法方式制定图书交易规则，维护出版业健康发展和读者的基本权益。期待这一局面可以在未来得到改变，有效的价格秩序将有助于图书出版发行行业可持续发展。

参考文献

［1］北京开卷.2019中国图书零售市场报告：规模破千亿网店高速增长［EB/OL］.http：//www.chinanews.com/cul/2020/01－09/9055162.shtml

［2］魏玉山.政策红利、主题出版、融合发展：2019年度中国出版业发展报告［N］.中华读书报，2020－01－22.

［3］蔡蕾.发行集团渠道下沉"最后一公里"［N］.中国出版传媒商报，2019－03－12.

［4］商务君.图书出版单位的社会效益考核该如何打分［N］.出版商务周报，2019－02－18.

（杨　伟　北京开卷信息技术有限公司副总经理）

第三节　2019—2020 中国期刊出版业发展报告

2019 年，在这个送往改革开放 40 周年，迎来新中国成立 70 周年的重大历史节点，全国期刊业在习近平新时代中国特色社会主义思想的指导下，始终坚定党性原则、党媒姓党，牢记以人民为中心的初心和使命，坚持把社会效益放在首位、社会效益和经济效益相统一，在准确认识把握期刊出版的工作规律的同时与时俱进、解放思想、锐意进取，持续推进供给侧结构性改革，创新体制机制，打破旧有思维模式，加速推进融合创新，实现了全国期刊业稳步发展。

一、2019 年期刊业发展基本情况

（一）主题宣传浓墨重彩，引导作用更加彰显

深入学习宣传贯彻习近平新时代中国特色社会主义思想是 2019 年全国期刊业的首要政治任务，坚持不懈抓好主题宣传，唱响主旋律，弘扬正能量。2019 年 6 月，在中宣部出版局指导下，中国期刊协会、中国编辑学会日前联合开展了第三届"期刊主题宣传好文章"推荐活动。经过严格评审，《中国社会科学》刊发的《"习近平新时代中国特色社会主义经济思想"笔谈（组文）》（《中国社会科学》2018 年第 9 期）、《经济研究》刊发的《构建和发展中国特色社会主义政治经济学的三个重大问题》（《经济研究》2018 年第 11 期）等 20 篇（组）文章最终入选。迎来中华人民共和国成立 70 周年的重大历史节点，全国期刊编辑部结合自身的办刊宗旨和特点，积极策划专题

深入报道①，如读者出版集团的《故事里的中国印象》（10卷本），选择从小人物入手，运用"讲故事"的表达形式，从10个角度，记录了在中华人民共和国成立70余年来不同历史时期、不同战线、不同角度的感人故事，结合《读者》温暖隽永的品牌特色，小故事蕴含大主题的行文风格，达到了润物细无声的传播效果。

（二）政策红利持续释放，期刊降幅相对"回暖"

根据国家统计局的最新数据显示，2019年度，我国期刊出版总印数22亿册，较之上一年减少了0.92亿册。从近五年的数据中不难看出，我国期刊出版总印数正在逐年递减，数量不断减少。2016年至2017年减少幅度最为明显，改革、转型拉开帷幕，期刊编辑部作为市场主体，自主经营、自负盈亏，优胜劣汰的"丛林法则"逐渐显现。2019年减少幅度相对"回暖"，离不开近几年党和国家对于我国文化事业的重视以及相关政策红利的持续释放。

表1　期刊出版总量规模

年份	总印数（亿册）	较上一年变化（亿册）
2015	28.80	—
2016	27	-1.8
2017	24.9	-2.1
2018	22.92	-1.98
2019	22	-0.92

2019年，我国加大了对期刊出版业的管理力度，并在相关管理制度方面出台了一些政策文件：2019年7月24日，中国科协、中宣部、教育部、科技部联合印发《关于深化改革培育世界一流科技期刊的意见》。该《意见》制定了我国培育世界一流科技期刊的"时间表"和"路线图"。2019年9月18日，中国科协、财政部、教育部、科技部、国家新闻出版署、中国科学院、中国工程院联合印发了《关于组织实施中国科技期刊卓越行动计划有关项目申报的通知》和《中国科技期刊卓越行动计划实施方案

---

① 段艳文.2019年中国期刊业观察［J］.青年记者，2019（36）：18-20.

(2019—2023年)》。

根据2019年11月22日中国科技期刊卓越行动计划办公室下达关于中国科技期刊卓越行动计划入选项目的通知，其中包含领军期刊、重点期刊、梯队期刊、集群化试点入选项目共计285项。从集群化试点项目名单、资助额度首先可以看出从国家层面引导、扶持、鼓励高水平期刊发展仍是近些年来的总基调，与中国科技期刊卓越行动计划相配套的政策、条例、资金正在稳步落实；其次期刊集团化仍是推动我国科技期刊建设成为世界一流期刊的重点环节，显现出品牌期刊集群的发展态势；再次希望这次项目入选单位能直面并解决中国科技期刊"小散弱"的顽疾，实现期刊集团在编辑、出版、发行、技术、人员管理、组织架构等方面的创新发展。

表2 2019年中国科技期刊卓越行动计划集群化试点项目名单

序号	申报单位	主管单位	资助额度（万元）
1	中国科技出版传媒股份有限公司	中国科学院	576.25
2	《中国激光》杂志社有限公司	中国科学院	576.25
3	高等教育出版社有限公司	教育部	500
4	有研博翰（北京）出版有限公司	中国科协	576.25
5	中华医学会	中国科协	576.25

（三）加强期刊公共服务，积极开展文化扶贫

2019年，在文化扶贫方面，各期刊社、文化单位积极举办文化扶贫活动，面向农村捐赠期刊和图书报纸。江西教育期刊社在开展"捐赠爱心期刊，助力文化扶贫"活动以外，还拨出专项资金资助贫困生。农家书屋是一项利国利民的重大工程，在国家新闻出版署的号召下，越来越多拥有"三农"期刊品种的出版社参与到农家书屋工程建设中，增强了期刊社服务农村读者的主动意识。化学工业出版社作为农家书屋工程的积极践行者之一，其建设水平逐年提高，2019年化学工业出版社接到的各地农家书屋订单涉及605种图书期刊，其中入选推荐目录的平均销售册数达4 195册，销售额达到农家书屋订货总额的71%。[①] 期刊出版机构通过积极开展各项活动加强公共服务，将

[①] 潘正安. 让更多出版单位参与农家书屋建设［N］. 中国新闻出版广电报，2020-05-21（6）.

优秀的出版内容以便捷的方式呈现在读者面前。

（四）数字化阅读需求持续增长，期刊数字化水平不断提升

互联网和新媒体技术的发展对传统期刊业产生着强烈的冲击。2020年4月20日，中国新闻出版研究院在线发布了第十七次全国国民阅读调查报告。在这份调查结果中，我们能看到国民的阅读现状、变化和趋势。

表3 成年国民阅读时长变化

阅读内容	2019年阅读时长（分钟）	2018年阅读时长（分钟）
图书	19.69	19.81
报纸	6.08	9.58
期刊	3.88	5.56
互联网	66.05	65.12
手机	100.41	84.87
Pad（平板电脑）	9.63	11.10
电子阅读器	10.70	10.70

调研报告显示，2019年成年国民人均纸质书报刊和电子书阅读量均有所下降，我国成年国民人均每天阅读期刊的时长为3.88分钟，比2018年的5.56分钟减少了1.68分钟。而与之相对应的，我国成年国民人均每天手机接触时长为100.41分钟，比2018年的84.87分钟增加了15.54分钟；人均每天互联网接触时长为66.05分钟，比2018年的65.12分钟增加了0.93分钟。在调查报告中，2019年我国成年国民数字化阅读方式的接触率为79.3%，较2018年上升了3.1个百分点。由此我们不难发现，随着电子产品的普及，有越来越多的人选择了方便携带、储存量大的数字化阅读。数字化的发展改变着现代人的阅读习惯，在这样的背景下，期刊业数字化、智能化、个性化的水准也相应得到提升。

在内容生产方面，许多期刊集团、单位积极开展主题宣传、策划具有正能量、时代感主题活动，围绕"新中国成立70周年""全面建成小康社会""脱贫攻坚"等时代主旋律，生成由文字、声音、图像、视频等媒介形态组合的多媒体内容产品，将网站、

移动端、社交平台作为主要渠道实现移动化、互动化、立体化的传播矩阵，从不同角度用不同方式唱响主旋律、弘扬正能量。

在传播渠道方面，很多刊社始终立足前沿科技求变求新，基本完成数字化转型，打造"两微一端"、抖音等多媒体传播模型；彻底结束照搬纸质媒介上网的低级融合时代，由"期刊+互联网"转变为"期刊×互联网"。如《读者》运营的微信公众号粉丝量突破500万，喜马拉雅平台账号订阅人数突破300万，《读者》期刊的数字化发展，突破文字媒介的局限性，延伸至有声读书、读书教育等领域，凸显对数字资源的有效开发利用，充分适应互联网时代的转型需求。

在技术应用方面，部分刊社以大数据、人工智能和物联网等新型技术为支点，创新出版理念、模式、内容，凸显科技为文化出版赋能，借助人工智能语义解析、音视图文匹配、精彩内容捕捉等功能，拓展并丰富了期刊的技术应用，如《青年文摘》杂志启动"人工智能情感励志类学习机器人——狮小青"项目等[1]。

（五）推动中外期刊交流，走出去成绩斐然

在国际交流方面，2019年在推动期刊业走出去的道路上取得了瞩目的成绩。2019年3月3日，全国政协十三届二次会议于北京召开，民进中央向该次会议提交党派提案46件，其中包括《关于推动中国期刊"走出去"的提案》。该提案指出，党的十九大报告提出，要"推进国际传播能力建设"，期刊作为文化传播的重要载体，其传播能力是国家"软实力"的重要组成部分，也是我国国际传播能力的重要体现。[2] 充分关注和提高期刊国际传播力，促进期刊"走出去"工作十分必要。由中国人民大学出版社发起成立的"一带一路"学术出版联盟在2019年更名为"一带一路"共建国家出版合作体，目前已经涵盖来自五大洲56个国家和地区的310多家学术、专业出版商。2019年4月，该出版合作体在伊朗召开了"'一带一路'与民心相通"论坛，国际影响力逐步提升。不仅如此，我国期刊在加强了国际交流的道路上正砥砺前行。2019年11月13日，中国科传与法国物理学会等4家学会在巴黎举行了收购法国EDP科学出版机构

---

[1] 付江. 稳中求进——2019年国内社科市场期刊动态盘点[J]. 科技与出版，2020（3）：74-80.
[2] 王俊. 如何推动中国期刊"走出去"？民进中央提案：改革管理机制[EB/OL]. 澎湃新闻，2019-03-02. https://baijiahao.baidu.com/s?id=1626887866788139279&wfr=spider&for=pc

100%股权的签约仪式,此举对中国科传建立国际化的期刊出版平台意义非凡,在提升科技出版实力,建设国际一流科技出版集团上将起到重要作用。① 与此同时,2019 年 11 月中国期刊协会率队赴美参加了第 42 届世界期刊大会,在此期间学习了发达国家期刊业在人工智能、数据挖掘、5G 应用等方面的新理念,充分促进了中外期刊界的交流。

二、2019—2020 期刊出版业发展趋势

站在新中国成立 70 周年重要历史节点,我国期刊业跨入新的历史发展时期,在回首期刊业过去一年发展的同时,展望 2020 年以 5G 技术、人工智能为代表的新兴信息技术为期刊业带来的创新动力、政策红利相继出台为期刊业进一步优化发展环境、正视期刊评价评估体系中突出问题,为期刊业健康持续发展扫清障碍。

(一) 人工智能推动期刊出版向全程智能化发展

在移动互联网时代,人工智能技术引发人们生活的各个领域发生变革,对于我国已经基本完成数字化转型的学术期刊编辑出版领域来说,人工智能技术是实现编辑工作从数字化、网络化阶段上升到智能化阶段的主要手段,同时学术期刊作为传播媒介,不仅在技术的支持下不断创新发展,实现传播效果最大化,还反作用于技术进步,聚合人工智能学科领军人物,促进人工智能基础理论研究,加速人工智能科技成果的转化应用,形成人工智能推动科技创新、学术期刊承载科技创新成果的良性循环。

人工智能被定性为"机器认知人类思维和偏好的能力能够相互作用,推动实现自我进化"状态,顾名思义人工智能最大的特点就是机器模仿人类行为、学习人类思考方式,从而将人类从冗杂、重复、低创新性的工作中解放出来,所以随着人工智能在期刊出版领域的不断深入,对编辑人员的工作方式、工作内容都会产生一增一减的影响,增加对编辑人员技术水平的要求,强调编辑工作和技术的紧密结合;为编辑人员

---

① 2019 年度中国出版业发展报告 [R]. 中国出版协会,2020 - 01 - 19.

减少类似热点话题、受众需求的数据监测分析工作和排版格式、多媒体文本编辑、校对等内容校编工作。尽管人工智能可以做到解放编辑人员、简化出版流程、优化传播方式、强化阅读体验等。

在内容生成方面，人工智能技术为塑造精准化、人性化编辑出版流程提供可能。可以为作者和学术期刊编辑部提供从稿件、特色栏目到审稿专家等方面的精准化匹配，提供对稿件排版格式、跨媒体传播信息编辑和视觉文本版面自动处理的人性化设置。

在内容管理方面，人工智能技术可实现"智慧"型检测系统。通过对网络学术出版平台上学科论文进行细分，针对不同学科特点调整检测标准，分类检测，而不再简单死板地以文字复制比作为判断所有学科学术创新价值的标准。

在内容传播方面，人工智能技术为读者塑造"沉浸式"阅读体验。通过科研、社交平台获取读者的研究领域、阅读习惯、信息需求等大数据为其建立兴趣模型，通过语义分析技术、深度学习技术为读者量身定制多媒体阅读方式，充分体现互联网思维带给期刊出版业的革新影响。但对于用户而言，在信息接收方面，受人工智能技术的影响拟态环境的塑造不再完全依据客观环境，呈现出更多由智能技术所构建的"仿真"信息模型，让人们逐渐习惯借助大量信息模型、复制品去认识和改造世界，以短视频平台为代表，平台上充斥着大量一式一样的视频模型、同质化的内容信息，复制品被不断消费的现象说明在内容方面目前智能技术的应用不能直接作用于期刊出版业的核心——内容质量的提升，还处于自我学习、进化能力弱的阶段。

科学技术是一把双刃剑，要辩证地认识人工智能技术给期刊出版业带来的变化、理性地运用人工智能技术推动期刊出版业突围发展。

（二）5G技术助力文化和科技的深度融合

2019年6月6日，以工信部向中国三大电信运营商发放5G商用牌照为标志，我国正式迎来5G时代。2019年8月，科技部、中央宣传部等六部委共同研究制定的《关于促进文化和科技深度融合的指导意见》明确指出科技创新水平的高低直接影响文化事业的发展水平，强调新一轮科技革命对我国宣传思想工作提出了挑战，将文化与科技的深度融合上升为国家战略。

在政策的指导下，针对目前5G等高新信息技术迅猛发展的趋势，对于文化产业而言，明确其融合主体意识，创新主体定位，积极与相关企业、科研院所、高校、社会组织等各类创新主体紧密配合，构建以高新技术为基点区域化、特色化的文化科技融合创新发展格局。在技术研发环节开展"文化资源分类与标识、数字化采集与管理、多媒体内容知识化加工处理、VR/AR虚拟制作、基于数据智能的自适配生产、智能创作"等关键、短板技术开发；坚定需求导向的基本原则，在内容生产环节提出扩大"可视化、互动化、沉浸化内容产品"的制作比重。在内容创新的基础上，打通文化创新成果从样品到产品再到商品的关卡。在内容分发环节重构传播平台，"利用VR/AR技术实现内容传播精细化与沉浸化"，"开展文化产品多渠道发布、多网络分发、多终端呈现等"促进传播手段现代化。与此同时在文化产品消费环节，文化产品相关的服务质量、知识产权保护、内容安全监管等问题都被纳入文化科技深度融合的重点任务中来。

5G技术凭借其高速度、高可靠、低时延等优势必然会带来新一次的数字革命，具体来说，5G技术将成为VR、AR产业进一步发展的硬件基础，将直接作用于VR、AR产品在出版业内容生产领域的比重。面对数字技术与出版产业深度融合的趋势，首先就对期刊从业人员的数字技术应用能力提出了更高的要求，其次是工作内容。不再局限于对内容进行"多种生成、多元传播"的生产模式，而是在精准定位用户群的基础上，有的放矢地围绕某一内容打造全方位的、发散式的融合型产品，将"多种生成"的内容视为产品，在"多元传播"的基础上增加"多元化运营"的理念。随着技术的发展、工作内容的更新，编辑的角色也要逐步向管理者、经营者转变，进而推进我国期刊出版业的市场化改革进程。

对于用户而言，5G技术首先满足了用户对互动阅读的需求，第二十六届北京国际图书博览会在国内首次展示了5G新阅读的场景，读者可以通过全息交互技术与作家进行"面对面"交流。其次将满足读者对超真实内容的需求，以5G技术为硬件基础的VR产品将被广泛应用，用户佩戴VR眼镜，或者可以直接称为VR读物，可以与书中的内容零距离接触，使得用户全身心沉浸于虚拟的阅读世界。最后，为用户打造"智能书单"，精准定位、量身定制、按需联动成为阅读无处不在的技术条件。

对于期刊出版商而言，在5G+VR技术的推动下，创新传播方式，牢牢把握用户对专业化、高质量的信息需求，打造沉浸式阅读体验；发挥领域权威优势，为用户有针对性地提供更加形象、生动、专业化的 VR 知识内容，提升知识服务水平。除此之外，VR 技术在出版业的应用不局限于内容生产领域，从生产到发行环节都可打造立体沉浸式体验平台，进一步强化出版与教育、线上平台与线下实体店，读者与作者之间的联系，构建万物互联、万物皆媒的出版生态系统。

（三）开放获取重塑科学出版未来

在过去的 20 年里，期刊出版模式尤其是学术期刊出版模式发生了深刻的变革。以 2002 年布达佩斯开放获取先导计划首次提出开放获取概念为起点，开放出版政策（OA）受到各国政府、科研机构的重视，开放获取资助联盟在各个地区、领域被建立并推出一系列规模化的科学开放政策，开放获取模式正在逐步取代付费订阅模式。

相同的开放获取目的致使相似的开放出版政策出现，其中科研资助机构普遍采取强制性开放获取政策，核心理念为受到科研资助机构、科研资助者和科研基金会资助的科研人员、公共资助科研项目、基金科研项目必须实现开放获取或一定时限的开放获取。截至目前，开放获取政策系统数据库（MELIBEA）登记了全球 500 多条开放获取政策[1]，随着开放获取政策的不断完善和科研资助联盟的成立，使得开放出版受到各国科研主体的重视。

对于期刊出版商而言，随着 2019 年以 S 计划为代表的强制性开放政策的相继展开，在此背景下不断涌现的变革性协议、预印本等都对传统期刊出版商在内容编排、产品定位、商业模式等方面产生冲击。"受参与 S 计划的国家、机构和欧洲研究委员会资助的科研成果出版物必须在 OA 期刊和 OA 平台上出版；禁止出版物有滞后期；不支持科研人员在混合型期刊上发表论文；要求学术成果立刻开放获取"，从 S 计划的核心原则可以看出，原先订阅模式（付费获取）正在快速地向开放获取模式转变，也代表着传统期刊出版商的商业模式、"大宗交易"业务会受到严峻的挑战。

面对开放大势，传统期刊出版商为弥补出版成本，探索出由原先向期刊使用者收取内容获取费转变为向作者及其支持机构收取文章处理费，即 APC（article-processing charges）模式，越来越多的大型跨国期刊出版商借助 APC 模式以挽回自身在"大宗交

---

[1] 郑昂. 科研资助联盟主导的学术开放出版研究——以 S 计划为例 [J]. 中国出版，2019（17）：64-68.

易"等方面的利益损失。在"S计划"预留订阅期刊过渡期间，APC模式暂时缓解了期刊出版商利润下降的问题，但是更多尖锐的问题也随着过渡期的临近而到来，例如高质量旗舰期刊是目前出版商与科研资助机构、基金会等资助主体之间主要矛盾点，在如何坚守旗舰期刊订阅模式以维护经济效益与100%开放存取论文之间寻找平衡点、创新业务模式成为多数大型期刊出版商接下来急需应对的问题。

对于科研人员而言，科研资助联盟明确表示支持《关于科研评价的旧金山宣言》的原则，即在基金和机构在评估研究成果时要将研究本身与研究发表的期刊区别开来，将影响资助资金是否投放的标准放在对研究本身评估，而不是研究发表的期刊。这一原则有助于扭转目前论文唯"SCI至上"的异化现象，强调科研内容本身的价值。这一原则与我国2020年2月教育部、科技部印发《关于规范高等学校SCI论文相关指标使用树立正确评价导向的若干意见》目的相同。帮助科研人员转变观念，首先理性看待SCI论文及相关指标，其次认识到评价学术成果的主要标准从期刊向内容本身转变的趋势，再次将科研工作的重心放在解决人民生活中、生产实践中所出现的关键问题，最后为我国探索建立科学的评价体系提供借鉴。

学界将开放获取的出版模式视为学术圈内知识共享的理想，对于政府而言，面对人民日益增长的美好生活需要，"知识共享"首先有助于提高党和国家科学执政能力，推动我国治理体系和治理能力现代化。其次有助于知识型产业打破知识壁垒，政府、企业、高校三者间通过研究数据的开放获取建立更加精准有效的合作关系实现共赢。最后有助于大众缩小知识鸿沟进而实现机会平等，增强社会凝聚力。政府应不断加大受公共经费补助、发表研究的开放获取工作力度。

对于非学术社群的大众来说，随着信息化社会特征的不断深化，与之相伴的是知识导向型产业规模不断扩大，为社会提供就业、增加利税、推动创新，这些信息产业已然成为国民经济中不可或缺的一部分。相比于学术界，这些专业或知识工作者同样需要通过获取知识解决生产实践中的关键问题，加速产品创新和技术的研发。对于普通大众而言，优质信息的增量传播影响着生活的各个方面，尤其作用于国民健康水平的提升，但是要想真正利用开放获取政策实现全民信息获取平等、产生实际的社会经济效益，期刊的开放获取只是一个起点，还需要不断深化期刊改革，同步推进OA期刊在内容、形态、渠道、经营管理模式等方面的融合发展。

随着各国科研机构、高校图书馆、研究协会等学术共同体对于开放获取政策的积极响应，期刊出版业涉及的主体，以及非学术社群都受到不同程度的影响，也势必会引发利益相关方的重组，重塑期刊出版体系。

（四）深化经济体制改革，加速品牌期刊集团建设

2012年，新闻出版总署在制定实施《关于期刊编辑部改革的实施办法》中指出，"在始终把社会效益放在首位，努力实现社会效益和经济效益的有机统一的基础上，坚定不移地走体制改革道路，以资本为纽带，促进报刊编辑部与市场对接，加速转变为自主经营、自负盈亏的市场主体"，同时指出"实现报刊业集约化经营、培育大型报刊传媒集团"。依据文件精神自上而下的进行转企改制对于期刊单位来说不算太难，但是当期刊真正作为主体投身于市场竞争中时，优胜劣汰的市场法则显得尤为残酷。紧接着2013年十八届三中全会通过的《中共中央关于全面深化改革若干重大问题的决定》中明确提出经济体制改革是全面深化改革的重点，紧紧围绕使市场在资源配置中起决定性作用深化经济体制改革，为接下来各个领域的改革注入市场活力。针对期刊业发展，如何以市场为核心、优化资源配置、塑造核心竞争力、探索出一条适合自己市场化道路成为当下思考的命题。

2018年11月4日习近平主持召开中央全面深化改革委员会第五次会议，会议审议通过了《关于深化改革培育世界一流科技期刊意见》，会议针对期刊业发展提出两步走建设目标，2018年年底至2023年年底我国要推进集群化并加快向集团化转变，形成有效支撑现代化经济体系建设，到2035年建成一批具有国际竞争力的品牌期刊和若干出版集团，建设目标为今后期刊业的发展指明市场的重要性，逐步适应市场规律，优化资源配置，形成集约化经营、具有国际竞争力的品牌期刊出版集团。

2019年9月20日中国科协、财政部、教育部、科学技术部、国家新闻出版署、中国科学院、中国工程院七部委联合下发通知，正式启动实施"中国科技期刊卓越行动计划"，计划中直接将建设世界一流科技期刊作为核心目标，指出未来在项目建设方面，将设立期刊集群化试点，加强刊群联动、融合发展进行系统布局；在领域建设方面，优先做精做强一批基础研究领域、优势学科领域、战略前沿和新兴交叉学科领域科技期刊；在国际化发展方面，聚焦国际学术前沿，始终保持期刊在论文选题、出版

语言、出版规范等内容方面国际化走向。除此之外，组织国际化同行评议和编委会、培养国际化水准的期刊编辑出版人员等工作都为 2035 年建成具有国际竞争力的品牌期刊出版集团打下坚实基础。对于集约化发展形式的探索，在经营管理方面，国内已涌现了一批优秀的集团化经营主体，例如中华医学会杂志社、中国科学杂志社、中国人民大学书报资料中心等出版企业等，但鲜有吸引国外资本和技术进驻的合力，伴随着中国扩大开放的坚定决心，期刊出版业的市场化进程才刚刚崭露头角。

（五）建立健全科学的分类评价体系，引领期刊业健康持续发展

2020 年是"双一流"建设至关重要的一年，教育部将启动"双一流"建设中期考核、第五轮学科评估及新一轮学位点授权审核工作。总结前四轮学科评估工作经验，推动构建更加科学有效的教育评价制度体系，着力破除教育评价中存在的"五唯"问题，真正实现学科评估服务大局、服务高校、服务社会的目的成为党和国家需要进一步解决的问题。

科学研究水平作为前四轮学科评估的重要指标，科研水平通过"科研成果""科研获奖""科研项目"方面体现，其中"科研成果"主要考查内容包括"学术论文""专著专利"和"出版教材"。学术期刊作为科研成果主要载体，成为影响学科评估水平的重要介质，所以在以往的学术评价中，学术期刊的影响因子成为重要衡量因素的同时，也出现了"以刊评文"、期刊影响因子与研究人员贡献、价值挂钩等过度现象。

2020 年 2 月 18 日教育部、科技部联合印发《关于规范高等学校 SCI 论文相关指标使用树立正确评价导向的若干意见》，及时指导科研人员正确理性看待 SCI 论文相关指标，指出当下存在片面、过度、扭曲使用 SCI 论文相关指标等现象、明确 SCI 不是评价学术水平和创新贡献的直接依据。与 2018 年 11 月 4 日中央全面深化改革委员会第五次会议审议通过的《关于深化改革培育世界一流科技期刊意见》相辅相成，相互配合。一方面扭转各大高校、科研院所、科研人员将发表 SCI 论文作为科研工作根本目标的思想，提出要通过建立健全分类评价体系来解决"SCI 至上""以刊评文"所带来的学风浮夸浮躁和急功近利等问题，塑造风清气正的科研环境。另一方面加速优先发展一批中国前沿学科和优势学科领域期刊、加快培育世界一流科技期刊、加强建设具有国际竞争力的品牌期刊集团的意识。在 2020 年 4 月 27 日召开的中央全面深化改革委员会

第十三次会议上依然强调"要抓好科研评价等基础性制度落实",指出当前建立健全科学的分类评价体系的重要性,关系到科技体制改革的进程,关系到创新创造能力的发挥,关系到能否真正做到文化自信、树立起文化大国的形象。

(六)数字化出版纵深发展,人才需求持续增大

在 2010 年《关于加快我国数字出版产业发展的若干意见》、2014 年《关于推动传统媒体和新兴媒体融合发展的指导意见》以及相关政策陆续出台的背景下,加速我国期刊出版产业的数字化进程向纵深化发展,截至目前,全国95%以上的期刊开展了数字网络出版业务[①]。

从出版产品形态来看,纸质形态的期刊产品不再成为期刊出版发行的主流产品,一些期刊探索按需出版、预出版、数字出版等新型出版模式,以达到优化资源配置、降低成本的目的,绝大多数纸质期刊都将运营重点转移至数字化产品,当然,数字化产品也不再局限于图片、音频、视频的组合,VR、AR、3D 等沉浸式阅读产品正在逐渐占领市场。

从出版渠道来看,逐渐形成以中国知网、万方数据为代表的期刊数据库平台、以中国人民大学书报资料中心为代表的自建线上出版平台以及微博、微信、客户端等多元化立体传播格局。为满足用户对移动化信息需求,期刊业不断探索开发新技术、新模式、新平台,例如超星学习通、移动图书馆、中国知网等知识服务型移动客户端;在"两微一端"、抖音等新型社交化媒体建立账号,及时更新期刊动态、定期推送期刊内容,旨在满足用户对互动化、视频化的信息需求,缩短与用户之间的距离,增强用户黏性。

从出版运行模式来看,各种新兴的和潜在的出版模式都是建立在数字化出版的基础上进行探索的,例如开放获取模式、PPP 出版模式、公共数字出版模式、引文索引模式、学术搜索模式、淘宝模式、集成数据库模式、视频出版模式、微信出版模式、域出版模式。

在任何行业的发展过程中,人才的发展都是至关重要的因素,人才队伍的建设尤

---

① 吴尚之. 中国期刊业 40 年发展成就与展望 [J]. 中国出版,2018 (23):9-11.

为重要。数字技术作为推动出版业现代化的重要因素,数字化人才则成为不可或缺中坚力量。《关于加快我国数字出版产业发展的若干意见》指出在出版人才类型方面,"除了加大对数字出版编辑人才的培养,高级管理人才、高级营销人才、高级策划人才等经营管理类人才也是数字出版人才队伍至关重要的一分子"。在具体措施方面,"在企业内部要建立健全数字出版工作考评体系,激发期刊从业人员工作活力、创新力"、"将数字化人才培训作为长期工作安排";"在企业外部,积极与高等院校及科研机构合作,建立人才培养和实训基地,共同培养专业化领军人才"。树立重视人才的发展理念、开拓新时代期刊工作的积极力量、为未来期刊业持续发展注入新生力量。

三、关于期刊业发展的思考和建议

(一) 推进期刊高质量发展,培育世界一流的科技期刊

高质量发展是党的十九大提出的发展理念,实现期刊的高质量发展、建设期刊强国,这已经成为了全国期刊业的共识。随着媒体格局和传播生态的变化,期刊实现高质量发展必须顺应时代,提升传播力。只有在保证内容扎实的基础下进行切实的传播,才能实现受众在哪里、期刊的触角就在哪里的传播效果。

2019年8月,中国科协、中宣部、教育部、科技部联合印发《关于深化改革 培育世界一流科技期刊的意见》,文中提出:尽管中国已成为期刊大国,但缺乏有影响力的世界一流科技期刊,这在全球科技竞争中具有明显的劣势。因此,有必要进一步深化改革,加快世界一流科技期刊的建设,奠定坚实的科技文化基础。为此,我们必须把握全局,发挥整体优势,促进期刊的高质量发展和期刊行业的可持续性发展。①

期刊的发展离不开优质的内容,而优质的内容有赖于优秀的作者,优秀作者的优秀作品要成为期刊的一部分,还必须得有优质的编委作为支撑,因此,建立高质量的

---

① 中国科协. 四部门联合印发《关于深化改革培育世界一流科技期刊的意见》[EB/OL]. 新华网 http://www.xinhuanet.com/science/2019-08/19/c_138320888.htm

编委会势在必行。鼓励我国优秀的期刊人才任职有影响力的期刊的编委,高水平的编委会不仅能够帮助期刊识别优秀的稿件,提升期刊的内容质量,同时也是吸引优质稿源的重要手段,争取吸引高水平研究成果在我国一流期刊首发,进而提升我国期刊的话语权。

其次,发挥数字平台的推动作用,积极构建我国的期刊数字出版平台,在该平台上汇聚各类型的数据和资源,用数字化重塑出版流程。联通中外,通过国际合作,在加强国际化交流的过程中积极主动地吸纳全球的优质资源,促进企业、学者和期刊之间的跨地区合作,大力提高我国期刊编辑人员的国际化水平和服务能力,为中国的科技期刊对世界发展与影响做出重大贡献,从而提高中国在世界科学技术期刊的话语权和影响力。同时,支持高水平期刊衍生集群,从国家层面选择并专注于一些高水平期刊的建设,围绕这些期刊,以分层布局构建其子期刊或集群期刊的形式,形成一定规模的期刊群,发挥一流期刊的引领效应,实现优势互补。①

此外,还应积极鼓励与推进期刊作者和研究人员把论文写在祖国大地上。科研论文来自科研成果,而科研成果大部分是通过国家财政资金来培育的。如果优秀的科研论文流向国际英语学术期刊,我们的学术话语权和指导权将由国际英语学术期刊及其背后的出版国控制。所以首先要做好中国的科技期刊,优先满足国内学者的学术交流需要,吸引中国一流稿件发表在中国的优秀期刊上,使科研论文真正为祖国现代化事业贡献自己的价值。在这个过程中,政府在各个期刊出版部门之间应起到连通的作用,利用政府的职能加强对科技期刊的支持,使各个期刊出版部门之间得到合作,实现信息互通、优势互补,并且将有限的国家财政资金投向中文学术期刊,助力中国科技期刊做强做大,增强中国科技的国际话语权。

(二) 促进期刊业数字化、智能化发展

2019 年是数字出版的关键年,数字出版在所有重大政策文件中被高度重视。将传统的出版形式逐渐转变为数字出版,将原来的纸质期刊转变为数字期刊,不但简化了

---

① 怀进鹏,朱作言,刘兴平. 建设中国的世界一流科技期刊,提升我国在国际期刊界的话语权 [N]. 光明日报,2019-11-07 (16).

流程，缩短整个供应链，节约了成本，还更加符合当下消费者碎片化的阅读习惯，更容易受到消费者的青睐。无论是从扩大期刊受欢迎度的角度还是从读者的便利性来看，期刊的数字化都是大势所趋，这就要求传统出版单位积极适应，加快数字化转型和升级的速度，并探索出版业的新形态。目前，我国期刊数字出版模式单一，数字出版与传统出版之间难以避免的形成矛盾，数字出版亟需探索不同的商业模式，在这样的时代背景下，语义出版、众筹出版等等模式都是探索"互联网＋"出版模式的有益尝试。

面对目前期刊数字出版面临瓶颈化现象，期刊的语义发布可以揭示资源之间的关系，实现数据挖掘和语义检索，因此有必要实现基于数字资源的聚集实现语义出版在期刊中的更好的应用。语义发布可以整合大量零散无序的信息，实现信息的可视化。将语义技术整合到中国科技期刊的数字出版中，不仅可以实现中国科技期刊信息平台的智能化，提高科研人员的检索效率，而且还为用户搜索和使用信息提供了便利。通过使用语义技术识别用户的兴趣，分析用户的行为，自动建立用户偏好数据库，并积极向用户推送准确的个性，从而提高服务质量和受众黏性。但同时，语义发布模式需要在已发表的文章的数字内容上添加语义标签，并建立相应的本体库，这对数字资源的聚合提出了更高的要求，因此将大大增加期刊数字出版的加工成本。

在目前国内探索期刊数字出版的模式之下，还存在着众筹出版模式的途径。众筹的本质要求是通过广泛的社交网络来实现资金的筹集，因此，对数字出版平台的众筹项目进行发起的人亦或是相关社会组织，还有负责后期运营的市场主体都要充分的发挥社交网络的作用。① 在新媒体的浪潮下，充分利用社交网络对数字出版平台项目进行积极的宣传和推销，利用网络中的人际传播原理，尽可能更多的发动朋友圈子里的熟人以此带动资金募集，通过众筹活动获取出版活动中所需要的各项资金。

另外，在互联网技术的发展和普及下，一些可运用于编辑出版行业的新型技术例如大数据、云出版等相关技术日趋成熟，这样的发展现状无疑对期刊的数字出版发展大有裨益。在这样的环境背景下，通过 VR 或 AR 技术增强数字出版内容就具备了一定的可行性。基于 VR/AR 技术的内容增强出版模式，不仅可以丰富数字出版的形式，还

---

① 赵文义. 学术期刊数字出版的众筹模式研究 [J]. 出版发行研究，2017 (2)：56–58.

能增强了纸质期刊的阅读体验，可成为期刊数字出版增值业务发展的新方向。

（三）推动期刊出版业的品牌培育

期刊的品牌化发展，是期刊保持生命力的必由之路。期刊的品牌建设，首先必须明确自身的品牌定位，并把品牌发展作为一项长久的战略目标来实施，让期刊一步步进入品牌之路。其次要了解市场的需求，市场规则和市场的潜力，在市场环境中找准自己的定位，尽量寻找有发展空间和潜力的空白点。第三，品牌培育应该建立自己的内容生产编辑部，把生产与出版一体化，保证自己独特的市场竞争力。第四，注重人才的培养。培育人才首先是要有培育人才的环境，激烈的市场竞争面前，不仅需要有丰富实践经验的人才，同时也需要具备丰富的理论知识，这就需要创造理论和实践并重的培育环境，为其提供更多的实践机会，注重对理论知识的运用和积累，让人才成长的全面而丰富。

（四）加强期刊公共服务能力建设

期刊是传播优秀文化和更新知识体系的一项重要载体，由于其定价低、持续性出版等特点，对培养公民长期阅读习惯有相当大的助益。① 也正因如此，期刊社的领导和骨干编辑应该积极参与国家新闻出版署组织的基层调研活动，响应国家新闻出版署的号召推进全民阅读、建设农家书屋。使拥有丰富的"三农"期刊品种的出版社参与农家书屋工程建设，推动"三农"期刊出版质量不断提升。同时向偏远落后地区农家书屋捐赠图书和期刊，这样可以更加准确地了解农村读者的阅读需求，从而不断改进内容的选题和产品策划，使期刊的内容和形式更接地气，价格也更有亲和力，从而获取市场的正向反馈，进一步将范围拓展到服务农村居民健康生活、服务农村少年儿童成长等方面。在助推儿童阅读的道路上，期刊出版机构应始终秉持为孩子们提供积极健康向上的精神文化食粮的初心，坚持把公益性和服务性放在首位。不仅如此，期刊出版机构都应针对自己服务的对象，争取多出精品力作。

---

① 段艳文. 2019年中国期刊业观察［J］. 青年记者，2019（36）：18-20.

（五）推动中国期刊出版"走出去"

我国科技的进步与综合国力的提升为我国期刊的"走出去"提供了良好稳定的发展环境。期刊在传播思想和文化方面承担着重要作用，因此，在期刊对外交流的实践过程中，首要的问题就是如何应对中外的文化差异。在准确把握自身文化特色的同时，我们应持包容、理解的态度去了解目标国家受众的文化背景，采用国外受众更容易接受的传播方式，从而获取更佳的传播效果。同时改变以往借船出海的思维，建立中国自主的国家级出版平台，提升自主办刊能力。同时把握好"一带一路"出版这个重要载体，加大期刊出版的政策支持力度，改革管理机制，扩展办刊人员的交流渠道，培养期刊编辑人员的国际化的视野，为期刊"走出去"提供坚实的后盾。最后，还要注重加强与国外各大出版机构的沟通与合作，结合数字化、网络化等信息化平台，有力推动中国期刊出版"走出去"高质量发展，积极采用各种方式向世界讲好中国故事，有力的传播好中国声音。

（六）打造专业化的编辑人才队伍

要提升科技期刊的质量和影响力，创造世界一流科技期刊，编辑出版人才是发展的基础和关键。为了建立一支专业的编辑人才队伍，首先要明确职责与分工，在人力资源结构的组合中，必须作出合理的努力来优化人力资源结构。应重视不同年龄组搭配工作，以确保编辑团队的出版工作水平发挥最大值。其次，为了使期刊编辑素质能够得到有效提升，期刊出版制度就要满足期刊编辑的职业要求，采取措施鼓励和吸引更多具备优秀编辑素质的人才加入。同时，提供对期刊编辑的激励环境，通过提高办刊人员的薪水和细化职称等手段，鼓励办刊人朝着更高水平的方向努力，提高编辑团队的整体素质。鉴于出版市场的竞争更加激烈的现状，期刊编辑人员还应具备市场素质与较强的市场管理和营销能力，能够懂得市场规律，熟悉生产和消费、供给和需求、利益与风险之间的相互关系，凭此来出版具有高质量的期刊，实现期刊经济效益的不断提高。此外，在媒介融合的大背景之下，版权保护更加复杂，对信息安全的要求也将更高。因此，一个优秀的期刊编辑人员还必须具有强烈的版权保护意识和相关技能。

从网络期刊出版的现状来看,编辑"把关人"的功能并没有被虚化和削弱,而是赋予了全新的内涵。期刊编辑应该认识到,数字技术的改革不仅给传统的出版方式带来了巨大的挑战,同时也提供了巨大的机会。在媒介融合的趋势下,期刊的编辑依靠互联网技术来开展策划和编辑工作,因此编辑人员还必须具有较强的自我完善意识,熟练掌握新媒体技术,尤其是要提高对数字技术和互联网知识的学习和应用水平,以确保随着信息技术和互联网的迅猛发展而不断进步。优秀的期刊编辑不仅要维持自己的工作热情和专业素养,还要不断提高创新工作的能力,同时加强专业知识和编辑技能的优化升级,保持终身学习的强烈意识。

参考文献

[1] 段艳文. 2019年中国期刊业观察[J]. 青年记者,2019(36):18-20.

[2] 吴锋,宋帅华. 深耕与迭代:2019年中国期刊业的主要特征及最新态势[J]. 编辑之友,2020(2):69-74.

[3] 2019年度中国出版业发展报告[R]. 中国出版协会,2020-01-19.

[4] 韩建民,熊小明,王卉. 新时代主题出版的发展思考[J]. 出版广角,2019(4):24-29.

[5] 付江. 稳中求进——2019年国内社科市场期刊动态盘点[J]. 科技与出版,2020(3):74-80.

[6] 郑昂. 科研资助联盟主导的学术开放出版研究——以S计划为例[J]. 中国出版,2019(17):64-68.

[7] 吴尚之. 中国期刊业40年发展成就与展望[J]. 中国出版,2018(23):9-11.

[8] 赵文义. 学术期刊数字出版的众筹模式研究[J]. 出版发行研究,2017(2):56-58.

[9] 怀进鹏,朱作言,刘兴平. 建设中国的世界一流科技期刊,提升我国在国际期刊界的话语权[N]. 光明日报,2019-11-07(16).

[10] 潘正安. 让更多出版单位参与农家书屋建设[N]. 中国新闻出版广电报,2020-05-21(6).

[11] 王俊. 如何推动中国期刊"走出去"? 民进中央提案: 改革管理机制 [EB/OL]. 澎湃新闻 https：//baijiahao. baidu. com/s? id =1626887866788139279& wfr =spider&for =pc

[12] 中国科协. 四部门联合印发《关于深化改革培育世界一流科技期刊的意见》[EB/OL]. 新华网 http：//www. xinhuanet. com/science/2019 - 08/19/c_138320888. htm

（赵文义　长安大学图书馆馆长、长安大学人文学院教授）

第四节 2019—2020 中国报业发展报告

一、2019 年报业发展的基本情况

2019 年，报业在传播力建设、媒体融合发展、多元产业发展、供给侧改革等方面取得了一些成绩与突破。

（一）媒体融合取得新成绩，报业新媒体普及率创新高

一些报社在新媒体领域投入巨大人力物力，坚持移动优先理念，极大地提升了报业的传播力与影响力。比如，新京报目前只有一个报纸编辑部，只 11 人专职办报，但全报社包括采编、经营、发行、行政等在内的 1 100 多人，围绕新京报中心工作生产新闻产品。新京报 APP、微信、微博、抖音、快手等超过 100 个平台每天生产不少于 450 条图文、视频原创内容。

与之前只有报纸的时候相比，报业的传播能力也得到极大提高。在接受调查的 208 家报社自建的 APP 中，平均用户量为 408.8 万，265 家报业微博的平均粉丝数为 477.6 万，271 家在其他商业 APP 开设的账号的平均粉丝数为 53.7 万。2019 年 10 月，人民日报社长李宝善宣布，人民日报已从一张报纸发展成为拥有报、刊、网、端、微、屏等 10 多种载体，综合覆盖用户超 9 亿的新型媒体集团。而这个令人震惊的数据在以前只有报纸的时代简直无法想象。截至 2019 年 7 月底中国青年报社旗下 100 多个主要平台的用户总数达 1.2 亿多。其中，中国青年报法人微博 1 303 万，中国青年网法人微博 1 189 万，中青报学习强国账号 2 520 万，中国青年报微信 632 万，中国青年网日均独立访问户数（UV）1 749 万，中青看点客户端 3 800 万……远远超过原来只有中国青年

报报纸时的量级。

人民网发布的《2019全国党报融合传播指数报告》显示，2019年，党报在各个渠道的覆盖率均较去年同期有所增长。全部党报的网站开通率为93.4%；聚合新闻客户端和微信平台入驻率均超过80%；76.1%（287家）党报建有新闻客户端；73.5%入驻微博平台；半数党报开通了抖音号。2019年，党报微博账号平均粉丝量接近145万，比去年同期增长15%，平均每家党报微博账号日均发文12条，平均每篇微博文章阅读量为11万次，较2018年增长了14.6%。平均每个党报微信公众号日均发文5.5篇，较2018年略有提升。308个党报微信公众号发布文章的平均阅读量为4 746次，平均每篇文章的阅读量较去年同期增长3%；文章平均阅读量的中位数为1 211次，较去年同期提升5%。

（二）报业进行供给侧结构性改革，聚焦于关键点位

所谓供给侧结构性改革，是指从供给、生产端入手，通过劳动力、土地、资本和创新等生产要素的优化配置，来达到调整和优化经济结构、更好地满足用户需求。对应报业的媒体需求，供给侧改革则是根据用户的需求变化，淘汰落后产能（无论这种产能是传统媒介的还是新媒介的），集中资源与精力，做强做精优势媒体，提高媒体内容供给质量。

关停并转。2019年，报纸广电合并成为关键词。有省级媒体整合的，上海报业集团、天津海河传媒中心、辽宁新闻传媒集团的整合，地市级媒体的整合更是频繁，银川新闻传媒集团、中卫新闻传媒集团、大连新闻传媒集团、珠海新闻传媒集团、张家口市新闻中心、绍兴新闻传媒中心等等。特别是县级融媒体中心建设中，县级广电与报纸的合并是建设的前提与条件。浙江日报报业集团旗下的9家县市报在短时间内均已与当地广电完成了资产、人员等的合并工作，成立了当地的县级融媒体中心。2020年，在县级媒体、省级媒体之外，在前提大量调研的基础上，有望推出新的关注地市媒体的顶层设计，类似这样的地市媒体的整合将在更大范围内推进。

精简聚焦。在当前的媒介格局与环境下，媒体整合的目的是精简，如果只是将各个落后产能凑在一起"搭伙过日子"，则无法实现整合的最终目的，分道扬镳只是早晚的事情。已经整合了9年的大庆新闻传媒集团在2019年4月12日又分开，成立了报社

与广播电视台。究其原因，在于整合后机构没有进行精简，反倒是越来越庞大，3 000多人的员工队伍，9个媒体，经济无法支撑而矛盾重重，分开也是一种选择。

还有新媒体资源精简聚焦也是一大难题，目前报业媒体融合存在的一大问题是新媒体渠道开设太多，但缺少拳头产品；而且新媒体只增不减，数量越来越多，却没有精简。因此，对于新媒体渠道的整合成为当前报业供给侧结构性改革的重点2018年，天津市整合报纸、广电资源，成立天津海河传媒中心，集中力量做大做强津云客户端；大众报业集团强力推出海报新闻客户端，而逐步整合集团旗下新锐大众、山东24小时、山东手机报、大众论坛、齐鲁壹点等客户端的内容与资源；重庆日报报业集团逐步整合慢新闻、上游财经等客户端资源，融入上游新闻，集中资源与精力做好上游新闻客户端。

政策扶持。2019年1月25日，习近平总书记在中央政治局第十二次集体学习时强调："各级党委和政府要从政策、资金、人才等方面加大对媒体融合发展的支持力度。各级宣传管理部门要改革创新管理机制，配套落实政策措施，推进媒体融合朝着正确方向发展。"这为当前报业融合发展获得政策资金支持提供了政策依据。

大连市委、市政府对大连传媒集团"扶上马、送一程"，市财政确定用三年解决传媒集团历史欠账，增加了财政供养人员450人。要通过对媒体的扶持形成造血机能，主要体现在资源配置上，实行"四个优先"，即政府性公共资源优先配置给媒体；可公开的政府数据资源优先向媒体开放；党委政府部门便民信息服务平台优先由媒体承接；政府性户外广告业务、大型活动策划、文化产品等项目优先媒体承办。

（三）多元产业发展，报业已不是"报"业

报纸当前最大的问题是传统的广告模式已经"失灵"，将报纸读者注意力卖给广告商的模式由于报纸阅读率的走低已经越来越不具备可行性。但报纸近年来正在发掘新的广告模式，比如纯粹形象展示的政务广告、工商注销登记等公告、证券类报纸的信息披露等，皆是与传统广告模式完全不同，不依靠于报纸阅读率的广告类型。目前来看，报纸上纯粹的商业广告已经变得极其稀缺，大部分的广告类型都是以"专刊""专版"为形式的政务类收入，甚至能够达到60%—70%以上。

另外，近年来，依托于报纸的新的盈利模式层出不穷，比如"专刊专版模式"，"版权收费模式""全案营销模式""订阅发行模式"等，在一定程度上，减缓了报纸

传统广告模式下滑对报业产生的冲击，使报纸的经营收入越来越多元化，但依然无法替代传统报纸广告模式。

现在更为重要的趋势在于：报业的收入并不全部来自于"报"业，更多的是来自多元产业。报业从上世纪九十年代末开始在产业方面发展力量，一些报业集团已经积累了大量的项目与多元产业运营的经验。在来自报纸的营收大幅下滑，新媒体营收不能形成规模的背景下，很多报业集团的非"报"营收已经超过报纸营收。现在的报业已不是"报"业。河南日报报业集团的非报营收早在2015年就远远地超过了报纸营收，2019年已达七成以上；浙江日报报业集团的非报产业在总营收的占比高达80%，成都传媒集团的产业包括文化地产、会展、策划、旅游、网游、教育等，多元产业收入超过总收入的一半以上。还有南京日报报业集团、杭州日报报业集团、长沙晚报报业集团等，都已不是纯粹的"报"业，其主营收入都来自于非报产业。

报业的未来需要的是类似于之前广告模式这样足够体量的营收来源，但从总体上看，目前的产业多元化只是暂时的，属于多点突破的一种尝试。内容分发、版权售卖、舆情服务、智库报告、政务服务、城市营销、展览陈列、创意园区、小记者等，五花八门、包罗万象，绝大部分都无法独立成章，成为报业的支柱产业；但报业的机会与未来正存在于这些努力的探索中。

二、2019年报业发展面临的主要问题

（一）2019年报纸广告刊登额只有2011年的十分之一

到了2019年，报业总体经营形势并没有好转，所谓的"断崖式下滑"持续已有多年，仍然没有触底的迹象。根据CTR媒介智讯的数据，2018年报纸广告刊登额比2017年下降30.3%，2019年上半年比2018年同期下降30.6%，预计2019年全年的广告刊登额情况并无太大变化，全年30%的降幅几无悬念。从2017年开始，每年都是30%以上的广告降幅。报业广告在2011年的488亿元下滑到2019年的44亿元，8年时间，已下降到不足一成。《2018中国报业发展报告》中所描绘的"报业已越来越不具备市

场化条件"① 越来越明确。

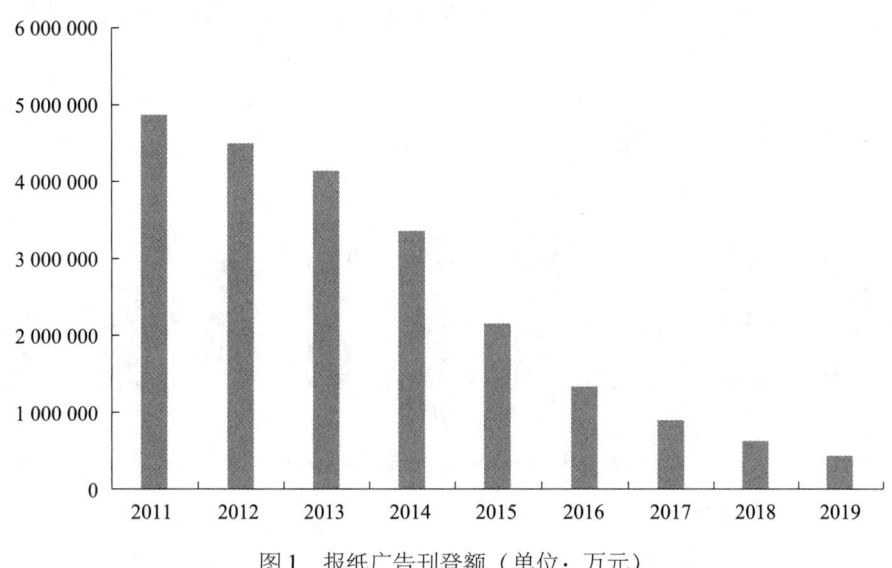

图 1　报纸广告刊登额（单位：万元）

（数据来源：CTR 媒介智讯）

当然，这只是监测数据，而且是商业广告的监测数据。对于大部分党报而言，还有大量的以"专版""专刊"形式出现的形象广告并没有包括进来，而"专刊""专版"的广告刊登额恰恰是近几年增幅较大的营收。所以说，实质上，报纸广告的下滑程度或许还没有达到如此惨烈。

在经营收入方面，虽然新媒体已经成为传播的主力军、主阵地，但是依然没有成为报业的核心收入来源。中国广告协会报刊分会发布调查报告显示：参与调查的报社中，经营的多元化趋势越发明显，报纸广告收入占比仅为 37%，虽然仍是报社的第一收入来源，但比重已缩减很多；报纸发行收入占比 30.2%；新媒体收入只占比 11%，其他经营收入占比达 21.8%。②

（二）报纸发行量更低，报纸更薄、更贵

报纸发行量是个非常敏感的数据，我们可以从全国的新闻纸使用数量上觅得发行

---

① 陈国权. 2018 中国报业发展报告［J］. 编辑之友，2019（2）：46-53.
② 姚林. 报业媒体融合中的融媒体经营分析［J］. 中国报业，2019（10）上：32-35.

量的大概。2019年的新闻纸使用量为149.80万吨，而2018年为166.10万吨，下滑了9.81%；这基本上揭示了2019年全国报纸发行量总体上的增减情况。

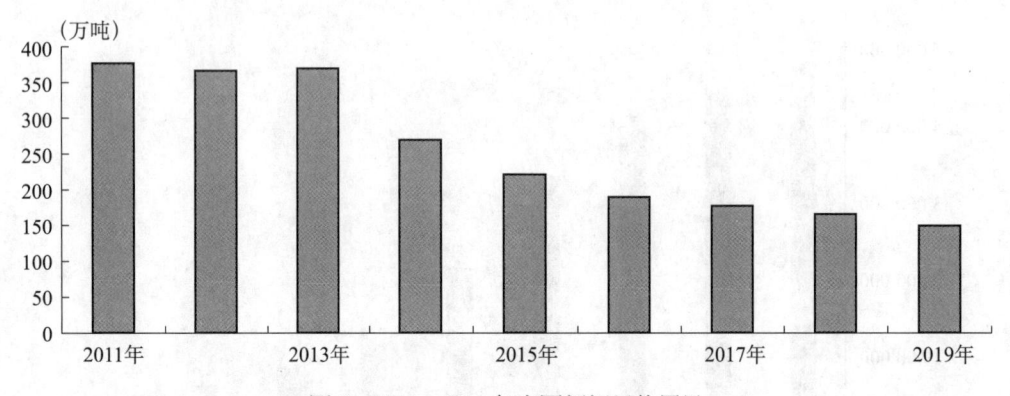

图2　2011—2019年全国新闻纸使用量

（数据来源：中国报业协会）

此外，我们还可以从最近几年全国报纸总印数、总印张的数据分析报纸的厚度增减情况，以及总体定价水平情况。

2018年全国报纸总印数337.26亿份，比2017年同期下降6.96%；总印张927.90亿印张，比2017年同期下降13.78%；定价总金额393.45亿元，比2017年同期降低1.35%。根据2019年全国新闻纸使用量的变化趋势以及报纸总印数、总印张的理念情况，估计2019年报纸总印数降幅为12%，为296.79亿份。

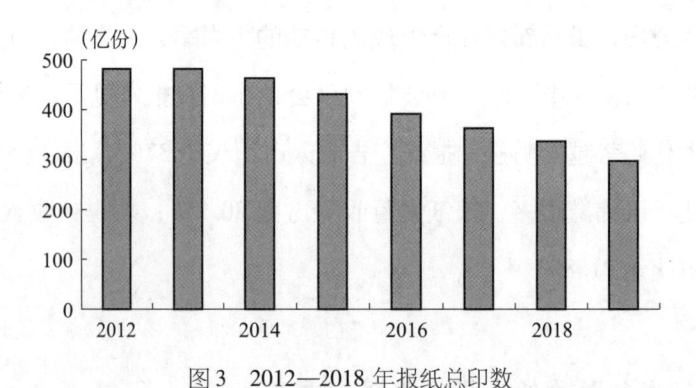

图3　2012—2018年报纸总印数

（数据来源：2012—2018年报纸种数为"国家数据"，2019年报纸种数数据为预估）

这三组数据告诉我们：总印数下滑，说明发行量还在持续下滑，但总印张下滑得更厉害，是总印数下滑的两倍，这说明报纸的版面变得更少，报纸变得更薄，8版，周末4版,甚至单数版面成为一种常态。在总印数下滑6.96%的前提下,定价总金额只比2017年同期下滑1.35%的情况,则告诉我们,报纸的总体定价水平在上升。

据统计,目前,邮发2020年订阅价格在500元以上的报纸已经达到26家。分别是:《贵阳日报》536元、《广州日报》540元、《贵州日报》536元、《济南日报》600元、《上海日报(英)》720元、《长江日报》636元、《海口日报》540元、《海南日报》540元、《新快报》540元、《江西日报》516元、《信息时报》540元、《沈阳日报》520元、《深圳特区报》540元、《深圳晚报》650元、《深圳商报》720元、《北京日报》540元、《河北日报》536元、《苏州日报》532元、《羊城晚报》540元、《汕头日报》540元、《黑龙江日报》536元、《辽宁日报》520元、《新华日报》532元、《大众日报》540元、《浙江日报》520元、《陕西日报》500元。此外,还有大量定价在490元左右的报纸。大部分都是带有党报性质价格弹性非常小的报纸。

这种收割战略将导致人们更快地远离报纸,但是对于报社而言,这样的收割则能立竿见影地提高盈利水平,特别是那些依靠文件发行价格弹性非常小的报纸。

(三) 不同报纸涨跌互现,省级党报情况较好

各个不同报种的广告涨跌幅度不一,相对而言,较多党报的广告近年呈小幅增长态势,中国广告协会报刊分会对全国省级及市级报社进行的调查显示,有不少省级党报的经营收入在2019年创历史新高。党报的政务广告、商业广告都呈上涨态势。

党报的发行增量也较大。除了原有的党政机关干部的党报订户,增加了对高校、农民工、社会窗口、退休干部、国企职工、工会班组等群体的党报覆盖。

由于党报的强力带动,一些报业集团的总体经营利润收入也在逆势中实现了增长,比如2020年度,《新华日报》发行47万份,新华日报传媒集团2019年度实现利润达3.65亿元,与2018年同期相比增长80%。

媒体受社会经济影响十分明显,一些在特定领域拥有独特优势的报纸在2019年却面临巨大冲击。临近2019年底,新的证券法第八十六条规定,上市公司信息披露发布不再是此前的"指定媒体",而是调整为"符合国务院证券监督管理机构规定条件的媒体",这意味着上市公司信息披露的媒体门槛降低,原先的"指定媒体"——各大证券

报纸来年的营收遭遇较大压力。

信息扶持、政府扶持等，这些非市场化因素已经成为支持当前报业发展的关键支柱，报业转型发展的当务之急，是寻找发掘更多这样的非市场化因素。

（四）报纸种数下降，休刊后重新"打开"增多

2019年休刊停刊的报纸有19种，2018年全国共有各类报纸1 871种，比2017年减少了13种。根据2020年1月1日一天15家休刊停刊的报纸数量，以及当前都市报的深重危机，预估2020年报纸休刊停刊的数量将远超往年。

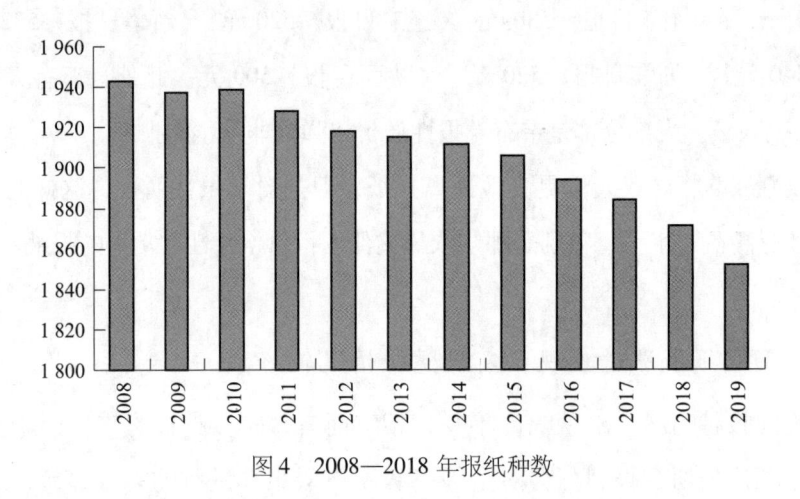

图4 2008—2018年报纸种数

（数据来源：2008—2018年报纸种数为"国家数据"，2019年报纸种数数据为预估）

根据《2018中国报业发展报告》的数据，截至2018年12月30日，2018年停休刊的报纸已达到35份。①

但实际上，很多休刊的报纸，在休整一段时间之后，一般不会注销刊号，往往会选择更名重出。比如，休刊一年多的《河南青年报》在2019年4月更名为《河南青年时报》。《城市信报》2019年8月1日休刊之后，更名为《青岛西海岸报》；2019年9月，《新商报》更名为《老友时代报》；"今天的告别，不过是打开未来的一种方式。"

2019年，报纸的休停刊还在持续。截至目前，已有34家报纸选择在2019年宣布

---

① 陈国权. 2018中国报业发展报告［J］. 编辑之友，2019（2）：46-53.

休停刊，其中有 16 家报纸选择在 2020 年的第一天休停刊。其中，有 30 家为都市报，其余 5 家是行业报。

表 1　2019 年休停刊以及宣布休停刊的报纸

序号	报纸	所在地	报纸性质	休停刊时间
1	北京晨报	北京	都市报	2019 年 1 月 1 日
2	法制晚报	北京	都市报	2019 年 1 月 1 日
3	新知讯报	宁夏	行业报	2019 年 1 月 1 日
4	赣州晚报	江西	都市报	2019 年 1 月 1 日
5	北方周末报	内蒙古	都市周报	2019 年 1 月 1 日
6	今晨 6 点	山东	都市报	2019 年 1 月 1 日
7	羊城地铁报	广州	地铁报	2019 年 1 月 1 日
8	哈密广播电视报	新疆	都市报	2019 年 1 月 1 日
9	中国测绘报	全国	行业报	2019 年 1 月 1 日
10	伊犁晚报	新疆	都市报	2019 年 1 月 1 日
11	华商晨报	辽宁	都市报	2019 年 1 月 1 日
12	亳州新报	安徽	都市报	2019 年 1 月 1 日
13	春城地铁报	云南	地铁报	2019 年 1 月 1 日
14	安阳晚报	河南	都市报	2019 年 1 月 1 日
15	成都晚报	四川	都市报	2019 年 3 月 30 日
16	三晋都市报	山西	都市报	2019 年 7 月 27 日
17	发展导报	山西	行业报	2019 年 7 月 27 日
18	城市信报	山东	都市报	2019 年 8 月 1 日
19	武汉晨报	湖北	都市报	2020 年 1 月 1 日
20	天府早报	四川	都市报	2020 年 1 月 1 日
21	上海金融报	上海	行业报	2020 年 1 月 1 日
22	生活日报	山东	都市报	2020 年 1 月 1 日
23	城市快报	天津	都市报	2020 年 1 月 1 日
24	自贡晚报	四川	都市报	2020 年 1 月 1 日
25	雅安新报	四川	都市报	2020 年 1 月 1 日
26	拉萨晚报	西藏	都市报	2020 年 1 月 1 日
27	天津广播电视报	天津	都市报	2020 年 1 月 1 日
28	吉安晚报	江西	都市报	2020 年 1 月 1 日

续表

序号	报纸	所在地	报纸性质	休停刊时间
29	本溪晚报	辽宁	都市报	2020年1月1日
30	北方时报	黑龙江	行业报	2020年1月1日
31	百色早报	广西	都市报	2020年1月1日
32	梧州广播电视报	广西	都市报	2020年1月1日
33	浙中新报	浙江	都市报	2020年1月1日
34	北方晨报	辽宁	都市报	2020年1月1日

三、2020年乃至今后一段时期报业发展的思考与建议

报业作为一支高质量内容的生产者的角色毋庸置疑，但很多年来，人们往往忽视了这一核心竞争力。特别是5G时代的到来，在4G时代遭遇重创的报业，对于5G的应对心存畏惧。

5G是一场革命，而非进化。从应对革命的角度来探讨报业的转型，要比仅仅细枝末节的变化来拆墙补洞更具战略眼光与全局视角。应重视5G所带来的传媒格局变化，以及在这个变化当中报业在新的媒介产业链中的定位与角色。5G时代，从技术回归内容，对新传播格局中报业的定位与角色须进行重新想象。

（一）扬长避短：以竞争视角应对5G

我们不应仅仅从技术迭代角度，而应从市场竞争角度考虑媒介变局与媒体转型。媒体竞争应奉行的是"扬长避短"的理念，不必徒劳地弥补短处，而应将长处充分发挥。[1] 5G将彻底颠覆媒介内容生产体系，报业的"长处"正存在于这个过程中。

在传统媒体的时代，新闻生产与渠道分发是合一的，报社不仅生产新闻内容，也生产新闻纸，用发行渠道分发出去，这种模式的思维惯性让报业在面临4G时还在沿用渠道分发的角色，在实践中碰得头破血流。

---

[1] 陈国权. 分化是传媒发展的趋势——"融合论"质疑[J]. 新闻记者, 2010 (3): 22-25.

5G 带来的内容分发技术的高效率、精准化将会加速媒介生产的社会化大分工，每一个不同的媒体单位成为媒介生产价值链条的一个环节，内容生产可以根据生产、传播、变现等不同环节，进行重新划分，如内容原创、二次加工、内容运营、内容风控、内容聚合、内容分发等；而且，这种分工还将越来越细。在这样的趋势下，专业的新闻内容生产将有望成为新闻生产体系中独立的有话语权的环节。显然，专业媒体在内容生产方面的优势根植于多年形成人才、文化、机制、资源等特征，这才是专业媒体的"长处"。应致力于新闻生产环节，而非新闻分发平台的不对称竞争。

无论是传统媒体，还是新媒体，都应该坚守自身定位、发掘核心竞争力。实际上，算法发展到今天，它们也在进行公共匹配的努力，试图达及大众，实现社会整合。[①] 但从市场竞争立论角度考量，竞争定位决定着这样的努力也会是徒劳的。在媒介内容生产与分发的生态链中，一个媒体固守某一个环节是竞争效率最高的模式。

（二）应对算法分割，内容生产要坚守社会理性

现在流行的算法推送内容模式导致"信息茧房"现象。"信息茧房"一词为美国学者桑斯坦提出，是指人们会习惯性地被兴趣引导而将自己的信息接收桎梏于"茧房"中，就像蚕自己吐丝围住自己一样。"信息茧房"与人们的选择性心理有密切关系，与人们已有的认知框架有关。心理学研究表明，人们原本形成的各种信念与观点，成为判断所接收到的信息的认知框架。也就是人们只愿意选择、接收和相信那些他们愿意听到的信息。

专业媒体以传播事实、输出价值作为职责使命，而大部分互联网平台则以汇集流量、沉淀用户作为理念，这两者的竞争本来应该是差异化竞争；但报业这些年来却一直在学习、模仿互联网平台的运作逻辑与实践方式，生生将其变成同质竞争，而又邯郸学步一般，却学不像，效果较差。

人们对于算法的喜好，是对之前公共匹配的报复性反弹，但其负面效应也正在为普通用户所认识。算法规则决定着用户能够看到哪些信息，在市场利益的驱动下，用户的需求被无底线地迎合，只给用户"想看的内容"。而专业媒体应强调给用户"应该

[①] 彭兰. 智能时代的新内容革命 [J]. 国际新闻界，2018 (6)：88-109.

看的内容"。这是专业媒体的社会责任,也是扬长避短的价值所在。

面对被信息茧房分割的社会个体,社会整合将变得越来越难;因此,作为对个性化信息服务的平衡,面向大众的常态化的公共信息推送,仍然是必要且必须的。作为专业媒体的报业要让那些关乎个体以及社会长远利益的公共信息能够打破各个茧房,畅通地到达每个个体。传递社会的公共信息与公共价值,成为个体间的纽带,推动各个社会群体间的交流与沟通,成为整合社会的重要力量。在万众皆媒所呈现的多元甚至割裂的社会中,这个职责将变得越来越重要。当然,这个定位要求报业的专业能力必须超过那些传播个体与机构、单位。转型如果奉行取长补短,努力向那些自媒体学习,只会导致专业能力越来越下降。

(三)适应优质内容生产者的报业改革

实际上,目前的报业体制机制、架构流程、运营模式等,都与优质内容生产者这一角色不相匹配。

1. 在体制上,需要摆脱市场化的惯性思维

沿袭中国媒体 40 多年的"事业单位企业化管理"的运行模式目前已经不能够再持续。① 一是报业已经失去了直接依靠信息产品吸引用户再吸引广告投放的能力;二是市场化将使报业为了经济效益,而忽略社会责任,与商业新媒体如出一辙的情况。对于社会群体的整合、公共信息的推送、公共价值的传播、社会理性的坚守等,所产生的潜在经济效益必然低于那些迎合用户、倡导感性、情绪化的商业媒体。报业必须摆脱市场化的惯性思维,形成事业做事业、企业做企业的真正两分开,用产业来支持新闻事业发展的局面,才能够成为一个真正意义上的优质内容生产者。在此基础上,社会或者政府对于报业的扶持也至关重要。

2. 在内部机制上,按照内容生产流程改革

传统的组织架构中,内容和运营、生产与技术、新媒体和传统媒体,分为不同的板块,割裂在不同的部门中,沟通、协调成本较大。为适应 5G 时代媒体内容生产体系

---

① 陈国权. 谁为媒体提供经济支持?——1949 年以来中国媒体经济体制变迁与趋势 [J]. 新闻与传播研究,2018(10):113-125+128.

要求，媒体应实行扁平化运作，对组织架构进行重组，"项目制"成为内容生产新流程中的一个重要机制，就产品本身集中人力与资源进行内容生产。目前，诸如人民日报、新华社、央视等，都在采用这种内容生产方式生产"现象级融媒体产品"，第二十九届中国新闻奖评选中，获奖的融媒报道大部分的都是"项目制"下的杰作。

也不再按照媒介形态来分配工种，而是按照产品流程来统筹，策划、采编、生产、播发、技术支持和推广运营。中国青年报的"融媒小厨"架构流程中，运营推广成为一个非常重要的部门，负责"小厨"所生产的产品，除了自身渠道之外的其他渠道的推广营销工作。而在此之前，则没有这样的机构。

3. 在绩效考核上，产品优先成为原则

不应再有所谓的移动优先和纸质优先的争论，产品优先成为唯一的原则。完全按照产品在各个渠道推送的效果来衡量绩效，当然，产品效果绝不是完全以阅读量、转发量等显性指标作为唯一标准。应综合考量传播"四力"，传播力、影响力、引导力、公信力之外，还应加上"经济力"这个指标。考核的指挥棒，确保内容生产者更加积极主动地钻研用户喜好，以及新媒体表现形式，省去了以往繁琐且高昂的沟通成本，在多点、多元、多向的5G时代，实现资源的无障碍流动，极大提高内容产品质量和水准。

4. 在内容生产源动力上，强调版权保护

要形成稳定的持续的内容生产氛围，如果没有版权的保护，那等于是免费为别人源源不断生产优质内容产品，根本不可能持续。2018年10月8日，江苏省高级人民法院终审判决，现代快报诉北京字节跳动科技有限公司（今日头条）侵害著作权纠纷案，今日头条侵权事实成立，4篇稿件赔偿10万元，另承担1.01万元的合理费用。消息传出，引发各界广泛关注。版权维护运营团队也将成为新时期内容生产者的一个必备机构。

未来，专业媒体的数量也会变少，将会形成寡头垄断内容的局面。供需双方的力量会发生变化，平台竞争日趋激烈，产业链的各个环节仍然都在竞争成为渠道平台，这将削弱互联网平台的控制力，而具有垄断优势的内容供给方将获得话语权与议价权。争夺内容生产环节的议价权与话语权将成为报业转型的重要工作内容。

5G时代不可能所有媒体都能成功转型为优质内容生产者、社会群体的整合者、公共信息的传播者、主流价值的创造者。只有那些真正把握住自身优势、竞争对手劣势以及5G发展方向的媒体,才能够成为竞争的获胜者,也是幸存者。

报业有希望成为这样的幸存者。

（陈国权　《中国记者》杂志社值班主编）

第五节　2019—2020 中国数字出版业发展报告

2019 年，数字出版无论在发挥主流舆论引导作用，助力经济发展等方面的作用都更加显著，预计数字出版产值将接近 1 万亿，新闻出版业转型升级、融合发展持续深化，创新能力进一步加强，5G 和人工智能等新技术发展推动产业不断创新升级。

一、2019 年数字出版业发展的基本状况

（一）数字出版内容消费需求日益旺盛

根据中国新闻出版研究院《第十七次全国国民阅读调查报告》数据显示，2019 年中国成年国民包括书报刊和数字出版物在内的各种媒介的综合阅读率为 81.1%，相较 2018 年提升了 0.3 个百分点。其中，数字化阅读方式（网络在线阅读、手机阅读、电子阅读器阅读、Pad 阅读等）的接触率为 79.3%，较 2018 年的 76.2% 上升了 3.1%，数字阅读已成为拉动国民阅读的重要引擎。2019 年，人均手机接触时长进一步增加，成人手机接触率达到 76.1%，较上年上升 2.4 个百分点，我国成年人人均每天手机接触时长突破 100 分钟，达到 100.41 分钟。从数字阅读人群来看，年轻化特征较为明显，18 岁至 29 岁人群占比超过三成，达到 31.7%。2019 年，听书作为一种数字阅读方式，发展势头持续良好，已有超过三成的国民养成听书习惯[1]。

---

[1] 中国全民阅读网—新闻资讯—第十七次全国国民阅读调查成果发布 http://www.nationalreading.gov.cn/ReadBook/contents/6271/414891.shtml

（二）出版业融合发展成效显著

2019 年以来，我国出版业融合发展持续深入，出版单位持续探索融合发展路径，在产品形态、服务模式、平台渠道、管理机制等方面加快融合，成效颇为显著。出版单位借助先进技术，创新产品形态，丰富内容呈现，增强优质内容的感染力。同时，出版单位融合发展思维更加开阔，版权运营意识日益增强，多家出版单位在版权运营方面取得了探索经验。特别是听书作为出版单位 IP 运营的重要手段，运营模式日益成熟，成效日益突出。有声读物已成为出版业融合发展的重要着力点和收入增长点，很多出版社针对有声书业务，成立了专门的策划及制作团队。如接力出版社目前已在纸质书基础上开发了 500 余种有声书，覆盖少年儿童、大学生、白领等读者群体，盈利能力已可与电子书媲美。中国出版集团整合旗下出版单位丰富出版资源，在喜马拉雅 FM 平台已上线 300 多种有声书产品，收获了 40 多万粉丝。其中，人民文学出版社设立了"人文读书声"有声小站，实现听书、看书、看视频等多种阅读方式的融合，已积累近 5 万用户①。2019 年上海译文出版社与懒人听书签订了战略合作协议，该社在懒人听书独家上线《挪威的森林》《且听风吟》等 9 部村上春树代表作，此外上海译文出版社还在懒人听书上线了"名著解读"专题，将《傲慢与偏见》《包法利夫人》等经典名著进行拆解，集结成 30 集，共计 300 分钟的音频内容②。2019 年以来，出版单位持续开拓融合发展路径，实现了多元发展。如二十一世纪出版社围绕《大中华寻宝记》进行 IP 的多元开发，已打造了图书、动画片、小程序知识问题闯关等产品，未来还将在文化主题公园、网络电视等领域持续开拓③。四川人民出版社以声音为纽带，布局"文化＋有声＋旅游"融合出版路径，打造文旅 IP，推出了"会说话的成都"有声旅游护照和有声扑克牌等文创产品。

（三）网络文学质量大幅提升

2019 年以来，网络文学持续良好发展态势，截至 2020 年 3 月，我国已有超过 4.5

---

① 越来越多出版社配套推出有声书，越来越多专业人士参与制作书，尽情听_纸质 https：//www.sohu.com/a/365716974_120214231

② 懒人听书上海译文出版社合作再升级 发布《夏洛的网》等有声书 http：//www.huaxia.com/xw/shgj/2020/01/6339195.html

③ 2019 年出版业十大融合创新项目 http：//www.cptoday.cn/news/detail/9037

亿网络文学用户。网络文学作品质量显著提升，精品化态势进一步凸显。现实题材发展势头持续强劲，主题类型日益丰富，基本涵盖了社会生活的各个层面，涌现出一批反映创新创业、精准扶贫、山村支教等新中国新时代风貌的作品，聚焦"大我与小我""时代与世界""欲望与本真"等深刻命题，《浩荡》《深圳故事》《扬帆1980》等作品反映中国改革开放以来的时代变迁；《核医荣耀》《制造为王》等作品则讴歌了各行各业为不忘初心、孜孜以求，为国家发展进步努力拼搏的时代楷模。网络文学作品主旋律作品日益增多。在由国家新闻出版署和中国作家协会联合举办了"庆祝新中国成立70周年"优秀网络文学原创作品推介活动中，《上海繁华》《宛平城下》《传国功匠》等25部现实题材作品获得推介。在艺术表达和主题深度上都取得了新的突破，叙事手法上也在不断追求创新，如《上海繁华》等作品对时代精神有了更为全面、深刻的把握①。

2019年以来，网络文学版权运营生态进一步迈向成熟。网络文学持续发挥在文化IP全产业链中的活水源头作用，网络文学企业更加注重精品IP的深耕打磨。2019年以来，即便在影视大环境不甚景气的情况下，仍然出现了《陈情令》《长安十二时辰》《知否知否应是绿肥红瘦》《都挺好》《亲爱的，热爱的》等口碑和收视俱佳的网络文学改编的影视作品。同时，可以看到，网络文学IP改编正在突破圈层限制，在不同受众上实现交汇融合。如《陈情令》《长安十二时辰》等男频改编作品②也收获了女性群体的欢迎，从而带动其网络文学原著的受众群体进一步扩大。据阅文集团2019年财报显示，阅文集团2019年版权运营收入实现爆发式增长，同比增长341%，达到44.2亿，首次超过其在线阅读收入③，由此表明IP运营作为网络文学发展的模式已经步入成熟轨道。

（四）数字教育出版日益迈向智能化

2019年以来，随着我国教育信息化持续加快，数字教育出版智能化、规范化的良

---

① 2019年现实题材网络小说创作综述—网络文学—中国作家网 http：//www.chinawriter.com.cn/n1/2020/0422/c404027-31683198.html

② 男频改编作品指主要面对男性读者的作品。

③ 阅文集团财报：2019年阅文集团总收入83.5亿元 同比增长65.7% | 阅文集团_新浪财经_新浪网 http：//finance.sina.com.cn/stock/relnews/hk/2020-03-17/doc-iimxyqwa1233684.shtml

性发展环境逐步构建。2019 年，中央、国家和有关部门出台了多项政策，数字教育的顶层设计得以进一步优化，为数字教育的健康发展构建了有益环境。特别是《关于引导规范教育移动互联网应用有序健康发展的意见》《关于促进在线教育健康发展的指导意见》等政策的相继出台，为数字教育产品的发展指明了方向，在内容供给和服务等方面提出了更为清晰的规范要求。在相关政策和需求的加持下，职业教育、素质教育、婴幼儿早教等细分领域发展前景良好，特别是在二胎政策下，婴幼儿早教成为数字教育发展的新蓝海。同时，随着学习型社会的加快构建，人们通过在线学习提升自身素质和技能迈向刚需化和常态化，在线素质教育和职业教育发展呈现出良好的发展潜力，并与知识付费形成互补。

2019 年，教育出版单位持续深入推进教育出版资源与人工智能深度融合。如外研社推出了"综合智慧版"教材新版，将其《读写教程》与《综合训练》数字课程合二为一，以"教材＋复合数字课程＋U 卡通"的形式，覆盖"课堂、课下、课外"三大教学场景，依托外研社"U 校园智慧教学云平台"，运用智能语音评测、智能写作评阅等人工智能技术，基于教材内容重点训练单元相关语言知识，通过即时反馈强化语言技能，为学生、教师、院校提供智慧教育解决方案①。

2019 年，腾讯、阿里巴巴、百度、今日头条等头部互联网企业持续加大对数字教育的布局。如阿里巴巴旗下钉钉发布产品"钉钉未来校园"，围绕校园安全、智能教室、家校共建 3 个场景，面向全国中小学校提供数字智慧教育整体解决方案。百度在 2019 年进一步理顺了其智能教育的发展战略，原百度教育事业部旗下的百度智慧课堂转入百度智能云事业群，围绕"内容化"和"智能化"标签，重点布局 ToB 业务②。

二、数字出版业的发展趋势

过去一年来，在习近平新时代中国特色社会主义思想的指引下，数字出版产业整

---

① 外研社"智慧版"教材开启智慧教育新模式：利学、利教、利校_发展 https://www.sohu.com/a/318790560_507486

② 2019 年，巨头们都在"AI＋教育"圈内干了些啥？- 云＋社区 - 腾讯云 https://cloud.tencent.com/developer/news/568737

体呈现出健康良好的发展势头,向高质量发展持续迈进。2020年的疫情,虽然给各行各业的发展带来不同程度的影响,但对数字出版而言,在面临挑战的同时也迎来了一些新的发展机遇:随着行业社会责任意识日益增强,数字出版内容持续精品化发展,价值引领作用日益突出;5G商用进程加快,游戏、教育等领域云服务模式将迎来快速发展;直播和短视频成为出版营销的重要方式;数字内容破圈层化趋势日益明显;媒体融合迈向纵深发展加快推进,媒体优化整合进程提速。

(一)数字出版内容价值引领作用日益突出

随着产业环境的不断优化与国民消费升级,粗放式发展已经越来越不能满足产业发展和人们日益提高的精神文化需求。在新时代,数字内容产业在不断创造更大经济价值的同时,也被赋予了更大的社会责任。随着《网络信息生态内容治理规定》的颁布实施,网络生态治理体系日趋完备,数字出版作为宣传思想工作前沿阵地和主阵地的作用更加突出。特别是在抗击新型冠状病毒疫情期间,数字出版行业自觉担负起"急行军"和"冲锋队"职责。中国音像与数字出版协会大众数字出版工作委员会向全体会员单位发起《大众数字出版行业抗击疫情倡议书》后,二十多家会员单位在第一时间做出积极响应,采取多种多样的形式参与到疫情防控阻击战中。中文在线、龙源期刊网、知网、喜马拉雅FM等数字内容平台企业免费向公众开放资源,教育出版机构提供免费线上视频课程、直播课程和数字教材教辅资源,以保障"停课不停学",如人民日报出版社联合北京再佳学教育科技有限公司,推出"最美课本"不用老师直播的教学平台,并在人教数字出版有限公司的支持下,向全国小学生免费开放语文、数学、英语线上优质视频课程[1]。阅文集团、掌阅科技、中文在线等纷纷在平台设立疫情防护阅读专区,开展相关内容宣传,涵盖疫情防控、生命健康、心理健康、公共卫生、生物安全等主题。阅文集团、连尚文学等网络文学企业还举办了相关主题征文比赛,征集在疫情期间感人肺腑、温润人心的战"疫"故事,传递向善向上的正能量。可以看到,数字出版企业日益注重正向价值引领,树立正确出版导向,同时以更加积极主

---

[1] 停课不停学,两大教育机构联合抗"疫"—中青在线 http://news.cyol.com/content/2020-02/14/content_18372393.htm

动的姿态履行社会责任。

(二) 媒体融合向深层次发展

近年来，媒体融合发展持续加快，媒体纷纷借助技术、新渠道、新手段，增强媒介资源整合能力，丰富内容呈现表达，以提升传播力、影响力和感染力。无论是中央、省级媒体，还是市级、县级媒体，无论是党媒党报，还是专业媒体和都市大众媒体，融合发展的步伐都相较以往迈得更大、更快，主动性显著增强。特别是随着5G商用进程的推进，媒体融合发展的紧迫意识和需求意识不断提升。如科学日报社围绕融合发展制定了三年规划战略，从顶层设计推动融合发展进程，坚持移动优先策略，优化再造全媒体采编流程，建立策采编发评一体化工作机制，并建成"新闻传播指数系统（NCI）""新媒体评价系统（TEI）"等媒体评价体系和"科技舆情监测分析系统"等舆情分析平台①，为媒体生产运行提供了坚实的技术和数据支撑。随着5G商用进程加快，媒体融合发展将步入快行轨道，而视频直播、短视频等可视化内容将在媒体内容中占据更大比重。

过去一年来，县级融媒体中心作为打通媒体融合发展"最后一公里"的举措，在全国范围内系统性、广泛性推进建设。为了实现到"2020年末，基本全国全面覆盖"这一目标，县级融媒体中心建设将步入冲刺阶段。如果说过去几年来是媒体改革的规划部署和基础建设阶段，经过几年的积累实践，将步入媒体融合发展成果检验期，各地各级各类媒体中将涌现出一批各具特色的媒体融合发展示范样本。

(三) 教育、游戏等领域云服务模式将迎来快速发展

2020年被认为是开启5G大规模商用落地的元年。同时，疫情影响下，远程办公、云上会议、远程上课等成为人们工作、生活、学习的常态，由此带来线上需求的激增，一定程度上加速了5G技术应用场景落地。随着新型基础设施建设进度加快，各领域的云服务将实现快速发展。"云端模式"已成为教育、游戏、阅读等多个领域的主要服务

---

① 科技日报社：打造"一库两翼多平台"新型主流媒体—传媒—人民网 http：//media.people.com.cn/n1/2020/0422/c40606-31682673.html

模式。直播、在线教育、网络视听、线上娱乐等需求的增加，带动了云服务的发展。其中，云游戏作为5G落地的重要场景，成为众多游戏公司、电竞直播平台等企业关注和布局的重点方向。所谓云游戏就是以云计算为基础的游戏方式，在云游戏的运行模式下，无需下载，所有游戏都在服务器端运行，并将渲染完毕后的游戏画面压缩后通过网络传送给用户，降低了游戏的门槛。目前，云游戏发展尚处于初级阶段，相关技术支持尚不成熟，用户体验并不理想，但仍然抵挡不住众多企业的先行布局的步伐，以抢占市场先机①。随着5G基础建设的不断完善，5G商用进程的加快落地，云游戏将迎来爆发式增长。受新冠疫情影响，全国各地大中小学纷纷开启云课堂授课模式。云课堂将学习场景从线下延伸到线上，通过老师直播上课、录屏授课、观看网课等方式进行学习，覆盖课堂、测试、作业、课后辅导等多个场景，促进在线学习需求的培育，也将有力推动在线教育资源整合和服务模式创新，未来云端教育将成为重要的教学模式，有望实现常态化，并在内容和服务供给上持续优化。

（四）网络直播和短视频成为出版营销的重要方式

近年来，短视频和网络直播作为互联网的风口发展迅速，据数据显示，截至2020年3月，我国短视频用户已达到7.7亿，网络直播用户接近6亿。短视频和网络直播不仅作为新的内容呈现方式，且与电商、社交等领域实现了深度融合。2019年以来，在电商领域率先兴起了以短视频和网络直播为手段的"带货"新模式，其以直观和极具感染力的呈现方式，在品牌营销和收益变现上的出色能力引起了广泛关注，互联网多个领域都掀起了视频"带货"的新浪潮。特别是疫情期间，短视频和直播营销的浪潮到达了新高峰。同样受疫情影响，出版业线下营销发行渠道受阻，网络直播和短视频为出版业品牌营销和产品推广提供了新路径。如果说此前出版业对短视频和网络直播的营销布局尚处于探索尝试阶段，那么疫情暴发以来，出版机构纷纷将营销阵地转至线上，借助网络直播和短视频进行图书推介、营销以及举办读者沙龙等品牌推广活动，并取得了不俗的成绩。如2020年3月21日，安徽少年儿童出版社联合淘宝第一"带货

---

① 云游戏市场潜力巨大，未来抖音、B站都可称为云游戏平台_配置 https：//www.sohu.com/a/403865271_100159202

女王"薇娅进行的《中国经典动画珍藏版》图书的销售,在当晚薇娅直播间,几分钟内销售了3万余套,销售码洋超过500万元,该社天猫旗舰店当日交易额位居天猫3 000多家图书店铺第二①。人民文学出版社在疫情期间策划了"纪念汪曾祺先生百年诞辰"系列直播,累计观看量达到4万余次②。该社在短视频平台抖音上开设了账号,主要包括人文性、普及性和趣味性的知识分享,作家活动现场和古诗词讲解等内容。从2020年2—3月,短短一个月期间,就增长了10余万粉丝,其中有两条内容播放量突破两百万③。短视频和网络直播以出版品牌营销的重要手段,将成为出版营销的标配。

三、关于数字出版产业发展的建议

在当前媒体融合迈向纵深趋势下,数字出版意识形态阵地作用日益凸显,对数字出版提出了新的要求。数字出版需要承担起新时期新的使命任务,需要推进融合发展提质增效,加快品牌的做大做强做优;强化示范引领作用,带动行业融合发展整体进程;顺应新市场新需求,开拓新布局,打造新优势;创新走出去路径手段。

(一)做好顶层设计,明晰路径方向

2020年是"十三五"时期的收官之年,在即将开启的"十四五"时期,国家将对经济、文化发展作出新部署,这将对包括出版业在内的各行各业带来深远的影响。目前,出版业"十四五"规划编制工作已经启动,出版业需要根据"十四五"发展形势要求和后疫情时代出版业的发展走向,进一步明确出版业在国家经济、文化发展方面的地位和作用,深刻认识数字出版在出版业发展中的地位和作用,充分总结"十三五"

---

① 出版社玩直播,是风口还是虚火?_出版集团 https://www.sohu.com/a/389176859_740204
② 出版社试水直播(解码·线上新风潮)http://paper.people.com.cn/rmrbhwb/html/2020-04/06/content_1980243.htm
③ 人民文学出版社谈如何做抖音:结合知识、趣味和娱乐_中华网 https://tech.china.com/article/20200323/032020_485495.html

时期转型融合的经验教训，认真梳理发展过程中存在的瓶颈与短板，把握出版产业发展新形势新要求，明确发展的路径方向，对下一阶段和"十四五"时期出版业发展的目标任务做好统筹设计和科学谋划。

（二）多措并举，全面推进融合发展提质增效

近年来，经过长期探索，出版业融合发展已经取得积极成效，实现了出成果、创品牌、见效益。但传统出版之间和新兴板块之间、各领域之间发展仍然不平衡，融合发展存在产品形式和服务体验单一、感染力不强等问题，一些融合的商业模式、发展路径、手段方法也还处较为初期的阶段。因此，出版业在推进产品形态和技术手段创新的同时，还要在思维理念上进行持续变革。一是要坚持高质量发展，突出价值引领，注重内容品质，着力打造融合出版精品和优质品牌。二是加强对新市场、新业态、新领域、新需求的洞察力和领悟力，从中找寻自身发展的突破口。三是加强对新技术、新渠道的认知力和把控力，提高在不断变化的互联网环境下的适应能力，针对不同需求，注重分众化、差异化的内容呈现和传播，不断提升出版融合发展的智能化、精准化水平。四是强化品牌特色，多维度打造优质品牌，注重构建线上线下一体融合的品牌营销矩阵，提升品牌的传播力、影响力、感染力。同时，进一步提升版权运营能力，通过版权多维度、立体化开发，提升出版融合成果的社会影响和商业效益。

（三）强化示范引领作用，带动全行业整体发展

随着出版业转型升级不断深化，融合发展迈向纵深，出版业在融合发展的探索中已经积累了一定的经验，一批出版单位在基于自身优势资源的探索中，发展路径日益清晰，社会效益和经济效益良好，在出精品、创模式、出产品、树品牌等方面走在了前列。应当充分发挥这些先进典型的示范带动作用，带动出版业的整体发展。一是聚焦出版业各个领域，如教育出版、专业出版、大众出版等，分类分批遴选一批具有引领性、创新性，影响大、效益佳的企业作为融合发展示范单位；二是加强政策层面的引导，建立相关考核激励机制，研究出版业融合发展效果的评价指标；三是在网络文学、动漫游戏、数字教育、知识付费等领域的新兴出版企业中，选拔一批导向正确、

质量上乘、技术手段先进，有规模、有影响的示范单位；四是充分发挥出版融合重点实验室作用，提升实验室的建设能效，加大重点实验室的成果积累和转化力度，让重点实验室在出版业融合发展的模式创新、技术应用、人才培养等方面发挥更大作用；五是加强对新闻出版基地（园区）的管理和考核，从定位特色、规模效益、管理模式等层面建立基地（园区）评估机制，引导基地（园区）充分发挥好出版业融合发展的示范区、试验田、孵化池作用。

（四）顺应新市场新需求，拓展新领域，发挥新优势

此次疫情虽然在某种程度上倒逼和加速了出版业融合发展进程，但是仍然暴露出数字出版在内容和服务与需求不完全匹配、模式手法单一等问题。如何满足用户多元的文化消费需求，增强发展动力活力，成为后疫情时代出版业需要思考的重要课题。首先，要着力巩固内容优势，提升内容质量。其次，加强对用户需求和市场环境的研究，实现出版供给与市场需求的精准匹配，进一步培育用户消费习惯。重点要把握疫情前后用户需求变化，根据新需求，优化内容和服务供给。再次，加强对文化新兴领域市场的研究，重点加快拓展5G环境下的服务新场景，在前景良好的新市场找到发展机会，培育新增长点。再者，要用好各种数据工具和技术工具，加强对出版流程智能化管理，做好用户画像，加强舆情分析。最后，运用技术工具，提升智能流程管理、舆情监测能力，提升内容和服务供给的精准化、智能化水平。

（五）不断拓展走出去空间，提升数字出版海外传播力

近年来，数字出版已成为出版走出去的重要力量，在坚定文化自信、传播中华文化，坚定文化自信中发挥日益重要作用。要进一步加强数字出版走出去的深度和广度，从项目、产品、品牌、企业、版权、资本等方面，多维度全方位推进走出去。一是以项目为抓手，借助"一带一路"等国家战略，重点打造一批涵盖电子图书、数据库、有声读物等产品形态的数字出版走出去精品项目；二是充分借助网络文学、网络游戏等新兴文化形态在价值传递与文化传播方面的突出优势；三是搭建数字内容资源海外传播服务平台，拓展海外传播渠道，针对不同地域、人群需求，因地制宜地提供产品

和服务，以体现我国文化特色、海外读者用户喜闻乐见的表达方式和产品形态，提升对海外用户的影响力和感染力；四是加强海外市场研究，出版单位可联合高校、学术科研机构，组建海外数字出版市场研究智库；五是注重品牌打造，推动优质内容以图书、电子书、有声、动漫、游戏、影视等多种版权形态走出去。

（毛文思　中国新闻出版研究院）

第六节　2019—2020 中国印刷业发展报告

2019 年，随着减税降费红利的释放和行业利好政策的出台，我国印刷业利润率进一步改善，绿色化建设全面升级，区域一体化协同发展明显加速，新的市场需求点不断出现，按需印刷发展提速，呈现出众多发展亮点。与此同时，受中美贸易摩擦和国民经济减速影响，印刷业同样感受到了增长的压力，尤其是外向型企业面临较多的经营困难，个别企业出现了关停、倒闭的情况。

一、2019 年印刷业发展的基本情况

据国家统计局统计，2019 年印刷和记录媒介复制业（简称"印刷业"）规模以上工业企业实现营业收入 6 649.4 亿元，比 2018 年增长 1.6%；利润总额 437.6 亿元，比 2018 年增长 4.1%。与 2018 年相比，营业收入、利润总额的增速均有所降低，说明印刷业规模以上工业企业面临的增长压力在加大。但利润总额增速高于营收增速，说明印刷业规模以上工业企业的利润率延续了 2018 年的向好态势，继续有所改善。这在很大程度上受益于国家大力度的减税降费政策。

面对行业发展环境的快速变化，国家新闻出版署作为印刷业行政主管部门主动作为，加强指导，陆续出台多项政策文件，为行业转型升级实现高质量发展指明了方向。同时，广大印刷企业迎艰克难、不断探索、努力创新，取得了一系列发展亮点。

（一）绿色化发展全面升级，发展方向和路径更加清晰

近年来，我国在环保治理方面持续保持高压态势，印刷业作为挥发性有机物治理

的重点行业，尽管在绿色化方面先行先试，取得了一定成果，但由于缺乏完备的制度、技术和标准体系，在实践层面仍面临着诸多现实问题。

2019年7月，国家新闻出版署主办的"中国印刷业创新大会"在北京召开。大会以"聚焦绿色化"为主题，聚合行业各方力量，从"推进绿色发展"和"解决突出问题"两个方面入手，力求解决印刷业绿色化发展的瓶颈问题。

9月，国家新闻出版署联合国家发改委、工信部、生态环境部、国家市场监督管理总局共同发布《关于推进印刷业绿色化发展的意见》。《意见》以推动印刷业绿色化发展全面升级为重要目标，提出要完善印刷业绿色化发展的体制机制，推行印刷业绿色产品合格评定制度，以第三方认证、自我声明等方式促进印刷业绿色化发展；完善印刷业绿色化发展的标准和技术支撑，推广使用绿色环保低碳的新技术新工艺新材料，并针对出版物印刷企业、包装装潢印刷企业提出了具体的方向与要求。

中国印刷业创新大会的召开和《意见》的发布，进一步坚定了印刷业绿色化发展的信心，调动了行业企业推进绿色化建设的积极性、主动性，并给出了具体的方向和路径，为印刷业绿色化发展注入了新的动力。

在主管部门和行业企业的共同努力下，生态环境部门对印刷业污染物排放问题的认识更加客观，对印刷企业环保治理措施的要求更加符合实际，全国多数地区印刷企业因环保问题被行政处罚的情况明显减少，发展环境有所改善。

（二）区域一体化加速，京津冀、长三角协同发展优化印刷业产业布局

推进京津冀协同发展、长三角区域一体化是我国重要的两个国家战略，有利于优化区域内经济布局和分工合作。以北京为核心的京津冀地区和以上海为核心的长三角地区，多年来一直是我国印刷业发展重要的产业聚集区，在北京加快疏解非首都功能、上海加快疏解城市非核心功能的情况下，京沪两地印刷企业均有向周边省市进行产能转移的强烈需求。然而，由于我国印刷企业建设主要实行以省域为基础的总量控制和审批制管理，企业在跨省市搬迁建厂时面临着经营资质审批困难、办理时间过长等各种现实的问题。

为促进京津冀、长三角两个区域内印刷业的一体化协同发展，国家新闻出版署等五部委在《关于推进印刷业绿色化发展的意见》中提出，要推动建设京津冀印刷业协

同发展先行区、长三角区域印刷业一体化发展创新高地，统一京津冀三地印刷企业的审批条件和流程；京津冀三地已获批印刷企业实现印刷资质互认，在有效期内搬迁的不再另行审批。2019年7月发布的《长三角区域印刷业一体化发展升级指南》则进一步明确上海、浙江、江苏、安徽等省市印刷业的区域定位和发展目标，为区域内印刷业产能转移和产业布局调整做出了顶层设计，提供了政策支持。

随着一系列政策措施、指导意见的出台，京津冀、长三角区域内原本处于自发状态的产能转移和产业布局调整变得更加协调、有序，并在政策层面得到有针对性的指导和支持。同时，《关于推进印刷业绿色化发展的意见》指出，还要编制出台《珠三角印刷业发展升级指南》，充分发挥珠三角的区位一体化优势，建设珠三角印刷业对外开放连接平台。

（三）新的市场需求不断出现，进一步坚定行业发展信心

近年来，随着移动互联网和新兴媒体的快速发展，以报纸、期刊及部分商业宣传品为代表的传统印刷品受到较大冲击，市场需求量呈现下滑态势，行业企业的发展信心受到一定影响。但移动互联网和新兴媒体的发展，对印刷业不仅有挑战，也带来了新的增量需求。2019年，以移动支付收款二维码、环保外卖包装等为代表的基于互联网的新的需求点逐步释放，吸引了众多印刷企业加快布局，并初步带动部分企业的崛起。

移动支付收款二维码是支付宝、微信支付等互联网支付工具的线下入口，其生产以大数据处理技术为基础，充分利用数字印刷个性化、可变数据的优势，具有较高的技术含量。随着支付宝、微信支付等线下流量入口的争夺，移动支付收款二维码的印刷需求快速增加，以阳光印网、印刷侠、深圳云创文化科技有限公司为代表的部分新兴印刷企业以及部分具备生产能力的中小企业抓住机遇，获得了快速发展。

美团、饿了么等互联网平台的出现，推动了外卖行业的快速发展，也使传统塑料外卖包装带来的污染问题日益引人关注。2019年，随着全面禁塑呼声的不断提高，市场对以纸代塑的环保外卖包装产品的需求开始升温。以裕同科技、吉宏股份等为代表的部分印刷企业抢先布局，以自建或收购工厂的方式加大介入纸杯、纸碗、餐盘、打包袋等可降解环保外卖包装市场的力度，为企业未来发展注入了新的增长动力。

与此同时，随着京东、天猫、拼多多等电商平台的持续快速发展，市场对快递物流包装的需求呈现增长态势。2019 年，主营快递物流包装印刷品的广州九恒条码股份有限公司预披露招股书，向 A 股发起冲刺。加上 2018 年初进行预披露的天元集团，目前已有两家年营收超 10 亿元的快递物流包装印刷品生产企业在上市审核过程中。由此可见这一市场发展潜力。

（四）高速喷墨印刷设备国产化取得突破，按需印刷市场快速升温

2019 年，高速喷墨印刷设备装机量的快速增长是印刷业十分引人关注的一个现象。据不完全统计，当年全国高速喷墨印刷设备装机量近 110 台，基本相当于此前 4 年的装机量之和。这主要得益于高性价比国产高速喷墨印刷设备的推出和不断完善。

高速喷墨印刷设备主要应用于书刊、文件、说明书及部分商业宣传品生产，以黑白印刷为主。此前，我国印刷企业在高速喷墨印刷设备应用方面已有诸多探索和实践，但由于设备、墨水主要依赖进口，生产成本较高，进展缓慢。自 2018 年开始以方正电子、圣德科技等为代表的国内企业加大研发力度，通过产品创新和迭代，有效降低了高速喷墨印刷设备的装机和运行成本，从而很快激发起市场需求，带动了高速喷墨印刷设备装机量的快速增长。在 2019 年国内高速喷墨印刷设备的装机量中，国产品牌占比超过 84%，是增长的主要拉动力，国外品牌装机量与往年基本持平。

目前，高速喷墨印刷设备的应用主体主要是部分出版物印刷企业、大型商业印刷企业和数字印刷生产中心。它们利用高速喷墨印刷设备进行小批量书刊、文件、说明书及商业宣传品的按需生产，带动了我国按需印刷市场的快速升温。未来，随着国产高速喷墨印刷设备性能的进一步提升和完善，以及配套墨水、纸张成本的降低，高速喷墨印刷具有成本优势的印量区间将进一步扩大，与传统印刷的成本平衡点将进一步提高，结合其个性化、可变数据的技术优势，按需印刷在我国有望迎来快速推进和普及期。

（五）国内印刷设备、器材企业牵手国际巨头，国际影响力不断提升

近年来，随着我国印刷业的稳健发展，国内印刷设备、器材企业的实力不断增强。它们之中的佼佼者，在立足国内市场的同时放眼国际，通过与国际巨头合作实现优势

互补，国际影响力不断得到提升。

2019年1月，国内知名印刷设备制造商长荣股份宣布通过全资境外子公司卢森堡SPV，以每股2.68欧元的价格现金认购全球最大印机制造企业海德堡公司增发的股票25 743 777股，总出资额约6 900万欧元，合人民币约5.5亿元。交易完成后，长荣股份通过卢森堡SPV持有海德堡约8.46%的股份，成为其最大单一股东。交易完成后，长荣股份与海德堡进一步深化了在海外市场的渠道合作，这有利于其提高在国际市场的知名度、影响力和市场占有率。

8月，国内知名印刷版材生产企业乐凯华光与美国柯达公司达成战略合作协议。根据协议，乐凯华光收购了柯达公司在厦门的印刷版材生产工厂，并协助柯达满足其现有客户的订货需求。同时，乐凯华光还被授权使用柯达的部分专利技术生产版材拓展中国市场。

2018年，乐凯华光还曾与另外一家国际版材生产企业爱克发公司达成战略合作，由爱克发提供高端技术和知识产权，乐凯华光则投入产能为其生产版材产品。同时，双方还宣布将成立合资公司，整合印前分销渠道，以加速在中国内地的业务增长。

国内大型印刷设备、器材企业与国际巨头建立不同形式的深层次合作，说明我国印刷设备、器材企业的实力日益得到国际同行的认可和尊重，国际影响力不断提升。

二、2019年印刷业发展面临的挑战

2019年，印刷业能够保持稳健发展，离不开外部发展环境的改善。一方面国家减税政策的落地，增强了印刷企业的盈利弹性；另一方面印刷企业面临的环保压力有所缓解，纸张价格趋于稳定，此前两三年困扰印刷企业的环保、纸价问题明显好转。

与此同时，印刷业在2019年也遭遇了一些新的挑战。其中，有的挑战与整个国民经济的发展态势息息相关；有的挑战则与下游行业的变化和印刷业自身的深层次问题有关。

（一）营收增速创近年来低点，利润增速高位回落，行业下行压力持续加大

2019年，印刷业规模以上工业企业的营收虽然保持了正增长，但1.6%的同比增

速创近年来低点。2013 年，印刷业规模以上工业企业营收的同比增速仍保持在 10% 以上，高达 14.10%。自 2014 年开始，受国民经济换挡减速等因素影响，印刷业规模以上工业企业的发展放缓，营收增速一路下滑，至 2016 年降至 4.5%。

2017 年、2018 年，在纸价大幅上涨的情况下，印刷业规模以上工业企业的营收增速有所反弹，分别为 6.5%、5.1%。然而，2019 年又大幅降至 1.6%。

从各月度来看，2019 年印刷业规模以上工业企业累计营收增速的高点出现在 1—3 月，同比增幅达到 8.8%。自 4 月开始，增速明显下滑，最高仅为 2.6%。8 月之后，更是持续低于 2%。这表明，印刷业规模以上工业企业的营收欲振乏力，下行压力有增无减。

图 1　印刷业规模以上工业企业营收增速变化情况

相对而言，印刷业规模以上工业企业利润总额的走势优于营收，但 2019 年同比 4.1% 的增速，相对于 2018 年的 6.1% 仍下降了 2 个百分点。

尤其是，从各月度来看，2019 年印刷业规模以上工业企业累计利润总额同比增速，整体呈现先涨后跌走势。其中，1—3 月最高，达到 16.5%；1—4 月大幅降至 2.6%，这说明 4 月企业的盈利状况遇到较大挑战。自 5 月开始，利润总额增速基本上一路向上，1—10 月达到 10.2%，为年内第二高点。但随后增速连续下滑至 7.8%、4.1%，这说明 2019 年最后两个月企业的盈利状况再度承压。

因此，无论从营收，还是利润总额看，作为行业发展的主力军，印刷业规模以上工业企业在 2019 年均面临着较大的下行压力。这种压力在年末又有所加大，基本代表了整个行业的发展态势。

（二）竞争加剧，部分细分市场面临较大的价格压力

印刷业是新闻出版业中市场化程度最高的子行业之一，价格竞争是企业为获取市场份额常用的竞争手段。2019 年，受下游行业变化和产业自身调整影响，部分印刷细分市场竞争进一步加剧，价格降幅较大。这其中，以商业印刷和烟包印刷市场最为典型。

商业印刷的典型产品一般包括名片、宣传单、海报、企业宣传画册、商业票据等。近年来，受移动互联网和在线营销发展的影响，商业印刷市场本身已经增长乏力。与此同时，以合版印刷为代表的新型生产方式，通过产品化、标准化将部分商业印刷产品的成本和价格大幅拉低，进一步加剧了商业印刷市场的竞争。2019 年，部分大型商业印刷企业利用自身的技术、效率和资金优势，不断加大设备引进力度，产能快速释放，以尽可能获取更大的市场份额。这在带动市场走向整合的同时，也使很多商业印刷企业面临前所未有的价格竞争压力。

烟包印刷一向是印刷业利润最为稳定的细分市场之一。2019 年，作为国内最大的卷烟生产企业，云南中烟在年底的烟包产品招标中采取了"最低价中标"模式，为确保中标，参与竞争的印刷企业大幅降低投标价格。根据部分上市公司披露的信息，降幅超过 30%，这对很多烟包印刷企业的经营形成了直接冲击：部分没有中标的企业，因为失去了大客户、大订单，面临生存危机；最终中标的企业也由于价格下降幅度过大，盈利能力受到很大影响。包括长荣股份、东风股份、顺灏股份在内的多家上市公司，为此全额或部分计提了部分子公司的商誉减值准备。这些子公司大多在前些年收购而来，云南中烟在业务体系中占比较大。由于云南中烟在烟草行业的领跑地位和示范作用，部分企业预期，未来烟包印刷市场的竞争将更加激烈，价格有大幅降低的可能。

（三）中美贸易摩擦几度反复，外向型印刷企业困难重重

始于 2018 年的中美贸易摩擦，在 2019 年几度反复，时而升温、时而缓和。虽然到

年底，中美双方就第一阶段经贸协议基本达成一致，并在2020年初完成签署，但贸易摩擦带来的不确定仍然给外向型印刷企业的经营带来了诸多困难。2019年，至少有两家位于广东直接或间接面向海外市场的港资印刷企业公开宣布停产结业。

6月，东莞清溪兴业印刷制品有限公司表示，由于受中美贸易战影响订单锐减，加上环保成本急剧加大，决定结业解散。该公司成立于1994年，主要为国际出版商提供图画书、教科书、童书等的印刷服务，设备实力相当不错。

10月，东莞嘉艺包装印刷有限公司表示，由于经营发生严重困难无力为继，决定停止经营，公司解散。东莞嘉艺以彩盒、手提袋、纸箱和画册印刷为主，主要服务于广东本地的制造企业，部分产品间接面向海外市场。

部分位于广东的港资外向型印刷企业遭遇经营困境，有着复杂的深层次原因。改革开放初期，作为广东印刷业发展的重要推动力，多数港资印刷企业借助内地低廉的土地、劳动力成本，在国际市场攻城略地、快速崛起。近年来，随着内地土地、劳动力成本的快速走高，港资印刷企业在国际市场的成本和价格优势弱化，传统的发展模式难以为继，部分企业已经面临巨大的生存与发展压力。

随着贸易摩擦的爆发，中美双方互相加征关税，这对主要面向美国市场的外向型印刷企业来说，又多了一重挑战。在各种困难的加压之下，一些抗风险能力较弱的中小企业，就出现了停产结业的情况。

（四）多所高校撤销印刷包装专业，中等职业学校生源不足，行业专业人才培养遭遇瓶颈

高等院校是印刷专业人才培养的摇篮，承担着为行业输送高层次技术、管理人才的重任。然而，受各种因素影响，近年来部分高校的印刷专业及与印刷紧密关联的包装专业，面临着招生难、学生认同度低等现实问题，有的不得不停办撤销。

根据教育部公布的2019年度普通高等学校本科专业备案和审批结果，杭州电子科技大学、齐鲁理工学院均撤销了印刷工程、包装工程两个专业，青岛科技大学则撤销了印刷工程专业。加上此前两年的江南大学、浙江科技学院、西华大学、北京联合大学等，近三年有12所高校撤销了印刷工程或包装工程专业。

在部分高等院校撤销印刷包装专业的同时，一些中等职业技术学校的印刷专业也面临着生源不足、招生量萎缩的挑战。之所以会出现这种现象，主要是由于社会上对印刷业的认识存在偏差。在很多人的印象中，印刷业还是技术含量不高的劳动密集型行业，这与当前行业的实际情况存在较大偏差。

当前，印刷业正处于转型升级的关键期，各种新技术、新工艺在行业中的应用，网络印刷、智慧印厂等新业态的发展，都需要以强大的人才基础为支撑。在多数印刷企业原本就面临着高层次人才不足、技能型人才短缺问题的情况下，高等院校撤销印刷包装工程专业、中等职业技术学校招生萎缩，将进一步加剧行业人才供给不足的局面，需要引起行业各方的充分重视。

三、推动印刷业高质量发展的建议

2019 年，我国印刷业原本就处于转型求变、负重前行的调整期。2020 年初突然暴发的新冠肺炎疫情，又大大增加了行业企业的发展压力。2020 年一季度，受延期复工、市场需求低迷影响，印刷业规模以上工业企业实现营收 1 160.2 亿元，同比下滑 21.8%；利润总额 48.4 亿元，同比下滑 38.7%。

到 2020 年 5 月底，国内疫情防控工作取得重大进展，国外疫情防控形势却依然严峻。由于全球疫情防控时间被拉长，国内外经济发展均遭受严重冲击，印刷业发展的外部环境空前严峻。行业长期发展的阶段性、周期性调整，叠加疫情的意外冲击，大大增加了 2020 年印刷业发展的不确定性。为了帮助印刷企业度过这一艰难时期，为实现长期高质量稳定发展奠定基础，提出以下建议。

（一）加大对印刷业的财税支持，帮助印刷企业拓宽融资渠道

印刷业是重资产的实体性行业，维持印刷企业的发展与日常运营需要有稳健的现金流。疫情暴发后，受延期复工和需求低迷影响，相当一部分印刷企业经营和回款工作难度加大，现金流入不敷出，出现阶段性亏损。尽管中央和各级地方政府已经出台

了税收减免、社保缓交、房租减免等扶持政策,但由于印刷业以中小企业为主体,在贷款、融资方面仍面临渠道少、难度大等现实问题。

因此,建议印刷业行业主管部门和各级行业协会积极与有关部门、金融机构协调对接,一方面为印刷业争取更有针对性的财税支持,如设立中小印刷企业疫情帮扶基金,阶段性降低增值税等;另一方面与金融机构沟通合作,加大对印刷企业的放贷效率和房贷额度,真正帮助企业克服阶段性的资金困难,确保不出现大的行业波动。

(二)积极帮扶,因势利导,推动外向型印刷企业加快转型升级步伐

外向型印刷企业是我国印刷业的重要组成部分。改革开放 40 多年以来,它们凭借精湛的技术、过硬的质量为中国印刷业赢得了世界性的声誉。近年来,随着人民币汇率的波动,土地、劳动力成本的提升,以及贸易保护主义的抬头,外向型印刷企业面临着商业模式转型升级的迫切需求。

新冠肺炎疫情在国外的蔓延,严重冲击了欧美日等发达经济体的消费需求,进一步加大了外向型印刷企业发展的难度。面对种种困难与挑战,建议珠三角、长三角等外向型印刷企业集中的地区,有意识地加强对相关企业转型升级的引导与支持,帮助部分有实力的企业拓展国内市场或提升产品设计开发能力,向产业链高端转移,摆脱简单的低成本竞争模式。

(三)鼓励印刷产业链企业合理布局,推动有条件地区实现产业集聚发展

新冠疫情暴发后,国内多数地区实行了严格的出行和交通管控,这给原本运作顺畅的印刷产业链带来了不小的挑战。二三月份进入复工期后,很多印刷企业都遭遇了原材料进不来、产成品运不出的问题。但相对而言,本地产业链完整的地区,印刷企业复工复产的速度一般更快。

因此,在未来的行业发展中,建议有关政府部门和行业协会,在尊重市场规律的基础上,加大规划和调控的力度,引导印刷产业链企业形成更为合理的产品和区域布局。同时,利用京津冀印刷业协同发展、长三角印刷业一体化发展、珠三角印刷业协调发展的机遇,鼓励有条件的地区通过产业园区建设和财税政策支持,推动印刷企业

及配套设备、器材企业集聚发展，这不仅能够确保产业链上下游的顺畅衔接，而且有利于印刷企业之间相互协作，实现专业化、差异化发展，进而提高区域内印刷企业的整体竞争力。

（四）加大对印刷专业院校的支持，确保人才培养的持续性、稳定性

面对高等院校、中等职业技术学校在专业人才培养方面面临的招生及其他困难，印刷全行业要积极行动起来。一方面要善于利用各种媒体和渠道，向社会各界宣传我国印刷业取得的发展成就和达到的技术水平，改变普通大众对印刷业传统的劳动密集型行业的刻板印象；另一方面要积极为各层次专业院校搭建交流沟通的平台，借鉴国内外印刷专业教育的先进经验，提高人才培养的质量和水平，提高学生的专业认同感。

同时，印刷企业要提高积极性、主动性，与专业院校合作进行人才培养与培训。一方面在资金、技术和实训方面为院校提供力所能及的支持；另一方面为人才提供有竞争力的薪酬和完善的职业晋升通道，通过优秀人才的示范作用吸引更多后备人才的加入。只有全行业共同努力，才能确保各层次行业人才培养的持续、稳定、不断档。

（刘成芳　中国新闻出版研究院副研究员；刘积英　《中国印刷》杂志社社长）

第七节　2019—2020中国出版物发行业发展报告

2019年，迎来了新中国成立70周年华诞，也是落实党的十九大重大部署和决胜全面建成小康社会的关键之年。2019年，我国出版物发行业全面贯彻落实党的十九大、十九届二中、三中、四中全会精神，在党中央和各级主管部门的指导，各级政府部门相关政策的扶持，全体出版物发行人"不忘初心、牢记使命"的共同奋斗和实干下，我国出版物发行企业坚守图书发行主阵地，坚持图书主业经营不动摇，持续创新经营方式方法，围绕实体书店转型升级、新兴业务开拓、线上线下融合、资本技术驱动等基础环节和重点工作，面对销售渠道多元、阅读方式多样、购买习惯改变、门店人流减少、实体零售下滑等不利局面迎难而上，坚持线上线下融合强发展、主业多元共促提效益，持续找寻解决路径、寻求突破之道，进一步激发产业活力，在全渠道、多领域产业新格局逐步显现的大势下，迎来了出版物发行业整体规模的稳步增长和高质量发展的平稳推进。

一、2019年出版物发行业现状

2019年，我国出版物发行业进一步加快转型升级步伐、进一步强化网点布局，加速线上线下、图书主业与多元业务的开拓与融合力度，充分发挥出各级实体渠道、线上多平台运营的优势，初步形成了布局合理、业态多元、线上线下并进的出版物发行新格局，实现了整体经营的平稳增长和高质量推进。

（一）转型升级加速推进，网点布局持续优化

2019年，实体书店在以图书经营和阅读体验为经营核心，以多元文化产品与服务为延伸，以数字技术为支撑，以智能化、智慧化为发力方向，在加快大中型门店结构调整与转型升级的基础上，加强了对小微型连锁网点的布局与优化，初步建立了功能齐全的大中型复合门店与快捷便利的小微型校园、社区、乡村智慧书店相补充，综合型网点与特色型网点相结合的线下网点体系，持续推进覆盖城乡的实体渠道建设，取得了较好成效。

江苏新华2019年新增农村发行网点86个，全省农村乡镇书店覆盖率超过30%，成功打造了镇江"望山书局""曈萌星空"两家新型书店。浙江新华门店三年改造提升工程收官，全省近百家门店集体转型为城市文化地标。湖北新华初步建成了以市州文化地标、文化消费中心为骨干，县市特色书店、社区书店为补充，校园书店、乡镇书店为延伸的实体书店网络布局。湖南新华2019年启动中心门店新建及升级改造项目27个，新增校园书店、智慧书店等新网点130余家。深圳书城龙华书城以"互联网＋物联网"为基础，利用大数据提供成熟、可扩展的智慧服务，在平台运营、商业管理、个性化服务等方面实现了人脸支付、智能灯光、智能导航、智能安防、智能停车场、智能会员系统等功能。

（二）线上平台建设成效显著，网上销售飞速发展

2019年，以新华文轩、河南新华、江苏新华、湖北新华以及博库网为代表的实体书店全力推进线上销售，通过自建电商、第三方平台、融媒体平台等渠道，以"平台化＋技术"赋能行业上下游，向线下＋线上连锁多渠道经营战略转移。江苏新华通过自研的"凤凰新华阳光采购平台"、浙江新华借势浙江省政府推出的"政采云平台"，尝试探索多元经营业务的创新与突破，打造全新的文化电商销售模式。目前两家集团正以线上平台为依托，利用线下书店人员、资源，拓展多元产品店外销售。

以当当、京东、天猫为代表的平台电商，进一步加大平台化力度，进一步增加与出版策划商的合作力度，三大平台与供应商一道，借助多种营销、销售渠道，共同开

拓场景,以场景强化读者互动,进行流量积蓄与私域打造。微商、抖商等社交媒体通过平台微店、微信小程序、短视频、直播等功能,与时俱进地按照互联网玩法进行线上图书销售尝试,成效初显。

河南新华"云书网"电商平台线上线下实现销售 16.77 亿元,同比增长 9.84 亿元,增幅 142%;江苏凤凰新华书店集团有限公司借助第三方平台实现规模优势,2019 年实现电子商务销售 10.03 亿码洋,在行业电商天猫平台、京东平台均列全网第四名;湖北新华 2019 年在第三方电商、自建电商、融媒体、会员平台上均取得新突破,粉丝总数超过 30 万人,自网电商"九丘网"销售码洋 1 100 万元。山东新华"新华阅购"助学读物平台注册会员超过 200 万,销售额超 3.78 亿元。重庆新华"阅淘网"平台、浙江新华推出的"浙里有书"平台、河北新华的"新华优选"平台等都有着不错的销售表现。

(三)非图多元业务持续拓展,业态调整进一步完善

2019 年实体书店加速了对多元、物流、研学、教装等非图业务的拓进力度,通过统一思想、强化认识、推进整合、组建团队、专业化运营等举措,进一步加大产品研发、深化战略合作、调整产品结构、优化产品体系,上下一心、综合运营,在坚持主业图书经营不动摇的前提下,非图业务全面推进、门店多元业态持续调整,摸索并逐渐走出了一条与时俱进、持续提升、多方延拓、融合互促的可持续发展之路,成为出版物发行业新的利润增长点与发展方向。

湖北新华 2019 年持续打造专业、高效的数字资源营销服务团队,构建统一产品库,以全省一体化的多元产品运营体系推动多元文创业务迅速扩张。浙江新华全力培育、打造的多元品牌"书袋熊"品牌系列文创产品陆续开发 200 余种。河南新华构建了辐射河南全省每个乡村的智慧物流服务网络,架构了以市县物流分拣中心、新华快的班车、乡村服务站为核心节点的"新华快的"物流配送网络体系。2019 年 8 月,广东新华与黑龙江新华签署《龙粤研学项目实施合作协议》,充分发挥各自优势,加强人才交流合作,共享优质教育资源,联合打造跨省研学项目合作。

(四)公共文化服务能力持续加强,全民阅读全面推进

作为文化宣传的重要阵地,以各地发行集团为代表的实体书店在 2019 年进一步推

进门店转型升级，打造文化休闲体验中心，组织多种形式文化活动提升书店吸引力；借新中国成立70周年契机，组织多种形式的读书月、阅读日、专题展销、馆配会等大型活动，引领阅读新风尚；通过进一步拓展公共文化服务项目，强化与图书馆、政府文化机构的合作力度，打造政企结合的新型公共文化服务项目……出版物发行企业正通过深度参与公共文化服务功能，营造城市阅读的浓厚氛围，全面持续推进全民阅读。

安徽新华打造"图书馆+书店"的"馆店一体"模式，实现阅读服务的转型升级，以"设计、采购、建设、运营一体化"的创新模式参与政府公共文化服务体系建设，2019年推出的六安图书馆项目实现了政府规划、百姓点单、企业运营的新模式。河南新华推出的"最美读书声"全民阅读活动以庆祝新中国70周年华诞为主线，立足百姓文化云公共文化服务平台，创新传播方式，借助抖音、快手等超高流量互联网平台，围绕"读书、讲书、荐书、展书、写书"，开展线上线下各类活动3万余场，为广大读者提供了良好的阅读体验和增值服务。凤凰新华举办的2019年秋季南京馆藏图书订货会，实现总销售码洋1.08亿元，现货销售码洋首次突破6 000万元，创出开办26届以来的历史新高。

二、2019年出版物发行业特点

（一）经营理念推陈出新，强转型拓渠道融合发展

出版物发行业在2019年的转型升级中，实体书店持续创新发展理念，实现以"图书"为核心向以"门店"为核心转变；创新消费体验，实现以图书销售产所向智慧书店、文化体验中心、知识服务平台转变，进一步增强吸引力；创新发展模式，实现多元化的跨界融合发展，以经营"图书"向经营"空间"转变。出版物发行业融合发展进一步提速，实体书店加速网上开拓，线上平台强化线下体验，线上线下界限模糊，发行网络全渠道化初具规模。

（二）运营模式持续优化，精细运营强品牌促销售

以实体书店为代表的出版物发行业在2019年围绕图书经营持续优化选品、营造场

景、创新营销、跨界整合、多维拓展，通过创新多元业态、强化运营团队建设、创新服务方式，强化线上布局、打造书店"网红"品牌等举措，实现线上线下融合发展，打牢实体书店发展之基。以多平台营销、复合型推广、精细化运营，持续优化创新实体书店运营模式，强化书店品牌，以品牌化、融合化、体验化、差异化打造核心竞争力，寻求新发展路径。

（三）营销"玩法"紧跟潮流，大数据新媒体聚焦精准

随着互联网纵深发展、大数据深度挖掘、新技术加速应用和线上线下渠道协同，2019年的零售行业呈现出消费需求多样化、个性化和微信、快手、抖音等新兴媒体突破时空提升流量覆盖的特点。这些特点加速了出版物发行业线上线下全媒体营销方式方法的升级：线下利用大数据挖掘追求营销的精细、精准，个性化、体验感成为引流吸客的主要方法；线上则持续试水短视频、直播营销，积蓄私域流量，按照互联网玩法提升图书营销整体水平。

（四）智能化全面提速，新技术引发新一轮变革

2019年，实体书店智能化持续推进并全面加速，微信查书、微商城、移动支付、自助购书、导购机器人、人脸识别、客户分析系统等互联网后台服务系统应用越来越广泛，也引发了实体书店的新一轮变革：一方面持续推进的智慧书城建设，不断更新人机交互体验，使有限店面空间在虚拟书城的模式中成为无限地带；另一方面线上"延展"步伐同步提速，以信息技术为平台支撑，集实体店、网店、微店、APP、微信小程序、短视频、直播等于一体，让书店经营更专业、定位更精准、功能更智慧、业务更开阔，更加与时俱进。

三、当前出版物发行业发展面临的问题

短视频、直播的带货功能，是出版物发行业继垂直电商、平台电商、社群电商、

微商后，新增的又一重要的线上销售渠道，加上传统的实体书店，出版物发行业的销售渠道愈加多元细分，线上线下并立、传统与新兴交融，全渠道覆盖也给出版发行业带来了一些新困扰。

（一）传统渠道增长乏力，如何提升吸客引流能力

实体书店作为图书发行的传统渠道，在新世纪受到了新技术、新媒介、新传播方式所带来的线上销售渠道和数字阅读的双重冲击。在2019年，尽管很多新华书店实现了经营的整体增长，但门店图书零售依然延续了下滑态势；尽管一些门店实现了整体销售增长，但整体人流量、图书销售册数同比仍不容乐观；尽管多元、团购、馆配等业务板块普遍实现了突破，但整体经营利润率、吸客力及可持续发展能力依然不太明朗；尽管研学、物流、网销等新拓领域初显成效，但欠缺专业人才队伍和开拓能力，发展前景依然举步维艰仍需强力推进。实体书店在转型升级后，依然面临着有店无客、有客无单、有单无延续、有会员无互动等不利局面。如何破解这些难题，进一步强化引流并变人流为客流最终实现销售，实体书店进行了诸多探索与尝试，但成效有限。在这一方面，各方仍需加强努力，强化开拓，持续创新。

（二）线上拓展喜忧参半，如何解决行业可持续发展

图书线上销售渠道在2019年愈加多元，除电商平台、线下书店线上网店进一步强化开拓，微信公号小程序、社交媒体带货功能也在2019年风起云涌，成为图书销售的又一重要渠道。但图书作为唯一定价制且单价低的文化产品，越来越受到平台商、资本方的关注，造成的结果是图书在不少电商平台成为引流产品，销售折扣越来越低，出版方利润越来越薄，不少畅销爆品面临着利润低甚至出现亏本销售的情况，既冲击着线下店的生存发展空间，给出版社的健康发展带来了极大的隐患，也一定程度上造成了部分图书质量的参差不齐和定价的虚高，不利于出版发行业的可持续发展。如何在加速线上拓展的同时，保证图书合理的销售折扣，确保出版发行业的健康发展，需要多方共同找寻解决方案。

（三）社店合作面临变局，如何确保线上线下布局均衡

实体书店转型升级提质增效让书店空间功能更细化，选品更严格，陈列品种更精、数量持续下降，再加上实体零售的持续低迷，单纯的线下渠道已不能满足出版社图书销售需求。很多出版社、策划机构将线上销售作为2019年乃至很长一段时间的重点，营销投入向线上倾斜，线上销售额超过或接近线下，甚至一部分出版社、策划机构将线上市场作为主攻方向。这都给实体书店经营带来了不利影响。与此同时，也有一部分出版社由于线上销售因低折扣导致利润微薄，同步加大了对线下门店的营销扶持力度，以提升整体利润。线上走量、线下保利润，如何才能做到顾此不失彼，既有销售增长也能保证利润不跌，确保线上线下均衡、高质量发展，仍是出版发行业面临的巨大考验。

（四）发行智能化再提速，如何利用先进技术强化营销

2019年，5G技术、大数据等前沿科技在出版发行业的转型升级中发挥了积极作用。2019年12月31日，深圳书城6.0版的龙华书城开业，发行智能化进入了快速发展的新阶段。一方面，未来会有越来越多的书店像深圳书城龙华城一样，通过"互联网+物联网"为基础，引入人脸支付、智能灯光、智能导航、智能会员系统等工具，利用大数据为读者提供成熟、可扩展的智慧服务，书店的智能化、技术化水平将进一步提升。另一方面，书店在投入巨资、引入高技术后，如何将技术工具与书店现有会员系统、门店产品、累积资源打通，做好新技术与传统业务的融合，充分发挥大数据在会员维护、营销创新上的作用，实现既有大数据资源又有大数据应用，达到强化店面引流、促进门店销售的终极目的，对书店及运营者而言都是巨大挑战。目前，技术工具在书店的应用仍处于功能使用的初级阶段，如何发掘技术背后的营销潜力，需要出版发行人投入更多精力进行探索。

四、对当前出版物发行业发展的建议

目前，出版发行业正处在新旧交替、推陈出新的关键时期。传统实体书店渠道转

型不断，但图书销售册数逐年下降，仅靠品种码洋上涨录得年销售平稳或微增，新兴业务、线上销售成为实体店提升销售的主要方向；线上销售渠道在日益多元细分的同时，伴随的低折销售对行业可持续发展带来不利影响。加上2020年年初新冠疫情造成的实体书店闭店，线上销售的新一轮扩张，呈现出实体愈弱、线上愈强，实体无销售、线上少利润的尴尬局面，出版物发行线上线下融合发展的微平衡正在被打破，可持续、健康、高质量发展任重道远。

（一）进一步推进实体书店转型升级

1. 持续打造分层次、分级别的实体发行网络体系

要持续推进实体书店大书城、中心门店的转型升级力度，打造满足各阶层读者需求尤其是对"Z"世代（指95后年轻读者）读者具有较强吸引力的一站式综合文化休闲中心、立体式的多维度文化空间，既要有场景的"美轮美奂"，也要有技术的"与时俱进"，更要有经营的"持续创新"，从目前转型升级的初级阶段向高质量、可持续的新阶段迈进，将运营中心从销售"图书"向运营"空间"转换，充分发挥实体书店的平台作用。要致力于打造功能齐全的实体书店与快捷便利的智慧书店相呼应，综合型与特色型网点互为补充的"大中小特"相结合，功能、定位更细分，覆盖城乡的线下网点体系，建立周边3公里读者阅读圈，让书香触手可及。

2. 持续优化提升门店服务功能

要围绕不同群体的阅读和文化消费需求，持续应用大数据分析，通过细分读者客群、打造特色书店；强化图书选品、增加多元产品；引进阅读导引、增强门店体验；提升科技应用，创新营销方法；增强公共文化、知识服务功能等举措，为进店读者画像，提升特色化、差异化、个性化服务能力，致力把实体书店打造成公共服务的提供者、全民阅读的推动者、文化潮流的引领者和文化价值的创造者，增强门店的综合吸引力。

（二）进一步加速线上线下融合发展

1. 持续培育互联网思维，加速传统业务互联网化

互联网的影响无处不在、无时不有。线上线下融合发展的"新零售"模式正成为

主流，美国的亚马逊、国内的当当、京东在强化线上销售的同时正加速深耕线下。出版物发行业尤其是实体书店，从智慧书城建设到自营线上平台，从单店作战到集团统筹推进，从店面的智能化到会员管理体系的建立等等，传统业务互联网化推进步伐正在加速。在大数据时代，传统出版发行人的互联网思维、传统业务的互联网化需加快推进落实，以适应互联网销售新玩法，与时俱进为读者提供全新的消费体验。

2. 持续发力线上，打造线上线下融合平台

新冠肺炎疫情下的实体书店停业，让其损失惨重。以新华文轩、江苏新华、河南新华等为代表、已建立相对完备线上发行网络的实体书店，也有着更多抵御线下销售下滑的"后备方案"，当更多的实体书店尤其是民营书店在后疫情时期才开始搭建线上平台进行销售时，线上渠道的重要性进一步凸显。发力线上对实体书店是增加销售、补充线下的重要途径，但也面临着专业人才缺乏、互联网玩法不熟悉等方面的严重不足，传统发行业企业要充分利用渠道、门店以及服务、交流、互动等方面的优势，线上线下结合搭建新网络融合平台，创新经营模式，围绕"书店＋""文化＋"，引领文化消费新风尚。

（三）进一步强化新技术新营销运用

1. 加速大数据挖掘，探索实体商业零售新模式

技术的飞速发展带来了生产方式的变化，以 5G 和人工智能为代表的最新科技的加速应用让书店更加智能智慧，也为实体书店实现供给侧结构性改革创造了条件。实体书店在未来将借力互联网、大数据与人工智能等高新技术，为传统书业插上科技翅膀，逐步实现自动采购、智能展陈、个性荐书等功能，开展一系列基于数据采集与分析的科学管理和精准服务，实现线上与线下、文化与科技更深度的融合。基于此，实体书店目前要充分利用门店新技术所产生的海量大数据资源，深度挖掘分析，做到对读者的精准画像、精准营销、精准推送，以精准、个性营销留住读者，助力销售。

2. 加快短视频、直播运用，以新营销吸引新读者

出版发行业对线上渠道开拓的加码改变着图书销售渠道的整体结构，也带来了传统营销方式的变革与升级。传统的线下营销向线上营销转变，也加速了传统图书营销

的互联网化和营销方式的多元化。"云上"营销因 2020 年的新冠肺炎疫情进一步趋强。读屏时代，短视频、直播营销的带货功能以及传播方式，配合线上销售所突破的时空限制，正改变着出版物发行业传统发行结构与营销模式，也成为吸引新读者的主要方式。对于出版社、电商而言，"云上"的无限可能带来了新一轮线上扩张销售的风口，对线下依赖进一步削弱；对于实体书店来说，线上的冲击压力进一步加剧，加速对新营销方式的理解与应用实践将成为必然，也是出版发行业未来发展大势所趋。

（四）进一步提升非图业务开拓能力

1. 持续提升专业化运营水平

相较于图书发行主业，出版发行业在多元、物流、研学等非主业运营方面，存在着专业化程度不高、人才欠缺、整合运营能力较弱等方面的不足，一些发行集团正通过调配业务资源成立运营部门、培养人才队伍、优化产品体系、调整产品结构、强化对外合作、加速资源整合等举措，提升新兴业务专业化运营水平，推动非图业务快速扩张，扩大实体书店经营范围和规模，提升整体效益。

2. 持续增强实体书店跨界融合发展

一方面要将主业与非图融合发展，以主业带多元，以多元促主业，在坚持主业不动摇的前提下，持续探索以书和阅读为内核的可持续发展模式，将实体书店运营中心从"图书"转向"空间"，实现主业与非图的融合发展；另一方面要紧紧围绕市场需求，坚持跨界发展，加速改变联营、代理等简单初级的销售模式，向高利润的经营方式探索，打造培育利润高的多元经营自有品牌、研学品牌，加快由企业物流向现代物流企业转型，持续提升相关业务的整合、赢利能力。

（成永利　中国书刊发行业协会；倪　成　中国出版传媒商报）

第三章

专题报告

第一节　2019—2020 图书出版选题报告

据中国版本图书馆书号（ISBN）选题数据统计显示，2019 年全年共核发书号 28.06 万个，选题量较 2018 年同比下降 2.62%，延续了近年一贯减少态势，这一结果表明高质量发展促进图书出版选题规模调控战略正在持续取得成效。

一、重点选题板块基本情况

（一）哲学社会科学领域

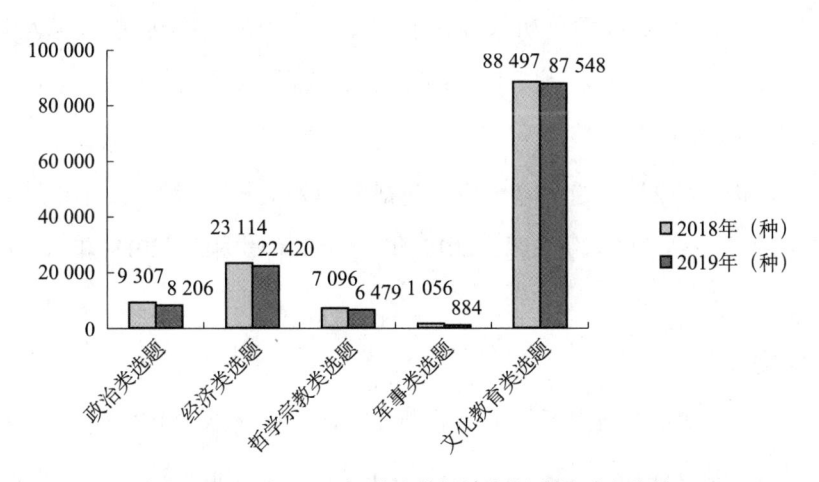

图 1　2018 与 2019 哲学社科领域出版选题对比统计

据中国版本图书馆图书在版本编目（CIP）数据统计显示，2019 年申报出版哲学社会科学选题总计 12.55 万种，同比下降 2.74%。政治、经济、哲学宗教、军事及文化教育各类选题都有不同程度的下降。

1. 政治类选题

统计显示，2019 年申报出版政治类选题 8 206 种，相比 2018 年（9 307 种）下降 11.83%，且该类选题所含的马列主义、中国政治、国际政治、外交等细分门类选题数量均有不同程度下降。

国外政治类选题大幅减少。该类选题 2019 年共 277 种，相比 2018 年（390 种）下降 40.79%。其中世界政治概况、政治制度与国家行政管理相关的综述型选题 103 种，较 2018 年（155 种）下降了 33.55%，降幅明显；在国外政治选题中，美洲国家政治选题数量明显下降，2019 年（50 种）比 2018 年（84 种）减少了 34 种；亚非国家政治选题在所有国外政治研究选题中占比 35.6%，相比 2018 年（37.87%）微减；出版业继续积极响应并宣传传播"一带一路"倡议及人类命运共同体，国际政治选题向亚非国家倾斜趋势仍在。

马列著作类选题明显下降。该类选题 2019 年共 363 种，相比 2018 年（440 种）下降 17.5%，马列原著、对马克思主义的学习、研究著作，以及马克思、恩格斯二人的生平、传记及人物研究类选题数量均呈不同程度的减少。

中国政治相关选题减少一成。包括国家政策研究、政论时评、国家政治制度与机构建设、国家行政管理、社会分析及政治制度史研究等内容的选题，2019 年共 4 501 种，相比 2018 年（5 069 种）下降 11.21%。该类选题在数量上一直占比较大，是政治类选题出版的一个重点。

国际关系和外交相关选题下降一成。包括中国外交、各国外交、国际形势与国际问题及国际关系史等内容的选题，2019 年共 353 种，相比 2018 年（400 种）下降 11.75%。

2. 经济类选题

统计显示，2019 年申报出版经济类选题 22 420 种，相比 2018 年（23 114 种）下降 3%，出版态势相对稳定。其中农业经济、工业经济、交通运输与旅游经济细分领域选题数量相比 2018 年均呈涨势，其他如邮电通信、商业贸易、财政金融等经济细分领域选题数量则有不同程度下降。

经济学理论相关选题明显下降。该类选题 2019 年 622 种，比 2018 年（752 种）减少了 17.29%。其中世界经济思想史相关选题下降幅度突出，2019 年共 46 种，比 2018

年减少 33.82%。

中国农业农村经济相关选题有所增长。该类选题 2019 年有 1 366 种，相比 2018 年（1 314 种）上升 3.96%。内容主要围绕农业经济方针政策、农村经济建设与发展、种植畜牧水产等各部门经济以及地方农业经济等展开，反映了全党全社会坚决打赢脱贫攻坚战的决心。

中国旅游经济相关选题有较明显增长。该类选题 2019 年共 554 种，相比 2018 年（476 种）增长 16.38%，内容聚焦乡村旅游精准扶贫、地方旅游业规划发展及特色旅游文化全面展开。

3. 哲学宗教类选题

统计显示，2019 年申报出版哲学宗教类选题总计 6 479 种，相比 2018 年（7 096 种）下降 8.7%，超过哲学社会科学类选题整体降幅。其中哲学选题由 2018 年的 6 162 种减至 5 622 种，下降 8.76%，宗教选题由 2018 年的 934 种减至 857 种，下降 8.24%。

哲学选题中，世界哲学综论及外国哲学相关选题有所上升。该类选题 2019 年 479 种，相比 2018 年（435 种）增长 10.11%。其中欧美国家哲学相关选题 2019 年 413 种，比 2018 年增长 9.55%，是主要的增长点。虽然国外哲学相关选题有一定的增幅，但中国哲学相关选题在数量上仍占据主要优势。2019 年该类选题 1 522 种，相比 2018 年（1 695 种）减少了 10.21%，仍然占全部哲学类选题数量的 27.07%，与 2018 年（27.51%）基本持平。

佛教选题仍是宗教选题的出版重点。2019 年佛教类选题 594 种，不仅占据宗教类选题总量的 69.31%，且与 2018 年（585 种）相比数量上有 1.54% 的轻微增长，在出版数量整体下降的趋势下保持了一定的出版规模。包括道教、基督教、伊斯兰教、神话术数、原始宗教等在内的其他类型宗教选题共 216 种，占宗教类选题总量的 25.2%，这部分选题数量相比 2018 年（293 种）减少了 25.20%。其中尤以基督教类选题降幅最为明显，由 2018 年的 92 种降至 46 种，降幅过半。

引进版宗教选题数量继续大幅下降。该类选题 2019 年 51 种，比 2018 年的 94 种减少了 45.75%，基本延续了 2017 年以来下降趋势（54%）。

4. 文化教育类选题

统计显示，2019 年申报出版文化教育选题总计 87 548 种，相比 2018 年（88 497

种）微降1.07%，在哲学社会科学选题出版中虽相对降幅最小，但绝对数量最多。该类选题中，有关文化事业、新闻出版、体育事业的选题数量均有不同程度的减少，占比最大的教育类选题则有两个突出的增长点。

一是中小学教参教辅选题出版数量小幅上升。该类选题2019年58 590种，相比2018年（57 599种）增长1.72%。

二是成人教育、职业教育教材教辅有较明显的增加。该类选题主要是为满足中职、高职高专及各类成人教育迅速发展的需要，2019年2 448种，相比2018年（2 326种）增长了5.25%。其中成人高考用书增长最为突出，包括高中起点和专升本各种程度的成人高考用书2019年256种，比2018年（80种）增长了两倍多。

另外，学前阶段教辅教参的出版规模得到有效控制。该类选题2019年共11 927种，相比2018年（12 913种）下降7.64%。这一趋势充分体现了出版行业对学前教育小学化治理工作的配合和社会引导作用。

（二）人文历史领域

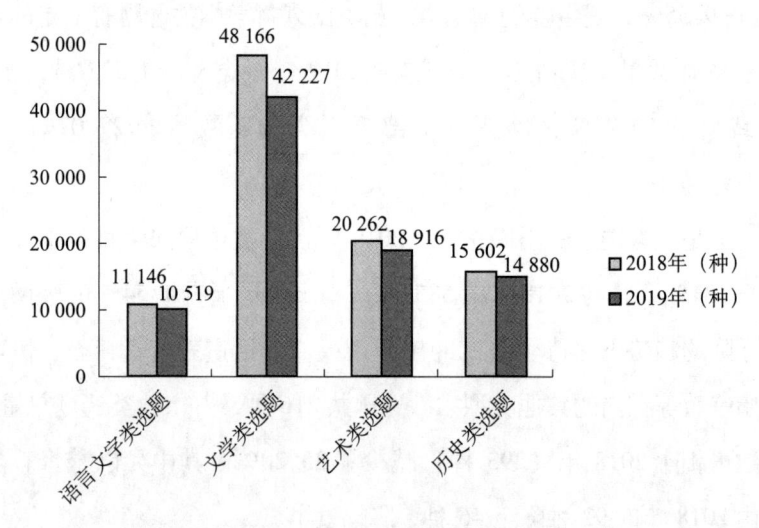

图2　2018与2019人文历史领域出版选题对比统计

统计显示，2019年申报出版人文历史选题86 542种，较2018年（95 176种）减少8 634种，同比下降9.07%。语言文字、文学、艺术、历史地理在内的各类细分选题皆呈降势。

1. 语言文字类选题

统计显示，2019 年申报出版语言文字类选题 10 519 种，较 2018 年（11 146 种）减少 627 种，同比下降 5.63%。对外汉语教学选题明显增加，2019 年选题 811 种，较 2018 年同期增加 106 种，涨幅 15.04%。

2. 文学类选题

统计显示，2019 年申报出版文学选题 42 227 种，较 2018 年（48 166 种）减少 5 939 种，同比下降 12.33%。

中国文学选题占比微增。中国文学以优秀的历史、多样的形式、众多的中国作家、丰富的作品、独特的风格、鲜明的个性、诱人的魅力而成为世界文学库中光彩夺目的瑰宝。2019 年中国文学选题 31 052 种，约占全年文学选题总量的 73.54%，较 2018 年同期提高了 2.64 个百分点。而其中小说、诗歌和散文作品数量均逆势下降超一成，降幅分别为 17.90%、13.92%、11.01%。

欧美文学选题显著减少，亚洲文学选题逆势增长。2019 年外国文学选题 10 167 种，较 2018 年同期下降了 19.26%。其中，欧洲文学作品数量 5 762 种，较 2018 年同期减少 3 080 种；美洲文学数量 2 107 种，较 2018 年同期减少 1 767 种。另值得注意的是，2019 年亚洲文学作品数量 1 952 种，较 2018 年同期增加 232 种。

3. 艺术类选题

统计显示，2019 年申报出版艺术类选题 18 916 种，较 2018 年（20 262 种）减少 1 346 种，同比下降 6.64%。

中国绘画选题量减质升。中国绘画是中国文化的重要组成部分，根植于民族文化土壤之中，独具艺术魅力。2019 年中国绘画选题 4 064 种，较 2018 年同期减少 716 种，降幅约 14.98%。其中，约占全年中国绘画选题总量三分之一的国画作品数量 1 233 种，同比下降 19.78%；连环画作品数量 980 种，小幅上涨 1.55%。这些选题或表现社会生活，或讲述历史故事，有着鲜明的艺术特色以及重要的艺术与社会价值。

中国传统工艺美术选题同比微降。中国传统工艺美术历史悠久、工艺精深、品种繁多，对于满足广大人民群众的生活与审美需要发挥着重要作用。2019 年中国传统工艺美术选题 792 种，较 2018 年同期减少 41 种，降幅约 4.92%。其中，织染、服装、刺绣等作品数量不降反增，涨幅高达 22.41%，剪纸、折纸、面塑等作品数量合理微跌 6.13%。

4. 历史类选题

统计显示，2019 年申报出版历史类选题 14 880 种，较 2018 年（15 602 种）减少 722 种，同比下降 4.63%。

（1）民国史选题延续降势

2019 年民国历史选题 299 种，较 2018 年同期减少 16 种，同比下降 5.08%。

（2）地方史志选题合理微降

2019 年地方史志选题 2 529 种，较 2018 年同期减少 153 种，同比下降 5.70%。这些选题充分运用丰富的地方历史文化资源，致力于传承弘扬中华优秀传统文化。

（3）中国人物传记选题略降

2019 年中国人物传记选题 3 176 种，较 2017 年同期减少 105 种，降幅 3.20%。其中，自然科学、工程技术、医药卫生领域作品相对增量较大，文教、艺术领域相对减量较大。

二、出版选题主要特征

数据分析显示，2019 年图书选题总量整体减少态势的同时，选题结构情况逐步向好，选题内容精品频出，在主题出版、学术出版、传统文化出版、"走出去"出版等领域涌现一批佳作，展现新时代出版新风貌。

（一）选题结构

1. 公版书出版规模持续下降

2019 年 3 月，国家新闻出版署启动图书"质量管理 2019"专项工作，重点加大对公版图书内容和编校质量的检查力度。在出版行政管理部门开展专题整治和出版单位加强内容建设的双重努力下，以第一作者进入公版期为准，以国内近现代及以前与国外文学类的原著与改编图书为口径，统计 2019 年公版书申报出版情况，结果显示：2019 年公版书整体出版规模持续下降，出版选题 4 500 余种，较 2018 年减少 500 余种，同比下降一成左右；与此同时，2019年公版书单品重复出版选题数量大幅缩减，对比统计2018与2019年公版书出版选题数量前30名，结果显示，2018年公版书出版前30名选题申报量为1925种，而2019年大幅减至1 116种，降幅达42%。

表1　2018与2019两年公版书出版选题量TOP30对比统计

排名	2018年		2019年	
	书名	选题量（种）	书名	选题量（种）
1	西游记	139	红楼梦	60
2	红楼梦	101	西游记	59
3	三国演义	96	论语	57
4	水浒传	84	格林童话	56
5	海底两万里	80	水浒传	50
6	小王子	77	爱丽丝梦游奇境记	45
7	鲁宾逊漂流记	73	三国演义	43
8	骆驼祥子	68	一千零一夜	43
9	钢铁是怎样炼成的	67	鲁宾逊漂流记	42
10	安徒生童话	67	史记	41
11	名人传	64	伊索寓言	40
12	爱的教育	64	童年	39
13	格列佛游记	63	父与子	39
14	史记	62	海底两万里	38
15	简·爱	61	世说新语	37
16	朝花夕拾	61	爱的教育	37
17	猎人笔记	60	孟子	34
18	伊索寓言	60	聊斋志异	34
19	老人与海	56	朝花夕拾	33
20	镜花缘	56	简·爱	30
21	格林童话	54	格列佛游记	29
22	爱丽丝梦游奇境记	53	克雷洛夫寓言	29
23	汤姆·索亚历险记	52	小王子	28
24	童年	50	老子	27
25	绿野仙踪	49	钢铁是怎样炼成的	26
26	寂静的春天	47	月亮与六便士	24

续表

排名	2018年		2019年	
	书名	选题量（种）	书名	选题量（种）
27	聊斋志异	43	浮生六记	24
28	福尔摩斯探案集	42	道德经	24
29	木偶奇遇记	39	骆驼祥子	24
30	森林报	37	傲慢与偏见	24
合计	1 925 种		1 116 种	

2. 低水平跟风出版得到明显遏制

低水平跟风出版是图书市场痼疾，高发于人生哲理、成功励志、女性读物、童书、教材教辅等细分领域。作为出版行政部门持续发力的重点监管领域，统计显示，2019年低水平跟风出版选题总量明显改观，主要表现在：面向大众的心理读物、伦理道德教育读本类选题持续下降，该类选题2019年3 199种，相比2018年（3 663种）下降12.67%，同时高发领域跟风出版TOP10出版单位选题总量减量明显，2019年合计150种，较2018年（522种）同比下跌71.3%。

表2 2018与2019两年心灵鸡汤类跟风出版选题量TOP10出版单位与数量对比统计

排名	2018年		2019年	
	对出版单位名称作隐去处理	选题量（种）	对出版单位名称作隐去处理	选题量（种）
1	××出版社	74	××出版社	24
2	××出版集团	70	××出版社	19
3	××出版社	68	××出版社	19
4	××出版公司	57	××出版社	16
5	××出版社	56	××出版社	15
6	××出版社	55	××出版社	14
7	××出版社	44	××出版社	13
8	××出版社	33	××书局	10
9	××出版社	33	××出版集团	10
10	××出版社	32	××出版社	10
合计	522 种		150 种	

(二) 选题内容

1. 主题出版：唱响主旋律

2019年出版界聚焦主题出版重点领域、我国重大主场外交活动，以及国史、党史重要纪念日，加强顶层设计、精耕内容资源，推出了系列精品力作。

(1) 习近平新时代中国特色社会主义思想

习近平新时代中国特色社会主义思想深入回答时代之问，不断引领时代前进，是新时代精神的精华。统计显示，2019年有关单位申报出版约150种习近平新时代中国特色社会主义思想选题，较2018年同期增长11.85%。

聚焦明理明道，推进习近平新时代中国特色社会主义思想武装头脑。其中代表作如中宣部与中央广播电视总台联合创作，人民出版社策划出版的《"平"语近人——习近平总书记用典》以总书记在一系列重要讲话、文章、谈话中所引用的古代典籍和经典名句为切入点，旨在对习近平新时代中国特色社会主义思想进行生动解读与广泛传播，提高群众知晓度与认同度。

聚焦入脑入心，做好习近平新时代中国特色社会主义思想宣传阐释。中央宣传部组织编写，学习出版社、人民出版社联合出版的《习近平新时代中国特色社会主义思想学习纲要》围绕"习近平新时代中国特色社会主义思想是党和国家必须长期坚持的指导思想"这一主题，对习近平新时代中国特色社会主义思想作了全面系统阐述，进一步推动这一思想深入人心、落地生根。与此同时，民族出版社翻译出版了蒙古、藏、维吾尔、哈萨克、朝鲜等民文版，中国盲文出版社也积极推出了盲文版。中国社会科学出版社组织近百位专家编写的《习近平新时代中国特色社会主义思想学习丛书》分别从哲学、党的建设等12个方面，阐释了习近平新时代中国特色社会主义思想产生的时代背景、主题主线、主要观点和核心要义。

聚焦落地落实，推动习近平新时代中国特色社会主义思想指导实践。如中组部组织编写的《贯彻落实习近平新时代中国特色社会主义思想在改革发展稳定中攻坚克难案例》精选经济建设、政治建设、文化建设、社会建设、生态文明建设、党的建设、防范化解重大风险七大领域172个案例，生动展示了习近平新时代中国特色社会主义思想在波澜壮阔的社会实践中的巨大指导作用。中国发展出版社推出的《与新时代同行：习近平新时代中国特色社会主义思想朝阳践行录》全面总结了党的十八大以来北京市朝阳区的新实践、新经验、新亮点。

（2）庆祝新中国成立 70 周年

庆祝新中国成立 70 周年是贯穿 2019 年出版工作的主线，也是主题出版重点。统计显示，2019 年各出版单位共申报相关选题 1 370 余种，涵盖哲学宗教、政治经济、文化教育、文学艺术、自然科学各个门类，涌现了大批思想性、可读性俱佳的精品力作。这些选题既宏观展现出 70 年发展变化的基本经纬和脉络，又展现了丰富的历史细节和小故事，理论联系实际，宏观兼顾微观、整体结合部分，内容丰富，形式多样，为共和国 70 华诞献礼。

一批理论著作将新中国的历史经验系统化、理论化，深入浅出解读中国道路为什么走得对、行得通。学习出版社的《新中国发展面对面》由中共中央宣传部理论局编写，对新中国 70 年发生了怎样的变化、中国经济奇迹是如何创造的、中国道路为什么好、中国共产党为什么能、中国未来为什么前景可期等 12 个重大问题作出了深入浅出的解读阐释。人民出版社的《中国为什么能：新中国 70 年巨变的内在逻辑》从道路、理论、制度、文化、思维、精神、人民七个方面讲述新中国 70 年巨变的内在逻辑，探讨中国为什么能在 70 年中获得一系列的发展。当代中国出版社的《新中国 70 年》是由中宣部直接委托中国社会科学院当代中国研究所承担的重点项目，从中国历史、世界历史的宏观视野看新中国 70 年的历史地位和巨大成就。

一批综述型选题从宏观角度回顾新中国发展历程，整体展现新中国成立 70 年来的辉煌历程。其中一些选题具有国史特色，叙历史、讲故事，生动展现新中国成立 70 年来的历史事件、社会生活。如当代中国出版社的《中华人民共和国简史：1949—2019》（中英文版）、中国青年出版社的《新中国极简史：1949—2019 的年度故事》等。一些选题以翔实的统计数据资料展示 70 年经济社会发展成就，如中国统计出版社出版的由国家统计局组织编撰的大型统计资料图书《辉煌 70 年：新中国经济社会发展成就：1949—2019》。一些选题图文并茂展示中华民族 70 年砥砺奋进的奋斗历程，如东方出版社的《新中国：砥砺奋进的七十年：手绘插图本》，共用 100 多幅图画生动展现了新中国站起来、新中国强起来、新中国富起来这一历史过程。

一批学术选题深度关注70年来各学科领域发展成果，多方位、多视角展现70年发展演变历程和成就。代表选题如：上海人民出版社的《新中国成立70年来中国共产党形象建设研究》、中国社会科学出版社的《新中国哲学研究70年》、经济管理出版社的《新中国成立70周年经济发展大典》、科学技术文献出版社的《中国科技发展70年：1949—2019》等，分别展示了新中国70年政治、哲学、经济、科技等领域的研究成果和发展成就。

一批特色选题用小切口折射大主题，通过多样的形式呈现多层次的内容，讲好新中国故事，礼赞新中国成就。上海科学技术文献出版社的《70年邮票看中国》共收录邮票2 000余枚，以小小邮票展示辉煌中国成就。广东人民出版社的《账本里的中国》生动刻画了70年"账本经济史"，记录和折射了一个个普通家庭70年来家庭生活日新月异的变化，是一部视角独特的"城乡巨变"的历史画卷。浙江教育出版社的《"创新报国70年"大型报告文学丛书》通过讲述中国科学家的感人故事，回顾新中国70年科技发展历程，宣传我国重大科技创新成就。连环画出版社的《人民就是江山：庆祝中华人民共和国成立70周年连环画集》，用连环画的形式讲述了新时代英雄模范人物的故事。人民出版社联合全国各省级人民出版社共同策划出版的《影像中国70年丛书》，从"大民生"角度用影像记录70年发生的重大或标志性事件与变化。人民文学等多家出版社推出的《新中国70年70部长篇小说典藏》、中国少年儿童出版社的《新中国成立70周年儿童文学经典作品集》等文学图书，集中梳理和展示了新中国70年文学的重大成就，反映了在广大人民群众中产生广泛影响的文学记忆。

（3）深入宣传阐释社会主义核心价值观

一批社会主义核心价值观研究型选题深刻阐释社会主义核心价值观理论的进步性和科学性，从理论上指导引领社会主义核心价值观的培育与践行得到有效落实。

部分选题展示了近年来社会主义核心价值观宣讲工作成果和理论研究进展。如人民出版社的《中国价值》是中宣部宣教局、光明日报社主办，光明网承办的"核心价值观百场讲坛"工程的成果汇编；知识产权出版社的《社会主义核心价值观民间共鸣的理论与实践研究》是教育部人文社科青年基金项目"社会主义核心价值观的民间共鸣机制研究"的最终研究成果；中国社会科学出版社的《中西核心价值观比较研究》为教育部2016年高校示范马克思主义学院和优秀教学科研团队建设项目"社会主义核心价值观与西方'普世价值'辨析"的研究成果。

部分选题着力探究中华优秀传统文化和红色革命文化基因与社会主义核心价值观之间的辩证关系，为核心价值观的现代化生长提供历史智慧和文化滋养。如光明日报出版社的《中国传统文论培育社会主义核心价值观研究》、郑州大学出版社的《新时代社会主义核心价值观的传统文化基因传承和发展研究》、人民出版社的《红色文化涵育高校社会主义核心价值观研究》。

部分选题为推进社会主义核心价值观的培育和践行提供理论支撑和政策建议。如中国社会科学出版社的《社会主义核心价值观的日常生活化机制研究》、中国人民大学出版社的《社会主义核心价值观的话语构建与传播》、人民出版社的《国家治理视阈中的社会主义核心价值观建设研究》。

部分选题创新题材，寓教于乐，积极探索有效方式方法，促进社会主义核心价值观教育真正入脑入心。有的根据青少年成长各阶段的身心发展特点精心策划有针对性的教育主题，全面培养和提高中小学生发展的核心素养。中华书局的《萌童美德歌谣》面向学前儿童、《最美中国故事》面向小学生、《论语智慧启迪》面向初中生，分别围绕核心价值观主题词，以连环画的形式，生动展现民族精神和价值观，弘扬中华美德。人民出版社的《同读经典：培育和践行社会主义核心价值观》分别针对小学至高中阶段学生选取不同传统文化主题组织内容，重点培育学生对中华优秀传统文化的亲切感和感受力。有的用原创文学生动形象宣传社会主义核心价值理念，为中国特色社会主义事业提供精神动力和道德滋养。四川人民出版社的《社会主义核心价值观赋》是一组原创的以社会主义核心价值观的十二个关键词为主题的系列赋体文学作品。晨光出版社的《梦想岛的12个暖心故事：社会主义核心价值观原创图画故事书系》构思出12个隽永深刻的人性故事，每一个故事贯穿社会主义核心价值观的一个主题，生动有趣地逐个为小读者们解释社会主义核心价值观的核心概念。

2. 学术出版：反映新成就

学术出版依托国家出版基金、国家重点出版物规划等项目，聚焦社会经济发展热点、重点，关注高新科技进展，积极拓展国际学术交流领域，推出一批全面展示人文科学、工程技术学术前沿进展的新作力作。

一批选题聚焦中国经济进入新常态阶段的热点议题，深入探讨农业经济、资源经济、生态环境、人口老龄化等社会经济问题。中国农业出版社的《新时代中国农业结构调整战略研究》是中国工程院重大咨询项目，分析了新形势下农业发展的主要矛盾及面临的困难和挑战，提出农业结构调整方向。科学出版社的《矿产资源强国战略研究》，汇集了13名院士专家的系统研究成果。科学出版社的《中国生态文明建设重大战略研究丛书》和龙门书局的《黑河流域生态——水文过程集成研究》是"十三五"国家重点出版物出版规划项目，对生态文明理论、国家生态文明建设战略及区域生态环境建设等内容进行了全面深入的探讨。中国人口出版社的《银龄时代：中国老龄社会研究系列丛书》是国家出版基金项目，针对人口老龄化程度日益加深带来的老年人健康状况、住房收入、家庭照料等一系列问题展开研究。

一批选题关注高新技术发展前沿，展示各领域自主创新成果。如科学出版社的《光电子科学与技术前沿丛书》《印刷显示材料与技术》《高超声速出版工程》《偏振成像探测技术学术丛书》《高性能高分子材料丛书》《21世纪理论物理及其交叉学科前沿丛书》，龙门书局的《海洋机器人科学与技术丛书》《软物质前沿科学丛书》，机械工业出版社的《智能制造与装备制造业转型升级丛书》，化学工业出版社的《化工过程强化关键技术丛书》等选题，均为"十三五"国家重点出版物出版规划项目，充分显示我国高新技术的创新科研实力。

一批选题积极开展国际学术交流，译介国际学术思想动态，同时对外宣传展示中国特色社会主义建设所取得的巨大成就。中国农业出版社的《FAO中文出版计划项目丛书》由联合国粮食及农业组织（FAO）编著，包括《营养与社会保护》《气候变化和粮食安全：风险与应对》《开发可持续食品价值链：指导原则》等选题，内容围绕提高人民的营养水平和生活标准，改进农产品的生产和分配，改善农村和农民的经济状况展开，对实现联合国粮农组织的各项战略目标有重大指导作用。中国人民大学出版社的"认识中国·了解中国"书系是"十三五"国家重点出版物出版规划项目及国家出版基金项目，其中《当代中国社会》《当代中国政治》《时代大潮和中国共产党》等选题均推出外文版本，全面介绍了改革开放以来特别是新近几年来中国政治制度建设、社会建设的新变化、新情况。

3. 传统文化出版：展现新自信

党的十八大以来，习近平总书记发表了关于继承和弘扬优秀传统文化的重要讲话，反映了总书记对文化建设的高度重视，彰显了其以文化复兴助推民族复兴的坚定决心。系列重要讲话有力指导了我国传统文化图书出版工作，从2019年出版数据看，出版单位持续发力传统文化选题出版，深挖传统文化源远流长、博大精深之养分，为坚定文化自信提供了有力素材。

中华哲学思想文化选题展开古今中西文明对话，在华夏文明丰厚遗产的基础上重构价值理念，探索中华文明的复兴之路。北京出版社的"大家小书"系列推出《儒学十讲》，辑录汤一介教授的10篇有关儒学的文章，从多个视角深入浅出地对传统儒学作整体观照。线装书局的《"一带一路"儒家文明创新论坛丛书》，以东亚儒学研究为主题，探讨"一带一路"视野下儒学的发展与未来，推动儒学传承与创新。中国社会科学出版社的《地不能埋：出土简帛思想文献研究》和东方出版社的《简帛思想文献研究：个案与方法》，同时关注近年出土简帛思想文献研究进展，收录了海峡两岸三地、新加坡、日本、北美、英国等前沿学者利用最新简帛文献重探中国思想史的研究成果。人民出版社的《〈孟子〉的跨文化阐释与传播研究》从政治、经济、学术自由和科学技术进步四个方面爬梳了《孟子》在西方世界的跨文化阐释与传播。

中华传统美德选题继续挖掘民间家规家训蕴含的文化精华，同时积极探讨传统家风文化对新时代家庭建设和社会生产生活的积极意义。人民日报出版社的《土坑刘氏家规家训》成文于清初，本次出版在尊重原文的基础上，通过详细的注释、评论，取其精华去其糟粕，以服务于今天的生产生活。中共中央党校出版社的两个选题，《孔氏家风与新时代党员干部家风建设》以孔氏家族的家风及其当代启示为主线，对传统文化视域下新时代家庭建设（特别是党员干部家庭建设）的路径进行了探讨。《江南第一家郑氏规范的当代意义》通过对《郑氏规范》中关于家族子弟教育、人才培养与管理以及家族内部监督等规范的梳理，揭示其对当代干部教育管理的重要启示。

中华传统文学艺术选题着力遴选整理经典名作，深入发掘民间遗珠，同时对外宣传推介民族艺术精华。中华书局《中华经典名著全本全注全译》《古体小说丛刊》，人民文学出版社《明清稀见小说坊》，致力于古典文学精品珍品的整理和系列呈现。青海民族出版社的《藏族历代文学经典文库》首次全面、系统展示了藏族有史以来文学全貌，填补该领域学术空白。贵州教育出版社的《石阡仡佬族说唱文化丛书》向世人展示了仡佬族说唱这一历史悠久的古老民间说唱文化的艺术魅力。旅游教育出版社的

《北京京剧百部经典剧情简介标准译本》，遴选一百个京剧戏曲故事结集成书，配以经典舞台剧照，用汉语和匈牙利语、柬埔寨语、老挝语、缅甸语等外国语对照形式呈现给各国读者。

各地民俗文化选题宏观上全景式展现各类型、各地、各民族传统风俗礼仪，微观上聚焦特色民俗文化生态的调查研究。商务印书馆《中国婚礼通志》（七卷本）是国内第一部全面介绍和论述中国34个省级行政区和56个民族婚礼习俗的著作。光明日报出版社的《中国节日志》40余册，以长期田野调查为基础，从节日缘起、仪式活动、表演艺术与口头传统、节日用品和游艺娱乐等方面介绍各地节日相关民俗。中南大学出版社的《湘西苗族民间传统文化丛书》、内蒙古人民出版社的《蒙古族民俗文化图解丛书》、外文出版社的《根：图说台湾民俗文化》分别展示了各地各民族多姿多彩的文化生活片段，揭示了中华文化同根同源一脉相承的内在联系。生活·读书·新知三联书店的《老北京杂吧地：天桥的记忆与诠释》是作者以老北京天桥的文化生态为研究对象，在对"杂吧地"这一独特民俗文化进行了十多年走访调查的基础写作而成。

中华传统科技文化选题集中展现了中华民族自古以来在中医、建筑、印刷、农学、数学等领域所展现出的卓越智慧和取得的辉煌成就。上海科学技术出版社的《中医古籍珍稀抄本精选》、北京科学技术出版社的《中国近现代中医药期刊续编》、内蒙古人民出版社的《蒙古医学古籍经典》等选题，分别从不同角度填补了中医典籍整理研究领域的空白。商务印书馆的《匠意营造：中国传统建筑》是国家图书馆与乡村文化保护与发展志愿者协会联合举办的系列讲座结集，向读者讲授了中国传统建筑之伟大成就与文化价值。生活·读书·新知三联书店的《唐宋时期的雕版印刷》，深入考述并厘清了中国雕版印刷早期和盛期的发展史，是一部古代印刷史领域的典范之作。中华书局新推出的《农政全书校注》是著名的农史学家石声汉先生耗时十年整理、校注而成，堪称古农书整理出版的精品之作。凤凰出版社的《雕菰楼算学六种》是清代数学家焦循的著作集，是我国古代数学研究的代表作品。

4. "走出去"出版：呈现新面貌

数据分析显示，2019年，一批"走出去"选题凸显外向定位，向国外主流社会传播中华悠久文明，宣传中国改革建设成就和中国政府的方针政策，充分展示真实立体的中国，不断提升中华文化影响力，高一度表达中国声音，深一度传播中华文化，先一着争取国际话语权。

（1）中国文化选题彰显中华文化软实力

文化在国际交往间魅力无穷，国家之间软实力的较量很大程度上体现为文化实力的较量，因此，我国出版界大力向世界宣传推广中国文化，一是积极译介中国优秀古代典籍，如五洲传播出版社的"中华之美"丛书、上海译文出版社的"中华优秀传统文化传承系列"丛书。二是宣传中华民俗，展现中国传统文化的魅力，如暨南大学出版社的"中华文化外译书系"，华语教学出版社的"中国生肖文化解读系列"，海豚出版社的"中国传统修身故事绘本"丛书。

（2）当代中国选题展现中国道路自信

近百种"走出去"图书通过"中国共产党""中国梦""一带一路""中国道路"等热词从不同角度解读中国共产党、中国人民所选择的社会制度，从不同侧面展示中国共产党带领中国人民所取得的建设成绩，如外文出版社推出的《习近平谈"一带一路"》、"一带一路这五年的故事"丛书、"如何看中国"丛书，五洲传播出版社出版的"中国共产党"丛书也是其中佼佼者，包含《中国共产党的组织与机制》《中国共产党读本》《中国共产党与中国的发展进步》《中国共产党的国际交往》《中国共产党如何依法执政》《中国共产党为什么自信》以及《中国共产党基础知识问与答》等多本主题图书。

（3）传统医学选题展示中国传统文化勃勃生机

题材上，养生、针灸学、气功健身、中药材、推拿、方剂等均有涉及，体裁上，教材、普及读物、少儿读物、图解、词典、指南等形式多样。如苏州大学出版社的中医经典译丛、河南科技出版社的《中医典故》、重庆大学出版社的《中医药文化故事》和人民卫生出版社的《中医与中国传统文化》志在将中医药文化传播到更多国家，让喜爱中国文化、中医药文化的海外读者能从典故中深入了解中国、了解中医。

（4）科技选题呈现中国自主科技发展新成绩

以高铁技术为代表的我国自主科技迅速发展，走出国门，积极参与国际市场竞争，促成了自主科技类主题图书异军突起。国家铁路局组织编写的多种高铁主题图书积极展现中国高速铁路现状及其中长期发展规划，配合"一带一路"倡议对外宣传中国高速铁路，集中展示了我国自主研发的高铁技术。

总体看，2019 年，全国图书出版单位在我国出版业承前启后新的历史发展期，提交了一份亮眼的成绩单，不仅叠加近年结构调控成绩，出版选题布局进一步优化，而且重点领域佳作频出、建树颇丰。究其原因有二：一是国家新闻出版管理部门加强导向管理动作频频，2019 年 1 月，《图书出版单位社会效益评价考核试行办法》开始施行；10 月，国家新闻出版署印发《图书、期刊、音像制品、电子出版物重大选题备案办法》，对重大选题备案重点方面提出明确要求；11 月，国家新闻出版署下发通知，就开展出版单位"三审三校"制度执行情况专项检查作出说明，上述动作从政策制度层面有效引导和规范了出版单位出版活动。二是出版单位进一步把内容建设作为立社之本、发展之基，在本社专业领域精耕细作，在质量效益提升方面发力，瞄准专业出版、特色出版、精品出版，抓立意规划，抓产品策划，取得了较好的成效。

2020 年突如其来的新冠肺炎疫情深刻影响了人类生产生活，图书出版业也裹挟其中。目前统计，刚过去的上半年书号选题数据不到 10 万，较 2019 年同期下跌明显。图书出版业亟需借力扶持政策，加速线上布局和数字化转型，交上一份借势转型、创新发展的大考答卷。

［徐　来　戴　颖　李丽梅　中国版本图书馆（中宣部出版物数据中心）］

第二节 2019年出版单位社会效益考评状况综述

开展出版单位社会效益评价考核工作，是体现出版单位文化属性和出版产品文化价值的内在要求，是推动出版战线从制度设计层面和体制机制建设方面解决社会效益问题的有力举措。党的十八大以来，以习近平同志为核心的党中央把解决国有文化企业社会效益问题摆在更加突出位置，对建立健全把社会效益放在首位、社会效益和经济效益相统一的体制机制提出更加明确、更具针对性部署要求。出版战线落实中央部署要求，积极探索出版单位社会效益评价考核工作，形成许多有利于推动出版单位把社会效益放在首位、实现社会效益和经济效益相统一的研究成果和实践成就。

出版单位社会效益评价考核具有长期工作积累，其中既有专门性考评、也有相关性评价，既有全国性考评、也有地方性考评。这些长期持续性或新近突破性考评工作，是推进出版单位社会效益评价考核的工作基础，也是加强和改进出版单位社会效益评价考核的有益借鉴。2019年，图书出版单位、报刊出版单位社会效益评价考核在全国范围试行，标志着出版单位社会效益考评工作进入新阶段。站在新的起点上，综述出版单位社会效益评价考核研究情况与实践情况，对于历史地看待考评工作、更高质量推进考评工作具有一定参考价值。

一、全国性出版单位社会效益专门性考评基本情况

（一）全国性出版单位社会效益专门性考评

全国性出版单位社会效益评价考核已经进入试行阶段，评价考核对象包括图书出

版单位、报刊出版单位、网络文学出版服务单位等。考虑到考评对象的代表性、考评模式的趋同性以及有关方面因素，着重研究阐述图书出版单位社会效益评价考核工作。

2018年12月31日，中宣部印发《图书出版单位社会效益评价考核试行办法》。全文6章28条，明确了图书出版单位社会效益评价考核的指导思想、基本原则、内容方式、工作程序、结果使用、责任落实等，并以附件形式公布了《图书出版单位社会效益评价考核指标和评分标准》。[①] 2019年，成为全国范围开展图书出版单位社会效益评价考核的元年。

1. 开展全国性图书出版单位社会效益评价考核的重要意义

在全国范围开展图书出版单位社会效益评价考核，在我国出版制度建设进程中具有重要意义，在建立健全把社会效益放在首位、实现社会效益和经济效益相统一的出版体制机制进程中具有重要意义，标志着图书出版单位社会效益评价考核由学术探讨、基层探索进入规范推动、全国试行的新阶段。

一是深化了出版界对于出版单位社会效益的思想认识。长期以来，出版界、学术界对出版单位社会效益评价考核持续进行实践探索、学术探讨，对基础理论、实现路径、指标设置等方面进行了深入广泛研究，呈现出观点多元的研究格局和模式多样的实践格局。中宣部印发《图书出版单位社会效益评价考核试行办法》，从理论层面和实践层面科学回答了出版界、学术界普遍关注的热点焦点问题，明确了图书出版单位社会效益评价考核一系列方向性、原则性问题，明确了图书出版单位社会效益的基本概念、基本内涵，明确了图书出版单位社会效益评价考核的各环节要求、各主体责任，明确了图书出版单位社会效益的考评指标、考核内容和评分标准，深化了出版界、学术界对于出版单位社会效益一系列基础性、关键性问题的认识，起到了统一思想、凝聚共识、推动实践的学术引领作用和实践推动作用。

二是提升了出版单位社会效益评价考核的质量水平。图书出版单位社会效益评价考核在出版单位社会效益评价考核中具有特殊重要地位和典型示范意义。开展全国性图书出版单位社会效益评价考核，一直受到出版界普遍期待。从实践层面来看，地方

[①] 中宣部印发《图书出版单位社会效益评价考核试行办法》[EB/OL]. https://www.sohu.com/a/300543010_210950

党政职能部门、主管主办单位进行了积极探索，但科学化水平存在提升空间、全国范围横向可比难以有效实现。基于长期以来出版工作基础和地方出版单位社会效益考评实践，中宣部制定实施《图书出版单位社会效益评价考核试行办法》，从政策层面确立了图书出版单位社会效益评价考核的基本依据，提高了考评工作科学化水平和组织化程度，推动图书出版单位社会效益考评工作上升到国家层面、覆盖到全国范围，同时为开展不同规模、不同类型出版单位社会效益考评工作积累了经验、树立了示范。

三是规范了图书出版单位社会效益评价考核的基本标准。研究制定评价考核指标体系，是评价考核工作的关键环节，是全面、客观、公正评价考核出版单位社会效益的核心依据。中宣部以附件形式公布的《图书出版单位社会效益评价考核指标和评分标准》，贯彻落实了中央关于推动国有文化企业把社会效益放在首位、实现社会效益和经济效益相统一的部署要求，深刻把握了出版业发展规律，紧密贴合了出版工作实际，统筹考虑了不同类型图书出版单位实际情况，充分吸收了学界关于评价考核指标体系建构的有益成果和业界在探索实践中关于评价考核指标体系建构的有益经验，体现了可量化、可核查的要求和精准化、差异化的导向，形成了有利于引领图书出版单位更加自觉追求社会效益最大化，推动出版业更高质量高水平发展的评价考核指标体系。

四是建立了图书出版单位社会效益评价考核的体制机制。图书出版单位社会效益评价考核是一项系统工程，涉及多个层级、多元主体。建立健全科学、严密、高效的评价考核体制机制，是考评工作有力有序开展的基本保障。中宣部印发《图书出版单位社会效益评价考核试行办法》明确了中宣部工作职责，明确了各省、自治区、直辖市党委宣传部工作职责以及与同级国有文化企业出资人机构、人力资源社会保障部门会办职责，明确了出版集团、高校、中央各部门各单位等主管主办单位工作职责，明确了图书出版单位工作职责，形成了责任明确、任务明确、时点明确的运转体制和工作机制，为开展图书出版单位社会效益评价考核工作提供了有力保障。

2. 全国性图书出版单位社会效益评价考核的主要特点

从制度设计和两年来试行情况来看，全国性图书出版单位社会效益评价考核呈现四个方面特点。

一是把握正确政治方向。开展图书出版单位社会效益评价考核工作，是出版战线贯彻落实中共中央办公厅、国务院办公厅《关于推动国有文化企业把社会效益放在首位、实现社会效益和经济效益相统一的指导意见》及中央有关精神的有力举措,是促进出版业健康繁荣发展、建设社会主义出版强国的有益实践。《图书出版单位社会效益评价考核试行办法》规定,开展图书出版单位社会效益评价考核工作,要以习近平新时代中国特色社会主义思想为指导,坚持中国特色社会主义文化发展道路,坚持以社会主义核心价值观为引领,坚持以人民为中心的创作生产导向,遵循出版生产传播规律,推动图书出版单位自觉承担"举旗帜、聚民心、育新人、兴文化、展形象"的使命任务。这些规定,明确了图书出版单位社会效益评价考核必须坚持的指导思想、基本原则,旨在引导考评工作坚持正确政治方向、出版导向和价值取向。

二是力求全面系统考评。从评价考核对象来看,图书出版单位社会效益评价考核覆盖取得出版许可证、登记为企业法人的所有图书出版单位,包括经营性图书出版单位和公益性图书出版单位。从评价考核主体来看,涉及中央宣传部和省级党委宣传部门、主管主办单位,其中主管主办单位包括有关党政部门单位、地方人民政府、国有文化企业、高校等。从评价考核内容来看,考核了出版质量、文化和社会影响、产品结构和专业特色、内部制度和队伍建设四个方面,覆盖了事关图书出版单位社会效益的主要方面。

三是强调社会效益第一。《图书出版单位社会效益评价考核试行办法》从操作层面对"社会效益第一、社会价值优先"作出规定,明确"图书出版单位绩效考核为综合性考核,需兼顾社会效益和经济效益,并把社会效益放在首位,社会效益评价考核的占比权重在50%以上"。同时,对图书出版单位负责人薪酬、职工工资总额作出相关规定。落实好这些规定,是对图书出版单位把社会效益放在首位、实现社会效益和经济效益相统一的实质性推动。

四是注重定性定量结合。图书出版单位社会效益评价考核指标和评分标准用百分制量化了社会效益,同时也就有关方面作出了原则性规定,比如出版物出现严重政治导向错误、影响恶劣,社会效益考核为不合格;连续两年社会效益考核不合格的进行整改,连续三年不合格的依法依规对出版单位予以处罚直至退出。这些原则性规定,明确了评价考核的"一票否决项",明确了图书出版单位在社会效益方面的底线、红线。

3. 全国性图书出版单位社会效益评价考核的各项指标

图书出版单位社会效益评价考核指标体系主要包含考评指标、考核内容、评分标准三个部分，其中考评指标设置了"出版质量""文化和社会影响""产品结构和专业特色""内部制度和队伍建设"4个一级指标。

（1）"出版质量"指标（50分）

区别于其他一级指标，"出版质量"指标在基准分基础上实行扣分制。该指标下设"内容质量""编校印装质量"2个二级指标，主要考核图书出版单位坚持正确政治方向、出版导向和价值取向的情况，出版物的科学性、知识性水平以及编校印装质量整体情况。"内容质量"指标分值为42分，评分标准中明确了3种扣分情况和国家出版管理部门、省级出版管理部门、主管部门3方面主体职责。"编校印装质量"指标分值为8分，评分标准中明确了2种扣分情况，视图书出版单位编校印装质量问题严重程度区分，依据主管部门和省级以上出版管理部门编校印装质量检查结果确定。

（2）"文化和社会影响"指标（23分）

该指标下设"重点项目""奖项荣誉""社会评价""国际影响"4个二级指标，主要考核图书出版单位依托优秀产品和活动体现的文化价值和社会影响。这个指标是拉开考评分数、体现考评差异化导向的主要指标。"重点项目"指标分值为10分，主要考核图书出版单位在考核年度入选各类国家级出版规划、重点工程、国家资助项目以及其他省部级以上重点出版规划、专项出版资助项目并实现出版的情况，其中中宣部年度主题出版重点出版物"每种1.5分"为单个项目最高计分，体现了把主题出版作为出版工作重中之重的工作导向。"奖项荣誉"指标分值为6分，主要考核图书出版单位在考核年度获得出版界三大奖、国家级行业性奖项、全国性优秀出版物推荐以及其他省部级以上图书奖项的情况。"社会评价"指标分值为4分，主要考核图书出版单位在考核年度推出的受众反映好、社会影响大的出版物情况（出版或受宣传报道情况），其中媒体报道必须为专门专题性宣传报道，不含简单书讯、书目推荐、排行榜单。"国际影响"指标分值为3分，主要考核出版物版权输出与实物输出、海外出版机构建设或合作出版以及入选"国家文化出口重点企业"情况，体现了鼓励图书出版单位通过多种途径"走出去"、扩大中国出版国际影响力的工作导向。

(3)"产品结构和专业特色"指标（15分）

该指标是唯一没有下设二级指标的一级指标，主要考核出版产品结构、选题规划、品牌特色等内容生产整体情况。评分标准从6个方面作出具体规定，贯彻了中央关于加强和改进新时代出版工作有关方面部署要求，体现了鼓励原创出版、专业出版、精品出版的工作导向，体现了优化出版结构、科学合理管理合作出版与引进出版的工作导向，体现了推动传统出版向数字出版转化的工作导向，有助于引领和推动我国出版业向高质量高水平发展阶段迈进。

(4)"内部制度和队伍建设"指标（12分）

该指标下设"内部制度建设与执行""队伍建设"2个二级指标，主要考核企业内部机制、规章制度建设和执行情况以及党风廉政建设和队伍建设情况。"内部制度建设与执行"指标分值为7分，主要考核体现"把社会效益放在首位，实现社会效益和经济效益相统一"的企业规章制度、内部社会效益考评机制以及三审三校、重大选题备案、书号管理、样本缴送等出版管理制度建设和执行情况。"队伍建设"指标分值为5分，主要考核党组织机制建设、党风廉政建设、员工教育培训及任职资质管理制度建设、出版资质人员占比以及履行社会责任情况。

（二）全国性出版单位社会效益相关性评价

一直以来，国家出版管理部门和全国性出版社会团体、研究机构都十分重视出版单位社会效益问题，致力于推动出版单位把社会效益放在首位、实现社会效益和经济效益相统一，特别是将社会效益第一、社会价值优先的理念和要求贯穿于出版奖项评选、出版项目评审、出版单位评估工作中，在推动出版单位追求社会效益方面发挥了示范带动作用。

1. 以出版奖项评选为抓手，开展社会效益相关性评价

重要出版奖项对于引导出版单位坚持正确价值取向和工作导向具有重要作用。在我国，全国精神文明建设"五个一工程"图书奖、中国出版政府奖、中华优秀出版物奖是出版领域奖项的代表。对于这三大奖项而言，评奖标准或参选条件是奖项设置的核心所在，集中反映了奖项主办单位的价值取向和工作导向。研究分析评奖标准或参

选条件中蕴含的社会效益相关内容，有利于更好把握社会效益内涵、更加深刻理解奖项价值。

以精神文明建设"五个一工程"为例，2019年8月，第十五届精神文明建设"五个一工程"获奖名单公布，包括组织工作奖15个、获奖作品73部。① 73部获奖作品分为两类：①特别奖13部，包括6部电视纪录片、1部电影、1部电视剧、5部图书；②优秀作品奖60部，包括10部电影、10部电视剧/片、11部戏剧、8部广播剧、11首歌曲、10部图书。

从精神文明建设"五个一工程"评奖工作部署来看，顺应形势变化和时代变迁，评选工作的指导思想、基本原则和有关部署不断与时俱进，但贯穿其中、始终不变的一个重要方面是社会效益导向。根据第十五届精神文明建设"五个一工程"评选工作部署，笔者在社会效益视域下对有关部署内容进行了研析。总的看，社会效益导向主要体现在三个方面：①指导思想方面，贯穿了鲜明的政治方向、价值取向和社会效益导向；②工作原则方面，共4个原则，其中第3个原则明确为"坚持把社会效益放在首位，努力实现社会效益和经济效益相统一，尊重文艺创作生产规律，尊重作家艺术家创造性劳动"；③参评作品申报要求方面，明确要求参评图书必须"具有一定社会影响"。

2. 以出版项目评审为抓手，开展社会效益相关性评价

精品出版项目是出版单位社会效益的重要承载、显性标志。长期以来，国家出版行政管理部门通过创新体制机制和工作举措，将出版资源向精品项目倾斜，在推动出版单位培育精品项目、追求社会效益方面发挥了积极作用。国家出版基金资助项目是各类出版项目的代表。分析其在引领社会效益方面的做法和价值，对于更好研究、更加深刻理解出版单位社会效益具有积极意义。

国家出版基金资助工作具有显著的公益性特征。国家出版基金有关制度安排，是体现其公益性特征和社会效益导向的重要表征，主要包括《国家出版基金资助项目管理办法》《国家出版基金资助项目绩效管理暂行办法》和《国家出版基金资助项目申报指南》三项制度安排。

---

① 第十五届精神文明建设"五个一工程"获奖名单［EB/OL］. http：//www.xinhuanet.com/politics/2019-08/19/c_1124895057.htm

《国家出版基金资助项目管理办法》规定，国家出版基金设立宗旨为"体现国家意志，传承优秀文化，推动繁荣发展，增强文化软实力"，资助对象为"不能通过市场资源完全解决出版资金的优秀公益性出版项目"，充分体现了公益性特征和社会效益导向。特别是其七个方面资助重点，为出版单位承担公益性出版项目、追求社会效益最大化提供了具体遵循。

《国家出版基金资助项目绩效管理暂行办法》旨在规范和加强国家出版基金资助项目管理，提高国家出版基金使用效益。《暂行办法》坚持把社会效益放在首位，将社会效益导向融入有关规定之中，如第一章"总则"第三条对出版单位填报《国家出版基金项目申请书》作出具体规定，明确要求所报项目预期实现的绩效目标必须载明"预期社会效益"，申请书内所附"专家推荐意见"要侧重对项目出版价值和预期社会效益等进行评价；第二章"立项考评"第七条规定，"立项考评即基金办组织专家评审、初步拟定资助项目及资助金额的过程"，考评内容主要包括六个方面，其中第一个方面"项目的思想性、科学性、创新性和传承价值"、第二个方面"预期社会效益"，体现了出版价值导向和社会效益导向，贯穿于初评、复评、终评三个阶段；第五章"考评结果应用"第二十五条规定"项目实施情况绩效考评结果为优秀的，对项目承担单位予以通报表扬，并对其中社会效益、出版质量、经费管理等方面较为突出的项目承担单位适当增加其下年度申报新项目数量"，同样体现了社会效益首位的工作导向。

《国家出版基金项目申报指南》每年公布一次，以适应出版业改革发展新形势新部署新要求。《2019 年度国家出版基金项目申报指南》由指导思想、资助重点、资助要求、申报条件和申报程序五个部分组成，① 其中"资助重点"最能体现年度资助工作的主攻方向。2019 年度国家出版基金资助重点包括八个部分，分别是"中国特色社会主义理论体系""社会主义核心价值观""经济社会发展""哲学社会科学"等。可以看出，资助重点体现出鲜明的政治方向、出版导向和价值取向，体现了引领出版单位追求社会效益的工作导向。

3. 以出版单位评估为抓手，开展社会效益相关性评价

围绕出版能力、经济实力有关方面以及出版集团、出版社两个层级，国家出版行

---

① 关于印发《2019 年度国家出版基金项目申报指南》的通知［EB/OL］. http：//www.npf.org.cn/NewNewDetailed.aspx? id = 2&nid = 1913

政管理部门和全国性出版社会团体、研究机构组织开展了多种类型评价考核工作，其中经营性图书出版单位等级评估是国家出版行政管理部门在出版体制改革进程中推进出版业评估制度建设、引领出版业健康繁荣发展的重要实践。

2009年8月10日，新闻出版总署公布了我国首次经营性出版社等级评估情况，将全国500家出版社按八大类别分为四个等级。① 经营性图书出版单位评估工作注重考察出版单位社会效益与经济效益，将"坚持两个效益相统一"作为首要评估原则，提出"经营性图书出版单位实施等级评估，应坚持正确的出版导向，坚持为人民服务、为社会主义服务，坚持把社会效益放在首位，实现社会效益与经济效益相统一，鼓励图书出版单位在确保社会效益的前提下，积极适应市场经济要求，增强企业核心竞争力，确保国有资产保值增值"。社会效益第一、社会价值优先的理念要求体现到了评估指标体系之中。经营性图书出版单位等级评估指标体系由图书出版能力、基础建设能力、资产运营能力、违规记录及附加项目五个部分组成，选取了能够反映图书出版单位真实水平、有代表性的25项评估指标。从指标设置和分值配置上可以看出，等级评估注重考核出版单位社会效益，同时考核出版单位经济效益，通过一系列具体指标对出版单位把社会效益放在首位、实现社会效益和经济效益相统一进行引导。比如，在"图书出版能力"中设置了图书内容质量、专业特色、重点图书出版情况、获奖图书情况、版权输出、图书编校质量、图书印装质量等9个指标，在"基础建设能力"方面设置了社领导岗位培训、主业人员持证上岗、编校人员职称、从业人员受表彰情况、制度建设、信息化及数字化建设、单位受表彰情况等8个指标，在"违规记录"方面设置了违纪违规、降级项2个指标，等等。

二、地方出版单位社会效益评价考核实践

伴随出版体制改革进程，地方出版单位社会效益评价考核呈现出主体多元、形式

---

① 璩静. 新闻出版总署公布首次经营性出版社等级评估情况［EB/OL］. http：//www. gov. cn/jrzg/2009-08/10/content_1388082. htm

多样的特点。从考核主体来看，既有地方党委宣传部门及出版行政管理部门、财政部门进行的行政考核，也有地方出版集团对下属出版社进行的自主考核、出版社进行的自我评价。从考核形式来看，既有基于省属文化企业资产监管总体框架下进行的社会效益相关性考核，也有针对出版单位社会效益进行的专门性考核。基于地方出版单位社会效益考评现状，根据考核主体不同对地方出版单位社会效益考评状况进行分类概述。

（一）地方党委宣传部门主导考核出版集团社会效益

各省（区、市）贯彻落实中央部署要求，以省级出版集团等省属文化企业为重点，积极探索文化体制改革有效路径、创新文化资产监督管理模式。许多省份以党委宣传部门为主导、财政部门为实施主体，建立省属文化企业监督管理机制。通常做法是：①在省级层面组建文化企业资产监管协调机构、省级财政部门明确职能处室，构建省属文化企业资产监督管理运行体系；②由党委宣传部门、财政部门制定省属文化企业及其负责人年度绩效考核、重大事项管理、国有资产监督管理等配套政策，建立省属文化企业资产监督管理制度体系。在此过程中，将省级出版集团纳入考核对象、将社会效益纳入考核范畴。比如江苏省委宣传部、省财政厅自 2013 年起每年对凤凰出版传媒集团等 6 家省级重点文化企业进行绩效考核，并于 2016 年 5 月对上述 6 家企业 2015 年度社会效益进行专门考核，截至 2019 年已连续考核 7 个年度；山东省委宣传部、省财政厅制定出台《山东省省属文化企业国有资产监督管理办法》（自 2015 年 12 月 27 日起施行，有效期至 2020 年 12 月 26 日），明确"将社会效益纳入对企业和企业负责人经营业绩考核范围，实施综合考核"[①]，将山东出版集团纳入综合考核和资产监管对象。

（二）地方出版行政管理部门组织考核出版单位社会效益

出版行政管理部门具有贴近出版单位、熟悉出版业务的职能优势。出版行政管理部

---

① 山东省政府授权省财政厅为文化企业国有资产出资人［EB/OL］．C：\ Users \ hp \ Desktop \ 山东省政府授权省财政厅为文化企业国有资产出资人_龙视天下网．htm．

门实施出版单位社会效益考核，有助于承担起行业管理责任，也有助于发挥好职能优势。上海市新闻出版局较早启动地区出版单位社会效益考核，是出版行政管理部门实施出版单位社会效益考核的代表省份之一。2004年，上海市探索建立"出版单位社会效益评估体系"及年度考核机制，明确上海市新闻出版局为考核主体、上海市属出版社为考核对象，将出书结构、内容与装帧情况、编校质量情况、突出成果、违规与受批评等纳入考核范围。随着2019年中宣部《图书出版单位社会效益评价考核试行办法》出台实施，上海市与其他省（区、市）一道，进入全国性出版单位社会效益评价考核试行阶段。

（三）地方出版集团自主考核下属出版社社会效益

地方出版集团与所属出版社存在直接隶属关系。由集团"自上而下"考核下属出版社社会效益，既是进行内部绩效管理的主动作为，也是担当文化使命的职责所在。与党政职能部门实施社会效益考核相比，出版集团对所属出版社实施社会效益考核呈现以下几方面特点：①更加注重考核与激励并行，将社会效益考核与出版社绩效、主要负责人薪酬等挂钩，如时代出版传媒股份有限公司将社会效益考核结果作为确定出版单位下一年度总薪酬及其增长幅度、主要负责人薪酬上限的重要依据，浙江出版联合集团按照社会效益指标考核每1分对应出版单位负责人岗位年薪的1%予以薪酬奖励，凤凰出版传媒集团通过物质奖励、核减任务指标、提供贴息贷款、扩大资本注册金等方式激励出版社追求社会效益；②更加"双效"一体考核，将社会效益纳入总体考核框架，如时代传媒将社会效益纳入所属企业年度考核范畴，南方出版传媒集团将下属出版单位社会效益与出版社经营业绩挂钩，黑龙江出版集团将社会效益目标考核纳入各直属单位年度经营业绩考核范畴；③更加侧重考核出版主业，重点对出版导向、出版质量、出版人才、出版"走出去"等方面进行专业化考核。

三、出版单位社会效益评价考核存在的问题

经过不懈努力，出版单位社会效益评价考核不断取得进展成效，特别是图书出版

单位、报刊出版单位、网络文学出版服务单位社会效益评价考核在全国范围试行开展，对于引领和推动完善把社会效益放在首位、社会效益和经济效益相统一的出版体制机制发挥了积极作用。同时我们也要看到，推动出版单位追求社会效益更加自觉、出版单位社会效益评价考核更有成效，仍有提升空间。

（一）思想认识有待进一步提高

对于出版单位社会效益评价考核仍然不同程度存在认识误区，如经济效益考核可以涵盖社会效益考核、经济效益是社会效益的组成部分、出版单位社会效益等同于出版产品社会效益、出版单位社会效益等同于出版单位社会责任、社会效益评价考核会增加出版单位负担等。

（二）学术研究有待进一步深化

当前，对标对表党的十九届四中全会关于"建立健全把社会效益放在首位、社会效益和经济效益相统一的文化创作生产体制机制"的部署要求和不断深化发展的评价考核实践，出版单位社会效益理论体系还不够完善，重大研究课题、高质量研究成果仍然缺乏，理论研究还没有完全跟上实践进步、引领实践发展。在此形势下，需要出版界、学术界推动出版单位社会效益理论创新发展，需要一批基于出版工作最新实践特别是出版单位社会效益评价考核最新实践所形成的科学性、可操作性研究成果，从而促进评价考核工作走向更加科学规范、更加成熟定型。

（三）考评机制有待进一步健全

总的看，出版单位综合绩效考核呈现出考核主体多元、考核形式多样的特点。贯彻中央有关评价考核办法，在中宣部、国家新闻出版署领导指导下，省级党委宣传部门、出版行政管理部门和有关主管主办单位组织实施的图书出版单位、报刊出版单位和网络文学出版服务单位社会效益评价考核，符合职能定位、契合职责分工，然而社会效益和经济效益评价考核一体化推进、评价考核结果一体化运用方面有待加强。出版集团对所属出版社进行的社会效益评价考核，处于自我探索、内部运转状态，亟需进一步落实中央有关精神,提升激励效应和科学化水平。发挥考核主体职能优势,构建科学有效的综合绩效考评机制,是实现出版单位社会效益考评工作科学运转、考评结果有效运用的必要条件。

四、加强出版单位社会效益评价考核的对策建议

在新的起点上加强和改进出版单位社会效益考评工作,应在新时代出版工作实践和出版单位社会效益评价考核最新实践基础上,进一步强化政治意识和问题导向,注重科学谋划和协调推进,建议进一步做好以下四个方面工作。

(一)深化出版单位社会效益研究

出版单位社会效益考评工作离不开科学理论的先导作用,出版单位社会效益考评研究同样离不开考评实践的理论转化。出版界、学术界应以完善基础理论、破解关键问题为着力点,更好肩负起出版单位社会效益评价考核的研究任务。党委宣传部门、出版行政管理部门应组织实施一批研究课题,对出版单位社会效益基础理论、考评机制、考评标准、考评结果运用等关键领域进行深入研究,特别是组织有关方面在最新评价考核实践基础上进行总结提炼和针对性研究,形成一批有决策参考价值和实践指导意义的研究成果。

(二)完善出版单位社会效益评价考核机制

当前,以图书出版单位、报刊出版单位、网络文学出版服务单位为考核对象,在中央和省级层面初步建立了由党委宣传部门主导实施的社会效益评价考核机制。进一步加强和改进出版单位社会效益考评工作,应着力建立健全"双效"一体的综合评价考核机制和相关政策措施,落实落细社会效益和经济效益考核权重要求(社会效益指标考核权重应占50%以上),其中党委宣传部门承担"双效"一体考核主导推进、综合协调任务,出版行政管理部门具体承担社会效益考评任务,主管主办单位或政府职

能部门具体承担经济效益考评任务，使考核权重要求落在实处、考评结果运用取得实效。应进一步推动主管主办单位履行应有职责、发挥应有作用，制定实施保障社会效益评价考核结果充分运用的配套政策措施，建立组织科学、运转有效的社会效益评价考核机制，进一步健全把社会效益放在首位、社会效益和经济效益相统一的体制机制。

（三）加强出版单位社会效益评价考核结果运用

评价考核结果的运用是评价考核出版单位社会效益的落脚点，也是难点所在。社会效益评价考核结果只有得到科学合理、有力有效地运用，才能真正实现社会效益评价考核工作的初衷，才能使社会效益评价考核指标成为"硬指标"。各级出版行政管理部门、主管主办单位应进一步用好考评结果，与人员薪酬、评奖推优和各类政策资源有效使用结合起来，推动出版单位在社会效益首位导向下深化内部机构改革和运行机制创新。出版单位社会效益评价考核结果的充分运用，应进一步在三个方面落地落实：①与出版单位负责人薪酬挂钩，需要体现出区分度，社会效益考评结果优劣体现为显性的薪酬高低；②与干部队伍建设挂钩，将评价考核结果应用于干部调整、奖惩、培训等方面；③与全体员工利益挂钩，将社会效益考评结果与员工薪酬确定与增长密切关联。

（四）扩大出版单位社会效益评价考核覆盖面

在坚持社会效益第一、社会价值优先前提下，出版行政管理部门应结合实际，进一步完善图书出版单位、报刊出版单位、网络文学出版服务单位社会效益考评办法，完善评价指标、评分标准，理顺管理体制、考评机制，不断提高考评工作科学性、有效性。应逐步扩大社会效益评价考核覆盖面，探索在国家层面制定实施图书出版集团、报刊出版集团社会效益评价考核办法，引领和推动集团层面更加重视社会效益、更好实现双效统一。出版集团应建立健全把社会效益放在首位、以内容生产为中心的运营机制，以更加宽广视野胸襟组建专业化编辑委员会，提高战略规划、选题策划和内容把关能力，推动出版单位健康繁荣发展、助力出版业高质量高水平发展。

（徐同亮　江苏省委宣传部）

第三节　2019年出版上市公司发展报告

出版上市公司是出版业的风向标，它们的发展状况和面临的问题，对于出版业具有普遍意义。截至2019年12月底，沪深两市共有出版上市公司22家。2019年，出版上市公司营业收入平稳增长，但增速放缓。归属于上市公司股东的净利润总额同比上年有较大幅度回升。出版上市公司坚持把社会效益放在首位，实现经济效益与社会效益的统一。出版上市公司不断推进融合转型发展，取得一定成效，但也面临一些亟待解决的问题。本文基于22家出版上市公司2019年年度报告进行分析。

一、2019年出版上市公司发展总体情况及分析

2019年，沪深两市新增一家出版类上市公司，即中信出版。这里纳入本报告统计范围的22家出版上市公司分别是（排名不分前后）：长江传媒、新华传媒、出版传媒、时代出版、中文传媒、中文在线、凤凰传媒、中南传媒、皖新传媒、大地传媒、天舟文化、城市传媒、读者传媒、新华文轩、南方传媒、中国科传、新经典、中国出版、掌阅科技、世纪天鸿、山东出版、中信出版。因为阅文集团为港股上市的出版企业，业绩统计标准有所不同，因而未纳入本报告统计范畴。2019年22家出版上市公司在经营业绩上，实现营业总收入1 149.06亿元，较2018年增长1.93%；实现归属于上市公司股东净利润总额120.56亿元，同比增长23.11%。资产总额为2 005.02亿元，较2018年增长7.34%。

（一）业绩情况

1. 营业收入增长情况

2019年出版上市公司的营业收入增长情况如下：

表1 2019年出版上市公司的营业收入情况

单位：万元

证券代码	公司简称	2019年	2018年	同比上年增长率
601928.SH	凤凰传媒	1 258 544.36	1 178 870.32	6.76%
600373.SH	中文传媒	1 125 818.01	1 151 267.40	-2.21%
601098.SH	中南传媒	1 026 085.89	9 57 557.62	7.16%
601019.SH	山东出版	976 696.10	9 35 081.68	4.45%
000719.SZ	中原传媒	949 839.28	900 333.42	5.50%
601811.SH	新华文轩	884 245.77	818 658.30	8.01%
601801.SH	皖新传媒	883 268.37	983 195.55	-10.16%
600757.SH	长江传媒	767 126.48	1 036 268.05	-25.97%
601900.SH	南方传媒	652 531.85	559 741.94	16.58%
600551.SH	时代出版	647 122.17	643 665.11	0.54%
601949.SH	中国出版	631 464.98	533 503.68	18.36%
601999.SH	出版传媒	271 063.95	234 436.37	15.62%
601858.SH	中国科传	250 810.17	222 479.70	12.73%
600229.SH	城市传媒	231 449.36	217 016.82	6.65%
300788.SZ	中信出版	188 846.24	163 420.32	15.56%
603533.SH	掌阅科技	188 234.70	190 315.07	-1.09%
600825.SH	新华传媒	134 663.37	139 124.03	-3.21%
300148.SZ	天舟文化	123 971.43	112 620.91	10.08%
603999.SH	读者传媒	97 186.32	76 070.87	27.76%
603096.SH	新经典	92 532.46	92 605.04	-0.08%
300364.SZ	中文在线	70 537.70	88 548.99	-20.34%
300654.SZ	世纪天鸿	38 571.03	38 143.67	1.12%
	合计	11 490 609.99	11 272 924.88	1.93%

从表1可以看出，如果从2019年的营业收入看，可以分为五个梯队。

第一梯队是凤凰传媒、中文传媒、中南传媒三家出版上市公司，它们的营业收入都超百亿。其中，凤凰传媒再次以125.85亿元的营业收入位居第一，同比增长6.76%。中文传媒和中南传媒分别以112.58亿元和102.61亿元的营业收入紧跟其后。中南传媒继2018年跌出百亿元俱乐部之后，以7.16%的增长率再次回归百亿元俱乐部。

位于第二梯队的是山东出版、中原传媒、新华文轩、皖新传媒，营业收入在80亿元到99亿元之间。其中山东出版接近进入百亿俱乐部行列。

位于第三梯队的是长江传媒、南方传媒、时代出版、中国出版，营业收入在六七十亿元左右。其中2018年营业收入排名第三的长江传媒，大幅下跌至第八名。

相较于以上三个梯队，第四梯队营业收入与上述企业有较大差距，出版传媒、中国科传、城市传媒、中信出版、掌阅科技、新华传媒、天舟文化等企业的营业收入介于12亿元至28亿元之间。

而第五梯队的读者传媒、新经典、中文在线、世纪天鸿等上市公司延续2018年的情况，营业收入不足10亿元，其中除了读者传媒外，其余三家为民营上市公司。

总体来看，22家出版上市公司中有7家的营业收入较2018年出现负增长，其中既有国有出版企业，也有民营出版企业。营业收入下滑幅度最大的是长江传媒，同比下降25.97%，主要是由于大宗贸易及木浆等物资贸易业务减少30.54亿元。长江传媒为了突出主业的发展，对产业结构进行了调整，主动缩减了大宗贸易业务规模。另外，中文在线的营业收入降幅也较大，同比下降20.34%，主要因为其广告业务及游戏发行业务收入大幅下降导致。2019年游戏行业延续了2018年监管加强、政策紧缩、游戏版号受限制的情况，下发游戏版号数量基本与2018年持平，中文在线受此影响，连续两年业绩受到较大影响。

2. 获得政府补贴情况

下表是2019年出版上市公司的计入当期收益的政府补助情况：

表2 2019年出版上市公司的计入当期收益的政府补助情况

单位：万元

证券代码	公司简称	2019年	2018年	同比上年增长率
601949.SH	中国出版	15 058.11	14 711.96	2.35%
601928.SH	凤凰传媒	10 741.91	9 630.05	11.55%
601900.SH	南方传媒	9 798.15	8 670.88	13.00%
601019.SH	山东出版	9 397.94	9 042.12	3.94%
601999.SH	出版传媒	8 240.01	5 396.21	52.70%
601098.SH	中南传媒	7 234.22	9 516.61	−23.98%
600373.SH	中文传媒	6 260.13	8 110.79	−22.82%
600757.SH	长江传媒	6 174.67	4 925.01	25.37%
000719.SZ	中原传媒	5 298.14	3 614.40	46.58%
600551.SH	时代出版	3 806.15	5 549.09	−31.41%
603096.SH	新经典	3 663.35	3 055.29	19.90%
601801.SH	皖新传媒	3 123.84	2 214.74	41.05%
601811.SH	新华文轩	2 583.42	2 508.21	3.00%
601858.SH	中国科传	2 319.81	1 475.60	57.21%
603999.SH	读者传媒	1 465.59	708.84	106.76%
300364.SZ	中文在线	1 387.43	1 040.68	33.32%
300788.SZ	中信出版	1 106.64	675.74	63.77%
600229.SH	城市传媒	1 068.35	3 965.00	−73.06%
300148.SZ	天舟文化	734.18	940.23	−21.91%
603533.SH	掌阅科技	671.03	1 239.93	−45.88%
300654.SZ	世纪天鸿	168.29	384.25	−56.20%
600825.SH	新华传媒	118.28	91.00	29.98%
	合计	100 419.67	97 466.64	3.03%

在政府补贴方面，2019年计入当期损益的政府补助（但与公司正常经营业务密切相关，符合国家政策规定、按照一定标准定额或定量持续享受的政府补助除外）排名第一的是中国出版，获得1.51亿元，中国出版和凤凰传媒是仅有的两家获得计入当期损益政府补助超过1亿元的出版上市公司。计入当期损益的政府补助在5 000万元到9 000万元之间的是，南方传媒、山东出版、出版传媒、中南传媒、中文传媒、长江传

媒、中原传媒。计入当期损益的政府补助在1 000万元以上4 000万元以下的是时代出版、新经典、皖新传媒、新华文轩、中国科传、读者传媒、中文在线、中信出版、城市传媒。计入当期损益的政府补助在1 000万元以下的是天舟文化、掌阅科技、世纪天鸿、新华传媒。在22家出版上市公司中有7家企业2019年获得计入当期损益的政府补助低于2018年，其中城市传媒跌幅最大，达到-73.06%。而过半数出版上市公司获得的计入当期损益的政府补助较2018年上涨，其中读者传媒的涨幅最大，上涨106.76%。总体来看，2019年22家出版上市公司获得的政府补贴总额高于2018年，同比上涨3.03%。

3. 利润增长情况

下表是2019年出版上市公司的盈利情况：

表3 2019年出版上市公司盈利情况

单位：万元

证券代码	公司简称	2019年	2018年	同比上年增长率
600373.SH	中文传媒	172 548.04	161 910.93	6.57%
601019.SH	山东出版	154 407.91	148 493.83	3.98%
601928.SH	凤凰传媒	134 361.82	132 489.57	1.41%
601098.SH	中南传媒	127 569.36	123 788.07	3.05%
601811.SH	新华文轩	113 904.76	93 218.48	22.19%
000719.SZ	中原传媒	82 855.40	73 786.49	12.29%
600757.SH	长江传媒	78 635.81	73 269.13	7.32%
601900.SH	南方传媒	73 310.46	65 529.38	11.87%
601949.SH	中国出版	70 277.16	60 236.61	16.67%
601801.SH	皖新传媒	55 702.74	108 686.40	-48.75%
601858.SH	中国科传	46 509.83	42 451.91	9.56%
600229.SH	城市传媒	37 453.88	34 800.52	7.62%
300788.SZ	中信出版	25 126.12	20 669.55	21.56%
603096.SH	新经典	24 028.06	24 081.42	-0.22%
600551.SH	时代出版	23 287.93	32 959.29	-29.34%
603533.SH	掌阅科技	16 100.39	13 931.56	15.57%

续表

证券代码	公司简称	2019 年	2018 年	同比上年增长率
601999.SH	出版传媒	14 828.67	17 772.99	-16.57%
603999.SH	读者传媒	6 464.92	4 247.25	52.21%
300654.SZ	世纪天鸿	3 361.03	3 180.69	5.67%
300148.SZ	天舟文化	3 127.77	-108 567.21	102.88%
600825.SH	新华传媒	2 057.71	3 165.58	-35%
300364.SZ	中文在线	-60 329.06	-150 846.13	60.01%
	合计	1 205 590.69	979 256.31	23.11%

从整体来看，归属上市公司股东净利润（以下简称净利润）较上一年有较大的增长。22 家上市出版公司中 17 家公司实现净利润增长，5 家公司净利润下滑，其中净利润增长幅度最大的是天舟文化，较 2017 年增长 102.88%，2018 年净利润下滑幅度较大的中文在线和天舟文化，在 2019 年实现了净利润的回升，中文在线的净利润仍旧是负值即亏损，但亏损额度减少。净利润下滑幅度最大的是皖新传媒，同比大幅度下滑 48.75%，根据公司年报，其净利润下滑的主要是由于报告期内公司不再实施创新型资产运作项目，较上年同期相比减少利润 4.38 亿元，同时公司对卡得万利理财产品计提减值，影响当期利润 1.28 亿元。

中文传媒以 17.25 亿元的净利润位居第一，紧随其后的是山东出版、凤凰传媒、中南传媒、新华文轩，这四家出版上市出版企业的净利润都在 10 亿元以上。净利润排名前四的公司名单，排名顺序与 2018 年保持一致。

净利润在 7 亿元以上 10 亿元以下的有 4 家企业，分别是中原传媒 8.29 亿元、长江传媒 7.86 亿元、南方传媒 7.33 亿元、中国出版 7.03 亿元。

净利润在 1 亿元以上 6 亿元以下的有 8 家企业，分别是皖新传媒 5.57 亿元、中国科传 4.65 亿元、城市传媒 3.75 亿元、中信出版 2.51 亿元、新经典 2.40 亿元、时代出版 2.33 亿元、掌阅科技 1.61 亿元、出版传媒 1.48 亿元。

归属上市股东净利润低于 1 亿元并实现盈利的有 4 家企业，分别是读者传媒 0.65 亿元、世纪天鸿 0.34 亿元、天舟文化 0.31 亿元、新华传媒 0.21 亿元。值得注意的是，中文在线延续了 2018 年净利润亏损的情况，是 2019 年唯一一家净利润亏损的企业，亏损6.03亿元。

4. 传统业务增长情况

表4　2019年出版上市公司主营业务中的传统业务情况

公司简称	传统业务	营业收入（万元）	营业收入比上年增减（%）	毛利率	毛利率比上年增减（%）
凤凰传媒	出版	373 636.83	-1.46%	34.58%	4.29%
	发行	904 835.61	8.14%	30.43%	1.73%
	印务	/	-100.00%	/	/
城市传媒	出版	100 324.27	8.15%	46.91%	-0.26%
	发行	186 726.02	5.49%	20.17%	-0.56%
出版传媒	出版	102 802.77	41.86%	27.57%	-2.12%
	发行	86 822.60	16.03%	14.19%	2.33%
	印刷	31 398.06	39.26%	13.04%	-0.09%
	印刷物资销售	67 494.97	29.72%	3.81%	-2.26%
读者传媒	新闻出版	58 916.03	15.34%	30.11%	3.00%
南方传媒	出版	258 356.73	5.40%	25.08%	1.01%
	发行	365 023.22	24.40%	23.69%	4.16%
	印刷	45 265.55	13.20%	19.88%	0.68%
	报媒	14 764.79	27.82%	36.88%	6.37%
山东出版	出版	268 340.08	7.23%	29.37%	0.70%
	发行	697 777.58	4.87%	34.48%	0.04%
	印刷	25 655.97	8.06%	19.85%	2.79%
时代出版	新闻出版	191 752.17	5.09%	28.38%	0.49%
	印刷及制造	24 729.99	3.38%	10.68%	1.02%
世纪天鸿	教辅图书	34 328.63	0.29%	29.07%	1.53%
天舟文化	图书出版发行及其他	50 627.91	15.92%	33.95%	2.38%
皖新传媒	教材图书	142 879.20	1.92%	23.07%	0.64%
新华传媒	图书	101 771.38	0.30%	26.98%	2.36%
	报刊及广告收入	10 849.31	-18.67%	54.78%	6.10%

续表

公司简称	传统业务	营业收入（万元）	营业收入比上年增减（%）	毛利率	毛利率比上年增（%）
新华文轩	出版	260 095.38	4.16%	35.03%	3.99%
	发行	747 416.53	6.36%	30.76%	0.02%
新经典	一般图书发行	89 081.97	2.94%	45.13%	0.13%
长江传媒	出版	213 648.10	9.95%	35.07%	1.05%
	发行	338 171.80	11.93%	31.15%	0.23%
	印刷	25 312.49	8.18%	19.41%	1.33%
中国出版	出版	404 824.56	8.44%	39.89%	0.62%
	发行	72 976.06	67.17%	28.72%	3.40%
	印刷	20 336.79	-1.28%	12.19%	1.99%
中国科传	出版	129 280.43	16.40%	52.27%	1.26%
	出版物进出口业务	116 422.18	9.65%	5.58%	0.89%
中南传媒	出版	280 334.45	15.07%	33.68%	2.73%
	发行	756 861.25	8.23%	29.61%	0.58%
	印刷	101 843.68	5.93%	14.35%	5.93%
中文传媒	出版	303 435.23	5.81%	19.90%	0.24%
	发行	452 003.59	9.12%	38.40%	0.81%
	印刷包装	31 053.06	-18.62%	12.79%	0.71%
中信出版	一般图书出版与发行	140 313.61	14.14%	35.97%	-2.42%
	书店业务	47 149.57	39.31%	34.85%	-0.57%
中原传媒	出版	204 001.09	15.03%	30.90%	1.10%
	发行	703 110.21	15.31%	27.26%	-0.94%

备注：因各家出版上市公司年报主营业务分类方式各不相同，故本表中的业务分类未能统一。本表为不完全统计数据，出版上市公司年报中少部分将数字出版业务与传统业务混合统计的数据未纳入本表。本表不包含天舟文化和中文在线两家以数字出版为主营业务的出版上市公司。

出版业务、发行业务、印刷业务等传统业务的营业收入仍然是大部分出版上市公司营业收入的主要来源。绝大部分出版上市公司主营业务中的传统业务营业收入同比去年都有不同程度的上涨。

从营业收入来看，排名前五的分别是凤凰传媒的发行业务（90.48亿元）、中南传媒的发行业务（75.69亿元）、新华文轩的发行业务（74.74亿元）、中原传媒的发行业务（70.31亿元）、山东出版的发行业务（69.78亿元）。从中可以看到，发行业务收入排名靠前的基本上是人口大省、教育大省。

从营业收入增长率来看，涨幅最大的是中国出版的发行业务（67.17%），其次是出版传媒的出版业务（41.86%）、中信出版的书店业务（39.31%）、出版传媒的印刷业务（39.26%）。跌幅最大的是凤凰传媒的印刷业务（-100%），这是因为凤凰传媒的印刷业务在2018年经历了营业收入大幅下滑58.04%、毛利率减少5.58%之后，2019年凤凰传媒的主营业务中直接去掉了印刷业务。跌幅较大的还有新华传媒的报刊及广告收入（-18.67%）、中文传媒的印刷包装（-18.62%）。

从毛利率来看，毛利率最高的是新华传媒的报刊及广告收入（54.78%），其次是中国科传的出版业务（52.27%）、城市传媒的出版业务（46.91%）、新经典的一般图书发行（45.13%）、中国出版的出版业务（39.89%）。毛利率较低在10%以内的仅有中国科传的出版物进出口业务（5.58%）、出版传媒的印刷物资销售业务（3.81%）。

从毛利率的增长率来看，涨幅最高的是南方传媒的报媒业务（6.37%），其次是新华传媒的报刊及广告收入（6.10%）、中南传媒的印刷业务（5.93%）、凤凰传媒的出版业务（4.29%）。毛利率跌幅较大的是中信出版的一般图书出版与发行业务（-2.42%）、出版传媒的印刷物资销售业务（-2.26%）、出版传媒的出版业务（-2.12%）。

5. 国有、民营经营情况

22家出版上市公司中有17家国有企业，5家民营企业，分别是新经典、掌阅科技、世纪天鸿、天舟文化、中文在线。从2019年营业收入、归属于上市公司股东净利润（以下简称净利润）、总资产的排名来看，民营出版上市公司排名靠后。但从净利润、总资产的增长率来看，部分民营出版上市公司的表现出色。

净利润增长率前二甲都为民营出版上市公司，分别是天舟文化同比上年增长102.88%和中文在线同比上年增长60.01%。这主要是2018年这两家企业净利润大幅亏损，2019年净利润回弹所致。掌阅科技的总资产增长率排名第二，同比上年增长20.12%。从营业收入增长率排名来看，进入前13名的仅有1家民营出版上市公司，可见大部分国有出版上市公司营业收入的增速优于民营出版上市公司。

22家出版上市公司中，17家国有出版上市公司2019年营业总收入为1 097.68亿元，同比2018年增长2.10%；净利润121.93亿元，同比上涨1.0%；总资产1 900.22亿元，增长7.86%。总体来看，国有出版上市公司虽然保持了营业收入、净利润、总资产的增长，但增长的速度明显放缓，主业增长乏力。

5家民营出版上市公司2019年营业总收入为51.38亿元，同比下滑1.61%；净利润为－1.37亿元，增长93.72%；总资产为104.20亿元，同比下降1.34%。总体上看，5家民营出版上市公司和2018年一样，出现净利润亏损和总资产下滑的情况。民营出版上市公司中，因为中文在线归属于上市公司股东的净利润了亏损6.03亿元，且总资产同比缩减了30.42%，因而导致整体民营出版上市公司的净利润总额和总资产下跌。

总体来看，2019年国有出版上市公司发展保持平稳，增速放缓；民营出版上市公司的营业收入和总资产都出现下滑，虽然净利润大幅上涨，但仍为亏损。2018年受政策调整影响中文在线和天舟文化的利润亏损严重，2019年这一情况得以改善。但中文在线由于受营业收入下降以及资产减值的影响，其净利润仍为负值。

6. 主营业务增长情况

下表是2019年出版上市公司的主营业务营业收入情况：

表5　2019年出版上市公司主营业务营业收入情况

单位：万元

证券代码	公司简称	2019年	2018年	增长率	占总营收比例
601928.SH	凤凰传媒	1 208 030.91	1 129 081.27	6.99%	95.99%
600373.SH	中文传媒	1 099 161.44	1 106 226.81	－0.64%	97.63%
601098.SH	中南传媒	1 010 066.85	935 887.22	7.93%	98.44%
000719.SZ	中原传媒	949 839.28	900 333.42	5.50%	100.00%
601019.SH	山东出版	944 255.57	914 906.28	3.21%	96.68%
601811.SH	新华文轩	864 746.88	803 020.15	7.69%	97.79%
601801.SH	皖新传媒	844 059.19	948 526.46	－11.01%	95.56%
600757.SH	长江传媒	751 416.89	1 019 754.90	－26.31%	97.95%
600551.SH	时代出版	641 194.66	637 944.70	0.51%	99.08%
601900.SH	南方传媒	627 947.21	543 325.15	15.57%	96.23%

续表

证券代码	公司简称	2019 年	2018 年	增长率	占总营收比例
601949.SH	中国出版	613 865.78	513 156.29	19.63%	97.21%
601999.SH	出版传媒	257 385.01	223 828.57	14.99%	94.95%
601858.SH	中国科传	247 425.64	218 976.70	12.99%	98.65%
600229.SH	城市传媒	224 589.59	211 527.72	6.18%	97.04%
603533.SH	掌阅科技	188 234.70	190 315.07	-1.09%	100.00%
300788.SZ	中信出版	183 762.52	160 473.54	14.51%	97.31%
600825.SH	新华传媒	123 036.07	127 707.03	-3.66%	91.37%
300148.SZ	天舟文化	122 393.48	111 269.20	10.00%	98.73%
603096.SH	新经典	92 426.68	92 468.95	-0.05%	99.89%
300364.SZ	中文在线	70 146.84	88 377.17	-20.63%	99.45%
603999.SH	读者传媒	61 209.47	52 697.48	16.15%	62.98%
300654.SZ	世纪天鸿	38 333.10	37 687.11	1.71%	99.38%

出版上市公司都能够坚持挺拔主业。在主营业务收入方面，22家出版上市公司中，有19家主营业务收入占到95%以上。其中掌阅科技、中原传媒这两家企业的主营业务占到了100%。掌阅科技是以数字出版为主营业务的出版上市公司。中原传媒的主营业务为传统出版业务。另外有四家出版上市公司的主营业务收入在总营业收入中的占比在99%以上，分别是新经典、中文在线、世纪天鸿、时代出版。主营业务收入占比在95%以下的是出版传媒、新华传媒、读者传媒，其中主营业务收入占比最少的是读者传媒，其主营业务收入仅占总营业收入的62.98%。

主营业务收入较上年增幅最大的是中国出版，较2018年增长了19.63%，增加10.07亿元。这主要得益于其主营业务中的发行业务营业收入同比上年增加67.17%和其他业务（指主营业务中除出版、发行、物资供销、印刷以外的业务）营业收入同比上涨117.84%。主营业务收入较上年降幅最大的是长江传媒，较2018年减少26.31%，减少26.83亿元，这主要受到了主营业务中纸浆等物资贸易业务营收同比下滑77.37%的影响。

部分主营业务拉动了出版上市公司整体业绩的上涨。读者传媒实现营业收入9.72亿元，较上年同期增加27.76%，收入增加的主要原因是其原材料、图书、教材教辅销售收入增加。读者传媒归属于母公司股东的净利润达 6 464.92 万元，较上年同期增加 52.21%。主营业务利润同比涨幅较大带动了净利润的增长。

表6　2019年出版上市公司主营业务毛利率情况

证券代码	公司简称	2019年	2018年	同比上年增减
603096.SH	新经典	45.50%	46.27%	-0.77%
300364.SZ	中文在线	44.13%	37.12%	7.01%
601098.SH	中南传媒	39.52%	38.12%	1.40%
300148.SZ	天舟文化	39.50%	37.21%	2.29%
600229.SH	城市传媒	37.62%	39.09%	-1.47%
603533.SH	掌阅科技	37.58%	29.46%	8.12%
300788.SZ	中信出版	37.51%	34.97%	2.54%
601811.SH	新华文轩	37.47%	36.57%	0.90%
601019.SH	山东出版	36.15%	35.21%	0.94%
601928.SH	凤凰传媒	35.88%	34.31%	1.57%
600373.SH	中文传媒	34.09%	37.19%	-3.10%
601949.SH	中国出版	31.31%	32.13%	-0.82%
300654.SZ	世纪天鸿	31.13%	29.80%	1.33%
000719.SZ	中原传媒	30.67%	29.13%	1.54%
601858.SH	中国科传	30.19%	29.86%	0.33%
600825.SH	新华传媒	30.18%	31.83%	-1.65%
603999.SH	读者传媒	29.84%	26.75%	3.09%
601900.SH	南方传媒	28.48%	30.64%	-2.16%
600757.SH	长江传媒	25.96%	17.35%	8.61%
601999.SH	出版传媒	21.27%	20.57%	0.70%
601801.SH	皖新传媒	20.12%	17.43%	2.69%
600551.SH	时代出版	11.30%	10.75%	0.55%

主营业务毛利率排在前三名的分别是新经典、中文在线、中南传媒。继2018年之后，新经典以45.50%的毛利率再次位居榜首，这主要得益于毛利率高达61.98%的数字图书业务，大大拉升了新经典的毛利率。主营业务毛利率增幅最大的是长江传媒，增加了8.61%；降幅最大的是中文传媒，下降了3.11%，这主要是由于主营业务中的

新型业态（指游戏、互联网、影视、艺术品、新媒体等业务）的毛利率下滑，比上年减少了3.38%。

7. 数字出版增长情况

表7　2019年出版上市公司主营业务中数字出版业务情况

单位：亿元

公司简称	分产品	营业收入	毛利率	营业收入增长率	占总营收的比例
中文传媒	音像及数码产品	2.96	19.76%	-11.40%	2.63%
	新业态	20.58	56.80%	-33.85%	18.28%
	合计	23.54	/	/	20.91%
掌阅科技	数字阅读平台	15.84	35.33%	-5.55%	84.14%
	硬件产品	0.26	14.29%	-70.02%	1.41%
	版权产品	2.62	51.98%	91.17%	13.90%
	其他	0.10	77.61%	876.22%	0.55%
	合计	18.82	37.58%	-1.09%	100.00%
南方传媒	音像制品	0.01	20.58%	-58.83%	0.02%
	其他	18.26	13.32%	7.86%	27.98%
	合计	18.27	/	/	28.00%
皖新传媒	教育装备及多媒体业务	7.72	10.93%	-38.33%	8.74%
	广告及游戏业务	1.42	27.33%	-43.39%	1.61%
	合计	9.14	/	/	10.35%
天舟文化	移动网络游戏业务	7.33	82.85%	6.00%	59.16%
中文在线	文化产品	6.42	42.60%	-19.52%	90.98%
	教育产品	0.60	/	-30.88%	8.47%
	其他业务	0.04	/	127.48%	0.55%
	合计	7.05	/	-20.34%	100.00%
新华文轩	教育信息化及教育装备业务	6.69	15.20%	-11.59%	7.56%
凤凰传媒	数据服务	1.98	45.16%	-11.42%	1.57%
	游戏行业	0.15	76.72%	-79.05%	0.12%
	软件行业	1.45	33.04%	3.21%	1.15%
凤凰传媒	音像制品	0.35	22.58%	30.54%	0.28%
	合计	3.94	/	-1.30%	3.13%

续表

公司简称	分产品	营业收入	毛利率	营业收入增长率	占总营收的比例
中南传媒	数字出版	3.17	19.35%	11.06%	3.09%
山东出版	音像制品	0.79	23.08%	-6.82%	0.81%
长江传媒	音像制品	0.72	30.77%	19.46%	0.94%
中信出版	数字阅读服务	0.67	/	35.62%	3.53%
时代出版	数字产品	0.47	17.48%	-8.72%	0.73%
中国出版	电子音像	0.42	26.32%	4.79%	0.66%
中原传媒	音像制品	0.37	/	6.96%	0.39%
新经典	数字图书	0.18	61.98%	-20.75%	1.90%
读者传媒	电子产品	0.11	3.72%	35.29%	1.17%
新华传媒	音像制品	0.03	35.37%	-39.67%	0.25%
世纪天鸿	软件收入	0.02	/	-68.92%	0.57%

备注：出版上市公司年报主营业务分析中与传统业务混合统计的数字出版业务数据未纳入本表。
"/"为出版上市公司年报中未披露数据。

中文传媒新业态是指游戏、互联网、影视、艺术品、新媒体等业务。南方传媒其他业务主要包括数字教材业务。

主营业务中数字出版业务营业收入排在前五名的分别是中文传媒、掌阅科技、南方传媒、皖新传媒、天舟文化。掌阅科技和中文在线是以数字出版为主营业务，并且主营业务占100%的出版上市公司。虽然中文传媒主营业务中数字出版业务营业收入同比有所下滑，但其数字出版业务营业收入总额仍排名第一。

从毛利率来看，天舟文化的移动网络游戏业务毛利率最高，达到82.85%。依托移动网络游戏领域较强的研发和运营能力，天舟文化在网络游戏业务方面获得持续稳定的收入，并且在代理游戏方面也取得了较好成绩。此外，新经典的数字图书和凤凰传媒游戏业务的毛利率也较高，分别达到77.61%和76.72%。

从增长率来看，掌阅科技的"其他"业务营业收入增长率最高，达到876.22%，这主要得益于报告期内掌阅科技投资了影视、新媒体阅读等业务，并进一步培育精品阅读、K12教育（阅读相关）等潜力业务。此外，中文在线的"其他"业务和掌阅科技的"版权产品"营业收入增长率也较高，分别达到127.48%和91.17%。

从数字出版业务营收占总营收的比例来看，除了数字出版业务占总营收100%的掌阅科技和中文在线以外，占比较高的还有，天舟文化占比 59.11%，南方传媒占比 28%，中文传媒占比 20.91%。

从国家对数字出版的政策来看，国家新闻出版署自 2019 年起实施数字出版精品遴选推荐计划，每年开展数字出版精品征集遴选专项工作，集中奖励推介一批优秀数字出版产品和服务项目，建立数字出版精品遴选推荐机制，发挥精品示范带动作用，对推动出版深度融合和出版业高质量发展具有重要意义。

（二）"走出去"与国际合作情况

2019 年，出版上市公司进一步开拓国际市场，积极开展国际合作，促进海外交流合作，推动出版"走出去"，国际影响力进一步提升。在图书版权输出方面，中国出版全年输出版权 979 种，继续保持全国领先。此外，中信出版海外版权输出达 421 种；凤凰传媒全年输出非华语版权 350 种，较 2018 年增长超过 20%；中原传媒向海外地区输出版权 322 个品种，较 2018 年增长 50%；南方传媒版权输出 270 种（不含港澳台），同比增长 8%；中国科传实现图书版权输出 171 种，期刊 11 种；山东出版输出外文版权 145 种。

出版上市公司有效地把"走出去"工作和"一带一路"建设融合起来。南方传媒版权输出的国家增至 26 个，75% 的版权输出到"一带一路"沿线国家。山东出版打造的"一带一路图书版权贸易洽谈会"平台相继走进新加坡、吉尔吉斯斯坦、韩国和俄罗斯，在加强国际传播能力和对外话语体系建设，加快深化"一带一路"建设等方面，起到了积极的促进作用。中国出版输出的《"一带一路"——引领包容性全球化》英文版版权，引起了积极的国际反响。

出版上市公司在海外资本运作方面取得不错的成绩。2019 年，新经典美国收购了美国 Highlights 集团童书出版社 Boyds Mills Press，除获得 1 000 多种图书的全球出版权外，编辑与运营团队得到进一步扩充。中国科传成功收购法国自然科学领域的著名学术出版机构 EDP Sciences，该出版社由诺贝尔物理学和化学奖的获得者玛丽·居里夫人、波动力学的创始人路易·德布罗意等世界杰出科学家于 1920 年共同创立，目前出版科技期刊 70 多种。

出版上市公司日益重视在人才方面的海外交流与合作。中国出版推进中国名家名作推广计划、外国人写作中国计划,启动中国百科进俄罗斯。新经典将建立国内外策划团队的交流与合作机制,提升编辑的策划能力,在全球范围内寻找开发优秀的选题和创作人才,同时也积极推动国内的优秀作家、艺术家走到海外,探索全球出版的新模式。中信出版在美国、英国先后建立了图书选题、数字化产品、IP 产品的内容挖掘中心,并与国内外的专家、学者、机构保持着畅通的沟通、研讨机制。

总体来看,各大出版上市公司除了推动出版物"走出去"、版权"走出去"、出版机构"走出去"以外,还开始注重与海外建立资本、技术、渠道、人才等要素的链接,尝试成立国际合作企业,积极拓展不同领域的国际市场、探索实施全球化战略,从而提升企业自身乃至我国新闻出版业的国际竞争力、传播力和影响力。

(三) 履行企业社会责任情况

1. 做好主题出版,履行文化使命

2019 年,出版上市公司围绕"新中国成立 70 周年""党的十九届四中全会"等主题推出一批主题出版物,唱响社会主义主旋律,满足广大人民群众精神文化需求,形成良好的社会效益。

中信出版推出了《大国新路》《中欧班列》《中国精神》等书,展示新中国成立 70 年来的光辉历程和新时代下的伟大成就,相继推出《美国陷阱》《隐秘战争》等图书,揭示了以西方为主导的国际贸易秩序背后的"陷阱",引导社会对中美贸易争端的正确舆论导向。

出版传媒强化主题出版组织策划,成立马克思主义文献传播研究出版中心、"金长城"中国作家原创工作室等,积极研发高质量的重点选题,紧密结合重大时政节点打造精品主题图书,推出了《马克思主义经典文献传播通考》《长子的告白》等一批主题图书。

山东出版结合重大时间节点,提早布置出版任务,策划出版了《雪山上的达娃》《中国》《共和国的勋章》《我爱北京天安门》《美在乡村》等一批主题出版图书。山东出版十分重视重点主题出版物的征订工作,2019 年主题出版读物征订量居全国前列。其中,《习近平新时代中国特色社会主义思想学习纲要》征订了 500.3 万册,码洋

7 904.5 万元。

2. 举办丰富的读书活动，推进全民阅读

出版上市公司在 2019 年举办了丰富多彩的文化活动，大力推进全民阅读。积极承担文化企业的社会责任和文化使命，较好地实现了社会效益和经济效益的有机统一。

山东出版积极落实山东省"文化惠民"政策，举办"齐鲁书香节暨 2019 山东书展"期间向广大市民发放 100 万元惠民书券，并开展 1 000 余场丰富多彩的阅读推广活动。"山东书展"已成为推进山东省全民阅读的重要载体和文化名片。

南方传媒举办的南国书香节，展出图书及文创产品 20 万种，举办文化活动近 800 场，邀请名人名家 500 多位，在广东省 20 个地市全部设立分会场，实现地级以上市分会场全覆盖。

长江传媒打造了"华图会""荆楚书香节""长江读书节""新华书店杯"等阅读品牌活动，融入"图书+文创""阅读+科技""文化+生活""活动+论坛"等新兴业态，成为湖北省的精神文化盛宴。

3. 开展精准扶贫，践行社会责任

2019 年是完成"脱贫摘帽"任务的决战之年，是实现"全面小康"目标的决胜之年。出版上市公司继续响应国家号召，落实精准扶贫工作，通过产业扶贫、教育扶贫、文化扶贫等多种方式帮扶贫困村，产生良好的社会效益。

中南传媒整合投入扶贫资金 342.1 万元，帮扶贫困户 168 户 673 人。在民生工程方面，帮助贫困村修缮维护水渠、水井、危房等基础设施；在扶贫产业方面，投入扶贫产业基金，帮助扶贫村发展特色产业，加大配套设施建设；在文化扶贫方面，给扶贫村贫困学生发放助学金，组织开展主题教育助学活动、捐助图书等。

山东出版全年累计安排精准扶贫资金 168.26 万元、物资折款 133.49 万元。2019 年，山东出版所属各出版单位向希望小学、农家书屋、农村幼儿园等累计捐赠图书 40 次 2 万余册，码洋 65 万元，各级新华书店通过教育脱贫项目共捐赠图书 13 837 册，码洋 33.33 万元。

南方传媒 2019 年投入帮扶资金 97.42 万元，将产业扶贫、教育帮扶、技能帮扶相结合，并开展图书捐赠活动，2019 年共计捐赠图书 14 000 册、码洋 40 万元。

二、2019 年出版上市公司发展的亮点及存在的问题

（一）2019 年上市公司发展的亮点

1. 传统业务逆势增长

近几年出版上市公司的传统业务增速趋向于放缓，部分企业甚至出现下滑，但 2019 年大部分出版上市公司的传统业务都有所增长，逆势翻盘，这离不开各出版上市公司发展战略的调整。凤凰传媒面对报刊出版持续下滑局面，独辟蹊径，利用自身在教育出版和少儿出版方面的专业优势，专注教育、少儿报刊细分市场拓展，使其报刊出版业绩不降反增，营业收入同比上年增长 14.14%，毛利率同比增长 5.96%。南方传媒持续深耕教育出版，拓展教育装备业务，扩充电商售书渠道，同时受益于教材结算政策和增值税税率的改变，其出版、发行、印刷等传统业务的营业收入均实现了增长。出版传媒的印刷业务的营业收入较上年增长 39.26%，这主要是通过发挥精品化印刷优势、开拓省外市场、增加经营业务实现的。

2. 深耕主业提升业绩

22 家出版上市公司营业收入同比上年增长 1.93%、归属于上市公司股东的净利润增长 23.11%，这个业绩的取得得益于对主业的深耕。例如，读者传媒实现营业收入和净利润的大幅增长，其营业收入 9.72 亿元，同比上年增长 27.76%，实现归属于上市公司股东的净利润较上年增长 52.21%。这主要得益于读者传媒主营业务营业收入和净利润的增加。通过强化内部管理，实现了对主营业务生产成本的有效管控，从而使得期刊、教材教辅毛利率较上年均有增长。通过加大市场拓展力度，推动线上线下多渠道经营，图书、教材教辅营业收入实现较快增长。在期刊板块稳固其核心竞争力，《读者》继续保持国内期刊月均发行量第一的位置；在图书业务板块强化选题质量，在新书号总量持续减少的情况下，图书板块实现营业收入 1.26 亿元，同比增长 44.04%；在教材教辅板块稳步推进，实现教材教辅营业收入和毛利率的双增长。

3. 管理机制不断创新

出版上市公司通过管理机制的不断创新激发了发展的活力。南方传媒将 2019 年确

定为体制机制创新年，选取4个项目作为创新试点，推进名家工作室建设，实行项目制管理，推进混合所有制改革，建立市场化薪酬考核体系。中信出版搭建扁平化组织架构，建立数据运营平台，简化内部流程，降低沟通耗损；坚持多品牌出版策略，快速拓展新出版领域；划小经营单元并充分授权，采取灵活的项目制运营和阿米巴管理模式，打通价值链前后端，以便寻求更多的市场机会和及时应对市场变化。

4. 融合发展成效显现

中文传媒2019年归属于上市公司股东的净利润排名首位，近年来其新媒体新业态业务占比和贡献率大幅提升。其子公司智明星通持续拓展海外游戏市场，深挖精品游戏价值，已成为新的利润增长极。中文传媒还在互联网教育、有声读物、IP运营等新媒体新业态方面逐渐形成新的利润增长点。

优质内容是数字阅读行业的核心竞争力，掌阅科技凭借优质海量精品内容，通过向第三方平台内容授权、出售IP衍生价值等形式，实现了版权产品业务收入2.62亿元，同比去年同期大幅上涨91.17%。

中信出版的数字阅读业务收入达6 660.16万元，同比增长35.62%。其利用版权和平台优势，形成了"版权—开发—制作—分销—运营"一条龙的闭环运营模式。"中信书院"平台目前用户规模达400万，该项目入选中宣部组织的2019数字出版精品项目。

（二）目前存在的问题

1. 新业务快速扩张，面临诸多发展问题

出版上市公司通过内生自建、外延并购等方式积极谋划拓展，不断延伸产业链，涉足新行业和新领域，但这些新业务有的不但不能帮助出版上市公司提升整体业绩，反而还拉低整体业绩。

时代出版2019年归属于上市公司股东的净利润同比下降29.34%。其全资子公司安徽出版印刷物资有限公司亏损了4 377.61万元，该公司除了涉及印刷相关业务外，还涉及黄金、建筑材料、装饰材料、汽车、工艺品等业务，经营范围较为庞杂。其全资子公司安徽时代创新科技投资发展有限公司亏损了1 528.62万元，其业务范围包括资产管理及运营、技术咨询及转让、科技成果推广、对外经济、技术、贸易及文化产业合作等。

城市传媒在新业态书店、有声读物、VR、影视文化、信息咨询服务等业务方面进行了布局，但多数业务处于培育期，还没有形成可以支撑发展的经济效益。注册资本1亿元的青岛城市传媒影视文化有限公司，2019年亏损195.95万元。注册资本2.8亿元的上海城喜信息科技2019年仅盈利1.15万元。

新业务的扩张对企业的战略规划、组织机构、内部控制、运营管理、财务管理等提出更高的要求。在这些新行业和新领域中，部分出版上市公司尤其是以传统出版为主业的出版上市公司，会面临管理经验不足、人才储备不足、体制机制不适应、技术能力不足等问题。涉足的这些新行业和新领域还未能形成成熟的商业模式和实现规模效应，新业务与原有业务难以形成整合协同效果。

2. 谋求融合转型发展，但经济效益尚处于"培育期"

随着5G、大数据、云计算、物联网、人工智能、区块链等新兴技术迅速发展，新兴技术的应用日渐普及，对传统出版业态形成冲击。出版上市公司积极应对新技术带来的机遇和挑战，不断推动出版产业与新兴技术的融合发展，但取得经济效益有个过程，有些还要有一个持续亏损的培育期。

时代出版"时代教育在线""豚宝宝"等出版融合发展项目，近年来虽已初具规模，但由于整体投入较大，盈利模式尚在调整优化，效益低于预期。城市传媒旗下注册资本5.5亿元、经营数字传媒业务的青岛传媒发展有限公司出现了连续亏损，2018年亏损5 836.52万元，2019年亏损达7 378.53万元。凤凰传媒旗下的江苏凤凰数字传媒有限公司2019年亏损1 287万元。中南传媒旗下的经营数字出版业务的天闻数媒科技（北京）有限公司2019年亏损达5 450.53万元。

出版上市公司在推动出版与科技融合的过程中，由于外部环境的不确定性、技术项目本身的难度及复杂性、技术升级迭代、资金投入有限、技术人才不足等原因，导致新兴技术所发挥的作用没有达到预期的效果。

3. 政策环境出现变化，经营业绩受到影响

中文在线2019年的业绩出现震荡下滑，其营业收入7.05亿元，较上年同期下降20.34%，归属于上市公司股东的净利润为亏损6.03亿元。主要受广告业务及游戏发行

业务收入大幅下降的影响。旗下子公司晨之科因游戏行业政策性因素影响，新游戏不能按时上线运营，游戏项目开发及推广处于停滞状态，老游戏又临近生命周期后期，无法产生新的利润，净利润亏损2.79亿元。

自2018年以来，游戏行业就面临更严格的监管，游戏版号下发的数量大幅下调，游戏版号的审批一度停止，受此影响中文在线和天舟文化2018年的业绩都受到了重创。但2019年天舟文化经过战略调整已扭亏为盈，而中文在线的业绩仍在下跌。除了游戏政策对业绩造成严重影响外，财政税收政策、新闻出版政策、教育政策等的调整也将对出版上市公司的发展造成较大影响。

三、对出版上市公司发展的建议

（一）业务扩张与能力相适应，扭亏无望及时关停

在人才、技术、能力、资本等方面不充足的情况下，过快的进行新业务和新领域的扩张，不但不能带来收益，反而成为整体业绩提升的绊脚石。从2019年的业绩来看，就有部分出版上市公司因扩张的新业务的亏损而拉低了整体业绩。

出版上市公司在进行新业态布局过程中，扩张的速度要与自身的经营能力相适应，否则难以抵御新业务扩张面临的风险。投资与产业链相关联的新业务，才能更好发挥自身所长，推动新业务与主营业务的协同。

对于那些持续亏损的子公司应加强指导力度，加快"止血"。对于扭亏无望的业务，应及时关停，做好子公司的清理"瘦身"工作。通过"瘦身"来"强体"，突出主业，强化利润增长点。

（二）加强技术研发和内容开发，加快融合发展效益转化

有部分出版上市公司一边喊着要融合转型发展，一边在逐年缩减技术研发投入，研发投入总额占营业收入的比例和研发人员数量占公司总人数的比例都少之又少。例如南方传媒在研发投入总额占营业收入比例仅为0.0046%，研发人员数量占公司总人

数的比例仅为 0.51%。

探索运用新兴技术推动出版与科技融合，本身就存在一定的难度，外部市场存在较大的不确定性，再加上对技术研发的重视程度不够，技术研发上的投入少，技术人才的数量少，都将可能导致新技术的效益转化迟缓。

要加快新技术效益转化，除了加大技术研发投入和加强技术人才队伍建设以外，还离不开内容开发。融合发展的根基是内容，效益也来自内容。出版上市公司应充分利用自有版权资源，打造多样化的内容产品，提升内容产品的跨媒体营销推广能力，推动版权资源产生最大化效益。

（三）密切关注政策动向，及时调整产业结构

出版产业是具有很强意识形态属性的产业，受到国家相关法律、法规及政策的严格监管，尤其对于游戏行业、影视行业、教辅教材行业，国家行政主管部门近年来颁布了一系列监管政策规范企业经营行为，旨在促进行业的健康发展。部分出版上市公司因为政策的调整业绩受到重创，其个别子公司不得不终止业务。还有部分公司长期以来享受着国家现行的税收优惠政策，在一定期限内享有增值税和所得税减免，一旦国家相关税收政策发生变化，将影响其盈利水平。出版上市公司应密切关注政策动向，提前制定应对方案，及时根据政策导向调整产业结构，开拓多样化的产品类型和业务模式，实施多元化经营策略，提高抗风险能力，有效规避政策风险。

参考文献

22 家出版上市公司发布的 2019 年年度报告。

（程　丽　桂林理工大学公共管理与传媒学院讲师；

周蔚华　中国人民大学新闻学院教授、中国

人民大学新闻与社会发展研究中心研究员）

第四节　2019—2020全民阅读发展报告

2019年，我国首个连续性城市大型全民阅读活动深圳读书月已举办20届，全民阅读作为中宣部牵头发起的全国性活动也已走过14个年头，"全民阅读"第七次被写入国务院政府工作报告。这项事业因为党中央和国务院直接倡导、聚集的人才与技术多元、投入物力财力巨大、覆盖范围广泛，已在逐渐建立起复杂而富有内生动力的生态系统。虽然新冠肺炎疫情突如其来，全民阅读亦饱受冲击，但疫情也在一定程度上突显了这一事业对民族与个人的必要性。疫情成为一个变量，正在引发全民阅读生态体系的内在格局。同时，2019年下半年以来，还有两个重要的正向变量，将对全民阅读产生结构性的深远影响：一为2019年11月全国全民阅读工作经验交流会的召开，一为2020中央打赢脱贫攻坚战、努力实现全面建成小康社会目标任务的进程。

本文将交流会、脱贫攻坚、新冠疫情的影响作为全民阅读事业的坐标，梳理一年来的典型性事件，分析全民阅读的新变化、新成就、新趋势以及第十七次全国国民阅读调查的总体情况，在此基础上，对即将迈入"十四五"的全民阅读事业加以展望。

一、全国国民阅读情况概述

（一）继往开来：全国全民阅读工作经验交流会

2019年11月8—9日，由中共中央宣传部主办的全国全民阅读工作经验交流会在深圳召开，这是新闻出版划归中宣部后第一次全国性的全民阅读会议，大会有两项议程格外值得关注，一是表彰了20项全民阅读优秀项目，二是代表们就《中央宣传部关于促进全民阅读工作的意见（征求意见稿）》进行了分组讨论。① 这都将对今后一段时期全民阅读事业的发展产生重要意义。

从全民阅读发展史来看，此类由中央组织、全国规模的大会迄今举办四次，前三次分别为：

2009年11月2日，深圳，全国全民阅读活动经验交流会，中宣部、中央文明办、新闻出版总署联合召开。旨在总结各地在全民阅读活动中的经验，表彰先进单位和活动项目。

2015年11月25日，北京，全国全民阅读工作会议，国家新闻出版广电总局组织召开。旨在总结全民阅读十年成效和经验，推进全民阅读中长期规划和立法工作。

2017年4月19日，长沙，全国全民阅读工作会议，国家新闻出版广电总局组织召开。旨在响应政府工作报告所提出的"大力推动全民阅读"，推动落实《全民阅读"十三五"时期发展规划》，推进《全民阅读促进条例》的制定工作。

2019年的全民阅读工作经验交流会所公布的20个"全国全民阅读优秀项目"，是从全国申报的171个项目中评审而出，这些项目规模不等，性质多样，来自于全国各地。项目主办方有政府部门，有出版社和媒体，有行业协会，有社会组织，展示了全民阅读的多元主体和社会广泛参与。项目中有积淀了二十年的城市阅读品牌"深圳读书月"，有专注于老年群体的专业化阅读服务项目"银龄公益悦读千穗舫项目"，有尝试将全民阅读的工作和目标量化、以求科学推动发展的"张家港市'书香城市'建设指标体系（试行）"，还有面向基础教育、亲子阅读、国学阅读、少数民族阅读的阅读推广项目。如果将这20个优秀项目和2009全民阅读活动经验交流会所表彰的36个优秀项目作对比的话，我们就会发现项目的内容和形式，组织力量和服务人群都发生了较大的变化，这些变化体现着十年间我国全民阅读所取得的新成就、成长发展的新重心和专业化水平的提升。

《中央宣传部关于促进全民阅读工作的意见（征求意见稿）》虽然尚未公开，但其重要性可想而知，这份纲领性文件将起到政策上的承上启下作用——总结十八大以来

---

① 周元春，韩文嘉，林洲璐. 时隔10年，深圳又迎来全国全民阅读工作经验交流会. 深圳新闻网 http：//www.sznews.com/news/content/2019-11/08/content_22612296.htm

全民阅读法规政策思路和经验,并由中宣部牵头各相关部门共同推动全民阅读事业的发展,这将跨越之前行业条块分割带来的信息和意见不对称,促进意见的融通和各部门的合力推进。新冠肺炎疫情影响已经缓和,该意见能否在2020年下半年出台,我们拭目以待。

(二) 纵深发展:全民阅读法制化建设继续推进

2019年上半年,我国有四部全民阅读地方法规①发布并实施;下半年亦有一部法规出台:10月29日,宁波市第十五届人大常委会第二十四次会议表决通过《宁波市全民阅读促进条例》,该条例在2020年4月1日实施。这五部条例使得2019年成为地方阅读立法出台数量最多的年份。至此,我国已有9省5市颁布并实施了全民阅读法规。

2020年上半年再未有地方新法出台,新冠肺炎是重要影响因素,地方行政系统进入抗疫高度紧张节奏之中,原有立法调研计划不得不暂停,疫情缓解后,一些立法计划开始接续,并体现出全民阅读法律建设中的新走向。

2020年5月,四川省十三届人大三次会议收到"关于制定《四川省全民阅读促进条例》的议案",② 省人大代表徐洪建议尽快出台《四川省全民阅读促进条例》。早在2016年3月出台的《四川省人民代表大会常务委员会关于促进全民阅读的决定》(下文简称《决定》),被视为建议制定条例的基础条件——徐洪认为,"四川已成立了全民阅读活动指导委员会、制定了《四川省公共图书馆条例》、率先出台《关于促进全民阅读的决定》,现实条件已经成熟",制定效力位阶更高、规范内容更为全面系统的条例,有助于深化解决全民阅读服务中的症结问题,发挥文化在脱贫攻坚中的重要作用,"四川省全民阅读需求潜力巨大,但全省全民阅读公共资源明显不足,在深度贫困地区阅读资源不充分、不平衡的问题也较突出。因此,有必要通过地方立法提升全民阅读

---

① 注:这四部法规分别是《广东省全民阅读促进条例》《烟台市全民阅读促进条例》《河南省人民代表大会常务委员会关于促进全民阅读的决定》《贵州省全民阅读促进条例》。
② 刘春华. 省十三届人大三次会议收到议案17件 重点关注人民群众生命安全和身体健康. 四川日报,2020-05-12,转引自四川省人民代表大会常务委员会官网 http://www.scspc.gov.cn/dbgz/dbhd/202005/t20200512_37803.html

的标准化、均等化水平，有利于创造出更高水平、更加公平的阅读环境。"①

四川既有高校和书店云集的历史文化名城成都，也是全国扶贫任务最重的省份之一，区域发展的不均衡也必然会体现在全民阅读领域。阅读推广对于文化扶贫的价值不言自明，正如朱永新先生在2020年两会前夕接受采访时所说："阅读资源的公平是教育公平的重要基础，也是社会公平的重要基础。"② 近年来中央和地方财政对包括全民阅读在内的公共文化服务体系的建设完善资金数额不断增加，并通过项目扶持等方式支持实体书店、阅读推广公益组织的发展，尤其在2020年疫情期间，北京、上海、广州等地都先后出台了针对实体书店的扶持措施。但从地方治理模式看，我国大部分地区的全民阅读工作尚属于"纵向行政发包程度高而横向晋升竞争程度低"类的政府事务，没有充分反映在官员绩效考核的核心指标上。③

为了推进全民阅读的可持续性和科学有序发展，中国新闻出版研究院和江苏省、浙江省、北京市、深圳市等地已开始探索全民阅读指数或指标体系，力求实现量化全民阅读目标，以更好地动员工作开展，建立监督评估机制。从当下看，这种量化思维已被作为全民阅读管理工作的一种前沿理念，被多地的立法、规划吸纳进去，但就如何落实而言，尚未形成一套公认的科学稳定体系，有待学界进一步调查研发。

2019年立法的另一个值得关注的动向，是烟台市、宁波市均在本省尚无阅读立法的情况下推动了本市阅读条例出台。新世纪以来，我国全民阅读尤其是政策法规的发展主要依靠自上而下的行政力量推动，这两部市级法规连同深圳、常州、石家庄的三部法规，都展示了地方在促进全民阅读方面的自觉性、自主性的加强，我们将密切关注法规实施对地方全民阅读推动的效果和效率。

从公开消息看，2019年下半年之后，宁夏回族自治区、青岛等地亦启动了立法调研活动，未来《中央宣传部关于促进全民阅读工作的意见》的出台，将进一步激发地方阅读立法的热情，吸引更多的专业力量参与全民阅读事业，推进指标体系和评估机

---

① 李强强，高红霞. 四川省人大代表徐洪建议：制定《四川省全民阅读促进条例》. 人民网—四川频道 http：//sc. people. com. cn/n2/2020/0512/c345509 - 34011883. html
② 全国政协常委朱永新：阅读资源公平是社会公平的重要基础. 新京报网 http：//www. bjnews. com. cn/inside/2020/05/19/728949. html？ from = timeline&isappinstalled = 0
③ 周黎安. 行政发包制. 社会，2014（6）：1 - 38.

制的发展,进而极大丰富全民阅读的政府工作理念。

(三) 融合创新：阅读推广专业化程度稳步提升

2019年下半年以来,我国各类阅读推广主体的专业化程度进一步提升,在疫情的阴霾之下,阅读组织、推广领域、阅读产业等诸多方面仍然发育成长,不断细分、创新和衍生。本文将选取行业聚会、书目推荐及课题资助三方面最值得关注的新动态,以求一窥全豹。

2019年9月27日,中国阅读三十人论坛（China Read 30Forum,简称CR30）在西安启动,论坛的自我定位为"跨领域高端学术团体、非营利性民间独立智库",邬书林、朱永新、王余光、徐雁、王京生、魏玉山等阅读推广界的"元老级"、最具社会影响力的人物均在其中。阅读推广领域中原有的几个重要的行业聚会继续举办,在交流信息经验、推进合作、凝结专业共识方面发挥着重要作用。2019年11月29日,作为深圳读书月压轴节目的第五届领读者大奖颁奖典礼如约举行,共颁发年度领读者大奖、领读者阅读组织奖、领读者阅读项目奖、领读者阅读空间奖（分图书馆与书店书吧两项）、领读者阅读支持奖、年度致敬大奖等7个奖项以及23个提名入围奖,[①]并发布了《领读中国白皮书》的主题内容。该大奖的特色是"传媒视角、民间评价、专家意见"[②]以及超越地方的全国视野,以深圳读书月组委会为依托,用一场晚会和一系列宣传报道的方式传播领读者的风采。

2019年12月7日,由韬奋基金会阅读组织联合会（以下简称联合会）主办的第六届全国读书会大会在北京77剧场举办,全国各地从事阅读推广实务和研究工作的同行者汇聚一堂,该会更具有行业年会的色彩,重在交流,围绕主题"智能时代的阅读",既有主题发言,也有沙龙对谈,亦有相对充足的会下时间供代表交流。值得关注的是,韬奋基金会全民阅读促进会在大会上做了2019年的工作总结和2020年的工作计划,特别总结了当年所发起的"70年70城联读"活动,并宣布成立"阅读促进"专项基

[①] 陈云强,罗悦媛. 第五届领读者大奖深圳颁出,金小凤、关正文共同荣获年度领读者大奖. 金羊网 https://news.ycwb.com/2019-11/30/content_30399449.htm

[②] 同上

金;[①] 不久之后，韬奋基金会全民阅读促进会也于 2020 年 1 月 8 日成立。这些都是 2019 年 4 月我国最大的民间阅读推广组织读书会联合会并入韬奋基金会、成立联合会后的创新进展。新的联合会初步展示了联结不同系统、打通共同之处的能力，组织性有所加强，规划意识更为明显，未来是否更好地发挥纽带和中介作用，进而提升行业整体专业化水平呢？值得期待。

儿童阅读推广人的盛会——亲近母语研究院主办中国儿童阅读论坛（第十六届）因疫情从 2020 年 4 月推迟到了 11 月，但该研究院在上半年推出了两项值得研究的专业化阅读推广产品：一为 4 月份发布的《中国小学生分级阅读书目（2020 年版）》，这是一份常规公益产品，自 2001 年亲近母语首次发布中国小学生分级阅读书目之后，逐年修订，今年已经是第二十次发布，微信公众号阅读量达到 10 万 +，跟帖点赞者甚众。一为新研发的商业产品，6 月与华南师大教师教育学部联合推出的《儿童阅读师资认证》，该认证分为初级、中级、高级认证（高级暂不开放），不同认证设有不同的课程体系，报名者缴纳一定费用，通过阅读、听课、线上社群集中辅导、实践、考核等流程后，获得资格证书。[②] 点灯人教育拥有强大的专家阵容和二十年积累的经验值和美誉度，推出的产品社会认可度相对较高，尤其在书单、阅读推广人培训名目繁多甚至泛滥的今天，更需要"点灯人"般的使命感、崇高感和专业能力，来维护阅读推广的纯粹性和有效性。

另一份万众瞩目的书单，是教育部基础教育课程教材发展中心组织研制并于 2020 年 4 月发布的《教育部基础教育课程教材发展中心中小学生阅读指导目录（2020 年版）》（以下简称《目录》），其中小学、初中、高中各为 110 种、100 种和 90 种，分为人文社科、文学、自然科学和艺术四类，中外作品比例分别为 76.7% 和 23.3%，《目录》是对此前教育部制定的国家语文课程标准和统编语文教材的拓展与延伸。[③] 这份书单的出台，是教育部持续关注儿童阅读教育的阶段性结晶，必将在今后一个时期引发

[①] 张聪聪. 第六届全国读书会大会聚焦"智能时代的阅读"[EB/OL]. 中国出版传媒网 http://www.cbbr.com.cn/article/131875.html.

[②] 资料来源：微信公众号"点灯人教育".

[③] 教育部. 指导学生读好书、读经典，全面提高学生素质——教育部基础教育课程教材发展中心负责人就《中小学生阅读指导目录（2020 年版）》答记者问 [EB/OL]. 中国政府网 http://www.gov.cn/xinwen/2020-04/23/content_5505333.htm.

出版发行界、阅读推广界、基础教育界的结构性变化。

阅读推广专业化的进展还体现在企业和社会组织对阅读研究的支持和投入上，值得重点关注的是：2020年6月1日韬奋基金会全民阅读促进会与国家新闻出版署出版融合发展（四川新华）重点实验室首次联合发布《关于申报2020年度全民阅读研究开放课题的公告》，重点课题资助5万元，一般课题资助2—3万元，共设4个课题方向，第四个方向所提出的"以探索现代全民阅读学科建设，开展全民阅读工作人才队伍建设研究为重点"要求，尤其体现阅读推广专业发展的诉求。深圳爱阅公益基金于5月发布了2020年儿童阅读研究资助项目的公告，此前该基金会曾资助朱自强教授出版专著《小学语文儿童文学教学法》，本年度资助的选题范围包括儿童阅读基础理论与应用领域的研究，以及将成果转化为应用指导类型的研究，资助额度分为小额（1—3万）、中额（3—6万）和大额（6—10万）。[①] 此外，中国图书馆学会2020年阅读推广课题申报工作于4月公布，作为该学会的年度工作，重点课题引领方向，一般课题方向多元，中标人数众多，对全国图书馆界阅读推广的理论和应用研究起着重要的推动作用。

二、第十七次全国国民阅读调查新发现

（一）公共阅读服务存在较大的增长空间

1. 公共阅读服务指数增幅大于居民个人阅读指数

为综合反映我国国民阅读总体情况及其变化趋势，引导各城市统一阅读指数标准，全国国民阅读调查课题组研制出我国国民阅读指数和城市阅读指数指标体系，于2019年4月首次公开2018年全国阅读指数的研究成果，2020年4月公布2019年全国阅读指数情况。经测算，2019年全国阅读指数为70.22点，较2018年的68.67点提高了1.55点。

作为反映全国和城市阅读状况的晴雨表，阅读指数指标体系从上百项指标中遴选

---

① 资料来源：微信公众号"爱阅公益"。

出25项单一指标，分为"个人阅读指数"和"公共阅读服务指数"两大方面。其中，"个人阅读指数"综合反映国民阅读水平；"公共阅读服务指数"综合反映全民阅读公共设施建设与公共服务水平。2019年，我国国民的个人阅读指数为73.04点，较2018年的71.67点提高了1.37点；公共阅读服务指数为67.61点，较2018年的65.91点提高了1.70点。从两年对比来看，2019年我国"公共阅读服务指数"的增幅高于"个人阅读指数"。

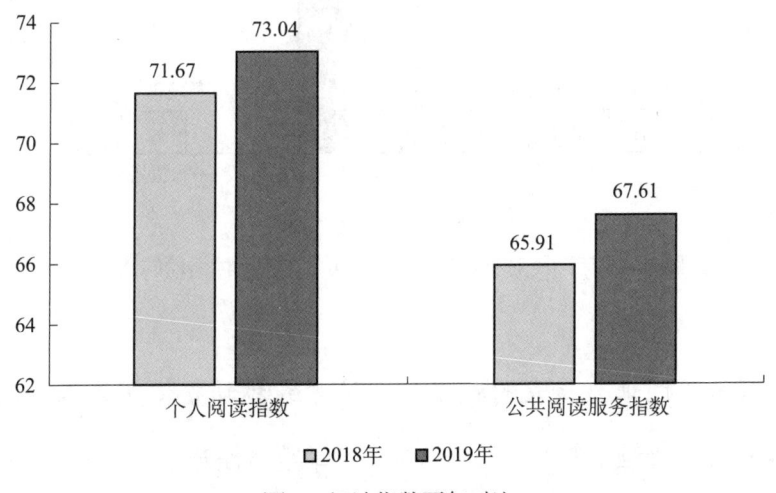

图1 阅读指数两年对比

2. 居民对阅读活动的需求渐高，对身边阅读活动的认知度相对较低

随着物质生活的日益丰富，我国成年居民对于精神生活的需求日益增高，对阅读活动的需求度随之逐年增强。具体来看，2019年有68.2%的成年国民认为有关部门应当举办读书活动或读书节，高于2018年的67.3%。从城乡居民的对比来看，城镇居民对阅读活动的呼声相对更高。调查数据显示，城镇居民认为当地有关部门应该举办读书活动或读书节的比例为68.9%，农村居民中这一比例为67.4%，城镇居民选择比例较农村居民高1.5个百分点。

与成年国民对阅读活动强烈的需求相对的是，城乡居民对身边阅读活动的认知度相对较低，尤其是农村居民对于身边"是否举办过读书活动/读书节"的认知与城镇居民差距较大。从调查数据来看，2019年表示身边举办过读书活动/读书节的比例为10.8%，较2018年的10.2%增长了0.6个百分点。其中城镇居民中表示身边有读书活动/读书节的比例为13.9%，较农村居民（7.1%）高6.8个百分点。由此可见，公共阅读服务的供给不是单向度的输出活动，需从满足居民需求的角度出发，进一步扩大公共阅读服务对城乡居民的覆盖面和影响力。

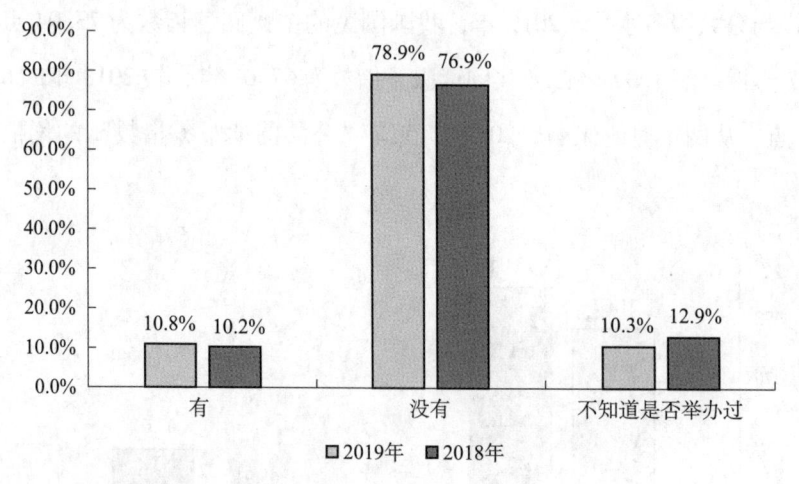

图 2　成年国民对身边读书活动/读书节等阅读活动的认知

（二）以手机阅读为代表的数字化阅读方式拉动整体阅读人口的增长

1. 数字化阅读接触率的增长带动综合阅读率整体提升

涵盖图书阅读率、报纸阅读率、期刊阅读率等纸质阅读媒介阅读率与数字化阅读方式接触率在内的综合阅读率代表有阅读行为的居民在全体居民中所占的比重，2019年我国成年国民综合阅读率的提升得益于数字化阅读方式接触率的增长。从调查数据来看，2019年我国成年国民包括书报刊和数字出版物在内的各种媒介的综合阅读率为81.1%，较2018年的80.8%提升了0.3个百分点，除数字化阅读方式接触率（79.3%）较上年（76.2%）增长了3.1个百分点，图书阅读率（59.3%）较上年（59.0%）增长了0.3个百分点外，纸质报纸、期刊的阅读率均较2018年有明显下降（2019年我国成年国民的报纸阅读率为27.6%，较2018年的35.1%下降了7.5个百分点；期刊阅读率为19.3%，较2018年的23.4%下降了4.1个百分点）。由此可见，虽然纸质阅读的增长较为缓慢，甚至出现滑坡，但数字化阅读的发展，带动了整体阅读人群的持续增加，对国民综合阅读率的提升发挥了极为重要的作用。

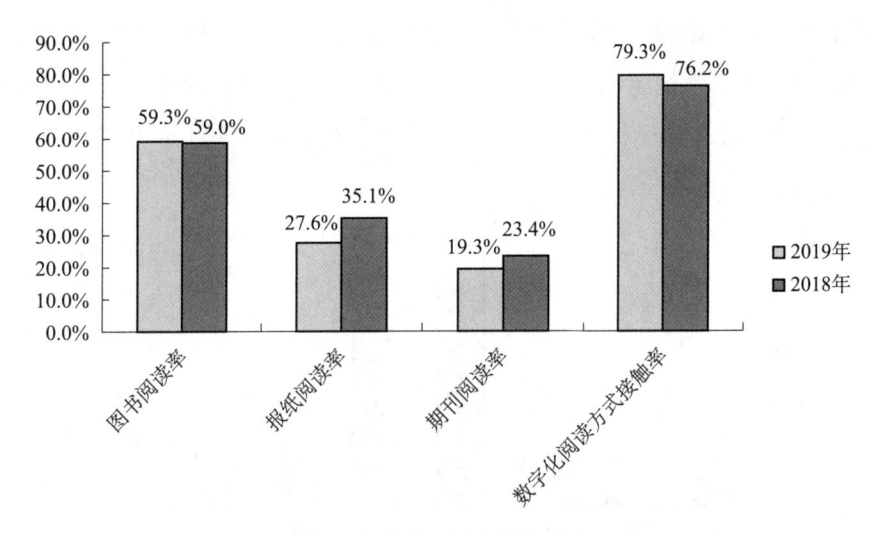

图3 各媒介阅读率两年对比

2. 手机阅读是成年国民青睐的主流阅读方式

进一步对各类数字化阅读载体的接触情况进行分析发现,在各类数字化阅读接触方式中,手机阅读接触率高于其他媒介。2019年有七成以上的成年国民进行过手机阅读(76.1%)。

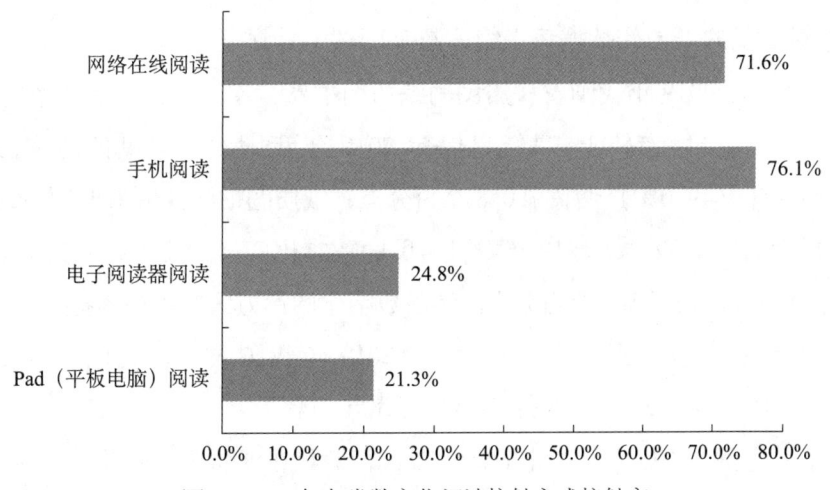

图4 2019年各类数字化阅读接触方式接触率

大部分人的阅读是在工作、学习之外的休闲时段进行的,而手机占据了成年国民大部分的闲暇时间。从成年国民对不同媒介的接触时长来看,成年国民人均每天手机接触时间最长,增幅最大,其他媒介阅读时长或减少,或与上年持平,而各类传统纸质媒介的阅读时长均有不同程度的下降。

具体来看，成年国民人均每天手机接触时长近一个半小时（100.41 分钟），与 2018 年（84.87 分钟）相比，约增加了一刻钟（15.54 分钟）的时间，居各类媒介接触时长之首，约为成年居民每天阅读纸质图书时长（19.69 分钟）的五倍。

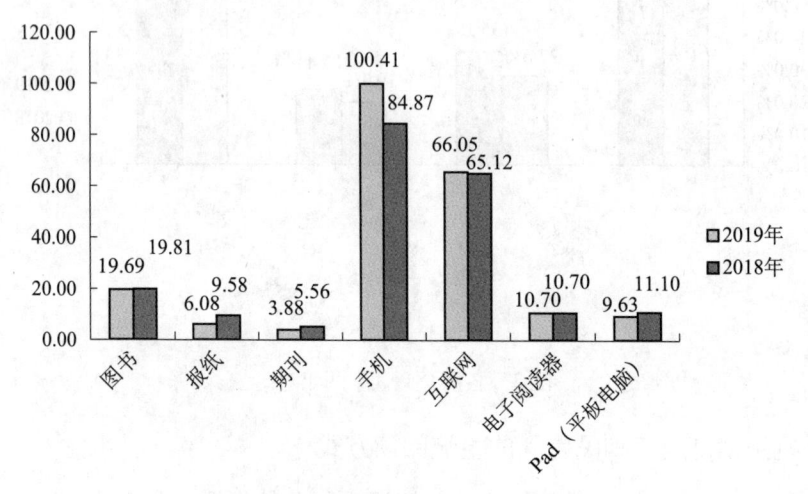

图5 各媒介接触时长两年对比

（三）农村阅读趋势向好，手机阅读影响显著

1. 农村居民的纸质阅读增势平缓，数字阅读上升显著

与上年相比，2019 年我国农村居民的纸质图书阅读率、阅读量呈平稳增长态势，数字化阅读方式接触率较上年增势显著。2019 年我国农村居民的图书阅读率为 49.8%，较上年（49.0%）增长了 0.8 个百分点；纸质图书阅读量为 3.73 本，较上年（3.64 本）增加了 0.09 本。2019 年农村居民的数字化阅读方式接触率为 73.2%，较 2018 年的 68.2% 增长了 5.0 个百分点。随着数字化阅读方式覆盖面的提升，农村居民阅读行为的普及度也得到了进一步增长，2019 年我国农村居民的综合阅读率为 75.2%，较 2018 年的 73.0% 增长了 2.2 个百分点。

城乡居民之间各类媒介阅读率的差距较大，尤其在纸质图书阅读率方面，城镇居民与农村居民之间相差 18.1 个百分点（2019 年我国城镇居民的图书阅读率为 67.9%，农村居民为 49.8%）。但从数字化阅读方面来看，城乡差距较小，且这种差距在不断缩小。2019 年我国农村居民的数字化阅读方式接触率为 73.2%，与城镇居民的 84.4% 相差 11.2 个百分点，较 2018 年减少了约四分之一（2018 年我国城镇居民的数字化阅读方式接触率为 83.0%，较农村居民的 68.2% 高 14.8 个百分点）的差值。

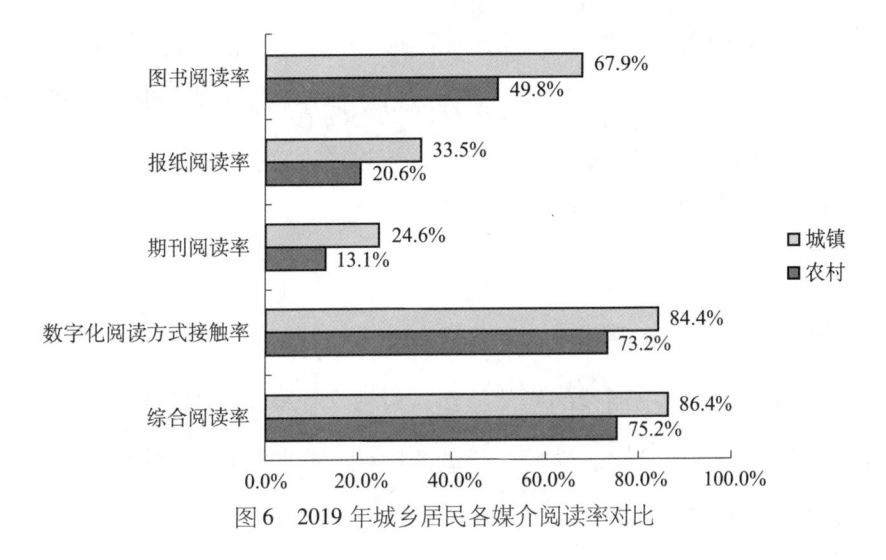

图6 2019年城乡居民各媒介阅读率对比

2. 农村居民对手机阅读的青睐程度高于城镇居民

从对成年国民倾向的阅读方式的考察来看,"在手机上阅读"已成为较多人的首选。农村居民对手机阅读的偏爱度不但远高于其他阅读方式,且较城镇居民对手机阅读的青睐程度更甚。在成年国民倾向的阅读方式中,农村居民选择"在手机上阅读"的比例高达47.1%,较倾向于拿一本纸质图书阅读的比例(35.2%)高11.9个百分点。从城乡居民倾向的阅读方式对比来看,农村居民中倾向于手机阅读的比例较城镇居民(40.4%)高6.7个百分点。

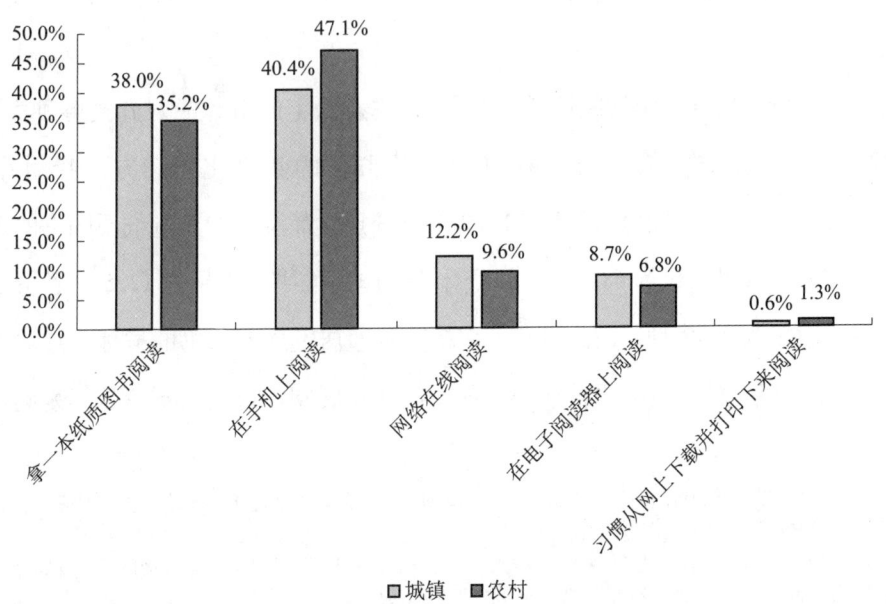

图7 城乡成年居民倾向的阅读方式

综上所述，城镇居民的数字化阅读方式接触率已趋于平稳增长的态势（2019 年为 84.4%，较 2018 年的 83.0% 增长 1.4 个百分点），但在广袤的农村地区，以手机阅读为代表的数字化阅读方式是普及阅读行为的有效途径，存在较大的增长空间，是拉动全体国民综合阅读率整体增长的广泛基础。

（四）深度阅读行为群体[①]趋于稳定增长

我国成年国民纸质图书阅读的增势放缓，对数字化阅读的热情居高不下，即使成年国民通过互联网进行碎片化、娱乐化活动的比例较高，但依然有相当比例的深度阅读读者保持着良好的阅读习惯。

调查数据显示，深度阅读读者群体相对较为稳定，该群体在全体成年国民中所占比重呈稳定增长的趋势。2019 年和 2018 年，分别有超一成（12.1% 和 12.3%）的成年国民平均每天阅读 1 小时以上图书。从阅读数量来看，2019 年，在我国成年国民中，有一成以上（11.1%）的人年均阅读过 10 本及以上的纸质图书，还有 7.6% 的人年均阅读过 10 本及以上的电子书。与 2017 年相比，年均阅读过 10 本及以上纸质图书和电子书的人占全体成年国民的比重有较为显著的增长（2017 年我国成年国民中，有 10.2% 的国民年均阅读 10 本及以上纸质图书，还有 5.4% 的国民年均阅读 10 本及以上电子书）。

进一步分析后发现，年均阅读纸质图书 10 本及以上的群体的媒介接触种类[②]高达 5.34 种，高于全体成年国民的 3.41 种，且该群体的数字化阅读方式接触率高达 94.0%，较全体成年国民的 81.1% 高 12.9 个百分点。而没有阅读过纸质图书的群体的数字化阅读方式接触率仅为 68.6%，较全体成年国民的平均水平低 12.5 个百分点；媒介接触种类数仅为 2.42 种。由此可见，相较于普通居民或不读书的群体，纸质图书阅读量在 10 本及以上的人群，更善于利用各类媒介开展阅读行为。不论是喜爱阅读纸质

---

① 注：为了便于观察分析国民不同的阅读行为，全国国民阅读调查课题组将年均纸质图书或电子书阅读量 10 本及以上的读者群体定义为"深度阅读行为群体"。

② 注：为研究成年人的媒介接触种类，课题组定义：如果一个被访者过去一年只接触了一种媒介，则计数为 1；接触了两种媒介，则计数为 2；以此类推，接触了 N 种媒介，则计数为 N。据此计算，可以获知成年国民平均接触媒介种类。

图书还是电子书的群体，热爱阅读本身的人，极少受到阅读媒介的限制，反而更善于利于新媒体扩展阅读途径。

三、全国国民阅读展望

新冠肺炎疫情对阅读推广的公益服务和产业发展都带来极大冲击，但亦催化着阅读推广的技术和思路转变。

在疫情的突袭下，各地图书馆、社区书屋、农家书屋、书店等阅读场所不得不闭馆停业，春节过后，多家数据库开始率先提供免费开放，随后图书馆、书店等也开始推出线上读书讲座、在线借阅/订购图书等方面的服务，并通过媒体、公众号等传播渠道在疫情风暴中努力发光，比如推出各类有关病毒、瘟疫知识的书单，呼唤人类在灾难中坚守阅读的精神，武汉方舱"读书哥"和东莞图书馆留言农民工的出现，成为疫情中全民阅读高光的时刻。新冠肺炎肆虐的时间超出了人们的预期，这不仅对各类阅读推广组织、经营性阅读空间的生存带来了巨大威胁，更打断了十余年间全民阅读高速发展的势态和日益繁荣的市场，尤其要关注到，疫情前夕有大量刚刚涉足阅读推广产业链、满怀抱负和希望的新成员。自救促使书店、绘本馆、儿童阅读教育机构等经营型阅读服务机构转型，这包括利用新媒体开拓各种线上服务，号召读者和会员充值办卡，利用假期装修和研制文创餐饮等周边产品等，也包括积极参与疫情期间的公益活动，扩大自身影响力。

对于读者而言，疫情一方面加深了数字化阅读浪潮中的技术鸿沟，我们尤其要关注贫困地区、边远地区居民特别是儿童的阅读情况，如何评估因疫情导致的阅读资源和服务短缺、阅读教育缺失所带来的短期和长期影响。在另一方面，疫情加速了读者的阅读转型，这种转型广泛地体现在学习型阅读和娱乐型阅读之上，体现在阅读内容的选择、阅读时间的长短、阅读载体的使用之上，也体现在借阅和购买图书的行为变化之上，对不同职业、年龄、地域的读者都将带来不同影响，这些都需要研究者们进行科学调查、对比研究，为政府制定政策、行业发展提供依据。

2020年的4月23日世界读书日似乎是一道春光明媚的分水岭，国内大部分地区疫情日趋稳定，当天晚上，2019 中国好书颁奖盛典在中央电视台播出，公布了包括习近平总书记的著作《论坚持党对一切工作的领导》在内的 37 部好书。祖国各地也举办了各类云读书、微视频等线上庆典活动，全民阅读事业开始重新焕发生机。2020 年 5 月，中央宣传部、农业农村部共同启动"新时代乡村阅读季"；6 月，"书香中国"微信公众号作为全国全民阅读工作官方移动端新媒体平台全新改版上线；7 月，红色阅读活动为党的生日献上贺礼，成为全国各地独特的文化风景；"2020 书香满中国公益广告征集活动"启动，助推全民阅读理念传播……疫情让我们意识到阅读的独特力量，脱贫攻坚让我们希望同胞们在共享改革开放经济成果的同时，也能共享文化成果，国际环境的变化则让我们又一次意识到自强和开放的价值，所有的这一切，都给予全民阅读坚定向前、全新出发的坚实理由。

（张文彦　青岛大学新闻与传播学院；田　菲　中国新闻出版研究院）

第五节　2019年VR/AR出版情况分析

VR/AR作为科技创新发展的新技术，在出版物内容生产和提升读者阅读体验方面发挥了重要作用，不仅拓宽了出版边界，还带来了阅读新的体验。展望2020年，随着5G商用牌照的落地，VR教育、VR新闻、VR图书、VR游戏等相关出版产业将迎来新的、革命性变革。

一、中国出版+VR/AR发展现状

虚拟现实是出版传媒业重要的发展方向，它融合多元信息数字技术集文字、图片、视频、触觉、听觉于一体，打破了传统出版的生产方式，衍生出诸多结合点，为出版业的深度融合提供了广阔应用。

（一）立足技术进步，推进融合发展

1. 政策助推虚拟现实产业发展

作为战略性新兴产业，国家高度重视虚拟现实技术发展，积极规划和重点布局，以内容优势打造发展优势，以科技创新提升融合效能，构建全媒体相适应的产业扶持政策体系，鼓励发展和使用VR/AR技术。

2019年6月，教育部在《关于职业院校专业人才培养方案制定与实施工作的指导意见》中提到，推进信息技术与教学有机融合，从而全面提升人工智能、虚拟现实等现代信息技术在教育教学中广泛应用。

8月12日，国务院办公厅在《关于进一步激发文化和旅游消费潜力的意见》中提

到，顺应文化和旅游消费提质转型升级新趋势，深化文化和旅游领域供给侧结构性改革，从供需两端发力，不断激发文化和旅游消费潜力。促进文化、旅游与现代技术相互融合，发展基于5G、超高清、增强现实、虚拟现实、人工智能等技术的新一代沉浸式体验型文化和旅游消费内容。8月13日，科技部、中央宣传部、中央网信办等六部门在《关于促进文化和科技深度融合的指导意见》中指出，要促进新闻信息、技术应用、平台终端、管理手段共融互通，推动媒体深度融合。推动跨媒体内容制作与呈现，利用VR/AR技术实现内容传播精细化与沉浸化。

南昌、贵阳、青岛、福州、天津、成都等多地党委政府结合自身特点在基地建设、产业联动、政策奖励、资金支持、标准研发、规划布局等诸多方面积极引导、大力支持，重点培育虚拟现实等新型文化业态。一些初创企业得到了好的发展，出版传媒VR/AR类新品推出更加频繁。

2. VR/AR技术推动出版内容体系建设

在以技术为驱动融合发展的出版业中，终端设备的普及和数字化阅读的推广，使得VR/AR技术在新闻出版领域的应用呈现出稳定增长态势，国内大量出版企业依托丰富的内容基础尝试推出了与其定位相同的VR/AR图书及文化产品，并依靠其资源优势融合发展，构建数字内容资源库。从应用来看，通过提升读者体验，将选题计划结合新技术向个性化、定制化的融媒体开放型产品转变，激发了读者市场应用需求，加速了以内容为核心的出版体系建设。与前几年相比，VR/AR出版内容覆盖面更广，可挖掘的点也更加明确。用优质内容寻找应用场景，成为更多出版单位和技术企业的共识。

3. VR/AR技术为多维阅读消费提供选择

近年来我国居民阅读方式逐渐发生变化，VR/AR阅读、网络互动、多场景应用、云端知识获取成为传统图书的有益补充，为读者提供了多维消费选择。根据BigData-Research数据研究机构发布的《2019年中国数字阅读市场研究报告》显示，"去年我国人均阅读量达到7.99本，其中纸质书4.67本、电子书3.32本，数字阅读增长趋势显著高于纸书阅读。"知识经济的兴起，使阅读消费需求在方向、形式、主体上发生一系列变化，数字化、网络化和立体化正在形成阅读新趋势。

全时空、全场景、全介质、全员、全体验的知识交流活动，为阅读理论与实践带来了重大变革。出版企业、硬件生产商、阅读平台借助以虚拟现实、全息影像、人工智能为代表的技术，正积极加入内容创造、生产、传播的出版市场，为我国出版传媒产业不断壮大、迭代升级奠定重要的基础。

4. VR/AR 技术提升出版 IP 价值

在媒介融合发展、媒体转型升级的背景下，VR/AR 作为一种跨界技术，将不断与以 IP 为中心的多媒体衍生产品相结合，实现内容一次创造出版，多领域多载体开发利用，与出版融合产品相互渗透、相互促进，为版权形态立体化呈现更多可能。在数字出版销售模式不断变化的今天，打通 IP 与 VR/AR 技术的融合，是打破出版物在物理特性方面的壁垒，实现从内容到产品价值创新并取得良好经济效益，多环节产业链布局的重要措施。

未来，随着动漫、游戏、影视等领域的各大 IP 在 VR 产品上的延伸拓展，出版内容生态有望进一步完善。

（二）VR/AR 呈现多样态应用模式

1. VR/AR 新闻应用

"VR 新闻"是虚拟现实技术在新闻报道中的应用简称，以沉浸的媒介体验、强大的再现能力和多媒体有机结合的呈现方式，逐渐被国内外媒介机构所认可并广泛采用。从全球来看，媒体智能化已经进入快速发展阶段，基于技术创新 VR 新闻将开启多维度、非线性叙事传播模式，成为信息传播主渠道。

目前，新华社、人民日报、财经传媒、中央电视台等老牌媒体，正将新闻运行模式与 VR/AR 相结合，与新媒体展开激烈竞争。2019 年 2 月，CCTV 央视新闻客户端正式推出了"VR 频道"，并在每一篇文章中加入图文超链接，使读者在客户端以自主认知的视角获取 VR 时政新闻、民俗文化和自然风光等内容，实现了读者对报道真实性的认同与共情，延续了从 2016 年就开始的新型 VR"两会"报道，2019 年各大主流媒体纷纷采用最新的 VR 技术来真实呈现"两会"的相关热点，增强了读者用户的参与感和互动性。

未来，随着 VR 技术的进一步成熟与完善，"VR 新闻"将成为新闻内容展示的辅助手段，实现跨媒体、跨行业的联合，引发传统新闻业发展的新转向。

2. VR/AR 图书应用

VR 阅读与传统出版在互补共存中已形成有效的融合发展方式，多样化内容在改变我们阅读习惯的同时，拓宽了出版路径、改善了出版生态、丰富了出版内容，使读者覆盖范围更加宽泛。

2019 年 11 月，梦想人科技与咪咕阅读合作将 AR 技术加入电子书中，以独特的数字出版模式使读者阅读电子书时对抽象概念与模糊场景有了直观理解，成为业内首创。同时，吉林出版集团推出的"伴读"——少儿 AR 融合出版（英童 4D 馆）、安徽出版集团《皮影中国》AR 绘本、湖北科学技术出版社《新昆虫记》AR 项目等突破了传统图书扁平化的叙事风格，成功入选国家新闻出版署数字出版精品遴选推荐计划，实现趣味性与知识性的有效结合。

传统内容的创新性表达与呈现方式，优化了用户体验。华闻传媒产业创新研究院院长冯玉明表示，先进技术为内容生产、聚合、分发、用户画像提供了更多选择，积极应用新型适配技术，目标市场将更精准、运营更精细、产品更精致。

3. AR/VR 在文化传播方面的应用

文化产业被誉为朝阳产业，其内容与数据的紧密结合成为了经济发展的重要资源，有着巨大潜力和发展前景。据前瞻产业研究院《中国文化产业发展前景预测与产业链投资机会分析报告》数据显示："未来数年，中国的文化产业要实现成为国家战略性支柱产业，文化产业的增长比例至少每年要达到 15% 以上。"由此可见，未来文化产业的增长空间及发展潜力巨大，高品质、影响大的文化产品，将成为提升国家综合实力和扩大中华文化影响力的重要方式之一。

目前，虚拟现实技术与书店、图书馆、红色教育基地、党建书屋等场地结合，使其向着空间化运营迈进，推动了数字化融合发展的社会传播环境。2019 年 2 月，由四川新华发行集团和西部华文民校联谊会联合主办的魅力汉语全球行活动，以"科技 + 中国传统文化"的创新型数字化文化体验形式，通过"欢乐中国节"AR/VR 主题文化活动，向参与者真实再现年兽、财神、年夜饭等春节元素，展现了异彩纷呈的中国传统文化盛宴。2019 年 7 月泉州首个 VR/AR 党建智慧体验中心在源和 1916 创意产业园正式启用。通过虚拟现实技术设置了"红星耀中华瑞金 VR 骑游""VR 智慧党建平台""海丝古城数字化复原 VR 骑游"等多个体验项目，将党建与科技融合在一起，为群众提供具有泉州古城特色的党建知识宣传，激发了群众学习党建知识的热情。2019年9月，福建省上杭县红色文化VR/AR体验馆正式揭牌成立，体验馆通过交互式VR场景、AR增强现实介绍、360度环幕，生动展示了红军进城、攻打铁上杭、蛟洋暴动、古田会议会址等红色文化内容，让红色文化活起来、看得见、摸得着、记得住。2019年9月，浙江省台州市黄岩区"智慧矫正"VR教育基地落地使用。作为全国首个社区矫正VR教育基地，以"VR体验室"作为教育基地的核心，将人工智能、大数据、法制教育进行融合展示，提高了精准矫正工作水平。2019年10月，由中外文化交流中心、尼日利亚中国文化中心和五洲传播中心共同主办的"VR美丽中国"旅游互动体验展在尼日利亚首都阿布贾开展，通过VR技术"零距离"展示中国故宫、天坛、丽江古城、敦煌石窟等著名景观，使尼日利亚人民身临其境体验中国美景、地方特色和文化，为促进两国民间交流和了解提供了一个新平台。

4. AR/VR在教育方面的应用

AR/VR技术是一场信息化知识的新革命，正成为教育现代化的重要渠道，逐步实现了教学模式由平面到空间的改变，造就了跨时空的新媒体学习体验，更加直观、形象的把信息知识转化成了数字流，使虚拟现实与原有的传统学科内容相兼容形成互补。在K12教育、高等教育和职业培训中的应用广泛，其衍生出的基础教育、素质教育等线上线下结合模式，也广受资本市场关注。

基于资源积累和专业优势，国内出版集团（社）建设了多个数字教育平台，将抽象理论知识和教学实验与VR技术进行互动模拟，并追踪数据提供适用于读者个性特点的内容服务和学习解决方案。自教育部开展国家级虚拟实验教学中心的评审，以项目为导向实现虚拟现实技术落地课堂教学以来，国内高校陆续开展多种模式的虚拟实验建设，打造实验教学金课。如青岛出版集团的海洋特色VR课程，哈尔滨工程大学出版社的航空航天特色VR课程，凤凰出版集团VR+职业教育，红色地标"思政VR金课"等成为推进教育现代化的强大动力。

随着"VR/AR科普进校园"系列活动启动，各地中、小学校积极响应，利用虚拟现实技术临场性、互动性和沉浸性的特点，使学生身临其境加强了对知识点的主动理解和掌握。2019年5月，百度VR推出了上海市首个5G+VR教学应用，以《认识陆地地形》教学内容为例，将其涉及的知识部署在云端，利用VR设备探究地球表面各种各样的地形,使学生直观的了解了山地、平原、高原、丘陵、盆地五种地形的基本特征。2019 年 11 月,北京市首个 5G 网络下 VR 教学服务项目已在朝阳区实验小学幸福校区投入使用,目前学校已经全学科完成了 VR 教学应用的课堂活动,在语文《小蝌蚪找妈妈》、数学《确定起跑线》、英语《植物生长》、科学《认识太阳系》、音乐《曾侯乙编钟》、美术《梵高星月夜》、综合《人的耳朵》《耳朵结构》等课程中使用了 VR 教学。

技术进步与文化消费水平的提高,有效打开了出版社和教育机构的发展空间。据 IDC 估计,受到政策倾斜和教育投入增大影响,2019 年底我国超过 1 000 所学校采用 VR/AR 技术,VR 教育市场进一步扩大。

5. VR 电竞应用

2019 年 8 月,中国新闻出版研究院发布《2018—2019 中国数字出版产业年度报告》,数据显示,电子竞技作为游戏的重要分支之一,已经成为我国游戏行业新的收入增长点。与传统游戏相比,VR 大空间竞技更贴近传统体育竞技,超强的沉浸感和交互性使用户获得了更好的体验,头部游戏成为 VR 版本的热门 IP。

北京、上海、杭州、西安、成都、重庆等多地积极推进电竞行业发展,电竞特色小镇、电竞产业园区、电竞馆在全国各地涌现,展现优势并设立 VR 电竞赛事。

随着 5G 商用普及,无线 VR 设备网络传输更加流畅,未来电子竞技将成为游戏、体育、媒体、娱乐等领域跨界融合的新节点,用户规模将会持续增长。国际市场方面,为快速建立 VR 内容生态,Oculus 和 HTC 等大型企业相继推出支持方案。2019 年 Oculus 投入 5 亿美元建设 VR 内容,主张运营商、硬件公司采用付费采购或者分成的模式与内容公司合作。HTC Viveport 也在 2019 年以百万奖金面向全球开发者征集高品质移动 VR 内容。

二、VR/AR 与出版结合发展过程中存在的问题

科学技术的每一次进步必定带动人类精神和文化生活的提高,对于新闻出版生态而言,VR/AR 技术在出版领域的加载应用,展现出诸多优势,给读者带来了前所未有

的阅读体验。但应用中仍然存在一定局限，安全监管、应用创新、专业化编辑培养、优质内容缺乏以及读者使用不便等方面成为出版业融合发展道路中急需突破的问题。

（一）安全监管和隐私保护机制不足

由中国电子信息产业发展研究院（赛迪集团）发布《2019 中国 VR/AR 产业投融资白皮书》显示，目前主流 VR/AR 产品的安全和隐私保护机制仍基本处于空白状态。对于设计、构建和分发的 VR 设备，由于缺乏安全预防措施、低安全标准连接等问题，导致身份窃取和数据泄露的威胁骤增。随着物联网技术发展，VR 设备、手机等物联网智能设备无疑将成为受到恶意软件和黑客攻击的重要领域。

VR 技术应用的多元性使出版版权形态日趋复杂，针对性监管法规缺失、监管测评体系尚未完善，使版权保护和读者隐私面临着严峻挑战。一方面海量信息、众声喧哗，使得移动互联网的官方审查出现滞后，另一方面快速发展的网络技术使读者隐私权受到侵害的风险加大。未来期望，在政府部门、企业高校、科研机构共同努力下进一步确立市场监管质量标准，使 VR/AR 内容制作、资源权属、产品规范、分发平台、行业应用、隐私安全等安全监管有据可依。

（二）缺乏应用创新和技术创新

当前，VR/AR 技术在提升画面刷新率，解决内容卡顿等应用方面虽然已有明显改善，但仍未开发出让读者便捷的里程碑式作品。图书内容好不好看、互动方式是否吸引人、分镜头的数字化是否细致等要素将成为影响品牌价值和用户黏度的衡量标准，基础性 AR/VR 产品很难取得发展，企业寄希望于用新技术体验增加销量的尝试不再可取。因此，新技术不再是一种手段，而成为融合发展的路径，推动出版企业在内容、终端、版权和运营核心问题上的联动，加速技术创新和应用创新也愈加重要。

（三）专业化编辑不足制约行业发展

人才短缺是由于新技术的快速兴起造成的，也是目前出版领域急需解决的重要问题。依托 VR/AR、智能 AI、大数据等技术，出版行业进入了蓬勃发展的时代，但依照传统模式培养出来的编辑,已无法适应当下及未来产业融合发展的趋势。一方面,高校出版编辑相关专业人才培养与出版企业实际需求相脱节,传统编辑人员在内容策划方面还不能将新技术和新闻出版完全融合,并未参与到 VR 场景、音效、配乐、互动等制作过程中;另一方面,人才培养是系统化工程,目前国内出版业还未有系统培养融合型人才的相关机构,只靠几次短期培训弥补一些知识短板,还很难培养出企业用得上、靠得住、离不开的复合型编辑人才。

加速人才培养,转变编辑思维,仍需要不断学习、探索、尝试,在产品设计上挖掘读者对 VR/AR 图书的需求。

(四)优质内容缺乏

VR 出版是伴随虚拟现实技术发展的新兴出版形式之一,现阶段优质内容的缺乏既是该行业面临的挑战,也是机遇。如何将好的内容与 AR/VR 技术对接成为出版企业转型升级中急需思考的问题。

相对硬件领域发展,VR 内容建设一直是出版行业的一块短板,在经历移动互联网影音文娱内容资源冲击后,优质内容在总量和种类上都难以满足读者需求。由于传统出版业多年生产实践形成的惯性思维,使得产业革新的频率跟不上技术升级的速度,部分 VR 出版物缺乏内容深度,形式表现力较弱。同时,基于现实情景交互的教育培训和科普类图书内容同质化严重,医学、建筑、生化等学科实验内容与丰富线下场景尚未有效匹配,因此虚拟现实技术对优质图书内容的带动能力没有完全释出。

技术手段必须通过内容来产生价值,出版企业应在精心打磨内容的基础上,积极主动地加入技术变革浪潮,创新产品形态,在制度上激励优质 VR/AR 作品创作,从而提高内容的传播力和影响力。

(五)用户体验不畅

1. 场景进入复杂化

单一的媒体形态已经越发难以满足读者阅读需求,VR/AR 类图书虽然可以打破平面阅读,用沉浸式的体验为读者提供独特视角,但阅读之前先下载 APP 应用,开放诸多权限，填写验证码，将头显或终端阅读设备对准实体书进行扫描等复杂化的场景进入程序，极大阻碍了消费者再次购买的意愿。如若数月后获取新的出版内容，仍需再次更新 APP 应用，扫描二维码，其繁琐的安装程序使得很少有书能够反复使用。

2. 缺乏舒适感

VR 技术的优势高度依赖于 VR 设备的进步，读者只有借助 VR 设备，才能沉浸于虚拟环境中，并与虚拟情景产生交互联系。高端头显由于体积和重量偏高对近视群体并不友好，不适合长时间佩戴。而出版企业为图书配备的 VR 眼镜通常价格较为低廉，其性能与舒适度相对较差。

三、VR/AR 技术在出版传媒领域的发展趋势

当前，传统媒体和新兴媒体融合发展不断加速，如何充分运用新技术新应用创新媒体传播方式，占领信息传播制高点，是出版业的当务之急。传统出版业应把握当前技术机遇和时代机遇，积极利用虚拟现实、5G 网络、人工智能等技术实现出版业转型升级，探索内容生产在出版行业的新应用。

（一）AR/VR 主题出版彰显时代风采

2019 年 4 月，杭州电子科技大学融媒体与主题出版研究院发布《主题出版发展学术报告（2019）》，将国家意志类、科技文化类、当代中国现实与治国理政类，以及中华优秀传统文化类的出版活动归为主题出版，扩大了主题出版的外延。随着阅读本位意识增加，多媒体的呈现形式消解了因时空局限造成的读者认知阻断，彰显了主流思想价值载体的引领功能，为主题出版、学术出版注入新活力。AR/VR 技术将助力"主题出版"向广大读者推荐导向正确、质量优良的优秀作品。

在新中国成立 70 周年之际，由国务院新闻办公室与中国科学院联合监制，中国国家地理、青岛出版集团等机构合作推出的第一部展示国家形象的《本色中国》VR 纪录片引发各方关注，VR 高清视频带领读者瞬间穿越时空呈现出震撼视觉体验。2019 年 1

月,由浙江电子音像出版社推出的《八一军旗红——少儿动漫军史故事》,将我军历史上一系列重大事件和相关战役利用 VR 技术还原,成为纪念中国人民解放军建军 90 周年和庆祝中华人民共和国成立 70 周年重要的动漫军史献礼作品。通过与 VR/AR 技术结合,将以文字、绘本为主平面化场景生动直观地还原,已成为新时代各出版社达成的共同认知。

(二) VR/AR 打造新场景阅读

关键技术、产业生态与应用落地的融合创新,为阅读提供了以内容需求为基础场景适配,VR 书店购物、VR 图书馆借阅、VR 党建活动体验、VR 安全知识科普、VR 智慧书房等产业生态进一步扩大,阅读场景更加细化。

以 VR 实体书店为例,相比传统的逛店方式,读者可通过手机、iPad、电脑等移动终端查阅资料,收听语音讲解、触摸并切换观看 720°全景,全面感受书店陈设空间之美,挑选购买喜爱的知识内容与产品,甚至还能在书店体验一场阅读讲座,获得更丰富的视觉享受和现场情趣。得益于外部网络环境和虚拟现实技术,读者的阅读需求将通过场景连接被激活。2019 年 5 月,全国首家"社区智慧书房"在大连落成,书房通过 VR/AR、绘本智能伴读等技术,服务于"一老一小",使老人和孩子在互动中找到阅读的乐趣,带动了整个社区的阅读氛围。2019 年 8 月,第 26 届北京国际图书博览会(BIBF)期间,中图公司与联通联手设立的 5G 新阅读展区,为人们展示了 5G 时代"万书互联、人书互动、纸电融合、人人阅读"的未来新阅读应用场景,通过 5G、虚拟现实技术、人工智能技术等打造阅读实境感。5G+4K 远程互动阅读、AR 古琴百科阅读、MR 混合现实阅读、VR 书柜、全息远程互动阅读、无人值守智能书店、智慧农家书房等十余种融出版业务,实现了读者从文字到"身临其境"的阅读体验。2019 年 10 月,HTC VIVE 在纪念达芬奇逝世 500 周年回顾展上推出了首款虚拟现实体验项目《蒙娜丽莎·越界视野》,让人们通过 VR 徜徉于历史的长河中,进而了解作品创作过程和 500 多年来因受到光照和潮湿环境影响而发生的变化,优化了人们数字化观展体验,展示了 VR 在人文艺术发扬中的重要应用。

与此同时,VR/AR 技术通过对出版内容的数据转化,开启了信息可视化的阅读方式,轻量化、大视角、移动化、开放化、普及化将成为其发展方向。无线 VR/AR 头显设备在设计上将更加时尚、便携，交互能力方面也将更加优化。

（三）院校教育和职业培训将成为 VR/AR 技术投入重点

VR/AR 技术作为教育的突破口，重新定义了学习空间。2019 年 3 月，教育部办公厅关于印发《2019 年教育信息化和网络安全工作要点》通知，在"重要任务"部分强调，我国需要深入开展信息素养全面提升行动，培养提升教师和学生的信息素养，推动大数据、虚拟现实、人工智能等新技术在教育教学中的深入应用。推动在中小学阶段设置人工智能相关课程，逐步推广编程教育。2019 年 10 月，由中国电子信息产业发展研究院赛迪发布《2019 中国 VR/AR 产业投融资白皮书》数据显示，预计未来两年时间内，中国 VR/AR 市场规模可达到 544.5 亿元，增长率为 95.2%。VR/AR 应用市场被进一步打开，专业人才成为行业加速发展的重要因素。

与此同时，教育部先后在《普通高等学校高等职业教育（专科）专业目录》《普通高等学校本科专业目录（2020 年版）》中增设"虚拟现实技术"专业并将其纳入工学，计算机类学科。"虚拟现实、增强现实技术相关专业理论知识、三维模型、动画设计和制作能力"等正成为该专业主要内容。

以 VA/AR 技术为代表的创新型科普教育正融入常态化的教学场景大步走进校园，可视化、形象化的教学方式为孩子们创造了生动有趣的多维度课堂，带来了沉浸式体验和自然亲切的氛围，使学生们对教学内容有了进一步参与和探索的机会，提升了科技素质。2019 年 6 月，江西省教育厅发布加快推进虚拟现实产业发展行动方案，提出将建立全省高校 VR 领域人才培养体系，打造 VR 人才聚集的"江西高地"。2019 年 10 月，山东政法学院 VR 思政教育中心正式成立，由中央服务器统一控制 VR 党员宣教内容，通过 VR 技术和红色资源相结合，打造实践教学育人新平台，极大地丰富了思政教育的形式与内容。2019 年 11 月，深圳市虚拟现实产业联合会和深圳市宝安区职业训练中心共同举办 VR/AR 开发实战培训，从开发平台入手，掌握 VR/AR 主要研发技术。新技术应用型转型已经成为我国教育发展趋势，培训教师学习在课堂中运用 VR/AR 技术的专业知识，也将成为今后的重要工作之一。

从长远来看，以虚拟现实应用技术专业为代表的新型技能人才缺口巨大，开辟企业与高等院校产学研结合的新路径，推动人才建设、内容创新、平台管理、渠道经营等融合发展，正成为我国虚拟现实产业发展的战略任务。

（四）跨界合作，知识服务升级

作为挖掘内容产业的新动能，知识服务在经历了产生、爆发和转型之后，正从单纯地追求优质内容，向着多视角多模式转变，由以文字为主发展到目前主流的 VR/AR 动画和音视频。

知识服务是通过对数字文献等的知识标引、知识挖掘、知识加工等，形成的准确的、精练的、便捷的知识产品，是对数字内容的重构，是一次再生产。

不断优化的产品供给正推动出版业走向高质量发展，VR/AR 技术创新了人机交互方式，营造出全新的用户体验，以其沉浸性、交互性、构想性极大拓展了知识服务的形式、内容和范围，在想象空间的多维性方面重构传统出版物静态的、零散的信息模块，实现了个性化和精准性知识服务。可以预见，找到知识服务的本源实现精准、有效的传播，坚持融合发展以知识化、IP 化、平台化、产业化战略为指导，借助 VR/AR 技术，知识服务的未来形态将更加形象、立体。

（五）5G 为 VR/AR 新闻出版产业发展提供重要支撑

1. 5G 为 VR/AR 出版创造必要条件

2019 年 6 月，工信部正式向中国电信、中国移动、中国联通、中国广电发放 5G 商用牌照，标志着我国进入 5G 商用元年。作为一项基础技术，5G 网络为虚拟现实产业发展扫除了信息处理和数据传输等基础设施层面的重大难题，同时也为出版行业的上下游带来了新的发展机会。

当内容产业从平面走向立体，具有超高网速、超低时延、超大连接的 5G 网络将进一步提升 VR/AR 应用的交互性和沉浸感，有效支撑高质量网络数据实时传输和多通道自然交互，呈现出端到端多个场景方面的出版形态。如果场景是 VR 远程教学，因理论下载峰值可达 10G/s，终端设备解码后将异地同屏，由延时导致不适感消失，其安全性和稳定性得到保障。

2019 年 9 月，中国移动 5G + 创新合作大会在北京举办，来自音乐、视频、阅读、游戏、动漫、传媒等领域的 100 多家企业，对 5G 环境下 VR/AR 应用创新进行了深入探讨。其中咪咕文化科技、芒果超媒、华为技术有限公司等相继推出以 VR 为首的创新型业务，包括 VR 直播、VR 游戏、VR 教育、全息 VR、5G + AI 等将场景、内容、应用、终端全面串联，为出版传媒融合创新开拓了实践路径。

2. 5G 云计算拓展 VR/AR 应用场景

以 5G 为支撑的大连接，加速了出版业数字化转型进程，为 VR/AR 市场的拓展提供了全新的应用场景，快速的图像识别计算、实时跟踪和动态渲染使内容与设备之间的联系更为紧密。出版企业和运营商通过终端设备的不断革新，利用 5G 云计算为 VR/AR 内容采集提供大容量通道，将全景视频以及动态内容推向个人用户，实现瞬间检索、呈现、分享，扩大了新闻出版行业信息量。

2019 年 1 月，华为在上海发布了全球首款基于云的 Cloud VR 连接服务，既可以直接为行业用户提供商用服务，也可以被出版企业二次开发和集成，与运营商网络进行云端适配。相较于本地 VR，大量数据和计算密集型任务转移到云端，使终端设计更加轻便与高性价比，降低了读者购买硬件设备成本，减少了 VR 头显过重，耗电过高以及发热严重的问题。将丰富的 VR 内容运行在云端，贯通采集、传输、播放全流程，实现了版权保护可管可控，有效减少了图书内容被盗版、作者和出版单位利益受损等问题。

随着 VR 技术的进一步成熟与完善，信息数字化承载形式更加多元。对此，出版企业应尽早做好战略准备，充分利用 VR/AR 等新技术广泛吸纳、优化、融合优质内容，结合丰富的作家资源和阅读推广人资源打造全新发展平台。可以预见，VR 阅读模式必将带动出版行业的快速发展，进一步推动了文化知识的传播与应用。

（邓　杨　中国新闻出版研究院）

第六节　2019—2020民营策划与发行企业研究报告

当前，民营策划与发行企业已成为我国出版和文化领域的重要力量和有机组成。近年来，民营策划与发行企业的总体规模不断扩大，企业品牌实力更加突出，民营书店全面开花，很多民营策划与发行企业在自身发展的同时，积极参加社会公益活动。民营策划与发行企业以自己的行动，为出版业健康发展贡献着自己的力量。

一、民营策划与发行企业的发展现状

（一）民营策划与发行企业总体规模不断扩大

据国家新闻出版署发布的《2018年全国新闻出版业基本情况》中的数据，从发行网点来看，2018年，全国出版物发行网点171 547家，其中，国有新华书店9 591家、出版社自办发行网点398家，其他批发网点13 611家，民营图书发行网点106 791家，另外还有4万家邮政网点。[①] 民营发行网点占整个出版物发行网点的70%。如果除去邮政的报刊发行网点，民营发行网点占出版物发行网点的比例超过90%。

另据国家新闻出版署发布的《新闻出版产业分析报告》显示，截至2018年12月，在出版物发行企业中，营业收入方面，民营企业占72.4%，较上年提高了3.6%；国有全资企业占行业营业收入的24.2%，较上年减少了3.6%。资产总额方面，民营企业占65.4%，较上年减少了1.9%；国有全资企业占行业资产总额的31.6%，较上年提高了

---

① 国家新闻出版署，《2018年全国新闻出版业基本情况》，《中国出版传媒商报》，2019-08-27

2.1%。利润总额方面，民营企业占 65.0%，较上年减少了 3.6%；国有全资企业占行业利润总额 31.9%，较上年提高了 3.4%。①

由此可见，在出版物发行环节，在营业收入方面，民营企业的占比已经超过了 70%。在资产总额、利润总额方面，在经营数据较往年有所下降的情况下，仍达到行业的约 2/3。从数据来看，无论在营业收入、资产总额，还是利润总额方面，民营企业已经成为行业的主要力量。需要指出的是，由于按照目前的政策，民营策划企业不能注册为出版企业，只能注册为发行企业，所以这里的民营发行环节，实际是包括了民营策划企业和民营发行企业的数据。同时民营策划企业的一部分经营数据实际被统计在出版社的数据之中，所以呈现出来的财务数据通常要小于实际的经营数据。因此，综合分析，民营策划与发行企业已经在整个出版业中占有半壁江山。

（二）企业品牌实力更加突出

经过多年的沉淀与发展，民营策划与发行企业的业绩与规模更加稳健，企业的定位与品牌更加凸显。在各个细分门类，民营策划与发行行业都涌现出一批有品质追求、有市场自律，并受到读者广泛认可的品牌。教辅领域是民营策划与发行行业规模实力最大的板块，出现了金太阳、曲一线、金星教育、志鸿教育、世纪金榜、金榜苑、天星教育、万唯教育、全品文教等一大批优秀企业。在社科文艺领域，新经典、磨铁、读客和果麦等表现较为突出。在少儿领域，有海豚、启发、蒲公英、耕林等知名品牌。在财经领域，蓝狮子、湛庐等是其中的佼佼者。在学术领域，理想国、汉唐阳光、后浪等广有口碑。在地图领域，天域北斗为行业广泛认可。在书店领域，有西西弗、钟书阁、言几又、樊登等众多知名品牌……它们是民营策划与发行企业发展的宝贵财富，也是民营策划与发行企业的标杆和象征。

民营策划与发行企业规模不断扩大。在图书策划领域，2019 年已经有一批单体销售码洋过 20 多亿甚至 30 多亿元的企业，他们年策划图书上千种，已经相当于一家大型的出版社。许多企业的员工数量达数百人，甚至上千人，其中金太阳教育集团的员工数量已达 3 000 人。

---

① 国家新闻出版署. 2018 年新闻出版产业分析报告（摘要版）. 中国新闻出版广电报，2019－08－28.

民营策划与发行企业的科技含量不断增强。融合发展现在已经不只是观念的改变，而是在实践中不断发展。许多大企业都更加重视新技术和新工具的应用。企业的整合营销手段也在形成，许多企业进入多个线上平台，有的企业线上销售已经占其销售份额的50%—70%，还有的企业将全部销售转移到线上。

民营策划与发行企业资本运作不断拓展。近年来，策划与发行企业与资本的接触日益频繁。截至目前，已经有5家民营书业企业已经成功登陆A股市场，如主板的新经典、掌阅，创业板的天舟文化、中文在线、世纪天鸿等。最近，读客成为创业板试点注册制首批IPO受理企业，果麦荣信、华夏万卷也递交了创业板上市招股说明书。新三板挂牌的民营策划与发行企业更是多达30余家，如亿童传媒、开心教育等，有的还在筹备转场A股。此外，以网络文学为主业的阅文集团在香港上市。民营策划企业的场外融资也很活跃。磨铁、果麦、读客等多家企业完成A轮到C轮的大笔融资。还有一些企业通过股权转让，获得更充裕的流动资金，实现企业的跨越发展。

民营策划与发行企业多元化经营日益广泛。一些实力雄厚的民营策划与发行企业开始进行各种投资。有的强化了固定资产设施的投资（如建办公大楼、印刷厂、物流基地等），有的着手行业内的并购重组（最常见的是大企业并购小企业），有的则将投资从传统媒体延伸到新媒体（教育出版企业的投资方向多数集中于在线教育，大众出版企业则是积极对接IP产业与新媒体），有的开始跨界投资并收到成效，比如金太阳的教育地产，世纪天鸿的印象齐都文化产业园，可一实业公司的文化地产，以及曲一线的茶叶等。

（三）民营书店全面开花

在图书批发零售环节免征增值税，以及国家支持实体书店的政策驱动下，多个省市出台了扶持实体书店发展的实施意见和具体措施，为实体书店发展提供了有力的支持。加之全民阅读、建设书香社会活动的推动，民营书店近年有了较大发展，呈现出遍地开花的态势。

近年来，民营书店的发展总体呈现扩张态势。内涵丰富，特色鲜明的最美书店不断亮相，校园书店、社区书店异军突起，品牌书店彰显出强大的生命力和影响力，新型主题书店和红色书店不断涌现。书店业态多元多媒，供应链协同共享，智能化管理与服务加速。在生存压力下，民营书店普遍在业务上进行多元尝试。在"书店+"框架下，不断叠加文创产品、艺术品、餐饮、培训、活动乃至住宿等业务。而"书店重做"理念，也大大拓展了书店多元经营的空间。在"中国书店大会"2019年最有魅力的书店品牌评比中，民营书店占据了大部分的席位。钟书阁、言几又、西西弗、渔书、樊登等民营书店在营业额、门店数和新开店等方面也有骄人的成绩。

更为喜人的是，一些品牌书店逐步走向乡村，以"文化+"助力乡村振兴。随着国家乡村振兴战略的实施，乡村文化振兴日益凸现，在此带动下，越来越多的实体书店将触角伸向了乡村。南京先锋书店在江苏、浙江、福建等地开办多家乡村书店，以保存历史，彰显文化，留着乡愁，延续乡村根脉，助力乡村文化振兴，建构具有文化气息的新乡土、新农村。西安万邦留坝书房采取"书店+民宿"的模式，把旅游发展和书店结合起来。浙江桐庐的言几又乡村胶囊书店，则融合了胶囊旅馆、创意书房等多种业态，尝试打造乡宿文创综合体。

（四）积极参加社会公益活动

民营策划与发行企业是改革开放的产物，也是市场和读者用脚投票，成就了他们今日的成果。很多民营策划与发行企业在自身发展的同时，积极反哺社会。

相关数据显示，民营企业已经成为我国公益慈善事业的重要力量。2019年中国慈善发展报告提出，民间公益力量的兴起，是中国社会的一场伟大变革。在这个伟大变革中，民营策划与发行企业也是公益慈善事业的一分子。志鸿教育、金星教育、金太阳、曲一线、世纪金榜、春雨教育、可一、金榜苑等无数民营书业企业，都通过捐款、捐物、助学等形式，积极参与抗震救灾、扶危济困、捐资助学等社会公益活动。

在全民阅读活动中，民营策划与发行企业积极参与其中，他们通过改善阅读环境，举行阅读活动，开办公益图书馆、阅览室等形式，积极推动全民阅读活动的开展和实施。越来越多的书店在店内增加座位，读者无须消费，便可坐下看书，大大提升了人们的阅读体验。许多书店还经常举办各种各样的读书活动，邀请名家讲座，开阔读者视野。此外，全国还兴建了许多民营图书馆，这其中，有高晓松担任馆长的民营公益图书馆杂书馆，还有很多民营书业人士在各地设立的图书馆、绘本馆等。

在国家实施精准扶贫和乡村振兴战略后，民营策划与发行企业积极参与其中，通过捐助资金、捐助图书,建立乡村图书馆、农村书屋以及乡村书店等多种形式,改善农村阅读环境。扶贫先扶智,乡村振兴需要文化振兴。在共青团中央和国家新闻出版广电总局共同发起"光华公益书海工程"中,志鸿教育、天域北斗等民营策划与发行企业,都积极参与,先后捐助数千万码洋的图书,助力工程的推动和实施。

在 2020 年抗击新冠疫情中,很多民营策划与发行企业通过捐款捐物等形式贡献力量。如北京曲一线图书策划有限公司向武汉疫区定向捐赠 100 多万元,湖北海豚传媒公司向武汉市第六医院定向捐赠疫情防控资金人民币 100 万元,陕西奥达投资控股集团有限公司向陕西省红十字会捐赠 100 万元,金太阳捐赠现金和防疫物资共计 60 万元,天星教育向河南省慈善总会捐赠和信阳固始人民医院捐赠 30 万元,山东梁山五家民营书业爱心捐赠金额 60 万元。湖北和全国多家民营策划与发行企业通过捐款捐物,大力筹集口罩、防护服、医疗用品等物资,以及充当志愿者等形式,战斗在抗击疫情的一线。众多教育出版领域的民营书业企业都免费向学生开放了教育电子数字资源。

二、民营策划与发行企业发展趋势

(一)门槛提高与行业分化

经过多年的发展,民营策划与发行企业已经形成了较为完善的产业生态,行业进入门槛越来越高,品牌效应越发凸显,企业间的分化与差距也逐渐加大。近年来,民营策划企业的集中度越来越高,预示着行业进入的门槛越来越高。二十年前,几万块钱加一个好的选题创意就可以撬动市场,一本畅销书就可以成就一个企业。而现在,如果没有几千万的资金作为支撑,已经很难在市场立足。那种四两拨千斤、以小搏大的可能变得越来越小。其实,非独出版业,我国许多行业也是如此。这说明随着我们国家的经济发展,社会进步,产业结构也变得越来越相对稳定和成熟,企业的资金、品牌、管理、产业链等因素在企业竞争中的作用日益显现,大大抬高了后来进入者的门槛。

近年来,一些大的民营策划企业还在探索平台型的运作。这些企业往往具有较好的企业品牌，资金比较充裕，并有健全的市场销售渠道，他们搭建出版平台，吸纳内部的员工或外部策划人在这个平台上创业。这种类似"海尔模式"的平台，将增加大企业对于一些小微企业的吸附，更加促进行业的分化。

民营策划企业中一些有实力、有品牌的企业，销售规模不断壮大，资金实体日益增强，他们又有资金和能力去获取更多优质的内容资源和版权资源，优秀的人才也会更向大企业聚集。他们不仅在企业信息化、拓展产业链中占有先机，在吸纳资金以及产业的并购重组中，也占有优势。目前，一些大企业还在加大了对于跨行业、跨渠道等多种形式的尝试，希望用自己的内容能力和新技术手段，跨行业收割更多的流量。

而一些特色不突出、资金实力不强的公司经营则更加困难，抗风险能力较弱，甚至有的面临被淘汰出局。此次疫情，也更加速了行业的调整与分化。2020 年 5 月中旬，中南传媒产业研究院联合中国版协民营工委共同发起一份调查，收到 58 家中小图书公司的反馈，其中超过 80% 的公司反馈业务受到影响，62% 的公司遭遇了现金流困难，接近 20% 的公司 2020 年迄今一本图书都没有上市，还有 3 家公司直接准备"清盘"退出。①

与此同时，由于出版行业是内容产业、创意产业，而创意是很难被完全垄断的，因此，这就注定市场上一定会有无数丰富、个性、多元的小企业存在。虽然少数大企业的市场占有率会提高，但出版业也会出现许多小出版商和小工作室，只是他们的发展不够稳定。

（二）市场下沉趋势明显

民营策划与发行企业的发展过程，是一个不断从边缘到中心，从下游到中游再到上游的过程，这从民营企业获得发行权的过程可以清晰地显示出来。可以说，民营策划与发行企业的发展史，是市场不断上升的历史。但是，近几年来，随着社会发展与技术进步，民营策划与发行企业经营的市场下沉趋势越发明显。

所谓的市场下沉，指的是民营策划与发行企业市场从一二线城市下沉到三线、四线、五线城市乃至广大的乡村——这是一个人口规模将近 10 亿，包含有 300 多个地级

---

① 黄璜．20%中小型图书公司今年一书未出，逾六成现金流紧张——民营书业复产复工情况调查．出版人，2019（5）．

市、2 000 多个县、40 000 多个乡镇的庞大市场。① 而随着精准扶贫和乡村振兴战略的实施，这个市场的容量和活力越来越大。

随着网络技术的进步，微信小程序、短视频、直播等新媒体的发展，以及快递业的崛起和普及，民营策划与发行企业的市场不断向下游扩展。民营策划与发行企业的发行渠道不断延伸到社区、乡村、机关、学校、医院和景点，发行市场覆盖面越来越大，经济效益也日趋向好。2019 年，根据开卷数据，图书零售下沉市场趋势明显，低线城市图书销售已经成为线上渠道增长的主要推动力。

很多民营书店在社区、乡村、医院、景点建立基层网点，形成了各具特色、环境优美、业态丰富、种类繁多的书店网络体系。以樊登读书会为例，他们以核心粉丝运营＋会员自传播模式打入800 多个县级线下城市，成功下沉市场，目前会员接近 1 300 万。②

网络书店市场下沉也很明显。当当网公布的数据显示，2019 年，当当图书顾客增速最快的四个省份，分别是四川、湖南、云南和江西，而三四五线城市的增速尤其迅猛。③ 另据京东图书与艾瑞咨询联合发布的《2019 中国图书市场报告》显示，2019 年的各级城市中，市场图书成交额增速最多前三名，是第五线、三线和六线市场，低线城市对文教类、少儿类等图书销量，增量推动非常明显。随着经济的发展和居民消费结构的改变，低线城市居民对文化娱乐消费的需求日益旺盛，由此可以推算，未来可能出现更多服务基层的书店。

随着图书市场的下沉，原来主要消费群体在一二线城市的高端绘本与品牌图书，现在三四线甚至五线的销售也不断增长，更多好书可以直达终端，惠及更基层的消费者。这些，既推广了全民阅读，丰富了基层文化活动，满足了多样性阅读需求，又有效地拉动了图书销售的增长。

（三）政策倒逼企业更加注重高质量发展

近年来，响应国家宏观政策形势的供给侧改革、高质量发展，出版业也提出高质量发展战略，更加重视出版导向，更加强调把社会效益放在首位，并提出降低出版数

---

① 李志刚. 下沉市场里，10 亿人口的生活与消费. 钛媒体，2020 - 04 - 20.
② 李可好. "樊登"成为第一网红，读书会成功进入下沉市场，市值近 200 亿. 搜狐网，2019 - 11 - 25.
③ 当当网. 2019 年中国图书行业零售现状及发展趋势分析. 中国报告网，2020 - 03 - 24.

量，提高出版质量，多出精品图书。采取的主要措施包括：一是出版业每年的书号审批数量逐年减少。二是选题审批日益严格。2019年初，中宣部印发《图书出版单位社会效益评价考核试行办法》，对于出版内容的质量检查更为严格。上述措施的实行，倒逼出版业必须注重产品质量和高质量发展。

尤其是对于上游的民营策划企业来说，因为书号减少，一个直接的后果是，民营企业与出版社的合作成本扶摇直上，较前几年普遍上升2—3倍，有的甚至高达5倍。出版成本的提升，加上出版社选题审批更严，出版周期更长，迫使民营企业更加注重选题质量，更加注重精细生产。还有一批小微民营企业或因承担不起急速上升的成本，或因选题缺少特色而不易被出版社接纳，面临退出市场。

对于下游的图书发行企业来说，2013年以来的免征增值税政策，各地对书店的扶植政策，以及国务院的小微企业免税政策，大大减轻了民营书业的生存压力，民营批发零售网点不断增长，一批最美书店如雨后春笋般成长起来。但是，受上游新书成本的增加，也影响了本来市场较小的社科图书和专业类图书的新书品种，使得市场缺少新书和热点的拉动，社科类书店销售受到影响。据开卷的调研数据，2018到2019年来，新书对图书市场的贡献不断降低，图书市场的畅销书多是往年的老书。而且实体书店虽然网点在持续增加，但销售却在减少。

在此背景下，民营策划与发行企业必须顺应国家政策的变化，采取有效措施，走高质量发展的道路。

三、新冠肺炎疫情对民营策划与发行企业的影响

2020年初的新型冠状病毒疫情突然暴发，不但威胁着无数人的生命健康，还给整个社会生产和生活带来巨大的影响。出版业自然也不例外。

（一）出版产业链受到重创

疫情对整个出版业的影响都很大。销售下滑，资金紧张，利润减少，几乎是所有民营策划与发行企业都要面对的现实。

影响最大的是实体分销和零售企业。疫情严重期间,许多书店根本无法开门营业,书店失去正常收入。当时处于春节和开学前的传统销售旺季,失去时机,即使恢复营业,上半年的销售预期也已经大打折扣,一些书店形容是"收入受到重创"。虽然也有书店开展诸如网络销售等应急手段,但总量有限、效果有限。纵使疫情好转后书店可以开门营业,敢于进店消费的人也大大减少。截至 5 月份,许多书店的销售恢复仍不足去年同期的 70% 甚至 50%。而这一期间,书店的房租、人员工资等成本,多数仍要正常支付,企业面临较大压力。许多书店更担心,经此疫情发展,消费者心理发生巨大的变化,可能会降低对实体书店的依赖。

对于上游的民营策划企业而言,面临的压力也并不轻松。疫情严重时,印刷厂无法正常上班,图书印刷受到限制,印刷效率缓慢,新书印不出来,有的书已经断货想再版却无法及时印出。而且,疫情前几个月内,许多地方限制人员聚集,企业无法正常工作,一部分员工只能在家办公,也影响企业的日常对接。因为民营企业需要与出版社合作出版,而出版社的复工更慢,大量书稿难以完成审校,也使民营企业的生产节奏大大放缓。销售不畅,加之效率放缓,而各项成本仍要支出,民营策划企业面临的压力骤然增加。

疫情对于整个民营策划与发行企业产业链的现金流都是一个不小的挑战。资金实力较强的企业毕竟是少数,多数企业面临较大压力。由于下游图书销售受到严重影响,书店无法及时给出版商回款,也同时影响出版商给上游印刷厂和纸厂的付款,整个产业链都面临资金压力。

针对疫情,国家也出台了许多保障措施,如对企业减免房租,暂缓社保缴费等。但由于多数民营企业租赁的是私人的物业,减免房租的优惠政策很难享受。许多企业为了维持生存,可能会选择收缩业务,减少开支,降低成本。比如有的企业将公办室搬到离市区更远的地方,以节约房租成本。有的企业会削减一些原来不赚钱的项目,延缓甚至取消一些新项目,与此相对应的,可能是员工的裁撤。

(二)线上优势凸现

与实体销售渠道遭受重创形成反差的是,线上平台的销售业绩在疫情下增长显著。据京东图书分销的消息,受疫情影响,开学日期被大幅延后,全国大中小学生开启了

"网课时代"。由于线下书店无法营业,不少家长将购买辅导书和试卷习题的渠道锁定在网上,网店教辅类图书的需求量暴增。京东旗下社交电商平台——京喜上某主营中小学教辅的一个商家,在疫情期间的 2 月到 3 月初,日均成交金额环比疫情前 1 月初增长了 3 倍。

2019 年是电商直播大爆发的一年,电商带货成效显著。尤其是疫情以来,线上直播成为为数不多依然有效的营销和带货手段,出版业纷纷试水线上直播。有的出版商尝试与大 V 主播进行合作。薇娅是淘宝全品类第一主播,带货能力惊人,2018 年创造了 27 亿交易额的奇迹。2019 年年底,许知远现身薇娅直播间,几分钟销售了 6 500 本单向历;今年 1 月初,薛兆丰做客薇娅直播间,几秒钟售罄 8 万本《薛兆丰经济学讲义》。① 4 月初,新经典的《人生海海》出现在薇娅直播间,5 秒钟卖了 3 万册。4·23 世界读书日当天,薇娅直播推荐了 4 种童书,几分钟的介绍,卖出了 10 万多单。

有的企业则是老总亲自上阵。海豚传媒总裁夏顺华在世界读书日当天亲自做网上直播,50 分钟实现了 300 多万元的销售。学而优书店总经理陈定方和晓风书店总经理朱钰芳等,也都开通了线上直播,为书店带来很好的人气效果。

更多的企业是直接设立电商营销部门,请专业团队负责运作。为此,在互联网环境下成长起来的年轻人也得到更多的重用。以主板上市的新经典为例,在新一轮的高管调整中,多位创业元老不再担任总经理或副总经理的职务,取而代之的是几位 80 后和 90 后。尤其是营销方面,基本是 90 后和 95 后主导,因为他们是互联网的"原住民",抖音、小红书等玩得更好。还有的企业提出宣传营销全面向线上转移,复工后策划了近百场作者和编辑的视频直播和语音直播。

除了通过直播链接淘宝、京东、拼多多等电商平台,以抖音、快手为代表的短视频平台,也在完善自己的电商系统,并吸引越来越多的出版商入驻。2019 年,《狼道》《鬼谷子》《人性的弱点》等,凭抖音视频和低廉价格在网店狂销百万册。今年 3 月,快手又推出了"百万云书铺计划",给入驻平台的出版机构和实体书店予以流量倾斜,助力他们在快手年入百万。

---

① 黄璜. 新流量正爆发,出版机构如何才能不掉队?. 出版人,2020(3).

(三) 疫情倒逼企业转型升级

疫情对出版上下游的企业都是一个严峻的挑战，同时也倒逼企业加快转型升级的步伐。

从目前发展情况看，虽然国内疫情得到了较好的控制，但国外疫情仍然相当严重。6月底，全球确诊病例已经超过1 000万，仅美国死亡人数已超过10万人。专业人士分析，疫情很难在短时期内消失，可能会持续一到两年，国内仍有可能再度反复，防控依然不能放松。如此，人们的消费、企业的生产都会受到影响，企业转型迫在眉睫。而企业转型的重要方向，就是发力"线上"，构筑线上和线下融合发展的生态系统。

上游民营策划企业的转型，一是构筑立体销售渠道，除了实体销售，更加注重电商的平台布局和线上营销。二是内容的多媒体化，除了纸质图书，加速向电子书、听书，甚至视频内容的转化。其实，无论是网络销售体系，还是内容的多媒体化，许多民营企业多年前已经布局，但它们只是企业营收或战略投资的一部分。如今疫情当前，实体销售严重受挫，线上销售与内容被提高到更加迫切和重要的位置。

下游民营发行企业的转型，则是借助网络销售平台提升销售，并善于利用新媒体吸引客户，提升线上运营能力。由于疫情严重时无法开业，纵使疫情好转，人们对于密闭空间也心存忌讳，除非必须，不大愿意进店消费。因此，书店提升线上销售已经成为一种必然。据中发协开展的"全国图书发行企业恢复经营情况问卷调查"显示，实体书店将自救重点放在不依赖店面，纷纷发力网上：53.99%在通过网店卖书，32.91%在通过社群卖书，11.18%在做线上读书会，10.76%在卖会员储值卡，8.31%在通过直播卖书，另有26.41%在尝试其他方式。[①]

突发的疫情，加速了传统出版业升级业务模式的步伐，也提速了新技术在行业的运用。

金太阳反映，公司前几年对于信息化投入很大，促进了整个信息化系统的升级换代，这次疫情中深受其益。虽然不能正常复工和销售，但通过公司的网络系统，服务

---

① 中国书刊发行行业协会. 关于全国图书发行企业恢复经营情况的调研报告. 经济日报—中国经济网，2020-05-13.

了 5 000 所高中，每天参加线上培训的老师达上百万人。新经典也指出，2017 年公司上线 ERP，软件、存储不断系统化，这对于公司在疫情期间的生产有很大作用。他们对于出版的未来充满信心，认为人们对内容的需求永远存在，只是传播方式确实变得很快，企业也要拥抱互联网，拥抱新技术。

这种转型对企业实力也提出一定要求，企业转型需要一定的资金、技术和人才支持。出版业从传统纸质图书向多媒体发展，也存在许多挑战。因为载体形式不同，要求的内容组织能力也不同。善于做纸书的，未必在数字出版方面也有成效。再如许多教育类的民营策划企业，多年来已投资了许多在线内容，如题库、微课、智慧阅读、智能组卷系统等，但真正能带来营收的并不多，多数仍是作为传统纸质图书的增值服务。这对于中小企业而言，转型的难度更大。

在营销方面，培养自己的电商营销人才成为出版企业的当务之急。与直播大 V 合作并非长久之计，因为他们的成本很高：多是保底提成明码标价，要求的销售折扣甚至低于网上书店，有的虽然销量惊人，但出版机构能挣的钱却不多。而且大 V 多偏重大众和流行话题，未必适合所有的图书。目前，出版业适应新媒体的营销人才总体还比较匮乏，要想快速组建一支适应电商直播的营销团队，并非立竿见影，它需要长线运营，不断总结经验，优化迭代。

四、推进民营策划与发行企业发展的对策建议

（一）上游策划环节：理顺行业管理，促进企业规范

在行业管理上，目前对上游的民营策划企业的管理仍存在一定的滞后。民营策划企业注册时，只能注册为图书发行企业，所以，他们只能被当作发行企业来管理。而他们实际从事的是上游图书策划的业务，与发行的业务流程和成本构成都是不一样的。这样，实际造成他们在业务、税收上存在很大的错位，给企业正常运行带来很大干扰。这同时也造成行业统计数据的不准确。由于民营策划企业被当作发行企业来管理，他们的统计数据也被归于发行企业。这样，上游图书策划企业与下游发行企业的数据混

在一起，那么，两者的实际数据分别是多少，很难区分出来，这对行业管理决策也会造成一定的误导。行业管理的滞后和行业统计的缺失，不利于主管部门科学决策，它给企业经营、行业管理都带来许多问题，不利于图书出版业的健康发展。因此，建议政策进一步理顺行业管理，它有助于引导与规范民营策划企业，使他们成为行业发展建设性的力量，也有利于政府更精准地进行行业管理。

（二）下游发行环节：延续免税优惠，购买公共服务

2013年来执行的图书批发零售环节免征增值税政策，极大促进了实体书店的繁荣和发展。不过，这一政策每次的延续期多为三五年，到期要重新审核评议。许多企业反映，免税政策对他们的生存极其重要，建议将这一政策长期化，不要每三五年一议，以便让从业者有更长远的预期，更加坚定从业信心。

近年来，越来越多的书店升级装修，设置座位，消费者不买书也可以坐下阅读，大大优化了人们的阅读体验，书店实际承担了部分图书馆的功能。书店网点更为普及，新书更新更快，服务时间较长，都可以弥补图书馆的一些不足。相比图书馆的全部由财政投入，支出较大，书店只要免除一部分税收，便可撬动更大的社会资源。

此外，一些书店还经常举办各种名家讲座和阅读活动，这对于促进全民阅读，共建书香社会是非常有益的推动。建议地方政府可以购买书店的公益服务，或鼓励地方和社区与书店合作时提供优惠房租，以房租换服务，要求书店提供相应的公益活动或阅读服务。这样，一可提升当地政府社会公益服务的能力，二可缓解书店的生存压力，三也可为当地居民提供更好的阅读设施和服务。

（三）充分发挥民营策划与发行企业的积极作用

2018年11月，习近平总书记在民营企业座谈会上的讲话中，充分肯定了民营企业在整个经济体系中的重要地位。习近平总书记称赞"民营经济功不可没""民营企业和民营企业家是我们自己人"。[①] 目前，在出版业，民营企业与国有企业还不能做到公平竞争。由于历史和现实的原因，国有企业在意识形态的把握上更为成熟和稳重，民营

---

① 习近平. 在民营企业座谈会上的讲话. 新华社，2018-11-01.

经济在满足读者需求、提高经营效率方面较有优势,在贡献税收、促进就业、文化传播方面也有公认的价值。两者侧重点有所不同,但都是国家所需要的,在从不同侧面满足社会和读者的需求。因此,如何因势利导,改进行业管理,促进企业公平竞争,优胜劣汰,充分调动并发挥好民营策划与发行企业的积极作用,仍然是我们在完善和发展中国特色社会主义制度,推进国家治理体系和治理能力现代化中需要认真思考的问题。

(鲍 红 中国新闻出版研究院)

第七节　2019—2020 出版物市场治理情况

2019年，全国"扫黄打非"部门持续深化出版物市场治理，深入打击各类非法出版活动、淫秽色情低俗信息、假媒体假记者站假记者和侵权盗版行为，坚决扫除各类文化垃圾，在净化出版物市场环境、维护新闻出版传播秩序、完善"扫黄打非"治理体系等方面取得新的重要进展，为庆祝新中国成立70周年营造了良好社会文化环境。全国共收缴各类非法出版物1 710万件，取缔关闭网站8.4万个，处置网络淫秽色情等有害信息1 113万条，查处各类案件1.1万起。

一、2019年出版物市场治理成效

（一）深入开展"净网2019"专项行动，着力打击网络淫秽色情低俗信息，网络空间持续净化

2019年，全国共取缔关闭淫秽色情网站4.3万个，处置淫秽色情网络信息373万条。

1. 持续强化重点平台监管

自2018年印发《关于加强网络直播服务管理工作的通知》以来，全国"扫黄打非"办公室会同相关部门狠抓文件落实，持续加强对云服务企业和网络直播平台监管。开展无证照网络直播平台专项清理，督促接入服务企业，尤其是开展直播云、视频云业务的企业认真落实相关规定；完善管理措施，采取各种手段提高不良企业违法成本；严厉打击通过直播平台传播淫秽物品、组织淫秽表演的犯罪分子，坚决关停非法直播及聚合平台，各地查办一批重点案件，比如，湖北黄冈破获"3·01"特大网络淫秽色

情直播案，跨境抓获犯罪嫌疑人22人，打掉注册会员达90万人的"花花"APP。目前，境内淫秽色情直播平台数量已呈现下降趋势，非法直播平台管控工作取得明显成效。

2. 严格规范网络文学市场

全国"扫黄打非"办公室组织开展网络文学专项整治，部署查处一批传播淫秽色情内容的重点网络文学平台，震慑效果明显。北京查处"晋江文学城"网站、"番茄小说"APP，责令"晋江文学城"关闭问题严重的2个栏目、停止更新原创分站15天，"番茄小说"停止经营性业务3个月；浙江对在"晋江文学城"发布淫秽出版物的作者袁某立案侦查，破获"3·28"制作传播淫秽物品案，刑事拘留3人，涉案淫秽出版物4 000余册、金额50余万元；上海查处"起点中文网"、"米读小说"APP，责令"起点中文网"对问题突出的2个栏目停止更新7天，"米读小说"停止经营性业务3个月。专项整治中，各地自主查处了一批案件，处罚了一批企业，关闭了一大批微信公众号和网站。北京查处"红袖添香""17K中文网""豆瓣网""新浪微博""磨铁中文网"等网站传播淫秽色情小说，对相关企业进行罚款；河北查处微信公众号"七米文斋网"传播淫秽色情小说及漫画，行政拘留公众号负责人十天；湖南查处"看呗网"传播淫秽色情小说，予以罚款并关停网站；安徽查处"笑穴中文网"传播淫秽色情小说，进行刑事立案打击。

3. 专项整治网络低俗问题

引导互联网企业制定低俗信息判别标准、进行分类梳理细化，汇总为可操作、可执行的审核规范。部署各地"扫黄打非"部门重点排查网络文学、直播、短视频、网络游戏、微博、微信等平台，清理网络文学作品存量，对内容格调低俗的及时下架下线，对价值导向出现偏差，含有法律法规禁止内容的予以查处；严厉打击利用低俗猎奇内容等手段吸引流量的直播；督促网络接入服务提供者、应用商店不得为无资质的网络直播平台提供接入、分发服务；坚决清理恶趣味、传播错误价值观念的短视频；严肃查处以打"擦边球"为噱头、通过低俗手段营销的网络游戏；严厉打击利用微信公众号、微博、贴吧、论坛等渠道引流低俗内容行为；大力整治登载低俗弹窗广告的网站和传播低俗弹窗广告的广告联盟。专项整治中，对"快手""蜻蜓FM"等平台传播色情低俗信息情况进行处罚，督促相关企业落实主体责任，营造风清气正的网络文化环境。

（二）深入开展"护苗2019"专项行动，着力打击非法有害少儿出版物及信息，青少年保护工作成效显著

2019年，全国查缴非法有害少儿出版物95万件，查办涉青少年行政和刑事案件190余起。

1. 深化专项整治

开展中小学校园周边出版物市场专项整治。各地"扫黄打非"、文化旅游、新闻出版、市场监管、城管等部门，集中力量清查校园周边市场，全面清缴文具店、书店、报刊亭出售的"口袋本"图书、低俗游戏卡片和非法出版物。比如，河南全省检查校园周边书店、打印店7 000余家次，收缴各类非法出版物1万余件。福建取缔校园周边地摊42个，核处9条校园周边案件线索。广东加强对中小学教材教辅印刷前的备案检查，从源头治理侵权盗版教材教辅问题。全国共组织校园周边市场检查16万余人次、标记校园周边重点点位8 000余个，进一步净化了校园周边文化市场。

开展面向未成年人的网络有害应用及信息专项整治。专项整治学习类APP，进一步强化行业监管，严格"进校园"审查备案制度，查处"互动作业"等十余个违法违规产品，清理下架200余款危害青少年身心健康的应用。各级"扫黄打非"办公室协调网信、公安、通信等部门，开展"护苗"网络监测处置工作，将"邪典"动漫、儿童色情视频，以未成年人为侵害对象的有害短视频、网络游戏、网络文学、网络漫画纳入重点监测，及时发现并清理了一大批网络有害和不良信息。河南将舆情监管纳入"护苗"网络监测中，发现并妥善处置"某地初中生不雅视频事件"等数起网络热点事件。各地结合"净网2019"专项行动部署，强化整治面向未成年人的网络文学、网络漫画，惩治了一批违法违规企业。

2. 突出案件查办

各地坚持"以打开路"，全年累计查办网络传播涉儿童色情信息、制售盗版少儿读本、盗版中小学教辅教材、色情漫画平台传播淫秽物品牟利、利用学习类APP传播低俗信息等各类型"护苗"案件190多起，其中刑事案件40余起。通过从快从严查办案件，依法严惩侵害未成年人权益的不法分子，形成有力震慑。

重点案件方面。北京破获"曼陀SP山庄"网站传播虐童淫秽色情信息案,抓获犯罪嫌疑人5名,查获大量虐童色情视频及图片。浙江杭州破获系列色情漫画网络平台传播淫秽物品案,抓获犯罪嫌疑人19名,捣毁8个色情漫画平台。天津破获"9·06"重大仓储非法出版物案,查获非法少儿动漫作品64万余册,码洋1 400余万元。广东破获一起非法少儿出版物案,查缴侵权盗版少儿音乐教材等出版物53万余册、盗版光盘8.6万张。

新型案件方面。四川、甘肃各破获一起以招募童星、模特为名,诱骗女童拍摄不雅视频图片案件,成功抓获犯罪嫌疑人。内蒙古包头判结"9·11"马某录制传播淫秽色情视频案,马某犯猥亵儿童罪被判处有期徒刑四年。安徽六安办结"8·19"传播性侵儿童视频案,三名案犯均被判处有期徒刑8年以上并处罚金。

3. 强化教育引导

大力开展"绿书签"集中宣传周活动,采取派发绿书签、名家讲座、广场宣传、签名倡议、推荐优秀读物、播放公益视频、征文比赛、优惠购书等多种方式,引导青少年多读书、读好书,远离有害出版物及信息。各地各部门累计举办绿书签活动8 000多场次,活动中注重发动党政部门、企业单位、社会公众共同参与,营造浓郁的"护苗"氛围。全国"扫黄打非"办公室指导互联网企业制作"绿书签行动"公益短片和7集青少年网络素养课轻动漫,向全社会倡导行动理念、传播网络素养知识。江苏组织电影院线在暑期农村电影、中小学生专场电影放映前,播放"护苗·网络安全课"教育公益宣传短片,达13 000场次。江西全年组织300余场名家进校园公益讲座。天津发动市、区两级少儿图书馆开展百场名家讲座。黑龙江将绿书签活动与"我是你的眼"公益助盲行动相结合。福建探索在部分学校建立"青少年网络素养教育基地",引导学生以书法、绘画等健康活动替代"屏幕时间"。海南利用"新时代文明实践中心""家长课堂"等平台讲授网络安全知识。各地积极发动互联网企业参与"护苗"行动,通过网站、客户端发布"护苗"动态,引导群众支持参与"护苗"。

下半年,全国"扫黄打非"办公室指导腾讯公司开展"护苗·网络安全进课堂"2019乡村行活动,为12个省区市50多个乡村地区24万名中小学生及留守儿童带去内容生动的网络安全课。各地自发举行网络安全课授课活动5 000余场,参与学生及老师86万余人次。

（三）深入开展"秋风2019"专项行动，着力打击"三假"活动和侵权盗版，新闻出版传播秩序不断改善

2019年，全国收缴非法报刊55万件，收缴侵权盗版出版物320万件，查处侵权盗版案件1 800余起。

1. 严厉打击新闻"三假"活动

打击假媒体方面，湖南查办长沙"11·21"假冒学术期刊诈骗案，涉案人伪造十余种期刊非法组稿；福建查办福州李琴等人非法出版医药杂志案，涉案犯罪团伙伪造医学期刊网站诈骗金额达百万元。打击假记者、假新闻机构方面，江苏查办苏州许某某等假记者敲诈勒索案，涉案人以"香港记者"名义从事新闻采编活动，敲诈勒索100余万元；吉林查办长春金某某等人假冒吉林日报社诈骗案，涉案犯罪团伙假冒报社工作人员诈骗100余万元。

2. 严厉打击自媒体发布虚假新闻、从事有偿删帖活动

江苏查办宿迁"4·26"网络水军非法经营案，抓获利用网络发布负面信息、提供有偿删帖服务的犯罪嫌疑人19名，涉案金额600余万元；浙江查办嘉兴"7·26"非法经营案，涉案犯罪团伙开设10余个非法网站发布虚假新闻收取删帖费，涉案金额200余万元。

3. 严厉打击侵权盗版行为

打击侵权盗版重大题材图书行为，河北查办定州王苍海等侵犯著作权案，抓获犯罪嫌疑人8人，捣毁印刷厂2个、扫描制版点2个、仓库1个，收缴盗版《习近平谈治国理政》等党政类书籍6余万册，涉案金额达500余万元。打击利用电商平台从事侵权盗版活动，江苏破获淮安"2·22"特大销售侵权盗版出版物案，查明侵权盗版图书100余万册，先后抓获销售、仓储、印刷、制版等环节犯罪嫌疑人14人。打击利用非法网站、移动应用程序、微信公众号盗版影视、游戏、文字作品、音乐作品等行为，江西破获鹰潭"3·21"侵犯网络影视作品著作权案，打掉了非法网站19个、微信公众号10余个，涉案侵权盗版影视作品近两万部；江西查办上饶"5·25"侵犯网络游戏著作权案，涉案犯罪团伙架设私服非法牟利7 000余万元。此外，河北、辽宁、福

建、广西、四川等地均查办了一批典型案件。

严管电商平台。北京对京东、当当、亚马逊、孔夫子旧书网等平台在北京地区注册的网络店铺进行核查，核查图书经营单位1 180家，关闭无出版物经营许可的店铺共25家，责令没有网上销售经营范围183家店铺变更经营范围。江苏南京、宿迁对苏宁易购、京东商城销售出版物活动进行规范整治，入驻的2 208家店铺均证照齐全。苏宁易购对44家商户责令停业整顿，其中2家商户因违规销售盗版出版物被清退。京东商城网络店铺共1 938家，关闭无证照店铺8家，关闭销售侵权盗版出版物店铺9家。浙江加强对阿里巴巴集团平台的监管，截至目前，审核《出版物经营许可证》7.2万余件，关闭提供虚假证照店铺1 020个。

二、2019年出版物市场治理典型案例

（一）全国"扫黄打非"办公室发布的2019年全国"扫黄打非"十大案件

1. 浙江绍兴"8·20"拍卖销售非法出版物案

2019年8月，根据浙江省"扫黄打非"办公室转办线索，绍兴市公安机关深入侦查，抓获犯罪嫌疑人张某，查获非法出版物2万余册。经查，2016年以来，张某在网拍平台注册"拍卖书店"，以拍卖形式销售含有害内容的所谓港台原版、精品毛边图书牟利，累计销售非法出版物6 300余册，涉案金额130余万元。

2. 山东青岛"8·21"传播淫秽物品牟利案

2019年9月，青岛市公安机关破获一起以BT种子资源下载网站为运营平台的传播淫秽物品牟利案，抓获犯罪团伙成员8人，查封关停涉案网站1 168个，查明涉案金额2 400余万元，对网站搭建、APP运营、广告推广等环节进行了全链条打击。

3. 江苏南京"4·09"传播淫秽物品牟利案

2019年4月，南京市公安局江北新区分局专案组破获此案，打掉一个以人体摄影交流为名大肆传播淫秽信息牟利的网站。经查，张某开办网站，将服务器设在境外，实行会员制，注册会员4 000多人。该网站内有"真人模特作品"2 000余套，由各地

专兼职摄影师上传,包括淫秽图片3万余张、视频300多部,涉案金额300余万元。

4. 湖北黄冈"3·01"网络直播平台传播淫秽物品牟利案

2019年4月26日,黄冈麻城市公安局专案组跨境抓获主犯洪某某等人。该案于2018年3月立案。经查,2017年10月至案发,洪某某与王某、张某在上海注册成立网络科技公司,组织马某等十余人在境外开设"花花"等色情直播平台,招募女主播进行色情表演,注册会员90万人。为躲避侦查,多次改换直播平台名称及IP,并大量购买个人身份信息、空壳公司营业执照注册第三方支付账号,利用外籍人士开设银行账户,对涉案资金洗钱,仅5个月资金就超1 633万元。

5. 广西柳州"8·20"网络传播淫秽物品牟利案

2019年8月,历经8个多月侦查,柳城县专案组成功打掉一个网络传播淫秽视频牟利的团伙。经查,以马某某兄弟两人为首的团伙,租赁服务器搭建淫秽视频网站,在各地层层发展代理和会员,将淫秽视频链接发送至大量微信群,引人付费观看,并搭建了多个打赏平台。已查实淫秽视频2 603个,涉案微信群800余个、微信号达数百万个,涉案资金5 000余万元。

6. 北京"曼陀SP"庄园网络传播虐童淫秽物品案

2019年7月,北京市公安局朝阳分局成立专案组对"曼陀SP庄园"网站利用淫秽色情内容非法牟利的违法行为进行侦查,查实网站内含大量涉未成年人色情视频、图片、小说。2019年9月,警方抓获网站实际经营者、网站管理员以及骨干分子等犯罪嫌疑人5名。

7. 陕西渭南"9·18"假记者团伙敲诈勒索案

经历半年时间侦查,潼关县公安局打掉一个横跨陕西、山西、河南、湖北四省实施敲诈勒索的假记者团伙。经查,2015年至2018年,习某军、丁某林夫妇和邓某在陕西、山西注册多家公司,雇佣20余人冒充多家报社记者或工作人员身份,对各企事业单位进行敲诈勒索。已核实7 691起,涉案金额1 566万元。警方共抓获犯罪嫌疑人17名。

8. 安徽新疆王某某侵犯著作权案

2019年8月,合肥市公安局接新疆维吾尔自治区博尔塔拉蒙古自治州公安局转递线索，成立专案组进行侦查。经查，2017年10月以来，合肥王某某等人盗印书籍20种8.2万册，先后销售至新疆、哈尔滨、南京、成都等地，涉案金额140余万元。

9. 江苏淮安"2·22"销售侵权盗版出版物案

2019年2月，根据淮安市文化执法部门执法检查线索，淮安市公安局淮阴公安分局立案侦查。经查，自2017年3月至2019年2月22日间，犯罪嫌疑人王某经营多家图书公司，委托李某某在河北某印刷厂进行非法盗印畅销书籍。盗版书籍印刷完成后，安排漆某某等5人通过网络平台进行销售，再从仓储点发货。王某共购进侵权盗版书刊67种93万余册，实际销售盗版书刊80余万册。该案共抓获15名犯罪嫌疑人，查处4家涉案企业。

10. 天津"12·13"侵犯著作权案

2018年4月，天津市北辰区双街镇城管执法人员在某快运网点发现涉嫌侵权盗版光盘50箱1.1万余张。2018年12月13日，在广东省有关部门协助下，天津市公安机关在广州抓获寄件人邹某某。进一步追查，公安机关在天津、广东捣毁光盘生产、储存窝点3个，查缴盗版光盘50余万张，光盘生产线11条（价值1亿余元）、母盘生产线1条、光盘印刷机7台。

（二）国家版权局、全国"扫黄打非"办公室联合发布的2019年度全国打击侵权盗版十大案件

1. 北京中兴华睿科技发展有限公司侵犯新闻作品著作权案

2019年6月，根据举报线索，北京市文化市场行政执法总队对该案进行调查。经查，2019年3月至7月，该公司未经著作权人新华通讯社许可，通过其运营的"新华丝路网"向公众传播《"一带一路"结硕果中哈合作再向前》等新闻作品，其中侵权文字作品140篇、摄影作品110幅。2019年7月，北京市文化市场行政执法总队对该公司作出罚款20万元的行政处罚。

2. 上海"补时点播影院"侵犯影视作品著作权案

2019年2月，根据国家版权局关于打击院线电影侵权盗版专项工作部署，上海市文化和旅游局执法总队对该案进行调查。经查，该点播影院经营主体为上海此景文化

娱乐有限公司徐汇分公司，通过点播系统和投影仪等放映设备向用户提供《黑豹》等263部电影作品的点播、放映服务，其中80部电影作品经美国电影协会北京代表处确认未获授权、183部电影作品无法提供授权材料。2019年12月，上海市文化和旅游局执法总队对该公司作出罚款20万元的行政处罚。

3. 江苏南京"韩剧TV"APP侵犯影视作品著作权案

2019年3月，根据江苏省打击网络侵权盗版集中办案周行动搜集线索，江苏省南京市文化市场综合执法总队对该案进行调查。经查，南京乐酷网络科技有限公司未经著作权人许可，通过其运营的"韩剧TV"APP，向用户提供88部影视作品的在线播放，并通过发布广告牟利。2019年9月，南京市文化市场综合执法总队对该公司作出没收违法所得2万余元、罚款83.9万余元的行政处罚。

4. 广东珠海向荣玩具厂卡通玩具侵犯著作权案

2019年1月，根据权利人投诉，广东省珠海市文化广电旅游体育局对该案进行调查。经查，该玩具厂未经"宇宙英雄奥特曼"系列影视作品及人物形象美术作品著作权人许可，私自开发2套模具生产加工奥特曼系列玩具并进行销售，非法经营额4.8万余元。2019年5月，珠海市文化广电旅游体育局对该玩具厂作出没收侵权复制品、罚款20万元的行政处罚。

5. 上海陈某等侵犯影视作品著作权案

2019年3月，根据公安部、国家版权局关于打击院线电影侵权盗版专项工作部署，上海市公安机关对该案进行调查，抓获犯罪嫌疑人12名。经查，2017年7月以来，陈某等人运营"子墨影视网""秋霞电影网""最快资源网"等10个盗版影视资源网站，下载、传播包括《流浪地球》等春节档电影在内的影视作品2 400余部，并通过添加境外赌博网站广告获利，涉案金额1 250余万元。2019年11月，上海市第三中级人民法院以侵犯著作权罪，判处陈某有期徒刑四年六个月，并处罚金50万元；判处林某有期徒刑二年十个月，并处罚金17万元；其余6人分别被判处有期徒刑并处罚金。

6. 山西长治"圣城家园网"侵犯著作权案

2019年1月，根据权利人投诉，山西省、长治市两级公安、版权部门成立专案组，对该案进行调查。经查，朱某某等以营利为目的，盗用他人身份信息进行网站备案，大量提供未经授权的电影、音乐、游戏、软件等盗版资源供会员公开下载,通过会员费与广告牟利,涉及影视作品 16 700 余部、音乐作品 16 300 余个、游戏作品 4 700 余个、软件作品 9 900 余件,网站注册会员达 200 万人次,点击量达 13 亿次。2019 年 12 月,长治市壶关县人民法院以侵犯著作权罪,判处朱某某等人有期徒刑三年六个月不等,并处罚金 81 万元不等。

7. 江苏徐州"5·10"侵犯图片作品著作权案

2017 年 5 月,根据举报线索,江苏省徐州市公安、版权部门成立专案组,对该案进行调查。经查,2015 年以来,雷某投资建设 7kk 图片网,由谢某某负责网站管理与图片编辑。二人未经著作权人许可,擅自传播他人图片作品,并植入广告牟利 240 万余元。网站非法传播图片累计 290 万余张,经抽取 3 798 张照片鉴定,均与著作权人原版照片构成实质性相似。2019 年 2 月,徐州市中级人民法院以侵犯著作权罪,判处雷某有期徒刑三年缓刑四年,并处罚金 130 万元;判处谢某某有期徒刑一年六个月缓刑二年,并处罚金 10 万元。

8. 安徽肥西谢某等侵犯著作权案

2016 年 11 月,根据举报线索,安徽省、合肥市、肥西县三级版权、公安部门成立专案组,对该案进行调查。在北京市和通州区公安、版权部门支持配合下,专案组赶赴北京等多地调查取证。经查,谢某等人自 2016 年 1 月以来,在淘宝网先后开设三家图书专营店,共销售各类侵权盗版图书 22.12 万笔、178 万多册,销售总额 1 520 余万元。2018 年 11 月,合肥高新技术产业开发区人民法院以侵犯著作权罪,分别判处 15 人有期徒刑五年至有期徒刑二年不等,并处罚金 316 万余元,没收违法所得 243 万余元。2019 年 6 月,合肥市中级人民法院对该案进行二审判决,维持原判。

9. 江西九江陆某等侵犯网络文学著作权案

2018 年 11 月,根据举报线索,江西省九江市湖口县版权执法部门对该案进行调查,发现涉嫌构成犯罪,依法移送公安机关。经查,陆某等 5 人自 2015 年开始,先后开办"乐文小说网""去看书小说网""等多个网站,非法采集、发布大量未经授权的网络文学作品,并在网站内嵌入广告牟利,涉案违法所得 847 万余元。2019 年 12 月,九江市湖口县人民法院以侵犯著作权罪,判处陆某有期徒刑四年,并处罚金 116 万元;判处刘某阳有期徒刑三年九个月,并处罚金 89 万元;判处其余 3 人有期徒刑缓刑并处罚金，并没收全部违法所得。

10. 山东菏泽"3·12"侵犯著作权案

2018年3月，根据群众举报，山东省菏泽市、定陶区两级版权、公安部门对该案进行调查。经查，闫某某等委托菏泽新华贸易公司和菏泽义信印刷厂承印，通过网络平台注册账号，非法印刷、销售盗版雅思系列图书。执法部门共查处印刷、销售窝点10个，查获盗版书籍25万余册，盗版配套光盘1.5万余张，涉案金额达1 500万元，抓获犯罪嫌疑人13人。2019年6月、7月，菏泽市定陶区人民法院以侵犯著作权罪，分别判处闫某某等9人四年至一年六个月有期徒刑不等，并处罚金6万至1万不等，没收违法所得共计117万元。

三、2019年出版物市场治理特点

（一）突出围绕工作主线，牢牢掌握主动权

紧紧围绕保障新中国成立70周年大庆这条主线，高开高进，保持全年高压态势，全力保安全保稳定。在元旦春节、全国"两会"等重点时段，部署开展出版物市场检查，切实净化市场环境。国庆节前，联合有关部门组成多个督查组，对12个重点省（区、市）进行督导检查，检查互联网企业、印刷企业、邮政快递企业113家，明察暗访出版物市场点位100余处，对督查中发现的问题要求相关地区深入整改并举一反三，同时部署其他省份自行开展督查，强化国庆节期间各项措施落实。

（二）突出系统治理，不断完善工作格局

健全"扫黄打非"机制制度，完善"扫黄打非"治理体系，提升治理能力和水平。发挥统筹协调机制优势，完善网上"扫黄打非"联系会商机制，发挥驻重点互联网企业"直通车"机制作用，有效提高线索"成案率"和案件"侦破率"。加强联防协作机制建设，形成"扫黄打非"全国一盘棋工作格局。

（三）突出互联网主战场，持续提升网络管控能力

推进网络有害出版物特征值共享数据库建设，做到"一站发现，全网查删"。加强企业监管，会同有关部门组织开展网上"扫黄打非"联合执法检查，压紧压实企业主体责任。指导各地建立日常监测、专项监测等制度，落实属地管理责任。

（四）突出案件查办，始终保持高压态势

坚持将查办案件作为"扫黄打非"工作重要抓手，坚决从严打击各类涉黄涉非违法违规行为，全年备案重大案件584件，联合公安部等挂牌督办大案要案308起，较去年分别增长29%、42%。积极扩大案件线索来源，加大举报奖励力度，规范举报受理转办流程，全年受理各类举报线索27万余件，据此取缔关闭网站3.5万个，形成重点案件440余起，奖励举报人56人次，发放奖金共计121万余元。

（五）突出融合融入，全面夯实基层基础

继续深入推进"扫黄打非"进基层工作，全国共建立"扫黄打非"基层站点66.2万余个。强化"扫黄打非"进基层与综治、精神文明创建、新农村建设以及新时代文明实践中心试点等工作的融合融入，筑牢群防群治基础，切实发挥基层"扫黄打非"工作在净化社会文化环境方面的优势。

（六）突出宣传引导，大力营造有利舆论氛围

"边打边喊"，利用宣传发动群众、震慑违法犯罪行为。全年组织开展集中宣传报道26批次，中央主要新闻媒体刊发报道500余篇次。创新方式方法，建立"扫黄打非·护苗"网红大V队伍，推出"护苗"行动大使、"护苗"吧主、"护苗"主播团等一批志愿宣传队伍，打造"暑期安全知识小课堂"等短视频，累计播放1.3亿次，开展"互联护苗2019"短视频征集活动，点击量超2亿次。加强新媒体建设，"扫黄打非"微信公众号、微博、头条号等推送信息3 000余条，阅读量超9 000万人次。

四、2020年出版物市场治理重点

（一）开展"新风"集中行动

一是实施"净网2020"专项行动，专项整治网络直播平台通过色情低俗内容诱导打赏乱象，专项整治利用网络短视频、网络文学、网络游戏、小程序以及暗网等渠道传播淫秽色情低俗信息，专项整治为违法违规网络平台提供资金支付、转移服务等的广告联盟、发卡平台。二是实施"护苗2020"专项行动，专项整治中小学校园周边非法销售出版物以及涉低俗等儿童文化用品、玩具，专项整治传播非法有害信息的学习类网络应用程序，开展全国中小学图书馆审查清理专项行动，坚决清理非法出版物。推动网络直播和视频平台上线"青少年模式"，开展"绿书签2020"系列宣传教育活动，将网络安全、保护知识产权内容纳入"开学第一课"。三是实施"秋风2020"专项行动，专项整治自媒体从事虚假新闻、有偿新闻等活动，专项整治印刷、仓储等环节违法违规问题。

（二）切实抓好措施落实

一是打击境外有害网站。深入排查以向境内传播为主的境外淫秽色情网站的运营网络、营利模式等，开展跨域专项联合执法，实施全链条打击。二是综合整治网络低俗内容。加强行政管理、行业规范、道德约束等，有力遏制网络低俗内容，推动互联网企业落实网络低俗信息判别指引，查办并曝光一批传播低俗信息的网络企业。三是落实网络企业主体责任。督促接入、加速、云存储等网络企业切实履行管理职责，探索5G技术、区块链等新技术条件下风险防控的思路和措施。四是深入开展市场清查。坚持问题导向，实施定期检查，对重点部位加强清查。加强对培训机构使用非法出版、盗版盗印教材教辅，以及含淫秽色情低俗等不良信息的校外线上培训活动的查处，严厉打击利用网络平台以提供打字复印服务名义从事非法有害出版传播活动。

（三）不断完善治理体系

健全"扫黄打非"案件查办机制，强化依法治理。坚持将查办案件作为"扫黄打非"工作重要手段，不断完善涉"扫黄打非"法律法规规章。建立"扫黄打非"法律咨询制度，完善重点案件备案和大案要案挂牌督办制度，强化"扫黄打非"行政执法，推动行政执法与刑事司法有效衔接。健全"扫黄打非"共建共治机制，强化综合治理。坚持以人民为中心的工作导向，积极发动群众和社会力量参与，推进"扫黄打非"基层站点规范化标准化建设，制定"扫黄打非"进基层与基层平安建设、精神文明创建以及新时代文明实践中心建设试点工作等结合融入的指导意见。完善举报受理办理机制，按规定对举报有功人员给予奖励。完善宣传教育机制，及时曝光重大案件，推广以案释法，团结引导正能量"大V"等正面发声，营造良好舆论氛围。

（舒　彧　全国"扫黄打非"办公室）

第八节 2019年新闻出版标准化综述

2019年我国进入全面建成小康社会的决胜阶段,产业转型升级加快,供给侧改革深化,高质量发展成为主旋律,第四次工业革命来临,新标准化法正式实施,出版行业管理机构重新布局。新形势下,新闻出版标准化工作也随之产生了诸多变化,亮点频现。

国家标准和行业标准正成为新闻出版行业高质量发展与融合发展的助推器。团体标准首次发布,填补了行业空白。地方标准取得了突破性进展。国际标准化工作参与度上升,我国标准海外转化正在酝酿。政府主导制定与市场主导制定相互补充的新型标准体系初步形成。新闻出版标准化法制建设取得了新突破,行业标准化管理办法修订,行业标准化机构规范化建设进程加快。标准化科研为行业标准化工作开展提供了有力支撑。多措并举将标准实施效果进一步提升。

与此同时,新形势下,新闻出版标准化工作也面临着诸多挑战。高质量的发展导向与融合发展的深化使产业对标准化的需求加大。国家标准化改革激发了市场自主制定标准的活力。强化标准实施,转变国际标准化工作思路成为现阶段国家标准化发展的要求。

一、标准化工作的总体情况

(一)标准的制修订与发布

2018年至2019年,出版标准制修订工作实现了各级标准均衡发展,形成了覆盖国家标准、行业标准、地方标准、团体标准和企业标准的新型标准体系。国家标准和行业标准围绕融合发展与高质量发展，突出基础性与行业通用性；团体标准和地方标准填补了空白；企业标准制定更加活跃；国际标准化工作取得了新进展。

1. 国家标准

2018年1月至2019年12月，我国新闻出版行业共研制完成国家标准16项，涉及出版、印刷、信息等多个领域。其中，14项国家标准已在2019年年底之前由国家市场监督管理总局、中国国家标准化管理委员会批准发布，包括7项知识服务标准和7项印刷技术及检验标准，见表1。仍在研制过程中的国家标准十余项，涉及内容资源的数字化加工及存储、数字版权、出版业物联网应用和印刷技术等多个方面。

（1）知识服务系列国家标准

为规范新闻出版行业有序开展知识服务工作，提升知识资源数据库建设水平，解决知识资源建设与服务过程中的共性技术问题，2015年在原国家新闻出版广电总局的推动下，28家"专业数字内容资源知识服务模式"试点单位共同研制完成了8项知识服务工程标准。经过几年的行业应用，标准在实践中不断完善、成熟。2017年，全国新闻出版标准化技术委员会在此前基础上提出了国家标准研制计划。2017年7月，7项知识服务国家标准获国家标准化管理委员会批准立项。2019年年底，标准正式发布，并将于2020年实施。该7项国家标准作为知识服务的基础性通用标准，将为出版行业知识服务产品、平台开发建设提供保障。

（2）印刷国家标准

完善印刷产品质量监督检验制度，开展多种形式的印刷产品质量检测活动是印刷行业"十三五"期间的一项重要任务。为配合行业开展质量监督工作，全国印刷标准化技术委员会在2018年至2019年期间，组织印刷企业、科研院所、高等院校等单位研制完成了7项印刷技术及检测类国家标准。标准内容涉及书籍装订加工检验、包装印刷质量检验、数字印刷检验、印刷技术评价等，为印刷产品质量监督工作提供了科学依据。

表1　2018.1—2019.12 新闻出版领域发布的国家标准

序号	标准编号	标准名称	技术归口单位	发布日期	实施日期
1	GB/T 38376—2019	《新闻出版　知识服务　主题分类词表编制》	全国新闻出版标准化技术委员会	2019.12.31	2020.7.1
2	GB/T 38377—2019	《新闻出版　知识服务　知识资源建设与服务术语》		2019.12.31	2020.7.1
3	GB/T 38378—2019	《新闻出版　知识服务　知识关联通用规则》		2019.12.31	2020.7.1
4	GB/T 38379—2019	《新闻出版　知识服务　知识单元描述》		2019.12.31	2020.7.1
5	GB/T 38380—2019	《新闻出版　知识服务　知识资源通用类型》		2019.12.31	2020.7.1
6	GB/T 38381—2019	《新闻出版　知识服务　知识元描述》		2019.12.31	2020.7.1
7	GB/T 38382—2019	《新闻出版　知识服务　知识资源建设与服务工作指南》		2019.12.31	2020.7.1
8	GB/T 36059—2018	《纸包装凹版印刷过程质量控制及检验方法》	全国印刷标准化技术委员会	2018.3.15	2018.10.1
9	GB/T 36060—2018	《精装书籍用水基胶黏剂粘接过程控制要求及检验方法》		2018.3.15	2018.10.1
10	GB/T 36062—2018	《数字印刷系统的使用要求及检验方法》		2018.3.15	2018.10.1
11	GB/T 36064—2018	《塑料软包装凹版印刷过程质量控制及检验方法》		2018.3.15	2018.10.1
12	GB/T 36598—2018	《数字印刷　喷墨印刷图像质量属性的测试方法》		2018.9.17	2019.4.1
13	GB/T 34690.10—2018	《印刷技术　胶印数字化过程控制　第10部分：评价方法》		2018.12.28	2019.7.1
14	GB/T 30329.5—2019	《印刷技术　四色印刷油墨颜色和透明度　第5部分：柔性版印刷》		2019.12.31	2020.7.1

2. 行业标准

2018年至2019年，国家新闻出版署发布各类行业标准（包括7项行业指导性技术文件）共49项，其中印刷标准20项，出版标准18项，发行标准9项，出版信息标准

2 项，见表 2。此外，2019 年新增立项行业标准 7 项，涉及 ISLI 服务管理规范、ISLI 数据质量检测、ISLI 与 CNONIX 数据互通、标识符规范等方面。

表2 2018.1—2019.12 新闻出版领域发布行业标准

序号	标准编号	标准名称	技术归口单位	发布日期	实施日期
1	CY/T 168—2019	《新闻出版内容资源加工规范 第11部分：音频加工》	全国新闻出版信息标准化技术委员会	2019.5.14	2019.6.1
2	CY/T 169—2019	《新闻出版内容资源加工规范 第12部分：视频加工》		2019.5.14	2019.6.1
3	CY/T 170—2019	《学术出版规范 表格》		2019.5.29	2019.7.1
4	CY/T171—2019	《学术出版规范 插图》		2019.5.29	2019.7.1
5	CY/T 172—2019	《学术出版规范 图书出版流程管理》		2019.5.29	2019.7.1
6	CY/T 173—2019	《学术出版规范 关键词编写规则》		2019.5.29	2019.7.1
7	CY/T 174—2019	《学术出版规范 期刊学术不端行为界定》		2019.5.29	2019.7.1
8	CY/T 175—2019	《辞书出版标准体系表》		2019.5.29	2019.7.1
9	CY/T 176—2019	《数字图书阅读量统计》		2019.5.29	2019.7.1
10	CY/T 177—2019	《报纸新媒体内容传播统计》		2019.5.29	2019.7.1
11	CY/T 178—2019	《出版物 AR 技术应用规范》		2019.5.29	2019.7.1
12	CY/T 179—2019	《专业内容数字阅读技术 标准体系表》	全国新闻出版标准化技术委员会	2019.5.29	2019.7.1
13	CY/T 180—2019	《专业内容数字阅读技术 阅读功能与标签》		2019.5.29	2019.7.1
14	CY/T 181—2019	《专业内容数字阅读技术 产品封装》		2019.5.29	2019.7.1
15	CY/T 182—2019	《专业内容数字阅读技术 多窗口数据通讯》		2019.5.29	2019.7.1
16	CY/T 183.1—2019	《有声读物 第1部分：录音制作》		2019.5.29	2019.7.1
	CY/T 183.2—2019	《有声读物 第2部分：发布平台》		2019.5.29	2019.7.1
	CY/T183.3—2019	《有声读物 第3部分：质量要求与评测》		2019.5.29	2019.7.1
17	CY/Z 23—2019	《光盘复制标准体系表》		2019.11.28	2020.1.1
18	CY/T 85—2019	《光盘复制术语》		2019.11.28	2020.1.1
19	CY/T 86—2019	《只读类光盘模版常规检测参数》		2019.11.28	2020.1.1
20	CY/T 207—2019	《可录类蓝光光盘（BD-R）常规检测参数》		2019.11.28	2020.1.1

续表

序号	标准编号	标准名称	技术归口单位	发布日期	实施日期
21	CY/Z 13—2019	《出版物发行标准体系》	全国出版物发行标准化技术委员会	2019.6.27	2019.7.1
22	CY/Z 27—2019	《出版物发行物联网应用标准体系表》		2019.6.27	2019.7.1
23	CY/T 184—2019	《CNONIX 图书产品信息采集规范》		2019.6.27	2019.7.1
24	CY/T 185—2019	《出版产品数据交换唯一控制符》		2019.6.27	2019.7.1
25	CY/T 186—2019	《出版发行机构唯一标识符》		2019.6.27	2019.7.1
26	CY/T 187—2019	《出版物供销协议编制规范》		2019.6.27	2019.7.1
27	CY/T 188—2019	《基于 CNONIX 的数据验证规范》		2019.6.27	2019.7.1
28	CY/T 189—2019	《实体书店星级的划分与评定》		2019.6.27	2019.7.1
29	CY/T 206—2019	《中小学教科书发行服务标准》		2019.11.28	2020.1.1
30	CY/Z 28—2019	《包装印刷标准体系表》	全国印刷标准化技术委员会	2019.11.28	2020.1.1
31	CY/Z 29—2019	《书刊印刷标准体系表》		2019.11.28	2020.1.1
32	CY/Z 30—2019	《网版印刷标准体系表》		2019.11.28	2020.1.1
33	CY/Z 31—2019	《印刷智能制造标准体系表》		2019.11.28	2020.1.1
34	CY/T 190—2019	《涂布纸板胶印过程控制要求及检验方法》		2019.11.28	2020.1.1
35	CY/T 191—2019	《印刷技术 雕版印刷技艺》		2019.11.28	2020.1.1
36	CY/T 192—2019	《网版印刷 网版制作要求及检验方法》		2019.11.28	2020.1.1
37	CY/T 193—2019	《网版印刷 印花硅胶使用要求及检验方法》		2019.11.28	2020.1.1
38	CY/T 194—2019	《冷烫印过程控制要求及检验方法》		2019.11.28	2020.1.1
39	CY/T 195—2019	《绿色印刷 书刊柔性版印刷过程控制要求及检验方法》		2019.11.28	2020.1.1
40	CY/T 196—2019	《网版印刷 服装涂料印花过程控制要求及检验方法》		2019.11.28	2020.1.1
41	CY/T 197—2019	《新闻纸冷固型胶印报纸印刷质量评价方法》		2019.11.28	2020.1.1
42	CY/T 198—2019	《无碳复写纸本式联单印制通用技术要求》		2019.11.28	2020.1.1
43	CY/T 199—2019	《包装印刷通用设计规范》		2019.11.28	2020.1.1
44	CY/T 200—2019	《书刊印刷通用设计规范》		2019.11.28	2020.1.1
45	CY/T 201—2019	《纸质凹版印刷产品质量要求及检验方法》		2019.11.28	2020.1.1
46	CY/T 202—2019	《凹印联线复合剥离过程控制要求及检验方法》		2019.11.28	2020.1.1

续表

序号	标准编号	标准名称	技术归口单位	发布日期	实施日期
47	CY/T 203—2019	《无溶剂复合过程控制要求及检验方法》	全国印刷标准化技术委员会	2019.11.28	2020.1.1
48	CY/T 204—2019	《印刷产品分类及编码方法》		2019.11.28	2020.1.1
49	CY/T 205—2019	《网版印刷 纺织品印花颜料色浆使用要求及检验方法》		2019.11.28	2020.1.1

3. 团体标准

2019年，团体标准成为行业关注的焦点。团体标准是由团体按照自行规定的标准制定程序制定并发布，供团体成员或社会自愿采用的标准[①]。2017年新《标准化法》发布，确立了团体标准的法律地位，国家鼓励、支持社会团体在新兴技术领域制定高于推荐性标准相关技术要求的团体标准。新闻出版标准化领域也开启了团体标准制定工作的新实践。

2019年5月，中国音像与数字出版协会获批成立团体标准化技术委员会。2019年6月中国音像与数字出版协会发布首批团体标准：T/CADPA 2—2019《ISLI服务注册元数据规范》、T/CADPA 3—2019《ISLI关联字段编码规则》、T/CADPA 4—2019《ISLI服务登记管理规范》、T/CADPA 5—2019《元数据著录规范 知识关联服务》和T/CADPA 6—2019《ISLI数据质量检测规范》。5项团体标准由中国ISLI注册中心和中国新闻出版研究院牵头，8家出版单位及CNONIX国家标准应用推广实验室共同参与研制。这批团体标准主要用于支持出版行业开展ISLI应用及推广。2019年11月，中国音像与数字出版协会又发布了T/CADPA 1—2019《音像与数字出版标准体系表》，明确了音像与数字出版团体标准的体系结构。

此外，2019年中国音像与数字出版协会新增立项团体标准28项，并启动研制工作。其中，游戏类标准7项，包括《网络游戏术语》《游戏企业内容自审流程规范》《游戏适龄提示规范》《家长监护平台规范》《游戏版权侵权投诉处理规范》《电竞赛事通用授权规范》以及《游戏音频设计流程规范》等。数字出版类标准21项，涉及数字内容资源加工、数字教育、数字阅读、有声读物、网络视听、电子出版物、网络文学、

---

① GB/T 20004.1—2016，团体标准化 第1部分：良好行为指南［S］．北京：中国标准出版社，2016．

数字版权、VR/AR 等多个领域①。

4. 地方标准

地方标准成为行业标准化工作的新亮点。2018 年，北京市新闻出版广电局与中国新闻出版研究院等单位共同参与并起草了地方标准——《北京市新闻出版广电企业单位信用评价及分类监管办法草案》（征求意见稿）及附件《北京市新闻出版广电企业信用评价指标及计分办法》。该标准为出版企业信用评价制定了可量化的具体指标，成为出版企业信用行政性管理的有效补充。长期以来，地方标准一直处于行业标准化工作的边缘，该项地方标准的研制不仅对出版行业信用体系建设具有示范作用②，也拓宽了行业标准化工作范围，对推动出版领域地方标准化发展具有积极意义。

5. 企业标准

随着标准化改革不断深化，企业标准的制定更加开放、灵活。在出版行业中，企业主体的标准化意识明显增强。2019 年，九州出版社、英大传媒等单位先后与中国新闻出版研究院合作，开展本企业的标准制定工作。研制完成 3 项数据管理企业标准和 9 项电力科技知识体系关键技术企业标准。

6. 国际标准

国际标准参与度明显提高，在主导制定、国际标准转化与标准海外转化方面取得了新进展。

（1）参与国际标准制修订

近几年，一些出版标识符类国际标准为顺应出版数字化发展的趋势，加强互联网环境下标识符的互操作性，纷纷启动了标准修订工作。如 ISO 2108《国际标准书号》（ISBN）、ISO 3297《国际标准连续出版物号》（ISSN）、ISO 3901《国际标准录音作品编码》（ISRC）、ISO 10957《国际标准乐谱作品号》（ISMN）、ISO 15706《国际标准视听作品编码》（ISAN）、ISO 21047《国际标准文本编码》（ISTC）和 ISO 27729《国际标准名称标识符》（ISNI）等。我国出版管理部门及行业标准化机构通过参加 ISOTC46（信息与文献标准化技术委员会）年会，不断与 ISBN 国际标准注册管理机构、ISRC 国

---

① http://www.cadpa.org.cn
② 中国新闻出版研究院. 首都新闻出版行业信用评价标准及信用分类监管制度调查研究报告［R］. 2018.

际注册机构、ISSN 国际标准起草组、ISTC 国际标准注册管理机构等国际标准化组织进行磋商，立足我国实际，对标识符类国际标准修订问题提出了若干意见与建议，不少建议受到国际标准化组织的关注。在印刷方面，印前数据处理和印刷过程控制中的关键技术标准成为国际标准研制工作的重点。全国印刷标准化技术委员会密切关注国际标准新提案，积极参加国际标准投票，截至 2019 年年底，完成国际标准草案的各类投票 67 项。

（2）主导制定国际标准

在 2018 年至 2019 年期间，虽未产生新的国际标准提案，但在国际标准工作组层面，国际标准项目提案取得了新突破。2019 年，我国专家在 ISO/TC130 第 12 工作组（印后工作组）会议上，提出了"纸和纸板印刷品覆膜及模切"国际标准新项目提案并获得立项。该国际标准项目负责人为我国专家何晓辉，标准的执笔组由中国、法国、德国、韩国、日本、加拿大等成员国的专家组成，标准草案计划于 2020 年年初完成并将提交 ISO 进行新工作项目提案（NWIP）投票。

（3）国际标准转化

我国出版领域标准与国际标准一致性进程加快。在印刷标准化方面，2019 年，全国印刷标准化技术委员会配合国家市场监督管理总局标准创新管理司完成了本领域国际标准转化情况调研工作，筛选出了一批急需采标的国际标准。2019 年获批立项的 7 项印刷国家标准基本来源于国际标准转化，而在申请新立项的 9 项国家标准中，有 8 项来源于国际标准转化。同时，在版权标准化方面，推进 ISRC 国际标准采标也被列入到现阶段的重点工作中。

（4）国内标准的海外转化

国内标准向海外推广取得了突破。2018 年，全国印刷标准化技术委员会在亚太网印协会会议上，将网版印刷行业标准《网版印刷　感光胶使用性能要求及检验方法》《网版印刷　环保型水基印花胶浆的使用要求及检验方法》《网版印刷　聚氨酯胶刮使用要求及检验方法》英文版翻译稿分发给各国代表并听取意见[1]。我国出版领域标准海外转化迈出了实质性的一步。

---

[1] 全国印刷标准化技术委员会. 全国印刷标准化技术委员会年报（2018 年度）[R]. 2018.

(二) 标准实施

强化标准实施是我国深化标准化工作改革的重要任务之一。尽管标准宣贯培训仍为本领域标准推广的主要手段，但值得注意的是，在最近几年中，标准实施采取了一些新举措，并取得了一定成果。

1. 制定配套标准促进重点标准应用推广

GB/T 32867—2016《中国标准关联标识符》国家标准对我国新闻出版行业数字化转型和融合发展具有重要的支撑作用。国家标准自发布以来受到了行业各方的高度关注，2017年为推动标准实施，原国家新闻出版广电总局下发了《关于实施〈中国标准关联标识符（ISLI）〉国家标准的通知》。为落实标准实施工作要求，全国新闻出版标准化技术委员会联合 ISLI 国家注册中心，对当前 ISLI 应用中所急需的标准进行研究。2018年，优先开展了《ISLI 标准体系表》修订和《ISLI 应用标准》的编制工作。通过配套标准的制定，将抽象化的 ISLI 标准与行业实际相结合，增强了 ISLI 标准在不同应用场景下的适应性，并进一步完善了 ISLI 标准体系，从而有序推进了 ISLI 标准在行业各领域中的使用。

2. 以检验检测推动标准落实

近几年，为配合出版产品质量检验工作开展，产品检验、检测类标准逐渐增多。一方面，检验、检测标准为质检工作提供了科学依据。另一方面，依标检验也将标准快速推向整个行业，甚至有些标准成为了行业通行要求，如 GB/T 34053—2017《纸质印刷产品印制质量检验规范》、CY/T 40—2007《书刊装订用 EVA 型热熔胶使用要求及检测方法》等。检验检测活动激发了出版企业执行标准的自觉性，增强了标准实施效果。

3. 从试点、示范推向全行业

GB/T 30330—2013《中国出版物在线信息交换 图书产品信息格式规范》国家标准（简称 CNONIX）是统一我国出版产品数据交换格式，实现数据共享的关键标准。为落实这一重要标准的实施，原国家新闻出版广电总局对 CNONIX 国家标准提出了"先试点、再示范、后推广"的分步推进战略。标准应用从试点单位开始逐步覆盖区域，再从区域辐射到全国。2014年，22家出版发行单位进入CNONIX国家标准应用试点示范单位行列。2018年，CNONIX国家标准的应用试点范围进一步扩大，试点单位由22家增至51家。同时，示范工作标准体系、技术研发体系、企业管理体系及公共信息数据交换服务体系建成，标准应用取得成效，并加快了我国出版产品信息共享的步伐。

以试点示范促标准实施的策略也应用到ISLI标准推广中。2018年10月，21家出版、发行等企业成为首批ISLI国家标准产业应用试点单位，广东省成为首个应用试点地区。

4. 建立标准联盟链促进DCI标准应用

CY/T126—2015《数字版权唯一标识符标准》（简称DCI）的推广、应用被列入《新闻出版广播影视"十三五"发展规划》。为推动DCI标准在产业链各环节落地，2019年3月，中国版权保护中心联合12家成员单位发布了中国数字版权唯一标识（DCI）标准联盟链。标准联盟链以DCI标准为准入，并创新性的利用区块链技术连接版权产业链各环节，有效地促进了DCI标准在互联网内容产业不同垂直细分领域的应用[①]。

（三）标准化科研

标准化科研是标准化事业发展的基石。两年间，我国新闻出版标准化研究覆盖面进一步扩大，涉及基础研究、标准化支撑研究和标准应用研究等多个方向。

1. 标准基础研究

（1）标准预研究

面对国家标准、行业标准制修订减量提质的趋势和行业对高质量标准的需求。出版、印刷、发行、信息、版权5家新闻出版领域标准化机构在近两年的标准立项工作中转变工作方式，不断加强标准的可行性研究并将标准草案的编制工作前移，提高标准草案的成熟度和完整性。先后开展了《新闻出版企业社会责任评价体系研究》《出版物（图书）编校质量差错判定细则和计算方法》《儿童数字阅读产品安全规范研究》《图书出版用户信息分类方法研究》《中小学图书馆（室）图书配备书目编制规范》

---

① https：//www.sohu.com/a/304905711_817267

《中国少年儿童分级分类阅读》《幼儿园图书配备书目编制规范》《印刷智能制造团体标准的制定和实施》等标准制定的预研究工作。

（2）标准体系研究

制定和完善标准体系是标准化工作的基础，2018年全国新闻出版标准化技术委员会修改完善了《新闻出版标准体系表》，2019年研制完成了《出版质量标准体系表》草案。

（3）国际标准跟踪研究

2019年，全国新闻出版标准化技术委员会对国际标准化机构ISO/TC46/SC9开展了标识符标准修订进行跟踪研究，形成《国际标识原则研究》研究报告。该报告重点分析了标识符标准制修订对我国可能产生的影响。

2. 标准化支撑研究

为了配合行业内开展的重大科技项目、技术研发工作，一批标准项目启动研制并获得了阶段性成果。2018年，中国新闻出版研究院承担的两项科技部"现代服务业共性关键技术研发及应用示范"重点研发计划专项项目——"专业知识资源资产管理与交易服务技术集成应用"与"专业内容知识服务众智平台与应用示范"中的标准研制任务启动。2019年12月，11项项目标准基本研制完成，内容涉及专业知识资源接入、分类、标识、权力描述、知识关联服务等。同时，由全国新闻出版信息标准化技术委员会、中国新闻出版研究院等多家单位共同参与的科技部"国家质量基础的共性技术研究与应用"重点研发计划项目——《数字出版技术标准研究》也取得了重要成果。项目涉及的16项国家标准完成报批，9项国家标准申请立项，标准内容涉及知识服务、数字教材加工、数字版权保护3个方向。标准成果不仅成为这些行业重大科技项目的研究成果之一，也为项目中的其他研究与技术研发提供了基础和保障。

3. 标准应用研究

目前，为推进标准的产业应用开展了多方位研究。一是研制配套标准，如针对ISLI标准应用研制了《ISLI标准体系表》《ISLI应用标准》等；二是编制标准的实施指南，如对CNONIX标准制定了《CNONIX标准实施指南》；三是对国际标准应用情况进行跟踪研究，如对《国际标准名称标识符》（ISNI编码）、《国际标准视听作品号》（ISAN）等的国际标准的实施情况和产业应用动向所开展的跟踪研究。四是围绕已发布标准开展标准符合性测试研究。2018年，中国新闻出版研究院标准化研究所以国家标准为依据对声频产品质量开展了标准符合性测试研究并形成了《数字声频产品质量报告》。

（四）标准化制度与机构建设

2018年至2019年，行业标准化法制建设取得了重大进展，标准化技术委员会规范化管理进一步加强，标准化机构更加丰富，新闻出版标准化事业向更高层次发展。

1. 新闻出版行业标准化管理办法修订

为积极应对新标准化法提出的各项要求，顺应新闻出版机构改革和当前行业发展趋势，2019年3月由中宣部出版局牵头启动了《新闻出版行业标准化管理办法》的修订工作，并将其列入中宣部立法项目计划。修订具体工作由中国新闻出版研究院负责，中宣部印刷发行局、版权管理局及行业内五家标准化技术委员会指导并参与。2019年11月修订工作基本完成。本次行业标准化管理办法的修订对标准组织管理机构、标准体系和层级、标准制定与实施监督等方面提出了若干新要求，并将行业标准具体的制修订程序进一步细化并单独编入《新闻出版行业标准制定管理实施细则》，作为管理办法的配套文件。新的行业标准化管理办法将对今后出版标准化提质增效提供制度保障，并将进一步促进标准与产业发展的协同。管理办法和实施细则预计将于2020年以部门规章形式发布实施。

2. 行业标准化技术委员会考核评估与换届

为落实国家标准化工作改革方案，促进技术委员会规范化运行，自2016年起，原国家标准化管理委员会组织对全国标准化技术委员会实行考核评估。2018年，全国新闻出版标准化技术委员会（TC527）和全国印刷标准化技术委员会（TC170）纳入本年度的考核评估范围中。2018年10月，两家标准化技术委员会均通过年度考核，考核评估结果为三级。今后，技术委员会考核评估将成为常态，并以此方式不断督促技术委员会改进标准化工作，在领域中发挥更大作用。

2018年起，新闻出版领域内的出版、发行、印刷、信息等标准化技术委员会任期届满，陆续进入换届状态。新一届技术委员会工作机制将更加成熟完善，领域还将继续细分以适应行业发展变化。同时，更加充分发挥行业专家作用，探索标准化智库建设，采用在线投票、审查等方式提高标准制定效率将成为今后各技术委员会日常工作的努力方向。

3. 企业标准化良好行为第三方试点评价机构取得资质

2019年12月，中国新闻出版研究院获批"企业标准化良好行为第三方试点评价机构"，具备开展从A到AAAAA级标良企业评价活动的资质，成为我国首批具有企业标准化第三方评价资质的试点评价机构。企业第三方评价机构的建立，将对促进出版企业标准实施，规范企业标准化工作，加快出版企业实现高质量发展发挥积极作用。

4. 少儿数字阅读产品安全国家实验室成立

2019年，中国新闻出版研究院与芒果TV、芒果V基金、全景声科技南京有限公司等单位联合成立了"少年儿童数字阅读产品安全国家实验室"。该实验室以开展"儿童数字阅读产品安全指标体系研究"项目为基础，拟从声频、视频、医学等多角度对少儿数字阅读安全问题进行研究。重点研制少儿数字阅读、视听产品安全指标，建立少儿数字阅读标准体系，推动我国少儿数字阅读事业健康发展。

二、标准化工作存在的问题与趋势分析

（一）主要问题

1. 标准实施不均衡

在多措并举下，新闻出版领域标准实施工作取得了一定成效，但标准实施主体和标准实施领域不均衡的问题仍应引起重视。

（1）民营出版机构标准实施问题缺少关注

当前，在政策引导与标准项目推动下，国有出版企业，尤其是大型国有出版单位企业标准化工作不断加强，标准落实得到较大改善。不少国有出版单位已设立独立的质检或标准化部门，有些大型出版集团也开始尝试建立集团层面的质检机构，配备专职人员负责国家、行业标准执行的监督检查，并开展本企业标准研制与宣贯工作。民营出版企业已成为出版行业的重要组成部分，不仅在发行、印刷、复制环节中，民营企业数量已超国有企业，而在出版内容加工制作环节，民营出版机构也愈发活跃。新

闻出版行业标准化水平的提升离不开民营出版机构的参与。然而，目前对民营出版机构标准实施情况还缺少必要关注，标准实施问题仍然存在盲区。

（2）学术出版、教育出版标准实施程度较高，少儿出版、外文出版还存在较大提升空间

近几年，一批规范学术出版、教育出版的标准相继发布，不少学术类、教育类出版机构纷纷参与各级标准制定工作，学术出版、中小学教育出版机构标准化意识得到加强，标准执行的自觉性不断提升。然而在少儿出版、外文出版领域，由于缺少专门标准，只能参照学术、教育中的相关标准，削足适履，标准实施效果自然难以提升。

2. 国际标准化工作依然薄弱

我国出版行业频频参与国际标准制定与国际标准化活动，取得了国际标准化机构的广泛关注。当前，参加国际标准投票数量明显增多，国际标准项目提案获得新突破。但是也应看到，与国内其他行业和国外同行业相比，仍存在着明显差距。一是实质性参与国际标准化工作不足。一方面，国内出版国际标准化工作起步较晚，发达国家长期占据优势地位，ISO中担任召集人和项目负责人的专家仍以欧美发达国家为主；另一方面，懂国际规则、熟悉标准化和出版业的复合型人才还比较缺乏。二是国际标准提案的提出及主导制定的国际标准数量偏少。三是我国标准海外应用推广不足，国家标准海外转化仍为空白。四是缺少国内外标准比对研究和国外先进标准跟踪研究，在国外先进标准转化和提升国内外标准一致性程度方面还落后于国内其他行业。

（二）趋势分析

1. 政府与市场二元标准供给体系初步形成，市场主体主动性增强

随着行业内首批团体标准发布，地方标准研制工作启动，企业标准制定愈加活跃。新闻出版行业形成了包括国家标准、行业标准、地方标准、团体标准和企业标准在内的层级完善的新型标准体系。

鼓励团体标准、企业标准的制定是新标准化法和深化国家标准化改革的一项重要内容。早在新《标准化法》颁布之前，行业内就已经开始了团体标准的积极探索。新法颁布赋予了团体标准的法律地位，为行业开展团体标准制定工作提供了法律依据。

2019年，随着中国音像与数字出版协会成为行业内首家团体标准制定与发布的标准化机构，团体标准化工作在新闻出版领域中正式开启。

团体标准的发布与企业标准的活跃标志着出版行业标准化工作进入市场化探索阶段。团体标准和企业标准的制定不仅满足了行业对技术创新和市场需求旺盛领域的标准需求，还改变了标准供给模式，由政府单一供给转变为政府与市场共同供给。出版标准化现状已经不再是政府制定什么标准，企业就执行什么标准，而是逐渐形成政府制定标准与市场制定标准相互补充的新格局。未来，随着团体标准和企业标准更加开放，市场主体在标准化活动中的主动性和积极性还将进一步被激发出来。

2. 出版业高质量发展、融合与创新对标准化的需求加大

全面提高产品和服务质量成为供给侧结构性改革的中心任务。党的十九届中央委员会第四次全体会议又将高质量发展作为各领域发展的要求和目标，对文化领域提出了"健全现代文化产业体系和市场体系，完善以高质量发展为导向的文化经济政策"。出版质量始终是出版工作的重心。实现出版业高质量发展的道路千万条，标准化则是其中的一个重要路径。《中共中央国务院关于开展质量提升行动的指导意见》中指出"用先进标准引领产品、工程和服务质量提升"。标准规定产品和服务质量的内容和指标，高标准决定高质量。随着出版业改革向纵深发展，出版质量管理的范畴从内容、形式、媒介扩展到服务、出版企业行为、社会影响等。质量治理能力和水平越高，对标准化的需求越大[①]。出版业高质量发展必然需要有标准化做支撑。

习近平总书记曾提出，"标准助推创新发展，标准引领时代进步"。5G、人工智能、虚拟现实、大数据、云计算、区块链等新兴技术为出版融合发展和创新带来了机遇和挑战。传统出版和新兴出版深度融合，资源共享、多重开发成为方向。出版从数字化走向智能化，新产品、新模式层出不穷，出版的边界不断扩展，参与主体更加多元。然而，要实现资源共享，渠道、平台融通，则需要利用标准破除壁垒。业态创新、参与方多元，又亟需通过标准为新产品和新服务的质量"兜底"。

---

① 田世宏．准确把握标准化工作发展面临的新形势、新任务在全国标准化工作会议上的报告（摘录）[J]．中国标准化，2020（2）．

3. 标准制定与标准化机构管理向高水平发展

（1）标准制修订管理提档升级

国家标准精简优化，强化监管。2019 年，国家市场监督管理总局、国家标准化管理委员会对推荐性国家标准提出了"优化结构、严控增量、减少存量"[①] 的管理原则，并明确了国家标准的研制方向为制定跨行业的基础、通用标准。同时，国家标准化管理机构将建立标准制定工作监督机制，对社会影响面大、消费者关注度高的领域将开展标准制定监督抽查试点工作。

行业标准进一步细化程序、明确责任，加强质量管控制与时效管理。新修订的行业标准化管理办法即将出台，对标准制定各环节和参与主体提出更详细的要求。明确了标准制修订周期。标准编制质量管控的关口前移，加大标准立项评估力度。

团体标准的规范性增强。GB/T 20004—2016《团体标准化》国家标准发布，为团体标准制定程序和编写要求提供了指南，结束了团体标准缺少规范的历史。2019 年，国家标准化管理委员会和民政部共同发布《团体标准管理规定》，进一步加强了团体标准制定和团体标准化活动的规范性。

企业标准建立"领跑者"制度。为提升企业标准质量，发挥企业标准的引领性作用。2017 年，《中共中央国务院关于开展质量提升行动的指导意见》提出了"实施企业标准'领跑者'制度"。随后，围绕企业标准"领跑者"制度的落实，一系列措施相继出台。2018 年，新标准化法实施，将企业标准的管理由备案制转为自我声明公开和监督，增加了企业标准的灵活性。同时，"企业标准化工作系列国家标准"再次修订，以促进企业标准编制水平提升，发挥企业标准引领作用。

（2）标准化机构规范化管理进一步加强

2016 年，国家标准化管理委员会发布《全国专业标准化技术委员会考核评估办法（试行）》，加大了对技术委员会日常运行情况的监督检查力度并形成奖惩退出机制。考核评估由国家标准委组织，3 年为一个考核周期，分批开展，考核评估结果分为四个等级。该《办法》规定，技术委员会管理工作对达到一级的技术委员会进行奖励，二级则需要进一步完善工作，三级被列入重点监督检查范围，而四级为不合格需限期整改，

[①] 国家标准化管理委员会. 2019 年全国标准化工作要点.

经整改仍不合格的将采取调整其秘书处承担单位、重新组建、撤销等惩罚性措施。今后，技术委员会的管理将更加严格，考核评估将成为常态。

建立实验室年度报告制度。原国家新闻出版广电总局在2016年对42家单位批准为"新闻出版业科技与标准重点实验室"。为加强和规范实验室管理，要求实验室每年提交年度报告，年度报告已成为实验室考核、评估工作的重要参考。

统筹和规范第三方评价机构。企业标准化工作评价是一项专业性较强的工作，第三方评价机构应具备一定的公信力[①]。规范化管理是提升第三方评价机构公信力的基础。2019年，中国标准化协会启动统筹各地标良评价试点工作。制定《企业标准化良好行为评价与管理准则》，对申报的试点单位和评价专家开展认证认可，对获得评价资质的机构和认证人员实行注册制，并建立评价机构的升降级和退出机制。企业标良第三方评价机构纳入规范化管理。

三、推进标准化工作的发展建议

（一）引导各级各类标准协同推进，合力共助出版业高质量发展

一是明确各级标准定位，引导标准制定全面有序开展。国家标准、行业标准和地方标准属于政府主导制定标准范畴，而团体标准和企业标准则属于市场主导制定标准。协同发展首先需要明确两类标准各自定位及作用。政府标准以基础、通用为方向，突出公益性。市场标准以快速响应市场需求和创新需求为导向，引领新兴产业发展，两类标准相互补充。

二是建立标准间转换机制，制定转化规则。目前，不少出版企业已经能以国家标准、行业标准为依据，并结合自身实际制定出高于国家标准、行业标准技术要求的企业标准。如何将团体标准、企业标准上升为行业标准或国家标准还需要研究标准间转化的具体条件和程序要求。在国家质检总局和国家标准委发布的《关于培育和发展团体标准的指导意见》中提出"通过良好行为评价、实施效果良好，且符合国家标准、

---

① 宋建国等编著.企业标准化［M］.北京：中国标准出版社，2019：373.

行业标准或地方标准制定范围的团体标准，鼓励转化为国家标准、行业标准或地方标准"。出版行业需要依据自身特点探索建立标准转化机制。

（二）促共享、补短板、确责任，全面提升标准实施水平

一是建议标准推广与标准制定、检测认证之间建立联动机制，加快信息流通与信息共享。目前，标准制定与标准推广、检测认证各项工作之间相对独立，信息交换还不够及时、有效。2019年，国家标准化管理委员会为促进标准实施效果的提升提出了探索标准宣贯策划与标准制定过程同步的方案。标准制定的意义在于标准的落实。出版领域充分发挥标准化作用，就需要在标准制定与实施、验证各环节中形成闭环，加快标准制定、实施、验证一体化进程。

二是补足短板，建议对民营出版机构及少儿出版、外文出版等领域开展标准实施情况调查研究。随着国家对非公经济支持力度加大，非公经济发展迎来了机遇。在出版行业，印刷复制、发行领域的民营机构已占据半壁江山，而在内容加工制作环节，民营企业又不断向少儿出版、大众出版、IP出版拓展。民营出版机构的标准化程度影响着出版行业标准化的整体进程。近几年未成年人阅读率逐年增长，阅读需求加大，少儿出版驶入快车道。然而门槛降低，市场无序化竞争、内容同质化现象依然存在，少儿出版从高速发展转向高质量发展需要借助标准化手段建立专业门槛，实现双效合一。在"一带一路"战略和我国出版走出去战略的推动下，我国外文出版物种类不断增加，规模进一步扩大。"软"文化也需要"硬"标准[①]，传播我国文化价值，增强我国文化的国际影响力，首先要保障外文出版物品质，而提升品质离不开标准的落实。因此，在标准实施问题上应对民营出版机构，少儿出版和外文出版给予足够关注。

三是建议明确标准实施中的主体责任，采取谁制定谁组织实施，探索公益性标准与市场性标准不同的实施推广策略。政府主导制定的国家标准、行业标准、地方标准具有公益属性，建议由政府组织实施，增强标准执行力度。市场主导制定的团体标准、企业标准则可采用更加灵活的推广模式，由社会团体、企业承担推广工作。

四是建议开展标准实施调查统计工作，对标准实施情况进行摸底，尤其是对领域

---

① 杨晓华."软"文化也需要"硬"标准[N]．中国文化报，2015-10-15．

内的重点标准应开展实施情况跟踪研究及标准实施效果评价。

（三）提高我国标准与国际标准的一致性程度，推动我国优势标准海外转化

标准已成为世界的"软联通"，提升国际标准化水平既是出版标准化工作的要求，又是实现我国出版"走出去"战略的重要途径。我国的国际标准化策略已从"鼓励积极采用国际标准"转变为"参与制定国际标准及推进中国标准与国外标准间的转化运用"。

一是开展国际标准及国外先进标准比对分析研究，增强我国标准的兼容性。"建立与国际兼容的标准体系，提升中国标准与国际标准体系一致化程度"是标准化法提出的新要求。此外，《标准联通共建"一带一路"行动计划（2018—2020年）》提出"促进人文领域标准制定合作，在新闻出版广播影视、文物修复和展览、博物馆、世界文化遗产管理等领域，与沿线国家合作开展标准制定研究"。出版领域应进一步扩大国外标准的跟踪范围，加强对欧盟标准等国外的先进标准及"一带一路"沿线重点国家以及区域标准化组织所制定标准的跟踪研究。

二是促进我国优势标准及特色应用模式向海外推广。研究、筛选一批国内出版领域的特色、优势标准推向国际，开展标准外文版翻译工作，促进重点标准的国际共享。同时，可将具有特色和效果显著的标准应用模式推向国外，为国外出版产业中的标准应用提供中国方案。

三是实施国际标准化人才战略。建立出版领域国际标准化专家库，将熟悉国际规则与出版的复合型人才纳入专家队伍中。为行业内专家提供更多参与国际标准化活动的机会。同时，提高技术委员会人员参与国际标准化工作的水平。

（李　旗　中国新闻出版研究院）

第九节 2019年我国出版专业教育现状、问题与思考

新中国成立以来，从上海出版印刷高等专科学校和北京印刷学院两所行业内培养出版专业人才高校的建立，到各大高校纷纷开设编辑出版类本科专业，我国出版专业教育一直在稳步发展。目前，我国的出版教育已基本覆盖了高等教育的各阶段，初步构建了从高等职业教育（专科）、本科生教育、硕士研究生教育到博士研究生教育的多层次人才培养体系。2019年，在双一流高校和高精尖学科的建设背景下，在"互联网+"、出版融合的浪潮中，面对不断变化的出版市场人才需求，我国出版专业教育形势发生了一些变化。

一、2019年我国出版专业教育的现状分析

（一）高等职业教育稳中有变

2015年10月，教育部对现行的《普通高等学校高职高专教育指导性专业目录》进行修订，形成了《普通高等学校高等职业教育（专科）专业目录（2015年）》，该专业目录中的新闻传播大类下共设置23个专业，其中新闻出版类专业8个。笔者通过登录全国职业院校专业设置管理与公共信息服务平台查看"高等职业教育专业设置备案结果"，并从中检索2019年度的新闻出版类专业备案数据，统计出2019年教育部备案的高职高专出版专业开设情况。较之2018年，2019年全国高等职业教育院校在出版类专业设置上有了一些变化，具体情况如下。

开设"图文信息处理"专业的共15所院校，分别是四川文化产业职业学院、重庆

商务职业学院、山东传媒职业学院、安徽新闻出版职业技术学院、宿州职业技术学院、上海出版印刷高等专科学校、大连职业技术学院、晋城职业技术学院、江西传媒职业学院（该校开设有 3 年制和 5 年制的图文信息处理专业）、天津现代职业技术学院（该校开设有 2 年制和 3 年制的图文信息处理专业）、北京信息职业技术学院（该校开设有 2 年制和 3 年制的图文信息处理专业）。与 2018 年相比，增加了北京信息职业技术学院。

开设"版面编辑与校对"专业的共 1 所院校，安徽新闻出版职业技术学院。与 2018 年相比，减少了武汉信息传播职业技术学院。

开设"出版商务"专业的共 7 所，分别是四川文轩职业学院、四川文化产业职业学院、南充职业技术学院、广西教育学院、安徽新闻出版职业技术学院、江苏联合职业技术学院（5 年制）、上海出版印刷高等专科学校（该校开设有 2 年制和 3 年制的出版商务专业）。与 2018 年相比，减少了河北工程技术学院、郑州师范学院、广东轻工职业技术学院、兰州文理学院。

开设"出版与电脑编辑技术"专业的共 3 所院校，分别是四川文轩职业学院、东莞职业技术学院、上海出版印刷高等专科学校。与 2018 年相比，减少了上海震旦职业学院、江西传媒职业学院。

开设"出版信息管理"专业的共 1 所院校，安徽新闻出版职业技术学院。与 2018 年相比，减少了武汉信息传播职业技术学院。

开设"数字出版"专业的共 12 所院校，分别是成都工业学院、深圳职业技术学院、广东轻工职业技术学院、湖南大众传媒职业技术学院、山东传媒职业学院、江西传媒职业学院、苏州工业园区服务外包职业学院、江苏城市职业学院、江苏联合职业技术学院、吉林省经济管理干部学院、安徽新闻出版职业技术学院（该校开设有 2 年制和 3 年制的数字出版专业）、上海出版印刷高等专科学校（该校开设有 2 年制和 3 年制的数字出版专业）。与 2018 年相比，增加了山东传媒职业学院、江西传媒职业学院、江苏联合职业技术学院。

较之 2018 年，2019 年我国出版类高职教育开设院校整体数量略有减少，其中，"出版商务"开办点院校减少明显，共有 4 所院校停办此专业。同时，随着数字出版人才需求数量激增，2019 年数字出版高职专业点有所增加，共有 14 所高职院校开办，在

2018年基础上新增4所。另外,随着近两年国家出版管理部门对图书内容编校质量的强调,一些出版单位也在紧急招聘校对人员,像"版面编辑与校对"高职专业学生定会受到欢迎,但从目前开设数量看,全国只有一所学校开办此专业,且开设点不在出版单位比较集中的北京或上海,的确需要进一步反思。

(二)编辑出版学本科教育进入"大浪淘沙"和"优势发展"阶段

截止到2019年底,全国共有71所本科院校开设编辑出版学专业。通过查询教育部每年公布的"普通高等学校本科专业备案和审批结果"数据,可以清楚地看出:近年来我国编辑出版学专业建设点有所减少,其中2018年是编辑出版学专业建设点"动荡最为剧烈"的年份,全国共有7所院校在教育部备案撤销了编辑出版学专业,它们是:山西师范大学现代文理学院、内蒙古民族大学、南京医科大学、山东工艺美术学院、武汉华夏理工学院、湘潭大学、西北大学。本年度高校新增专业名单中却没有一所高校增设编辑出版学专业。2019年我国编辑出版学专业建设点变更情况与2018年趋势一致,又有2所院校备案撤销了编辑出版学专业,分别是湖南工商大学与青海师范大学,该年也无新增。

近两年编辑出版学专业建设点之所以发生如此"剧变",一方面反映了在"双一流"建设背景下,一些高校想集中优势力量和资源建设本校强势和优势特色专业,而该校的编辑出版学专业在全校专业结构中处于"边缘"或"弱势"位置;另一方面也说明出版融合引发的出版产业人才新需求与现有一些高校的编辑出版学专业人才培养目标不匹配,该校的编辑出版学专业教育无法适应或满足出版融合发展的人才要求。[①]而且,在"双一流"建设政策指引下,我国高校专业结构和专业布点剧变将会波及所有专业类型,编辑出版学专业仅仅是我国高校本科专业发展进入"大浪淘沙"阶段的一个案例。

与编辑出版学专业点数量剧变相伴随的是编辑出版学本科教育的优势发展。2019年年底,教育部公布"2019年度国家级一流本科专业建设点名单",中国传媒大学、北京印刷学院、武汉大学、河南大学和上海理工大学这五所高校的编辑出版学专业入

---

① 张文红. 出版融合背景下我国编辑出版学本科教育的再思考[J]. 出版广角,2020(4):33-36.

选"国家级一流专业"。"国家级一流专业"的冠名一方面是对这些高校出版本科专业教育建设成果的认可,另一方面也将吸引更多的教育资源注入未来的专业建设。可以预见,"双一流"建设会使一些本已优质的编辑出版学专业获得更好发展。

(三)数字出版教育快速发展,基本形成"专科—本科—研究生"多层次人才培养体系

就2019年教育部公布的"双一流"评选结果来看,数字出版专业未有学校入选,但随着出版产业数字化浪潮和数字出版人才的市场需求,我国的数字出版专业教育获得了较快发展。2019年,共有14所高等职业院校开设数字出版专业;截至2019年年底,全国共有21所本科院校开设数字出版专业,其中,2018年增加1所,2019年增加两所。

与传统编辑出版人才培养目标相比,数字出版专业人才更注重信息技术、网络实践,更强调复合型人才的培养。在媒体融合的背景下,在大数据、人工智能等新技术的推动下,传统编辑出版学专业教育也针对性加强了数字类课程设置。不少高校在课程设置中增加网络编辑、数字出版、新媒体概论等相关课程,在培养模式方面强化了实践环节、校企合作,通过优化配置教育资源和改革创新,力求培养适应新媒体环境的新型编辑出版专业人才。

一些高校研究生招生纷纷增设数字出版研究方向,比如北京印刷学院、上海理工大学等高校在研究生教育阶段增设了数字出版、网络编辑等研究方向,为培养高层次出版人才进行积极探索。同时,作为数字出版人才队伍建设的一项战略举措,国家在"十三五"期间推出"数字出版千人培养计划",鼓励出版单位与研究机构、高等院校联合开展数字出版人才培养。从目前教育现状看,由于数字出版开办时间短,在开办院校数量上不是很多,开办学校多为普通本科院校或者民办院校、独立学院。

(四)出版硕士点开设院校增加

出版学术型硕士点的情况。笔者对近年来各高校网上公布的年度研究生招生专业

信息进行数据统计，2019年，全国至少有58所高校的73个学术型硕士点招收出版类专业的研究生。其中一些高校将"出版"单独列为二级硕士点开展人才培养，这些高校包括中国传媒大学、四川大学、北京印刷学院、上海理工大学、武汉大学和南京大学。除以上几所高校将"出版"单独列为二级硕士点外，其余高校均采用在其他专业二级硕士点下设置编辑或出版研究方向。这也说明，由于没有独立的学科地位，我国出版人才的研究生层次培养大多采用了"挂靠"方式。

通过查询中国研究生招生信息网硕士专业目录得知，目前全国共28所高校开设出版专业学位硕士授权点并招生。2019年，在2018年度首次获批出版专硕学位点的9所院校开始招生，它们是：辽宁大学、南京师范大学、暨南大学、济南大学、华南师范大学、广东财经大学、广西师范大学、昆明理工大学和云南民族大学。这9所院校当中，有暨南大学这样的华侨院校，也有云南民族大学这类的民族院校，弥补了原出版专业硕士点开设院校类型单一的不足，调和了之前地区分布不均的状况，也为培养更多具有地域与学校特色优势的高级出版专业人才打下了基础。

（五）由于学科地位缺失，出版博士点建设难成规模

笔者通过查阅中国研究生招生信息网博士目录板块，以出版专业或出版研究方向为关键词进行检索，辅以博士点导师研究方向查询，得出2019年我国目前开设出版专业和出版研究方向的二级博士点院校共18所，它们是：武汉大学、北京大学、中国传媒大学、中国人民大学、北京外国语大学、北京师范大学、南京大学、华东师范大学、浙江大学、复旦大学、南开大学、上海理工大学、四川大学、陕西师范大学、河北大学、安徽大学、湖南师范大学、武汉理工大学。

从数量上来看，出版专业博士研究生教育近两年变动较小，尽管学界将出版学列为一级学科的呼声愈来愈响，但这一设想目前还是未能实现。因此，众高校依旧只能在"新闻传播学""管理科学与工程""图书情报与档案管理"等一级学科下自设出版专业二级博士点或增设出版相关研究方向。显然，这不利于我国出版学高级人才的培养，也很难形成培养规模和体系。

二、我国出版专业教育目前存在的问题

(一) 人才培养目标制定与行业需求吻合度有待加强

随着数字技术的快速发展，我国的出版业在向数字化、融合化、智能化方向逐渐转型。出版融合、智慧出版促使出版产业从内容生产方式到产品传播格局都发生着巨大变化，大数据、VR/AR、人工智能等技术与出版业的融合不断深入，在解放生产力的同时，也相应的提高了对出版人才的要求。但如何培养能够适应行业快速发展要求、具有竞争力的优秀出版人才，却成了摆在出版专业教育面前的一道难题。当前，大多数的出版专业教育院校所制定的人才培养计划都存在相对滞后的通病，以编辑出版学本科教育为例，院校在招生第一年就确定了今后四年的教学模式与课程体系，但是学生却只能在四年后才能切实进入到出版行业接收检验，这四年的时间里，出版行业已经有了巨大的变化，根据四年前的业态现实培养的学生，是否能满足四年后新业态的需求，答案显而易见。产业变化快，教育变化慢，变化速度的不匹配造成了行业内的人才供需矛盾，如何通过灵活制定调整人才培养目标以及合理设计教学模式，从而为变化剧烈的出版业输送与其需求相符的出版人才，这是当下出版专业教育亟需面对和必须回答的问题。

(二) 出版教育因出版学学科地位缺失引发了一系列问题

在本科教育领域，目前全国开设编辑出版学专业的高校不算少数，但高层次的一流院校却不多。截至目前，全国共有 71 所高校开设有编辑出版学专业，21 所高校开设有数字出版专业。但根据四川大学王炎龙教授 2017 年的统计，在全国 39 所 985 高校中，仅有 6 所开设了编辑出版学专业；116 所 211 高校中仅有 13 所开设了这个专业。[①] 这一情况在 2018—2019 年间并未改善，反之，近两年共有 10 所院校撤销编辑出版学专

---

① 范军，刘晓嘉. 融合出版背景下高校编辑出版教育教学改革研究 [J]. 出版参考，2019 (7): 46-50.

业建设点，其中就有 211 工程院校的西北大学。

在研究生教育领域，尽管近两年出版专业教育一直在寻求变革，但成效甚微，未能取得实质性发展。学术研究生的学科和招生目录（包括硕士和博士）中依然没有"出版学"这一名称。虽然多所高校采用在一级学科下增设出版相关研究方向的方式来招录研究生，但这种设置依旧显得混乱，出版学科隶属于不同院系且跨度较大，或位于汉语言文学，或隶属于新闻传播学，或挂靠信息管理学，或依托于艺术学等，不一而足，专业名称设置、课程内容设置、培养模式等均不统一。

"出版学"学科地位的缺失导致了出版专业人才培养各层次上的模糊定位，也在一定程度上影响了出版专业教育的课程体系安排。部分高校在设置出版专业课程时，由于没有相对清晰的学科定位和专业边界意识，导致无限扩展"出版学"学科和专业教育外延，比如过于偏重于平台基础课的广泛开设，盲目求"博"，影响了专业基础课的深耕。这样培养出来的学生看似能"博采众学"，实际易于停留在"表面功夫"，缺少出版专业基础理论和专业技能的支撑；还有一部分高校出版教育过于偏重"编辑""出版"的专业知识，深陷狭隘专业主义的思维定式中，忽视出版教育应开展"跨学科"和"跨专业"教育的基本规律，这种教育的结果是：学生视野狭窄，见识匮乏，局限于出版知识的一方天地，貌似专业知识充足但开阔思维能力有限，更谈不上具有创造、创新等思维品质，也难以在实际岗位中有一番作为。

（三）出版专业教育师资队伍构成仍需优化，教学方式亟需改革

师资数量与水平是关乎高校出版专业教育能否又好又快发展的重要因素。由于出版专业学科界定模糊，挂靠的院系也各不相同，专业教师的知识背景往往限制于院系，列在文学院之下的出版专业教师一般都是文学背景，而开设在新闻传播学院的出版专业，教师则多有传播学或新闻学背景，专业教师知识背景多数相似，研究方向也多有重合，缺乏跨媒体、跨专业的综合素质和能力，阻碍了"博而专"的课程体系建设。近些年高校过度重视科学研究，专业教师引进主要考虑学历与论文水平，即学术能力，对于实践能力则少有要求，"学院派"教师居多，许多出版专业教师有丰富的理论知识却实践经验贫乏，从事出版专业教育却从未深入出版行业实践。为改变上述情况，近些年来，一些高校通过直接从业界引进或聘请业界专家担任兼职教师等方式，着力加

强"双师型"师资队伍建设,"跨界"联合培养"复合型"出版人才。

但是,在具体的出版教学实践中,上述加强师资队伍举措的效果由于多种因素影响打了折扣。比如,一旦被引进,业界专家就进入到高校教师的考核体系中,科研考核占据较大比重,业界专家就要开展课题申报和学术论文撰写等科研活动,这对于多年从事出版实践而缺少学术写作训练的业界专家而言,是比较大的挑战,甚至成为制约其在学校发展的瓶颈。校外兼职教授貌似能解决上述问题,但这部分师资资源充分依赖出版院校的所处地域,如果学校所处城市没有出版产业优质资源或比较匮乏,那校外兼职教师聘任也只能停留在较低层面。有丰富业界专家智力资源的学校,如何通过教学制度设计充分发挥业界专家的力量,也是一项关键的工作。一些学校的校外兼职教授仅仅是一学期甚至一年开一次讲座,并未深入到具体授课和实践指导阶段。除此之外,受政策影响,业界导师的数量也相对较少,在整个教师队伍中占比较小。如何建立一支具有合理学科背景和学历结构、专兼职结合的教师队伍,充分发挥业界导师在出版教育人才培养上发挥的效用,这是很多高校出版专业教育改革一直谋求解决而未能妥善解决的重要问题。

出版技术的迅速发展,对于讲授实践类课程的教师授课水平和授课方式提出挑战。目前更多院校出版专任教师学科背景单一,从业经验与应用新媒介技术的能力不足,教师的讲授内容多是从理论到理论,缺乏与行业内最新动态的有机结合,在实际教学课堂中,就会影响学生对其传授知识的接受与反馈。同时,出版专业教师大多能认识到"讨论式""启发式"教学方式和"案例教学"的重要意义,但很多出版专业教育教师的课堂授课方式仍以"一言堂"的灌输式教学为主,一定程度上忽略了学生的主体地位,学生的思考与创新能力不能得到有效锻炼,无法调动学生学习专业的主动性与积极性,影响了实际的教学效果。

(四)出版专业教育模式不合理,理论课程与实践课程无法有效衔接

出版专业本身是一个实践性很强的专业,但我国一些高校的出版专业发端于文科学院,一直以来都有重学术轻实践的传统,这种"不合时宜"的传统却依旧能在如今的出版专业课程体系设置上找到踪迹。理论课程和实践课程设置比例不太合理,大量的理论课开设无形中压缩了实践课程学分占比。为时不多的实践课,由于师资和实践

条件所限,也经常面临被忽视的窘境。高校出版专业的实践主要通过实验室操作与实习实现。出版专业实验室与理科类专业实验室有着极大的区别,实验室内多是普通的多媒体设备装载出版工作相关的软件,由于部分软件在个人设备中即能装载,因此,出版专业学生在日常的学习中,若无老师硬性要求,一般不会主动要求进入实验室操作;而在短期的实习过程中,出版单位因为要保证企业的正常运转,多是将学生放在基础的校对或记者岗位,要求学生解决单一的实际问题。① 学校与老师在此时也常常处于缺位的状态,不能对学生进行及时的指导与帮助,以上种种皆不利于学生实现从理论到实践、从课堂到工作岗位的过渡。

出版专业课程体系设置的不合理还体现在出版教育与企业需求的错位。目前我国的出版教育看似已形成了系统完整的人才培养体系,但事实上,出版专业的毕业生在就业时依旧面临困境。一方面,近些年的出版业在数字技术的推动下,转型融合,一路蓬勃发展,却难募贤才;另一方面却是学校和教师付出了大量的心血培养出来的学生不能被优质的出版单位接收。高校出版人才供给无法有效满足出版业实践发展的需要,二者之间供需失衡,不匹配。出版业急需的人才高校根本没有或者很少供给,出版业界千呼万唤的出版人才,高校出版教育费尽千辛万苦却没有供给出来。② 这一矛盾的症结点归根结底,在于高校出版专业教育课程体系设置陈旧,同质化严重,无法满足业界所需。

三、出版专业教育未来变革的建议

(一) 依据行业动态,灵活调整人才培养目标

大数据、VR/AR、人工智能、5G 等新技术应用层出不穷,也在不断引发出版形态、出版格局、出版方式的重大变革,前面我们讨论到当前的出版人才市场供需矛盾,其实从严格意义上来讲,不是简单的供给失衡问题,当前我国的出版产业,无论是数

---

① 秦洁雯. 强化出版教育的专业性——媒介融合时代出版教育的创新发展 [J]. 出版发行研究,2018 (5):95-97.

② 张月萍. 关于出版人才教育创新的多维思考 [J]. 教育传媒研究,2019 (4):55-57.

字出版还是传统出版,都有着大量的人才缺口,而每一年,我们的出版专业毕业生也在源源不断地流向出版市场,但问题就在于,出版业在不断地变革当中,其人才需求也在进行更新换代,我们的出版教育却还在延续着一成不变的教育模式,固守着过时的人才培养目标。在机械复制时代,出版人才可能只需要掌握一门印刷技术就能获得出版单位的青睐,但如今的数字技术时代,出版业需要的是既具备熟练的编辑出版技能,又能玩转时下的前沿技术,可以在出版产业链的前后终端都能发光发热的复合型人才,他要既能从宏观层面理解媒介融合时代出版内容生产的实质,熟悉数字化贯穿出版全流程的工作模式,还要在微观层面掌握出版内容多媒体生产和全媒体传播的数字技术,能够应对从选题策划始到产品营销传播的新媒体全程助力的工作方法。

我国出版教育变革的直接动力来源于出版产业的发展。面对产业变革带来的人才新需求,出版专业教育者一方面要充分重视产业变化带来人才需求的新变化,更新自身对于出版产业现实的旧有认知与理解;另一方面要认真研究出版行业人才需求和高校出版专业人才培养规律之间的关系,不能忽视技术技能类课程对于学生专业能力获得的必要性,但一定要避免陷入"唯技术论"的专业教育误区,出版专业如果时刻追逐产业新形态和技术发展,这样不仅会使师生疲于奔命,更会陷入"舍本逐末"的教育陷阱最终无法自救。"对于高校教育者来说,比传授技术更重要的任务,是确定技术发展对于'人'的意义、对社会的影响,而未来的编辑该具备什么样的专业素养(如用户思维、社会化思维、平台思维、跨界思维等)才能让自己的工作更好地服务社会。"[①] 因此,出版专业教育者在制定人才培养目标时,既要对未来产业发展趋势和人才需求变化进行前瞻性的判断,但同时依旧应以学生的专业素养培养为根本,中间可以结合产业现实,灵活调整培养路径,每个学校的教育资源和办学特色皆不相同,出版教育要结合学校办学实际,构建合理的课程体系,搭建利于复合型出版人才培养的实训平台,培养具有新思维、新特色、新能力的新出版专业人才。

(二) 博基础,深专业,跨学科交叉培养

近年来出版专业在培养方式改革上都采用叠砖加瓦式方案,或者过度增加文学通

---

① 甘险峰,邵延鹏. 新媒体环境下编辑人才培养的再认识 [J]. 现代传播,2017 (5):148-152.

识课的课时，或者一味增设新的技术类和操作层面上的实践课，但增设新课程的同时不免相应地缩短了原专业课课时甚至直接砍掉了一些专业基础课，这种顾此失彼的做法并不可取，出版教育者在拟定专业课程时要把握"博与专"的平衡，以出版基础课程为中心，在坚守出版本分的基础上加技术能力培养、加管理能力培养、加信息素养培养，确立"出版+"的人才培养原则。①

出版专业的毕业生经常会面临一种很现实的就业窘境：自己明明是正统科班出身的出版专业毕业生，但在面试时却发现，许多出版企业对这个"专业对口"并不看重，比如一个出版社想要招聘医学编辑，他会优先选择医学专业的应聘者；如果需要中文编辑，则往往从汉语言文学专业的应聘者中招用。简言之，相较于出版基础知识的应用，出版企业更看重应聘者专业学科知识的掌握。没有某一学科过硬的专业知识背景，仅拥有编辑出版专业技能，很难适应当下出版业对优秀出版专业人才的需求。如今的出版业更是在向垂直领域不断深耕，向更专业的领域开辟新市场。垂直化要求专业化，专业化带动垂直化，在这种发展策略的影响下，出版业越来越需要专业化的出版人才，这个专业不只是出版技能的专业，也是学科背景的专业。出版专业教育要培养的是既掌握编辑出版技能，又有某种专业背景的复合型人才。

由于出版专业模糊的学科定位，加之极强的实践性，在单一学科课程设置方面很难兼顾"博与专"的平衡，学校可以采取交叉学科培养的路径，跨学科培养复合型专业人才。对于出版专业本科和研究生教育而言，各高校出版专业所在学院，要打通院系之间的专业界限，整合相关院系教学资源，实现出版专业与其他专业的之间的融会贯通，搭建多元化、多层次的出版教育体系。除在本专业开设出版相关的必修课程之外，学院可以鼓励或规定学生根据自己的职业兴趣和规划跨专业选修第二专业或者第二学位，学生必须同时达到两个学科的基本学分要求才能毕业，即实行"辅修制"或"双学位制"。对于开设出版专业的高职院校，则可坚持"以服务为宗旨、就业为导向、能力为本位"的原则，着重培养能快速适应职业特色的技能型人才。这样一来，学生的出版专业技能可与专业学科知识相结合，有的放矢，学有所用，成为出版业真正需

---

① 王勇安，杨忠杨．"+出版"还是"出版+"——业态变革背景下出版人才培养的思考与实践［J］．出版科学，2019，27（1）：25-31.

要的专业人才，就业竞争力显著提高。

（三）优化教师队伍结构，打破传统教学方式局限

在出版融合的背景下，一直处在变革中的出版业对人才的需求也从单一型过渡到复合型，而培养复合型出版人才，首先对出版专业的师资数量、知识结构和能力水平提出了要求，目前很多高校的师资现状是培养"复合型"出版人才的瓶颈。在许多高校，出版专业教师的学科背景偏重于文史学科，学科背景单一，结构不合理。高校应多尝试"跨界"联合培养以优化教学资源，建构结构合理的师资队伍，可以通过与出版产业界联合，有计划持续性引进业界专家，聘请业界专家担任兼职导师，与学院派相互补充，加强"双师型"教师队伍建设；同时还要加大对教师进行继续教育的力度，选送新入职年轻教师去出版企业挂职锻炼，或者出国学习进修，获取国际出版教育的优秀经验，不断提升师资水平。

有了结构合理的教师队伍，接下来要考虑的就是如何提升学生对教师传授知识的理解力与应用能力。出版专业教育的关键就是如何让学生在有限的教育时间里对专业学习产生兴趣并养成专业精神。出版专业是一门实践性极强的专业，相应地，对专业学生的"动脑""动手"需求就要更多一些。要想充分调动学生的专业学习积极性、主动性、创造性，就要让学生成为教育的主体，教师则充当引领者与伴随者的角色。整个教学过程不再是单向的知识传播与接收，而是教师与学生之间的良性互动与交流。教师要结合当下的出版业现实及时更新自己的教学内容，通过案例教学，引导学生主动关注业界动态，探索各种出版形态。近年来很多学校不断探索教学方式改革，北京印刷学院本科编辑出版学专业的"项目工作坊"教学模式就取得了不错的教学效果，该系列课程的教学过程一般包括项目任务的选择设定、师生小组讨论、学生实践操作和业界专家评估等环节，需要学校教师＋业界项目专家＋学生兴趣小组三方共同参与完成，通过实训项目的"真题真做"来激发学生的专业学习兴趣并强化学生的专业能力。

（四）推动产学研合作培养，实现理论与实践的统一

出版专业是一门实践性、应用性极强的专业。在当下出版融合的大背景下，出版

专业化程度不断加深，出版专业教育更应将理论与实践有机结合，加强出版专业人才的实践与应用能力的培养。针对目前实践课课时远低于理论课课时的情况，要想让理论教学与实践教学相对平衡，首先要增加实践课的课时比重，唯有给学生留有足够的"动手"时间，他才有可能去深入到出版业一线，去体会出版产业链上每个环节的运作，从而有所感悟，对出版业有更加深刻的理解。其次，出版教育者们要合理安排实践教学的内容，这其中，产学研合作培养是最行之有效的路径。出版专业教育必须与出版产业紧密合作，积极探索尝试适合校企双方特点的多种合作方式与机制（联合办学、合作交流、建立实践基地等），尤其是要充分利用产业资源（业内专家、厂房设备、出版项目），通过灵活方式将其巧妙融入到实际的教学环节，真正实现产学合作培养出版人才的教育目标。

就目前我国的出版专业教育而言，产学研合作还有待加强，究其原因有二：一是高校重科研轻实践的状况依旧比较普遍，从人才引进要求到课程学时安排都可见一斑；二是出版企业对于产学合作的期许值有待提高，许多实习生未能得到应有的重视，实习培训流于形式。想要有效推动出版专业教育的产学研合作，提升出版产学研教育成果转化率，双方就必须以互利互惠为原则，在机制、制度、资源、过程等方面协调一致，打造互利共赢的良性发展模式。

从专业属性看，出版专业属于人才培养目标指向性很强的应用型专业，它对应着一个较为明确的产业领域——出版业。较之其他行业，出版业经济产值相对较小，但社会价值无比巨大。出版业与国家发展和人类命运关系最为密切，甚至决定着人类社会发展进程和前进方向。出版专业教育恰恰是因为其所服务行业的特殊性和重要性，也就具有了区别于其他应用型专业教育的责任和使命。出版人担负着民族国家文化建设和世界人类文明传承交流的使命，对出版人的价值观、世界观和文化使命感的养成教育变得无比重要。因此，在出版教育过程中，除了专业性知识教育，还应该加强社会主义核心价值观教育，加强出版管理制度和相关法律法规教育，增强学生对国家、民族的政治认同、思想认同和情感认同。

21世纪以来，数字技术又引发了包括出版业在内的文化产业领域新一轮巨变，这不仅给出版产业和教育界带来新的发展机遇，也会引发新的教育认知和教育焦虑。同时，我国新时代社会建设的进程稳步向前，我国社会发展不仅对出版人提出了"数字化""国际化"等出版专业技术本领要求，更强调了其拥有过硬政治思想素质和文化担当精神的重要性。面向新时代，如何做好出版专业教育的改革和创新工作是必须回答的一个教育课题。围绕国家出版战略发展新要求，构建符合中国特色社会主义新时代需求的出版专业人才培养体系，这是当前出版教育的应有之义。在这一体系中，博雅教育和专业教育应更好地融合和相辅相成，"立德树人"不仅仅是一句教育口号，而是要通过体系化、逻辑化的教学过程落到实处。同时，需要教育主体更加明确地认识到，教授学生出版专业知识只是手段，这不是出版教育的最终目的。较之单一地传授给学生某种出版技能，培养学生在知识学习中的创新精神和探索精神更加重要。另外，借助智能时代的技术力量，进一步扩展传统出版教育形成的"产学研一体化"的人才培养模式，不断优化教学资源，创新课程体系设置和共享模式。

出版教育和其他教育一样，最终指向的培养拥有道德、智慧和勇敢人格的社会公民。从这个角度而言，出版专业教育不仅要强调专业知识教育，更要强调没有功利色彩的"非专业"教育在出版教育过程中的重要性和不可替代性。

（张文红　博士，教授，北京印刷学院编辑出版系主任；

陈怡颖　北京印刷学院 2019 级出版专业硕士研究生）

第十节 2019—2020 出版研究综述

2019 年是新中国成立 70 周年，2020 年是全面建成小康社会和"十三五"规划收官之年。在这个重要的时间节点上，出版研究坚持问题意识，紧跟时代步伐，追踪业界动态，在许多方面展开深入讨论，在理论研究、实践研究和历史研究等多个领域推出了有价值的学术成果。在此，笔者仅以出版类核心期刊刊载的论文为基本线索，通过挂一漏万的粗疏梳理，展示这一时段出版研究的进展，揭示其中所贯穿的研究旨趣，或为把握出版研究的趋势和方向提供一些参考。

一、2019 年出版研究八大亮点

（一）书写新中国 70 年出版史

2019 年是中华人民共和国成立 70 周年，研究者从多个角度展开对 70 年出版业发展史的研究。从宏观层面进行整体研究者，如范军《中国新闻出版业：波澜壮阔的七十年》（《出版发行研究》第 6 期）对 70 年来我国新闻出版业发展的历程进行历史回顾并阐述其不懈探索与实践带来的变化；万安伦、刘浩冰《新中国出版 70 年：主要成就与总体特征》（《中国出版》第 14 期）总结 70 年出版成就和主要特征。从制度层面进行历史考察者，如张美娟等《壮丽 70 年：中国出版经济体制改革及其政策研究》（《出版科学》第 6 期）将 70 年来我国出版经济体制改革及其政策制定视为一种制度变迁过程，对其变迁动因与路径进行学理探究；周蔚华《从自在、自为到自觉：新中国成立后我国出版公共服务的探索》（《编辑之友》第 9 期）对新中国成立以来我国出版公共服务经历的一系列探索进行总结，认为我国出版公共服务经历了从自在、自为到自觉三个发展阶段，初步建立起较为完善的现代出版公共服务体系。对不同业务板块发展历程进行深入探究者，陈川、范军《新中国 70 年出版技术的变迁》(《现代出版》第 5 期) 对 70 年来我国出版业技术发展历程做了系统梳理；董毅敏、秦洁雯《新中国期刊出版业 70 年：历程、成就与经验》(《出版发行研究》第 11 期) 对 70 年来期刊出版业发展的历程、成就和经验进行了系统总结。以上对于新中国 70 年出版业发展之史的阐述，既充实了中国出版史研究的内容，也为书写当代中国出版史，打下了坚实基础。

（二）关注出版业高质量发展的时代课题

高质量发展是出版业面临的时代课题。2019 年，在政策引导推动下，中国出版业开始呈现出高质量发展的趋势。蒋茂凝《促进对外出版贸易高质量发展的分析与思考》(《中国出版》第 24 期) 认为，提升对外出版贸易质量，必须坚持引进来和走出去并重、扩大出版物出口贸易、积极传播中华文化、推动文明交流互鉴；张祥志、米钰洁《新闻出版业高质量发展及版权保障》(《中国出版》第 24 期) 从公共政策制定、企业创新发展和版权保护体制三个维度，给出我国出版业高质量发展的对策建议。为了构建两个效益相统一的体制机制，引导出版业实现高质量发展，中宣部印发的《图书出版单位社会效益评价考核试行办法》于 2019 年 1 月 1 日开始施行，把对图书出版单位的社会效益评价推进到可量化、可核查的阶段。杨迎会《新时代图书出版单位的高质量发展与规范化——从〈图书出版单位社会效益评价考核试行办法〉谈起》(《出版广角》第 7 期) 阐述了该办法在深化出版改革进程中具有的重要意义及其原则、内涵和方向；谢清风《基于双效平衡目标的出版企业绩效评估方法框架研究》(《科技与出版》第 7 期) 借助价值链理论、平衡计分卡理论、利益相关者理论，为出版企业绩效评估寻找理论依据、设计逻辑，提出评估模型和评估指标体系。以上对于出版业高质量发展的探讨，既涉及自上而下的宏观政策环境，也触及自下而下的微观企业行为，尽管还有待从政策解读层面上升到理论解析层面，却也反映出研究者以解决行业发展问题为出发点和归宿的研究取向。

（三）围绕主题出版的理论与发展研究

自原新闻出版总署 2003 年开始实施主题出版工程以来，特别是党的十八大以来，主题出版工作取得了丰硕成果，也成为研究者关注的课题。本年度主要围绕以下方面展开讨论：一是关于主题出版的理论思考。周蔚华《主题出版及其在当代中国出版中的地位》（《编辑之友》第 10 期）认为，主题出版是中国特色社会主义出版事业最为显著的特点，是党的主张、国家意志在出版领域最重要的标志；李建红《主题出版的作用、功能和使命》（《出版发行研究》第 12 期）认为，主题出版体现了思想上层建筑对政治上层建筑的重要作用，在党的事业发展中发挥了重要功能。二是关于新时代主题出版的发展。韩建民等《新时代主题出版的发展思考》（《出版广角》第 4 期）揭示了新时代主题出版呈现出积极求变、不断更新的趋势；张志强《主题出版：定位、评价与提升》（《编辑之友》第 10 期）提出应重视主题出版的文化建设和文化传承功能，重视通过市场引导主题出版发展，重视主题出版"走出去"。三是关于出版社做好主题出版的工作探讨。如陈兴芜《地方出版社如何做好主题出版》（《出版广角》第 21 期）考察了地方出版社主题出版工作的现状和面临的问题。以上研究成果从主题出版工作的实践出发，讨论其概念范畴，总结其经验教训，分析其规律和趋势，其中固然还有相当大的局限，但却反映了主题出版业已形成一个专门的研究领域，受到各方面的特殊关注。

（四）关于建立有文化特色的现代企业制度的探讨

建立有文化特色的现代企业制度，是出版企业不同于其他工商企业的重要特征，其核心是推动形成出版业企业特有的经营理念和治理结构，实现社会效益和经济效益相统一。对此，任殿顺、亢姿爽《我国出版集团总编辑职位设置研究——基于集团管控和法人治理结构双重视角》（《中国出版》第 24 期）从集团管控和法人治理结构双重视角分析出版集团和其股份公司设置总编辑的必要性及其职责；白云飞等《我国新闻出版业上市公司经营绩效实证分析》（《现代出版》第 3 期）以 22 家出版上市公司作为样本，对其综合绩效、盈利能力、运营能力、发展能力和偿债能力进行评价；徐志武《我国出版上市公司股权结构与社会责任绩效关系研究》（《中国出版》第 18 期）通过实证研究发现，股权集中、国有控股、流通股比例对社会责任绩效具有显著正向影响，股权制衡对社会责任绩效具有显著负向影响，并据此提出，我国出版上市公司应建立国有控股且符合中国特色的股权结构新模式。以上研究成果围绕把"文化例外"

要求融入现代企业制度这个当前出版业改革的核心问题展开讨论，为出版企业优化股权结构、规范法人治理结构、提升治理效率和经营绩效，开拓了改革思路。

（五）出版营销及其创新路径研究

营销是出版产业链的重要一环，媒介融合对出版营销模式与策略产生了深刻影响。刘畅《新媒体时代图书出版跨界营销模式与创新路径》（《中国出版》第3期）解析当前出版机构在新媒体营销创新方面的问题及改进路径；方可人、喻国明《游戏范式在图书网络营销中的普适化研究》（《中国出版》第6期）以整合营销的4I理论为诠释框架，提出图书电子商务网站基于游戏范式的网络营销策略方案；陈矩弘《移动互联网时代出版业短视频营销研究》（《出版科学》第4期）对出版企业短视频营销效果进行研究；宋成、冯小宁《出版行业直播营销的模式创新与方向探索——基于"准社会交往"理论视角》（《出版科学》第5期）探究直播时代知识呈现的新形态及出版社如何通过直播来实现知识创新扩散的新业态；田龙过、杨征《全媒体融合背景下出版机构SICAS营销模式探析》（《出版广角》第21期）揭示了SICAS营销模式对提高出版机构营销能力与营销体系现代化水平的价值意蕴。以上研究成果从新媒体视角分析出版营销趋势，侧重于新的营销模式构建及其应用研究，对于出版企业加强营销管理、提升市场开拓能力，或许具有一定参考价值。

（六）全民阅读的学理建构和实践研究

全民阅读是近年来的热点话题，本年度的研究聚焦在以下方面：一是有关全民阅读立法的研究，如张大伟、周月如《全民阅读立法的价值理性与工具理性》（《编辑学刊》第3期）考察国家层面全民阅读立法进程并设计立法规划路线图；谭小军、周安平《新时代我国全民阅读立法的困境与对策——基于全民阅读立法文本的分析》（《现代出版》第1期）主张从建立完善的法律保障体系、建立以权利为导向的保障机制、加强学校阅读教育制度建设、提高立法的可执行性等方面着手推进全民阅读立法工作。二是有关全民阅读活动的研究，如黄晓新《论阅读活动的社会效能》（《出版发行研究》第6期）阐释阅读活动具有的多方面社会作用和效能；王炎龙、江澜《全民阅读主题活动的社会动员机制研究》(《中国编辑》第 2 期)对全民阅读主题活动的社会动员机制和具体动员方式进行理论构建。三是有关阅读行为的研究,如王蕾《青年群体数字化阅读行为研究——以微信阅读为例》(《中国出版》第 6 期)对青年群体的数字化阅读行为进行有针对性的调研;张卫、邓香莲《数字时代的大学生阅读行为研究——以上海大学生为例》(《现代出版》第 1 期)分析数字时代大学生阅读的行为特征及其对出版业的启示。四是有关阅读推广的研究,如刘银娣、姚琼《分析、分级、分类、分享——以读者为中心的全民阅读推广策略探析》(《中国出版》第 2 期)提出以读者的阅读能力和阅读需求分析为起点,为不同阅读能力的读者设计合适的阅读计划;张文彦《阅读史视域下我国当代阅读推广组织的起源、现状与发展趋势》(《出版发行研究》第 6 期)运用阅读史的理论和方法,分析阅读推广组织对知识的生产、传播、接受,以及对国民阅读观念和行为带来的多元影响,有助于推进阅读研究的科学化。

(七) 实体书店转型发展的对策研究

随着全民阅读上升为国家战略,实体书店在政策引导和市场需求的双重驱动下迎来新一轮发展契机。对此,研究者从不同角度为实体书店发展寻找理论支撑和实现途径。关于实体书店的转型升级,兰庆庆《"去实体化"还是"实体化+":实体书店多重价值探讨》(《编辑之友》第 12 期)通过案例分析,探寻实体书店转型升级的进路;周挥辉、毛军刚《实体书店:突围与突破——从售卖图书到售卖服务》(《中国出版》第 7 期)以实体书店行业在销售服务、书店业态、空间体验等方面进行的探索与转型升级为基础,勾勒其未来发展模式的轮廓;赵疆《论新型实体书店的数字化生存》(《现代出版》第 3 期)认为,新型实体书店的生存是线上书店通过数据营销向线下布局生态链的有效途径。新零售是从数字信息技术衍生出的新概念,作为零售业最新的业态模式,它为实体书店创新转型提供新机遇。杨学坤、吴树勤《新零售业态下我国实体书店经营与发展策略》(《出版科学》第 4 期)提出建设智慧书店、构建销售渠道,以读者需求为核心实现精准营销和个性化服务等新零售业态下实体书店发展建议;曹子郁《图书新零售:以用户思维和场景思维重新定义书店价值》(《出版发行研究》第 6 期)从战略布局、营销模式、核心价值、技术赋能、品牌创新等五个维度提出新零售时代实体书店转型的策略。

(八)"一带一路"出版交流与合作专题研究

随着我国"一带一路"倡议的推进,出版企业通过深耕"一带一路",推动国际交流合作。王璐璐、赵玉山《"一带一路"背景下中国出版业的国际合作现状与发展建议》(《出版广角》第19期)从政府与政策、内容与市场、拓展增值领域、加强保障体系建设等方面探索加强出版国际合作的工作机制;王珺《出版业助力"一带一路"文化传播的作用与启示——以丝路书香工程为例》(《出版广角》第21期)对丝路书香工程在推动中国优秀图书向"一带一路"相关国家翻译出版以及支持我国出版企业"走出去"方面发挥的作用进行评估;赵礼寿、陈佳娜《"一带一路"视角下我国图书国际出版力提升研究》(《出版广角》第22期)从内容、渠道、人才、技术角度,提出有效提升"一带一路"图书国际出版能力的相应策略;贺耀敏《加快提升中国国际出版能力建设的时代意义——从"外国人写作中国计划"谈起》(《中国出版》第7期)结合"外国人写作中国计划"这一出版走出去重点工程的实施情况,论证了加快中国国际出版能力建设的重要性。以上研究成果通过对政策工具和典型案例的分析,初步探讨了"一带一路"战略实施过程中出版国际合作的规划、决策、执行和评估等问题,体现了出版研究所特有的强烈现实关怀和敏锐问题意识。

二、2019年出版研究的主要特点

(一)关注前沿技术

从出版史的角度来看,出版业的发展始终与技术进步密不可分。当前,信息技术革命性进步正在深刻影响着出版业各个环节,也向业界和学界提出了诸多值得研究的新课题。

1. 关于区块链

作为一项变革性基础技术,区块链带来认知革命和技术变革,给出版业发展带来了机遇与挑战。对此,出版研究者主要围绕两方面的话题展开讨论。一是区块链与出版业发展的关系，尹召凯、张志强《区块链技术下出版业的融合实践：可能与可为》（《出版发行研究》第 11 期）从数字版权、数字内容生产分发、第三方应用服务等方面的场景应用，探讨区块链对于出版业融合发展的价值；华进、孙青《区块链技术在数字出版领域的挑战与对策》（《科技与出版》第 1 期）认为，区块链技术在数字出版领域的应用，需从重视新兴技术、推动版权保护、提高交易效率、加强战略布局、增强制度保障等方面加以改进。二是区块链在版权保护领域的应用，姚瑞卿、袁小群《基于区块链技术的数字出版知识产权管理——以知识服务应用为例》（《出版广角》第 17 期）对区块链在数字版权管理方面的应用进行研究；刘桢、马治国《利用区块链开展版权保护的局限与应用路径》（《出版发行研究》第 9 期）提出应正确认识区块链技术对版权保护的价值和局限，利用其进行同一平台内的作品应用与版权流转的记录，为版权高速流转提供智能合约并辅助提高第三方版权数字备案机构公信力。

2. 关于人工智能

以数据信息的发展和应用为特点的大数据时代，关于人工智能生成物著作权的问题引发了各界争议。一种观点认为，人工智能生成物具有可版权性，如朱梦云《人工智能生成物的著作权保护可行性研究》（《出版科学》第 3 期）依据我国现行《著作权法》规定，论证人工智能生成物享有排他性著作权保护的正当性和合理性，主张通过明确版权保护标准、明晰权利归属等方式，保障人工智能领域的创新发展；另一种观点认为，判断人工智能生成物之属性，应从不同角度进行考察，如叶霖《人工智能生成物所涉著作权问题研究》（《科技与出版》第 5 期）提出，如果将人工智能作为人类创作的辅助工具，生成物若是符合作品条件，就作为作品受著作权法保护；如果将人工智能作为虚拟人主体，生成物不能作为作品受保护。关于人工智能在出版业的应用，范军、陈川《AI 出版：新一代人工智能在出版行业的融合创新》（《中国编辑》第 5 期）指出人工智能为传统出版转型升级提供的新机遇；徐顽强、王剑平《人工智能嵌入出版业的优势、逻辑与路径》（《中国出版》第 11 期）探讨人工智能嵌入出版业的逻辑与路径；刘一鸣、高玥《人工智能语音在有声读物中的应用研究》（《出版发行研究》第 11 期）提出有声读物内容生产领域引入人工智能技术的方案。

3. 关于 5G

随着中国 5G 牌照的发放，2019 年正式步入 5G 商用元年。作为一项基础技术，5G

将重塑舆论生态和媒体生态，对于出版业的影响亦深远而巨大。毛文思《对 5G 时代下出版业融合发展路径的几点思考》（《出版广角》第 17 期）分析 5G 环境下传统出版业融合发展面临的机遇与路径选择；徐丽芳、陈铭《5G 时代的虚拟现实出版》（《中国出版》第 18 期）认为，5G 的出现为 VR 与各垂直行业的融合发展创造了必要条件，VR 出版将成为出版业数字化转型的颠覆性进路之一；陈洁、蒋三军《5G 时代的数字出版变革与创新》（《编辑学刊》第 5 期）认为，5G 的商用要求出版商在出版大数据的精细化管理、高质量视听说内容开发、小众化内容的发掘和布局城市阅读空间等方面做出业务拓展。

（二）追踪业态创新

媒介技术发展带来出版业态的创新发展，知识服务、有声读物等融合出版业态成为新的经济增长点，引起广泛关注和热烈讨论，研究热度也持续升温。

1. 关于融合出版

周百义《从三个维度看融合出版》（《中国出版》第 1 期）呼吁在对待融合出版的发展上需保持冷静头脑，主张从融合管理、融合路径、评价体系方面做好顶层设计；黄先蓉、王莹《出版融合商业模式的创新发展探析》（《出版广角》第 18 期）建议从融合内容和平台渠道、变革组织结构和管理机制、加强人才队伍建设等方面着手，实现出版融合商业模式的创新发展；唐伶俐等《连接赋能、价值共创与资本驱动——出版融合生态重构的关键》（《出版广角》第 18 期）探讨连接赋能、价值共创和资本驱动在重构出版融合生态中的关键作用，认为场景化生态是未来出版融合生态的发展方向。

2. 关于知识服务

知识服务是出版融合发展的经济形态，是当前出版行业转型升级的重要方向，相关研究主要从出版领域知识服务现状、模式、技术赋能、发展路径等方面展开。张艳彬、张利洁《基于交互的定制化增值服务模式——传统出版企业知识服务创新实践探究》（《科技与出版》第 12 期）依托基于交互的定制化增值服务模式，探讨传统出版企业开展知识服务实现转型升级的路径；汤文辉、黄斌《论出版业对知识付费模式的应对策略》（《出版广角》第 13 期）着重分析了出版企业在开展知识服务方面的优势；

胡伯俊《基于知识服务的专业出版商业模式优化研究》(《编辑学刊》第 5 期) 以整合内容资源、挖掘用户需求、延伸服务内容为着力点，探索专业出版知识服务商业模式的优化新思路。

3. 关于有声读物

近年来，我国有声读物生产发展迅速，正在重塑出版的生态和业态。李春梅、李璐曦《数字化视域下我国有声读物的发展研究》(《出版广角》第 6 期) 认为，有声读物产业应坚持内容为王，打造优质内容，精准推送内容，实现盈利模式多元化；王涵《数字有声读物版权保护现状实证研究——以"喜马拉雅 FM"为例》(《出版发行研究》第 2 期) 探索多元的数字有声读物版权纠纷解决机制；陈曦、宫承波《智能出版视野下有声读物内容的四个"供给侧"》(《出版广角》第 16 期) 从供给侧改革的角度，探究有声读物如何做好深耕听觉场景的专业内容生产、实现精准投放的算法内容生产、优化听觉体验的机器内容生产和 IP 原创的用户内容生产。

此外，以抖音、快手为代表的短视频平台成为移动互联网重要的流量入口，也引发了传统出版的业态创新。王海燕《出版社短视频发展现状、问题及对策分析——以抖音平台为例》(《科技与出版》第 10 期) 对出版社在抖音视频运营方面的探索进行实证研究；谢慧铃《问答社区的知识传播功能及其对传统出版的影响——以"知乎"为例》(《出版广角》第 5 期) 分析以"知乎"为代表的问答社区，基于平台基础而发展起来的整套出版机制给传统出版带来的深刻影响；李建伟、杨阳《数字编辑新形态：弹幕电子书媒介四元律分析》(《出版发行研究》第 11 期) 从理论上回应了出版领域利用弹幕这种新兴互动方式进行编辑创新的实践课题。

(三) 研究重心转向数字出版领域

数字技术改变了知识生产和阅读消费的方式，促使编辑出版学的研究对象和研究方法进一步转型，数字出版研究业已成为学科研究重要方向并不断拓展出新的研究领域[①]。

---

① 陈洁、吴申伦：《顺应知识与阅读需求的兴与变：新中国编辑出版学 70 年 (1949—2019)》，《新闻与传播研究》2019 (12)。

在数字出版产业研究方面，常嘉玲《基于内容分析法的我国数字出版产业政策优化路径探究》（《出版发行研究》第 4 期）对 130 余条国家层面的数字出版产业政策进行梳理，提出细化产业环境面政策、避免产业供给面政策过溢、扩展产业需求面政策应用范围、建立产业政策实施效果评估与纠错机制的优化建议；张立、吴素平《我国数字内容产业投资价值与发展趋势研究》（《出版发行研究》第 7 期）系统分析数字内容产业的市场现状、竞争格局、投融资动向及相关政策导向，尝试构建数字内容产业投资价值评估体系。在数字阅读的研究方面，岳鸿雁、何映霏《数字阅读背景下出版社融合阅读产品建设分析》（《科技与出版》第 9 期）分析我国数字阅读产品的发展趋势，从产品设计角度提出出版社融合阅读产品建设的建议。在数字版权研究方面，郝明英《论网络出版者权的法律规制》（《中国出版》第 13 期）主张明确网络出版的法律地位，明确出版者权的内容包括信息网络传播权；韩赤风、刁舜《VR 出版物的作品属性探究》（《出版发行研究》第 10 期）探讨《著作权法》确立 VR 作品这一独立客体类型、将图书出版商视为作者并集中行使其整体著作权的可行性；张立、张凤杰《数字版权保护技术创新应用的六大趋势——基于 1994—2017 年"九国两组织"专利申请数据的分析》（《现代出版》第 3 期）对中、美等国家以及欧洲专利局和世界知识产权组织的专利申请情况进行阶段性追踪研究，揭示了数字版权保护技术发展应用的重点将转向综合化等发展趋势。

此外，在传统出版企业数字化转型升级研究方面，王海华、严威《传统出版业数字化转型升级的问题与对策》（《现代出版》第 4 期）提出，转型升级的首要任务是确定组织定位、调整组织架构、进行顶层设计、创新人才管理与培养机制、打造双效合一的产品定位与布局；段鹏、张媛媛《传统出版社数字化转型方向与突破点》（《中国出版》第 8 期）建议将智能媒体视为转型升级的重要突破点；张健《传统出版社数字化转型六大关键》（《中国出版》第 10 期）认为，知识服务是出版社从内容提供商向知识服务商的行业转型升级，为此应重点关注与互联网机构结成战略合作伙伴、搭建起"出版社＋互联网企业"的合作框架。

（四）理论和学术性的深化研究有所推进

出版研究具有极强的应用性和实践性，这也造成了长期以来行业研究多于学术研究的局面，而行业研究又往往流于浅表层面，有的只是工作经验的总结，研究深度不够，学理性欠缺，导致同质化和低水平重复现象突出，对行业发展的理论指导作用有限。近年来，人们普遍认识到这一问题并通过产学研相结合的科研模式，努力扭转这种局面。从本年度的研究成果来看，这种努力主要体现在以下几点。

一是基于产业创新的理论思考。如耿相新《论服务型出版》（《现代出版》第4期）认为，随着出版对象的数据化、信息化、数字化、网络化，出版商的商业运转也必须转向以网络平台为中心、以提供无形的、同步的、异质的、易逝的增值服务为主要利润来源，这种新的出版模式，可定义为服务型出版；黄勇军、龚力《全媒体出版概念的解构与重构》（《编辑学刊》第3期）对"全媒体出版"概念重新解构，建议将其更正为"多媒体出版"；吴赟、秦林瑜《AR技术与出版业融合之范畴、价值与局限》（《中国出版》第12期）分析AR与"大出版"范畴的多个层面存在的融合及其价值优势。

二是实证研究的广泛开展。实证研究是社会科学重要研究方法之一，高质量的实证研究不仅有助于提升出版研究的学术含量，也受到行业、政府以及学术界的欢迎。如肖洋、任艺霏《中国图书出版业消费函数实证分析（1978—2016）》（《中国出版》第12期）根据凯恩斯的绝对收入假说，建立1978年至2016年中国图书出版业消费函数模型，进而提出与数字阅读、知识服务互补共生的细分市场格局发展要求相适应的营销策略；匡霞、杨扬《图书在线消费者感知质量对忠诚度影响的实证研究》（《科技与出版》第4期）运用SPSS19.0和AMOS20实证研究网络书店消费者感知质量对忠诚度的影响，以及消费者满意度在两者关系中的中介作用；刘欣雅、李丽《文化距离对中国图书版权出口影响实证研究》（《出版科学》第1期）以2004至2016年中国图书版权主要出口对象的11个国家和地区贸易量为面板数据，基于Hofstede国家文化维度和改良后的多边阻力条件引力模型，测算文化距离对图书版权出口的影响。

三是多学科理论的应用。学术理论深度是评价研究成果的关键性指标，本年度出版研究打破固步自封的局面，引入新理论，运用新方法，有助于实现从经验到学理的提升。如在实体书店研究方面，江凌《论实体书店空间的文化治理性》（《出版科学》第5期）将福柯的治理性理论和托尼·本尼特的文化治理性理论应用于实体书店空间的文化治理实践分析；段弘《图书馆×书店：从公共阅读空间中的生产到生产公共阅读空间》(《出版广角》第 8 期）按照法国现代思想家列菲伏尔的空间的社会生产理论，设计"图书馆×书店"模式；马梦娇、孙平《我国实体书店多元化经营模式研究——基于第三空间理论视角》(《编辑学刊》第 2 期）基于第三空间理论，构建契合我国实体书店的未来发展模式。

四是学术史的回顾与反思。任何一个领域的问题研究，都是首先从学术史的清理做起的。学术史的梳理是学术研究的常规工作，也是学术创新的起点。陈洁、吴申伦《顺应知识与阅读需求的兴与变：新中国编辑出版学 70 年（1949—2019）》(《新闻与传播研究》第 12 期）、《面向数字化的编辑出版学转型——21 世纪以来数字出版研究综述》(《出版广角》第 18 期）回顾编辑出版学 70 年和数字出版研究 20 年历程，为学科体系完善和转型做出预判；姬建敏《开拓、创新、发展：新中国编辑学研究 70 年》(《出版发行研究》第 1 期）对新中国 70 年编辑学发展历程作了贯通性研究，并由此提出编辑学融合创新、再造重构的新命题；李频《新中国出版史研究的四维结构初探》(《编辑之友》第 9 期）援引布罗代尔的历史结构理论，建构新中国出版史的理论基础、概念框架和总体特性，通过深层结构解析的方法，尝试使新中国出版史研究的历史化、学科化。

三、2020 年出版研究展望

习近平总书记指出："问题是创新的起点，也是创新的动力源。只有聆听时代的声音，回应时代的呼唤，认真研究解决重大而紧迫的问题，才能真正把握历史脉络、找到发展规律，推动理论创新。"2020 年注定是不寻常的一年，出版研究以开放视野、实践品格和问题意识，全面总结和提升出版业实践的丰富经验，发掘新的学科增长点，必将有助于形成具有自主性、原创性的高质量成果，为行业发展提供应有的智力支持。

（一）新冠疫情引发对出版业发展的新思考

今年初以来，新冠肺炎疫情发展成为影响世界各国交往和社会发展的重大公共卫生事件，加速了出版业数字化进程，也提出了一系列新的研究课题。一是关于疫情对出版业的影响及未来发展方向的探讨，如张立红《疫情之下凸显的出版挑战与应对策略》（《出版广角》第 7 期）等从强化社会效益、创新出版、数字化转型等方面分析疫情下出版业的挑战与应对策略。二是从公共危机治理的角度探讨应急出版机制的建设问题，如尹达、杨海平《新冠肺炎疫情防控下应急出版知识服务策略》（《中国出版》第 6 期）提出加快构建应急出版知识服务体系的建议；李娜、王凤廷《公共突发事件中的应急出版——以新冠肺炎出版物为例》（《现代出版》第 2 期）论证了建立和健全应急出版机制、加快推进数字出版转型的重要性和迫切性。三是探讨面对社会突发公共事件、推动出版改革创新的可行性路径，如赵树旺《疫情背景下出版业知识服务的特色、问题与应对》（《科技与出版》第 4 期）梳理新冠肺炎疫情背景下出版业的知识服务特色及相关问题。随着防控形势的好转，出版业有更多值得思考的实践问题，有待结合历史、现实与逻辑进行深入探究。

（二）出版公共服务体系建设受关注度提升

2020 年是全面建成小康社会和全面打赢脱贫攻坚战的收官之年，有关文化扶贫和出版公共服务体系建设有关问题的研究备受关注。在这方面，已有成果如谢巍、刘益《中西部欠发达地区中小学阅读扶助机制落实——政府层面的策略建议》（《中国出版》第 14 期）对中西部欠发达地区中小学阅读进行扶助的落实机制进行探讨；叶松庆等《实施乡村振兴战略视域下农村留守儿童阅读要义》（《中国出版》第 24 期）提出改善农村留守儿童阅读现状的对策建议；叶阳《文化扶贫与数字化阅读推广路径探析》（《中国编辑》第 4 期）认为，推广数字化阅读是实现精准扶贫的重要任务和文化扶贫的有效途径，也是构建贫困地区公共文化体系的核心内容。上述这些成果，为进一步研究奠定了基础，也为深度拓展留足了空间。

（三）出版学学科建设与理论建构再成热点话题

根据《学位授予和人才培养学科目录设置与管理办法》，2020 年国务院学位委员会将启动《学位授予和人才培养学科目录》的调整工作，出版学界和业界再次呼吁尽快将出版学调整为一级学科,推动出版学学科建设和基础理论研究再次成为焦点。近期已发表的成果,如聂震宁《出版学应该成为一级学科的五个理由》(《现代出版》第3期),张志强、杨阳《时代之需:出版学设为一级学科的必要性与可行性》以及陈丹、宋嘉庚《构建中国特色出版学体系理论思考和现实期待——增设出版学一级学科的必要性与重要性分析》(《中国出版》第4期)对出版学列入一级学科的重要性和必要性展开理论探讨,方卿《关于出版学研究对象的思考》(《中国出版》第6期)提出了定义出版学科研究对象的两个基本遵循,即研究对象的规定性和学科自身的主体性,并据此提出"出版现象"是出版学研究对象的观点。随着有关讨论的持续深入,相信会有更多新的研究成果,对出版学学科建设和出版理论研究,必将起到积极推动作用。

(四)整合和融合将为出版研究提供创新路径

在媒介形态融合背景下,出版融合发展成为大势所趋,出版研究也因而获得了超越单一媒介形态的研究视野。急剧变化的行业态势,使得许多问题已经不能在原有认知范围内得到回答,打破学科领域的界限,成为一种必然选择。与之相适应,研究力量也逐步从分化走向整合,政产学研开放协作的研究模式得到推广。在研究方法上,依托于多学科深入交叉融合的"融合科学"范式,将带来科研生态的根本性变革[1],也为出版研究提示了未来图景。例如,围绕《著作权法》修订和数字版权保护等重大问题,业界和学界聚合在一起,法学和其他不同学科背景的研究人员聚集在一起,共同寻找解决方案,并将学科交叉融合贯穿于提出问题、分析问题并解决问题的全过程。在这个过程中,不同学科的知识、理论、方法、数据互相交织和影响,有可能形成新的研究框架和新的学术语言,从而催生新的学科增长点乃至融合性领域。

(刘兰肖 国家出版基金规划管理办公室编审)

---

[1] 肖小溪等:《"融合科学"新范式及其对开放数据的要求》,《中国科学院院刊》2020年第1期。

第十一节　2019 年新闻出版走出去情况分析

2019 年是新中国成立 70 周年，新闻出版业抓住契机，凝心聚力，输出了一大批反映当代中国经济建设和社会成就的主题出版精品图书，向祖国献礼，向世界展示我国 70 年来的出版成就，共享我国改革开放和新时代中国特色社会主义建设的丰硕成果。

一、2019 年出版走出去基本情况

（一）围绕庆祝新中国成立 70 周年，主题出版掀起国际合作热潮

紧紧围绕新中国成立 70 周年重大时间节点，国内出版单位主动与国际知名出版机构策划、合作出版了一批宣传阐释新中国成立 70 周年成就的主题图书，并在海外取得了较好的影响。为配合习近平总书记及中央宣传部领导出访和出席重要国际会议活动，中国国际出版集团在吉尔吉斯斯坦、塔吉克斯坦、古巴、蒙古国、德国、巴西、波兰等 7 个国家举办了 7 场《习近平谈治国理政》《摆脱贫困》《之江新语》等习近平总书记著作首发式活动。中国人民大学出版社与国际知名出版机构麦格劳—希尔教育集团共同策划向新中国成立 70 周年献礼、向世界展示展现真实、立体、全面的中国的主题图书《对话中国》，邀请了 17 位中外知名学者就中国政治、经济、文化、社会、教育等相关领域的热点问题进行深入探讨和交流，通过中外学者对话的形式，从不同视角向国内外读者介绍新时代中国的发展理念、发展道路、发展方向、内外政策主张，系统回应国际社会对中国各方面发展的关切，客观阐述在一系列重大问题上中国的观点和立场，充分展示新中国成立 70 年来的辉煌成就，该书英文版在海外同步出版发行。北京语言大学出版社策划出版了《外国人眼中的中国》系列口袋书，以在中国学习、生活过的外国人讲述他们在中国亲身经历或切身感受，分享他们对中国的认识与体验，

以其个性化的视角折射70年来、特别是改革开放以来中国发生的让人惊叹的发展变化，既展示中国博大精深的文化，也反映中国的大国胸怀——开放、包容、自信。五洲传播出版社策划、制作了"新时代的中国人"丛书（英文）、《简明中华人民共和国史》（中、英文版）、《中国生活记忆》（英文版）、《瞬间回眸：影像中的变迁》（汉英对照版）等一系列丛书。中国青年出版社出版的线装版画册《最美的中国古典艺术——中国艺术5000年》英文版、法文版出版后也取得了超过万册的销售业绩，并由外交部采购数千册，作为驻外使馆国庆70周年庆祝酒会的礼品书赠送外国友人。内蒙古人民出版社出版的基里尔蒙古文版《四大名著》（《红楼梦》《三国演义》《水浒传》《西游记》）在"感知中国"中蒙建交70周年系列文化活动中向蒙古国捐赠。

同时，出版单位依据自身优势，形成主题图书多选题、多类型、全年龄段的选题开发、对外推介与特色优势内容设计、深度合作并举的对外内容生产宣传的良好态势。中国国际出版集团全力做好习近平总书记著作对外出版发行和宣介推广工作，完成《习近平谈治国理政》（第一、二卷）、《摆脱贫困》和《之江新语》等多语种国际合作翻译出版工作，通过合作方进入当地主流发行渠道，并辐射周边国家。中央编译出版社完成《论坚持推动构建人类命运共同体》英文版、法文版，以及《中华人民共和国大事记（1949年10月—2019年9月）》英文版的翻译出版，并推动其他多语种版权输出。人民出版社出版的《平"语"近人——习近平总书记用典》《深入学习习近平关于教育的重要论述》《以习近平同志为核心的党中央治国理政新理念新思想新战略》《习近平讲故事》《平天下——中国古典治理智慧》《平天下——中国古典政治智慧》《学习关键词》《阅天下——新历史方位下的中国》等一批宣传习近平新时代中国特色社会主义思想的图书，都实现了多语种版本走向世界，让不同国家的读者看到了中国的成功、领略到中华文化的魅力。《国际共产主义运动史》输出意大利文版，是"马工程"目前实现版权输出唯一的一部作品。中国社会科学出版社以主题出版与学术出版相结合的方式，成功输出《习近平新时代中国特色社会主义思想学习丛书》，该书目前已输出英文、韩文、孟加拉文、尼泊尔文、印地文、德文、法文、西班牙文等多个语种。高等教育出版社以经济教育和学术研究的视角，通过对中国经济学的研究，积极介绍中国特色社会主义经济的发展，其出版的《经济转型与发展之中国道路》《中国特色社会主义政治经济学史纲》《中国特色社会主义政治经济学》等图书已成功输出英文、土耳其文、波斯文等多语种。中国少年儿童新闻出版总社，针对少年儿童的阅读特点，出版的"伟大也要有人懂"系列图书2019年突破性地实现了西班牙语、乌尔都语、普什图语等10个语种的版权输出，大部分是"一带一路"沿线小语种国家，至今已累计输出19个语种。广西出版集团接力出版社的"先锋人物系列"集中介绍展示新中国成立以来体现我国奋发进取与开拓创新民族精神的典型人物。

（二）出版单位"八仙过海"，版权输出提质增效

2019年我国出版业版权贸易活跃，在保证版权贸易数量稳步增长，版权贸易逆差持续减小的同时，出版单位不断尝试适合自己的版权输出方式，版权收益可圈可点，海外收入或版权贸易收入有一定程度的提升，首付版税和结算版税差距逐渐缩小，结算版税比例有较大提高，版权输出已逐步显现出经济效益。江苏凤凰出版集团坚持把外向型图书出版纳入精品生产体系，不断提升选题的精准度、辨识度、接受度；社会科学社着力将主题出版、学术精品出版、大众出版与"走出去"紧密有机结合，坚持"高端"与"普及"有机结合，探索出了一条主题化、精品化、大众化、国际化四位一体、相互联动的出版产品线，目前已形成了"理解中国""中国制度""简明中国""当代中国学术思想史"四大系列14个语种的出版矩阵。北京语言大学出版社成立针对海外少儿汉语图书的编辑室，专门研发策划正在快速增长的面向海外少儿汉语学习的选题，使得"走出去"的产品从"有"上升为"好"。外语教学与研究出版社针对当前海外汉语学习低龄化趋势，自主研发的跨媒介全球儿童汉语学习资源"七色龙"项目已陆续完成20个品种图书的出版以及配套网络资源的开发和上线，在国内多个城市的40多所国际学校汉语课堂使用了该系列资源进行汉语教学；在海外，"七色龙"已走进了英国、美国、澳大利亚、新加坡、越南等多个国家的主流学校汉语课堂，品牌影响力逐渐形成。

（三）依托项目工程，合作彰显成效

在丝路书香工程、中国图书对外推广计划、经典中国国际出版工程等重点工程项目资助下，出版单位开展了一系列合作出版工程项目，以项目为依托，集聚规模和资

源优势，初显成效。高等教育出版社与国际知名学术出版机构合作出版的"当代科技前沿专著系列"，由一系列反映国际先进水平、原创性强的学术著作组成，借助中国图书对外推广计划等项目的资助，取得了良好的社会效益和经济效益，并获评为"2019—2020年度国家文化出口重点项目"。该系列图书单本下载量均达数万余次，2019年在《中国大陆出版社入藏海外图书馆系统的英文图书名单》中，《生物学家的计算技巧》（*Essential Computing Skills for Biologists*）以51本入藏图书馆数量第三名。涵盖基础科学、生命科学、工程技术和人文社会科学等领域的《前沿》（*Frontiers*）系列英文学术期刊，反映各学科领域的最新研究成果和发展趋势，以网络版和印刷版形式出版。截至目前，28种英文期刊中已有13种被SCI收录，其他期刊亦被EI、Medline或相应学科的国际权威检索机构收录，海外下载总量逾600万篇次，海外收入逐年增长，影响力日渐提高。山东出版集团实施的尼山书屋项目，2019年在美国、澳大利亚、乌干达等国落地4家。截至目前，尼山书屋共在24个国家落地42家。两万余种套中国图书通过尼山书屋"走出去"，与海外读者见面。尼山书屋国际出版公司（美国）《图说蒲松龄》英文版出版发行，并举行图书首发式；《论语诠解》英文版宣传工作持续推进，形象宣传片亮相纽约时代广场，让越来越多的美国人了解中国优秀文化。尼山书屋国际出版公司（澳洲）《字记2020》英汉对照版出版发行，该书将汉字文化融入周历中，是中国传统文化创新型转化的有益实践。在内容建设、渠道不断拓展的基础上，数字尼山书屋项目也在加紧实施。江苏凤凰出版集团以省委宣传部"中柬互译项目"为依托，积极推动经典图书的版权输出。首期"中柬互译项目"《珠山玫瑰》和《万用表》已顺利完成，第二期"中柬互译项目"已进入翻译阶段，中国首位国际安徒生奖得主曹文轩的名作《青铜葵花》和柬埔寨儿童文学代表作品《兰纳》即将与两国读者见面。北京出版集团"十月作家居住地"平台，以加强原创生产、重视翻译推广、利用平台开展版权洽谈的方式，实现了高质量原创作品的版权输出，已有3部中国作家的居住地作品输出6个语种版本。

（四）多层次搭建展会平台，少儿出版互动活跃

2019年各出版单位积极参与国际书展和中国主宾国活动，同时在国内举办出版论坛，以及承办国际出版组织的相关会议，搭建国际出版交流合作的平台。浙江大学出

版社出版的《中国古代丝绸设计素材图系》在伊朗德黑兰国际书展中国主宾国活动开幕式上捐赠给伊朗国家图书馆和档案馆，《元画全集》分别被捐赠给伊朗国家图书馆（中国图书角）和塔巴塔巴伊大学（中国研究中心），用艺术精品串联起丝绸之路上的两个文明古国。中国少年儿童新闻出版总社在伊朗德黑兰国际书展成功举办"传统文化与国际表达——中伊少儿图画书交流会"、中国原创插画展等多项专题活动，以及版权洽谈，为中国与伊朗乃至"一带一路"区域的少儿出版领域互相增进了解和加强交流起到了积极作用，并为中国少儿出版"走出去"寻找合作机会。北京语言大学出版社在委内瑞拉国际书展主宾国围绕汉字和汉语为主线的7场主题活动，内容既包括了介绍汉语和中国文化的观众互动活动，也包括了实质性的业务合作，开拓了南美新市场，建立新合作。在积极参加国际书展的基础上，2019年少儿出版与国际互动活跃，由我国出版企业举办、承办多场国际性论坛、展览、奖项等活动，不断加强我与国际少儿出版沟通交流。中国少年儿童新闻出版总社与中国图书进出口（集团）总公司联合组织中国展团，参加了第56届博洛尼亚国际儿童书展，圆满完成研讨交流、版权贸易等各项工作。中国展团共达成版权输出意向680种，涉及美国、英国、加拿大、比利时、黎巴嫩、波兰、乌克兰等近20个国家和地区，输出图书类别主要包括图画书、儿童文学类图书、卡通漫画等，而主题出版类图书的输出，持续成为一大特色和亮点。中国展团不仅充分展示了中国最新优秀原创童书作品，同时积极与国外出版机构和版权代理人进行版权洽谈，与国际同行和专业人士进行研讨交流，展示了中国文化的魅力和中国出版进军国际舞台的坚实步伐，有力推进了中国文化"走出去"目标的稳步实施。广西出版集团接力出版社承办的"中国—东盟少儿出版阅读论坛"在广西举办，邀请了24家中国及东南亚国家的出版机构参加，其中12家国外出版机构分别来自越南、泰国、马来西亚、新加坡、印度尼西亚和柬埔寨、尼泊尔和斯里兰卡。中外代表围绕"当下少年儿童的阅读需求和童书出版现状"这一主题进行了深度的探讨。同期举办的"中国—东盟少儿图书版权交易会"共达成输出意向的图书300余种，是中国与东盟之间少儿图书出版深化合作的新起点和促进双方合作模式升级的新动力。中国少年儿童新闻出版总社成功举办第四届国际儿童读物联盟（IBBY）亚洲大洋洲地区会议，来自24个国家和地区的文化和少儿出版界专业人士以及国际儿童读物联盟执委会委员等近200人参加了本届会议，以"儿童与未来"为主题，围绕服务国家外宣和外交大局、讲好中国故事的主旨,在展示中国少儿读物创作与出版的新面貌,尤其是展示新中国成立 70 年来中国少儿出版"走出去"成就的同时,推动与世界特别是"一带一路"沿线国家和地区的少儿阅读推广和出版合作。

二、2019 年出版走出去的特征

(一)体制机制不断完善,"抱团"走出去

国内出版单位在多年持续的走出去工作中,及时总结经验,出版单位从体制机制、政策法规、投入保障、工作方法等方面不断改进并落实出版"走出去"战略。中南出版传媒集团对符合条件的重点"走出去"图书和项目进行政策支持和实施保障,优化"走出去"社会效益考核体系,实施版权输出超额奖励制度,考核与奖励并举,敦促和激励下属出版单位大力实施"走出去"业务,严格把关包括"走出去"图书在内的重点选题的策划、设计和装帧,通过考核、激励与把控结合,更科学地协调和支持集团上下开创"走出去"工作新局面。四川新华文轩出版传媒股份有限公司通过不断调整考核方案,将海外出版、实物出口、海外机构运营成效、入选项目及获得荣誉作为标准,不仅将考核指标多样化以符合不同出版单位客观情况,还更加以实际成果来肯定和激励"走出去"并"走进去"。辽宁出版集团随着二次创业的坚实推进,集团所属出版社也越来越重视"走出去"工作,加大人员配备力度,聘请高学历外语人才,专门负责走出去工作,并加强对版权工作人员的专业培训,同时各社有效整合出版资源、对外合作项目信息等,形成一系列较完善的管理体系。单体出版社成立走出去工作的独立部门,通过内容建设和流程管理的结合,加强对内容生产和选题策划环节的介入。

在不断提升内部管理机制的同时,加强与兄弟单位的横向联合与合作,实现资源互补,实现"抱团走出去"。人民出版社同中图公司、中教图公司、厦门外图等图书进出口公司,同社科文献出版社、五洲传播出版社等兄弟出版社进行了各种合作尝试,取得了很好的效果。五洲传播出版社与中少总社、江西人民出版社、江西教育出版社、

天津人民出版社等多家出版社通过版权代理等合作方式，包括曹文轩等在内的众多名家名作，实现了更广泛的"走出去"。外语教学与研究出版社与中国图书进出口（集团）总公司将《许三观卖血记》（余华著）、《生死疲劳》（莫言著）和《英格力士》（王刚著）等图书联合输出至匈牙利、罗马尼亚等国家。社会科学文献出版社充分发挥自身内容资源整合、人才培养、规范建设以及宣传推广的功能，通过自有国际出版平台与施普林格·自然集团、兰培德国际学术出版集团合作出版 30 余种图书、云南大学出版社通过多学科方向的优秀著作外译项目，进一步强化我学术出版的国际影响力和对内国际出版话语权。

（二）进入外方主流市场，国际影响力进一步提升

国内出版单位利用自身领域优势，策划出版了一批优秀图书，凭借其优质内容，在国际市场获得较大影响力，并进入国际主流出版市场。中国教育出版集团《三体》三部曲仅英文版就被全球 1 350 家海外图书馆纳入馆藏，再一次刷新我国当代文学海外销量和影响力的最高纪录。中国人民大学出版社出版的社会主义核心价值观系列的《富强》《民主》两部图书登上了俄罗斯最大的网络书店迷宫（Labirint）2019 年 2 月销售排行第二，《为马克思辩护》同期销售排行第三十位；《选择：中国与全球治理》《文化复兴：传统文化的现代价值》柬埔寨文版被当地 23 所科研机构和高校图书馆馆藏；《人格权法》韩文版，被韩国大学出版协会评选为 2019 年度"优秀图书"；马俊杰教授（笔名劳马）荣获 2019 年新德里世界书展"优秀作家奖"，及泰国泰中文化经济协会颁发的"年度最佳作家奖"。中国建筑工业出版社的《胡同蘑菇》一书，在 2019 年法兰克福书展期间获得了德国 DAM 建筑图书奖提名奖和伦敦设计博物馆 Beazley 最佳设计提名奖。

值得关注的是，教育类图书借助各社优势，对外汉语、特殊教育、数学等教材走出国门，走进对象国国民教育体系。北京语言大学出版社与泰国教育部基教委、职教委保持着多年的密切友好合作关系，多方联合推动《天天汉语》进入了泰国教育部官方汉语教学指定教材。人民教育出版社作为目前国内唯一全品种出版义务教育特殊教材的出版社，在 2019 年的北京国际图书博览会上，与马来西亚文语控股有限公司就人教版特教教材在马来西亚出版发行，签署了合作协议。此次特教教材走出国门，有助

于让国外认识了解我国的特殊教育，使人教版特教教材惠及更多有需求的人群。外语教学与研究出版社针对当前海外汉语学习低龄化趋势，外研社自主研发的跨媒介全球儿童汉语学习资源"七色龙"项目已陆续完成20个品种图书的出版以及配套网络资源的开发和上线，在海外，"七色龙"走进了英国、美国、澳大利亚、新加坡、越南等多个国家的主流学校汉语课堂。

（三）多措并举，销售渠道不断发力

通过借助海外合作方销售渠道、建立网上自营销售平台等方式，进入国外图书主流销售渠道，不断扩大中国图书海外销售。广西出版集团旗下广西美术出版社日本编辑部成立后，借助合作方日本新华书店株式会社销售渠道，出版的图书在日本主流图书销售渠道"淳久堂"的中文书架和日本四大电商"新华书城""亚马逊""雅虎""乐天"网站平台上上架销售，同时日本编辑部与日本书道协会建立了长期合作关系，对策划、推广中国传统书法图书拓宽了渠道，还与日本多家博物馆建立合作关系，将图书加入博物馆销售专柜进行销售。浙江大学出版社2019年8月开通出版社自营阿里巴巴国际站，并通过法国必维检验集团的进出口商品认证。自开业以来，已有多家国外买家询价，成功达成合作。通过都灵书展国际平台销售中国传统文化创意产品和图书，深受意大利读者喜爱。

（四）提升数字化思维，实现大版权融合运营

以IP思维向纸质图书以外的数字版权、VR/AR等领域延续、加深合作。语文出版社与孔子学院总部就《普通话1 000句》达成合作协议，实现该书多语种的实物出口，共计码洋85.8万元，下一步将继续翻译并出版《普通话1 000句》法语版、阿拉伯语版，并配合推出多语种APP、微视频和网络课堂，希望通过多语种、图文并茂、线上线下同步的语言学习产品打造语文社"走出去"的重点产品线，并吸引海外客户的注意，这对语文社初涉汉语教材版权输出领域有着重大的意义。华语教学出版社针对本社图书特点，积极探索新的版权合作模式，筛选优质的海外合作方进行数字版权授权，"我的第一本中文故事书"系列、"当代中国短篇小说分级读物"系列、"彩虹桥"系

列等，目前海外数字授权图书下载量累计12万次，数字版权收入已逾12万美元，带动该社版权输出数量及收入有较大提升。人民卫生出版社积极开发"走出去"图书多语种版本，积极探索"走出去"图书的全媒体出版形式，开拓图书全媒体销售渠道。目前出版的中医药图书语种涵盖英语、法语、德语、葡萄牙语、西班牙语等语种，选题和产品涵盖纸质图书、APP、多媒体电子书和纸数融合产品等。

三、推动出版走出去的建议

（一）克服疫情影响，让中国声音更加响亮

虽然疫情对中国出版业走出去造成了不小的影响，出版企业的国际贸易业务不可避免地受到影响，但疫情同时也进一步彰显了中国的实力和形象，让世界人民对中国道路、中国制度、中国精神和中国文化有了更加深入的了解，各类中国抗疫图书、网游、手游、网络文学、短视频内容在国际上的热销，进一步夯实了出版走出去的基础。因此，出版界要采取有效措施，化被动为主动，化不利为有利，克服疫情造成的不利影响，把握好疫情催生出的中国出版走出去的新模式、新机遇，加大政策力度，加快支持数字出版产品出海，积极抢占全球出版市场，从而让中国故事讲得更加精彩，让中国声音更加响亮。

（二）创新数字出版，加快转型升级

新冠肺炎疫情给传统纸质图书的出版发行以及对外出版和国际交流业务带来了较大影响，但同时，疫情期间读者的阅读方式、获取内容的渠道以及内容的传播方式都有了极大的变化，这也给数字出版带来了新的发展机遇。国内多家出版社将抗疫主题的电子书授权海外出版机构，并在海外平台上线发行，并获得了海外读者较高的阅读下载量，或将最新推出的抗疫主题的电子书或电子课程通过微信等途径免费分享给"一带一路"国家和其他国家的合作伙伴，分享中国的抗疫经验。

(三) 创新协同出版方式,提升国际传播能力

进入2020年,突如其来的新型冠状病毒肺炎肆虐全球,在举国上下共同抗疫过程中,中国出版人主动发声,为向国际社会讲好中国抗疫故事,传递中国抗疫经验,分享中国抗疫方案作出了重大贡献。仅在疫情来临短短2—3个月的时间,就为国内外公众提供了百余种抗疫读物,包括科普类、实用手册、少儿类、纪实文学等多个类别的纸质书、电子书和有声书等多种形式,帮助读者更好地认识新冠肺炎的方方面面。与此同时,人民出版社、五洲传播出版社、中国外文局、中国少年儿童新闻出版总社、湖北科学技术出版社等单位策划出版的抗疫图书以版权输出、合作出版等形式实现了多语种的版权输出。在传统的版权输出、翻译出版形式的基础上,多家出版社以同步出版中外文版本的形式,将中国在短时间内积累的抗疫成功经验和做法及时、直接地与其他国家分享。这一创新形式大大缩短了翻译出版的周期,使出版能够快速参与全球热点话题、热点问题的讨论,进一步提升了国际传播能力。

(四) 充分利用各类交流平台,推动国际合作

新冠疫情的暴发,使伦敦书展、美国书展、巴黎图书沙龙、博洛尼亚童书展等国际书展纷纷推迟取消,给出版业国际交流合作蒙上了阴影,也正因如此,出版单位要充分利用各类国内外出版交流平台,加强合作交流。如,为响应国际儿童读物联盟(IBBY)"全球抗疫童书互译共读项目"倡议,国内多家出版单位捐出图书版权,并在线上平台"生命树童书网"上线多语种版本,向全世界小读者免费开放阅读,同时该项目也吸引百余名译者报名。另有国内多家出版单位通过中华文化译研网、中国图书对外推广网、"一带一路"学术出版联盟、丝路童书国际合作联盟等平台积极与国外出版机构进行线上沟通联络,及时发送英文书目,积极推动国际出版交流合作。

(刘莹晨　中国新闻出版研究院)

第四章

中国香港特别行政区、澳门特别行政区、台湾地区出版业发展报告

第一节　2019年中国香港特别行政区出版业发展报告

一、出版界的大事

（一）时不我与——"不一样的香港书展三十周年"

香港书展于2019年7月17日起一连七日在湾仔香港会议展览中心举行，适逢香港书展三十周年。书展年度主题为"科幻及推理文学"，以"从香港阅读世界——疑真疑幻．幻梦成真"点题，邀请了多位担任"年度主题作家"，包括：杜渐、倪匡、黄易（已故）、李伟才、梁科庆、谭剑、徐焯贤、陈浩基和厉河。

在书展举行前，主办方与参展商已尽量做好各种应急方案，面对未可预期的突发事件；在书展期间，主办方和参展商每天都关注事态和局势的变化，令2019年的香港书展成为"不一样的书展"。最后，书展录得约98万入场人次，比2018年下跌6%，据报受访参展商生意下跌约十多个百分点，不少读者分享会、新书发布会和讲座都受政治事件拖累而影响入场参加人数。

香港出版业最具规模的联合出版集团于2018年庆祝成立的三十周年，2019年纪念与香港书展同行三十周年。集团启动"出版主业提振计划"，明确"深耕香港、面向世界、注重原创、兼顾引进"的出版定位，不断拓宽选题视野，注重内容创新，力求为读者带来更高质、更多元的好书。

集团在7月15日举行了香港书展传媒采访会，邀请出版社代表与作者介绍新书背后的故事，包括：奥斯卡金像奖最佳美术指导得主叶锦添、著名艺人陈美龄、香港小姐冠军张嘉儿、香港历史掌故专家郑宝鸿、香港大学教育学院助理讲师梁昌钦、著名儿童文学作家严吴婵霞、畅销食谱作家方晓岚、香港作家许迪锵、资深动画师卢子英及广告招牌师傅李健明等，参与嘉宾众多，场面热闹。

（二）厚植根基——努力不懈地推广阅读

香港出版业面对的根本的挑战，是阅读风气变弱、阅读人口减少。推广阅读既是出版人的文化责任，也是挽救出版的重要方法。近年来，香港出版总会就以推广阅读为主要的行动目标之一，争取与政府部门与不同机构协作，共同为此努力。

香港出版总会获得政府教育局支持，3月在荷里活广场举办了"亲亲·喜阅嘉年华"，期望通过商场书展和各式各样的阅读文化活动，让幼儿园、学生和家长参加，畅游书海，享受阅读乐趣。出版总会特意为学校编制了"推荐阅读书目"，推介适合幼童至初中学生的新书，并邀请学校图书馆主任到书展现场挑选图书。两天展出的精选图书约1 000多本，共吸引逾千人次进场，多场文化活动均满座，场面十分热闹。其后，出版总会又协办"救世军学前教育服务部"举行"喜阅家庭"亲子共读日，效果良好。

同时，香港出版总会与政府康文署属下的公共图书馆合作，提供推广阅读的新书视频，上载到图书馆网站供读者浏览。公共图书馆有过百万的读者粉丝，对于推介新书和作者，相互借力，对营造阅读氛围有莫大裨益。

（三）追求专业——"第二届香港出版双年奖"顺利完成

2016年，香港出版学会首办了"香港出版双年奖"，实现了香港几代出版人的夙愿。在各界的鼎力支持下，第二届"香港出版双年奖2017"顺利举办，并在2019年圆满完成。在总结第一届的基础上，第二届在奖项与评选方面都进一步优化。包括修改及新增了奖项：将原来的电子书类别取消，改为数码媒体应用奖；增设了"出版大奖""优秀编辑奖"和"市场策划奖"。从编辑扩展到营销推广，以能更广泛涵盖出版的各项专业。从书到人，去鼓励"人"（从业员），特别是年轻从业者。项目又争取了一些赞助，设立具鼓励意义的奖金（"蓝真持恒基金"赠予优秀编辑奖金）。最后选出九个内容组别和三项大奖，合共93个项目，表扬近两年的优秀香港出版物、作者和出版社。为隆重其事，为业界给力，项目筹委会在 7 月中旬举办了"香港出版双年奖"盛大颁奖典礼，邀请政府商务及经济发展局邱腾华局长亲临主礼，得奖出版社、作者和编辑济济一堂，相互祝贺，场面热闹感人。出版双年奖不只是一个奖项，更重要是为香港树立优秀出版的标准，这目标是双年奖坚持举行的最大动力。

（四）与同行接轨——继续努力向外开拓

1. "香港馆"十周年

香港出版因本土市场狭小不利发展，故一直积极向外拓展。香港出版总会与香港印刷业商会合作，连续获得政府"创意香港"资助，每年在多个国际书展举办"香港馆"，2019 年刚好是第十个年头。出版总会先后于 2 月台北书展、4 月意大利博洛尼亚儿童书展、8 月南国书香节及北京国际图书博览会与 10 月法兰克福书展参展设立"香港馆"，将优秀的出版和印刷品陈列，展示香港的创意成果，吸引版权和业务洽谈。"香港馆"已成为以上国际书展中的"香港名片"。值得一提的是，联合集团在北京国际图书博览会期间举办"版权沙龙"，展出集团属下出版社，包括三联、中华、商务、万里、新雅和中和等出版品牌的大量优质新书与出版实力，国家新闻出版署领导和十多个内地出版集团高管参加，场面盛大。

与此同时，国际书展中的"香港馆"也成为业界交流的重要平台。在南国书香节，出版总会会长李家驹向广东省委宣传部领导介绍香港馆特色及出版近况。在北京图书博览会香港馆开幕式后，李会长获邀参加内地传媒招待会，详细介绍去年香港馆，以及香港社会、政治和出版的新近情况。

2. 跨地域交流

2019 年香港图书文具业商会获得第十三届亚太文具协会联盟年会及亚太文化创意产业高峰论坛的承办权，活动于 10 月 28 日在港举行。此次论坛主题为"百年机遇，共建共享"，旨在探讨"一带一路"及粤港澳大湾区带来的产业创新和发展机遇，吸引数十个国家及地区同业参加。

香港出版总会代表参与多个两岸四地论坛，包括：出版总会会长李家驹在 9 月 20

日参加第十五届海峡两岸图书交易会高峰论坛，担任主嘉宾之一。出版总会代表团参加了在 10 月 17 日在台北举行的第二十四届"两岸四地华文出版年会"，会议主题为"两岸出版——融合发展，共创未来"。通过年会为业界创造更多跨地区交流，有助促进两岸四地华文出版界沟通和共同发展。

（五）转型永变——从尝试中提炼

香港出版一直都是以商业方式运作，较少依赖政府资助。随着近年出版面临转型挑战和营商环境变差，出版界积极向政府争取合理的支持。特别是在每年政府制订财务预算案前，出版总会都将业界的意见和建议向上反映。2019 年 11 月 27 日总会李家驹会长参加财政预算案咨询会，向特区政府提出支持业界（特别是书店纾困措施），加大推广阅读（如增加直接用于阅读的拨款）的诉求。政府政策一直较少给予个别业界资助，就算出版具有社会和文化功能，也未获例外。出版界除坚持游说争取，也要自强求进，循更专业的道路发展，去年就进行了一些新尝试。

1. 鼓励创作——"初创作家出版资助计划"

经年多筹备，出版总会向政府属下的"创意香港办公室"申报"想创你未来——初创作家出版计划"项目，期望政府资助本地初创作家出版优质图书，以及进行全方位转型的出版尝试。计划是通过专业评审，选出一定数量作品，对写作、编辑、设计、印刷、电子出版、知识付费与推广（包括本地及海外）给予资助，入选作品出版后被带到国际书展的"香港馆"展出，增加输出版权的机会。此项目将是香港首个由出版界专业主导的出版资助计划，对鼓励创作与出版具有积极意义，预计在 2020 年落实。

2. "Ad × Pub"——跨界别合作，规划图书的在线推广

近年社交媒体发达，图书出版不能不考虑如何用好此方式推广。因此，出版总会协办香港互动市务商会，筹办 Ad × Pub（香港初创数码广告企业 X 出版宣传支持计划），这是出版与广告的首次跨界合作。项目通过评审方式，选出 12 种优秀图书，由出版社伙拍出版社，制作适合于社交媒体宣传的方案，向公众推介，并促进阅读风气。项目在广告界和出版界的鼎力支持下顺利完成，12 个项目在社交媒体的浏览流量超过

百万人次。2019年7月4日，大会顺利举行颁奖礼，表扬得奖作品，并借助分享会与广告和出版界交流得奖个案，为业界上了一次实用的培训课。这种跨界合作是历来首次，出版总会与香港互动市务商会均满意成果，有意将计划延续下去。

3. "知书"——香港首个知识付费平台上线

知识付费已成为出版新趋势，近年特别是内地发展迅速，相关产值不断增加。香港出版物以繁体中文出版为主，内容较倾向于本地题材，有声书以粤语服务香港读者为主；为此，除寻找与内地平台合作的机会外，亦探索在港建立适合本土市场的平台的可能性。经一轮筹划，联合出版集团属下的联合电子公司开发的香港首个有声阅读APP"知书"顺利上线，为香港电子出版记下一笔。

"知书"是集"读""听""学""赏"诸功能于一身的移动阅读学习平台，包括"讲书""开课""有声书""电子书"和"视频"等五方面核心内容，专注阅读，知识服务，以音视频为主带来全新的阅读体验，满足今日读者对"知识""情感""技能""发展"的需求。据联合电子公司所述，知书不单为读者提供新的阅读形式与体验外，更为出版业服务，通过对内容的二次创作而创造新的出版价值。知书除自创内容外，并争取为香港出版社的代理，联系与发掘境外合作伙伴，拓展市场空间。

（六）"授借权"——取得阶段性进展

香港是一个生活便利的城市，随着公共图书馆服务不断强化，借书必定影响购书，出版界仿效欧洲的经验，多年来向政府争取"授借权"（Public Lending Right），可是政府反应一直都不积极。业界对争取"授借权"没有放弃，去年终于有所突破。"授借权"目标之一是推动阅读和创作，在此大前提下，出版界与康文署辖下公共图书馆落实以"推广本地出版书籍及阅读文化先导计划"为试点，由政府拨款给予出版界，由出版社为图书馆已采购的书籍提供图书数据，包括封面、目录、样章等，以促进建立本地的图书电子数据库，并携手合作推广阅读。去年，出版界与公共图书馆签订合约，制订下一步工作计划，标致着"授借权"取得阶段性成果。政府的资助会分派予作者和出版社，补贴因借书引致的经济损失。

二、出什么书和看什么书

（一）出版量

香港出版向来缺少官方的管理与统计，故有关的数据一直阙如。2018 年香港出版总会与康文署辖下的公共图书馆磋商，争取在现行的书刊登记制度的基础上，改良优化为书籍统计制度。经过多月筹备，去年的中英文书籍的统计资料终于完成，可对外发布，供公众、业界及研究者使用。按公共图书馆统计，向馆方申报香港国际标准书号（ISBN）而在 2019 年出版的中文书刊共有 14 533 种，包括出版社及其他非出版社机构、书籍及期刊；其中卖品共有 7 555 种（包括教科书和教辅）。多年来都说不清香港每年究竟出版多少种书刊的疑问，2019 年终于有答案了。在这统计上，出版与公众就可得悉每年出版量的变化，分析香港出版的主题、形式与定价等课题，进而制订未来的出版及发展策略。

面对出版不景气，出版社只有谨慎应对，减少出版量，优化选题，避免出版物变为存货而积压资金。虽暂没有准确数据比较，但估计仍是实在的。一方面，发行与书店从业员指去年香港的出版量不断减少，新书不多，且高度集中于书展前后，令销售周期不健康。另一方面，负责公共图书馆订单的采购商也慨叹不够新书供图书馆勾选，很难满足每年的采购额。以上都反映了香港出版不景气的状况。

（二）出什么书

因出版资源的限制，香港出版素来都偏重于本土题材，例如香港历史与文化、香港议题等，但 2019 年也不乏跨地域与国际话题的出版物。2019 年值得一书的出版重点，主要有三方面：首先，在香港选题方面，去年是多家机构或团体的成立周年纪念，出版了回顾史册，例如《道行公益——公益金服务香港五十年》（商务）、《香港警务处一百七十五周年纪念特刊》（香港警务处）、《丽载英华》（三联）、《城市动脉——港铁穿梭四十年》（三联）。当中很多机构都是跟香港同步成长，也纪录了社会与港人的印记，相当有意思，地铁四十年就是一例。此外，也有出版社尝试以正面的视角，从人物及她们的故事细说香港的精神，这是由三联出版的《香港故事——五十个独特视角讲述"百变"香港》。如香港中联办卢新宁副主任在是书"序言"中说："'当此风云变幻之时，深入这座城市的生活时间之中，看一看这些平凡人的香港故事，或许更能读懂人心的大势所趋，更能感受历史的向阳而生。'本书可谓读懂香港的五十个独特脚注，避开'水泥森林'，让读者诸君一窥'不一样的香港'"。

其次，在跨越香港的选题上，2019年是新中国成立七十周年大庆，出版了不少回顾国家发展历程与成就的图书，例如：新民主的建国系列：《中国梦与中国特色社会主义》（袁秉达著）、《中国梦——凝聚中华民族的最大公约数》（上海市中国特色社会主义理论体系研究中心编著）、《治国理政新布局》（辛向阳著）等；星岛日报出版的《中华人民共和国建国70周年》、三联出版陈多主编的《改革开放40年与香港》等。在五四运动百周年之际，香港也出版了不少厚重的图书，有数据集和论文专著，例如陈平原、夏晓虹主编：《触摸历史：五四人物与现代中国》（中和）、陈占彪编著的《五四现场》（城大出版社）、陈学然编著：《家国之间——五四在香港百年回望》（城大出版社）等，其中着重描绘五四与香港的关系。

再者，关于国际话题与版权引入。2019年国际大事多，例如中美关系角色以至贸易战、华为事件等，都引来举世瞩目。香港中和出版社反应快速，引进了弗雷德里克·皮耶鲁齐（Frédéric Pierucci）、马修·阿伦（Matthieu Aron）著的《美国陷阱：如何通过非经济手段瓦解他国商业巨头》；出版之前，刚好发生孟晚舟被扣押事件、媒体访问任正飞等，令出版更具话题性，引来港媒与社会的热烈关注。中大出版社引进出版了刘遵义的《天塌不下来——中美贸易战及未来经济关系》，全面分析中美经济角力与唇齿相依的关系。以上反映了香港出版社捕捉题材的敏感性。

（三）看什么书：阅读量与风气

香港出版学会连续五年进行"香港全民阅读调查"，以了解香港市民的阅读习惯、阅读动机、对纸本书和电子书的喜好等。调查以音频电话随机抽样，2019年的阅读调查主要结果如下。

1. 香港读者整体阅读质素轻微转差

近七成受访者有阅读印刷书籍的习惯,三成没有,与过去4年结果接近,但微跌3.3%;一周阅读中位数在五年的调查中维持3小时,不过一周阅读4小时或以上的比例有下降趋势;每月阅读书本中位数:从过去四年的2本首次下降至1本;购书人数及开支:七成五的受访者在过去一年有买书,三成开支为100—300美元;与过去四年相比,购书者开支在500美元以下的比例有上升趋势。每年购书中位数5本,六成半人每年买5本书或以下,与过去四年结果相比,每年购书5本以下的比例持续上升,相反每年购书5本以上的比例逐年下降;过去一年阅读变少:表示"睇少左(少看)印刷书"的受访者较"睇多左(多看)"多一倍。

2. 非读者群三成七的受访者没有阅读习惯

没有阅读的三成四受访者中,有三成七表示一向没有阅读习惯。"一向没有阅读习惯"仍然是不阅读的主因,"无时间或工作太忙"也是五年来没阅读实体书的主因,然后是"网上阅读已经够"。

3. 网上阅读/电子书未成主流

若同时有电子本和印刷本,五成六的受访者仍然选择印刷本,选择电子书不足三成,以上结果与过去四年相似,反映受访读者对电子书的接受程度较低,原因可能是市场上的电子书供应未能满足阅读需求,或者受访者仍然较习惯阅读实体书。

从以上调查发现,香港一年不看书的比例,较两岸城市都高。香港仍需要大力推动全民阅读,将全年未看纸质书的比例降低。特别须要留意,尽管在疫情期间,两成七受访者表示有增加阅读时间,七成三的人没有增加阅读时间,当中更有一成半人减少阅读时间。可见阅读并不是民众的首要选项。

三、教育出版风起云涌

每个地区或国家的教育出版都占很重的比例,去年香港的教育出版可以"风起云涌"来形容。首先是课程改动引致教科书重新洗牌。近一两年间,小学主科常识和数学先后推出新课程，引来多家出版社重编教科书。香港教科书是纯商业运作，出版社于送审课本后须印制材推广本，并到校进行促销，展开激烈的市场竞争。香港小学以中文、英文、数学和常识为主科，两大科目改课程令课本市场重开，预见市场会重新洗牌。

另一焦点是通识科。持平而论，通识课程内容、教与学方法、评核模式，以至教材审批方式，都有很大的改进空间。但上述批评的依据，几乎都是多年前的课本版本，而不是采用最新的版本。课程与课本制度会否修改，或有怎样的改动，且拭目以待。

[李家驹　香港出版总会、香港联合出版（集团）有限公司副总裁]

第二节　2019年澳门特别行政区出版业发展报告

澳门特区政府为了实现经济多元化的政策，大力推动文创产业的发展，出版业也列入其中。本文为2019年澳门特区的出版业发展状况。

一、出版产品统计

本统计的数据主要是综合了澳门公共图书馆、澳门大学图书馆及几家主要出版机构网上目录而得来的。截至2020年6月5日，2019年有国际书号及较重要的出版产品，共计981种，其中有794种申请了国际书号或国际期刊号，是回归以来出版业最兴旺的一年，每天约有2.68种书刊出版。

二、图书出版情况

（一）主题内容的统计

表1为2019年澳门出版图书按主题内容的统计表，艺术类共有170种，排在榜首；第二为文学类，有130种；第三为历史类，有124种；第四为经济类及教育类，有77种；第五为宗教类，有69种；第六为公共行政类，有67种；第七为法律类，有48种；第八为社会类，有34种；第九为科学类，有26种；第十为旅游类，有23种。

其他主题依次为交通及医学各16种、语文14种、哲学11种、心理10种、博彩及体育各 9 种、饮食及书目各 8 种、音乐及戏剧各 7 种、综合 6 种、统计 4 种、人口及地理、治安、传播、图书馆各 2 种，文娱 1 种。

表 1　2019 年澳门出版图书按主题内容统计表

排行	主题	2019 年	2018 年
1	艺术	170	152
2	文学	130	110
3	历史	124	101
4	教育	77	54
4	经济	77	75
5	宗教	69	20
6	公共行政	67	63
7	法律	48	53
8	社会	34	54
9	科学	26	32
10	旅游	23	22
11	交通	16	18
11	医学	16	19
12	语文	14	32
13	哲学	11	7
14	心理	10	5
15	博彩	9	8
15	体育	9	12
16	书目	8	2
16	饮食	8	3
17	音乐	7	13
17	戏剧	7	7
18	综合	6	9
19	统计	4	5
20	人口	2	2
20	地理	2	0
20	治安	2	1
20	传播	2	3

续表

排行	主题	2019 年	2018 年
20	图书馆	2	4
21	文娱	1	0
/	电影	0	3
总计		981	889

（二）主题内容分析

从内容看，排名第一为艺术类图书，正好见证了近年来特区政府大力推动文创产业及展览业的成果。其内容主要有由特区政府文化局出版的知名的文博单位及其来澳展出的作品结集及场刊。由于设计精美、内容充实，这些出版产品成为澳门图书市场的热点，除在两岸出版业界中获得良好的口碑外，海外及其他地区市场销售亦不错。另外，澳门基金会亦出版了本地艺术家作品系列，让本地艺术家作品得以结集出版。

排在第二位的文学类图书有 130 种，主要来自特区政府文化局及澳门基金会出版的不同的文学系列作品集；其次是文学社团及机构，均出版了不少新生代作家作品集，如澳门故事协会、澳门日报出版社等。

排在第三位的历史类图书，共有 124 种。以澳门历史为主要内容。如澳门理工学院开展澳门地方史的研究工作，并将多种研究成果结集出版；澳门国际研究所出版有关土生葡人的历史专著，特区政府文化局亦出版大型历史展览及口述历史丛书等著作，文化公所出版系列澳门口述历史丛书。虽然历史类题材以澳门为题，但是作者在内容上引入较多新元素及第一手数据，加上排版精美悦目，有利读者阅读及欣赏，在市场销售上有较好的发展。

第四位为经济类及教育类图书，各有 77 种。前者以各类统计调查报告、商业机构或社团的年度报告及特刊为主，题材以澳门本土为主。后者为学校出版品，如学校年度特刊、校内通讯、教科书及学生作品集等。本年度特色是联国学校针对学生课程的需要出版多种教科书，另外澳门劳工子弟学校亦出版了一系列学生作业成果集。

第五位为宗教类，共有69种，主要也是联国学校因应校本宗教课程，出版一系列的宗教教科书。

第六位为公共行政领域，有67种，其作品内容以特区政府部门的年度工作报告及倡导政制为主，其中审计署出版的多种审计报告最具参考价值。

第七位的法律著作，有48种，主要为特区政府立法会出版的澳门法律与法规专书。由于澳门法律图书往往成为本地法律从业人士及修读法律系学生的教材与参考书，所以在内销市场有一定的需求。

第八位为社会类，有34种，主要是以社团特刊、社会调查为主。

第九位的科学类，主要以科普作品为主。

第十位的旅游类，主要为旅游产业研究。

至于去年排第八位的语文类，有14种，除了澳门理工学院出版多部葡文教科书外，并没有其他专著，所以跌出十名之外。

（三）图书出版的语种

在图书出版语种方面，参见表2，中文有652种、英文有96种、中葡英文有74种、中英文有59种、葡文有48种、中葡文有45种、葡英文有4种、英菲律宾文1种。

虽然澳门定位为国际休闲中心，外资博彩业在澳门有一定的影响力，加上澳门为葡语地区交流的平台，理应在外文著作较中文为多，可是外文著作比例仍然偏低，未能有条件打进国际市场。2019年，总计三种主要语种有中文831种，占总体84.7%；英文236种，占总体24.05%；葡文171种，占总体17.43%。中文书刊的出版比例更大幅拉开外文书刊的出版数量。可见出版单位偏向以中文为阅读媒体。

表2　2019年图书语种数量统计

排行	语种	2019年	2018年
1	中	652	531
2	英	96	62

续表

排行	语种	2019年	2018年
3	中葡英	74	78
4	中英	59	48
5	葡	48	94
6	中葡	45	66
7	葡英	4	1
8	中英日	2	1
9	英菲律宾语	1	0
/	中英塞尔维亚文	0	1
/	中韩	0	1
/	西班牙	0	1
/	葡英 Patua	0	1
/	英法	0	2
总计		981	889

三、出版单位类型及出版数量

(一) 概　况

2019 年，澳门共有 209 个出版单位出版书刊。参见表 3。从不同类型出版单位来看，第一为私人出版单位，共 86 个，出版书刊 350 种；第二为政府部门 48 个单位，出版书刊 279 种；第三为社团组织，共 47 个单位，出版 268 种图书；第四为个人自资出版，共 16 人，出版 19 种；最后为学校，12 个单位出版 65 种。

其中新的出版单位有 59 个，此为历年之冠，较去年 48 个多了 9 间，包括了社团 25 个、个人自资 10 个及私人出版单位 22 个，学校出版单位 2 个。这反映出近年来社团、私人出版社及个人自资出版有急速上升的趋势。可喜的，本年度首次出现私人出版社出版数量多于政府出版单位，步入企业经营。

表3 2019年各类型出版单位数量及出版数量统计表

出版单位类型	2019年单位数量（个）	2018年单位数量（个）	2019年出版数量（种）	2018年出版数量（种）	2019年出版量百分比%	2018年出版量百分比%
私人出版单位	86	84	350	234	35.7	26.3
政府部门	48	48	279	353	28.4	39.7
社团	47	148	268	265	27.3	29.8
个人自资出版	16	14	19	20	1.9	2.2
学校	12	13	65	17	6.6	1.9
总计	209	308	981	889	100.0	100.0

（二）特区政府出版单位出版数量排行

表4为特区政府部门出版单位数量排行前五位。依次为统计暨普查局，共41种；文化局，35种；澳门基金会，34种；澳门大学，26种；澳门理工学院14种，前五位的出版量总计为150种，占政府出版品数量的53.8%。

表4 2018及2019年特区政府部门出版数量排行榜（前五位）

年份	2019		2018	
排行	出版单位	数量	出版单位	数量
1	统计暨普查局	41	文化局	73
2	文化局	35	统计暨普查局	20
3	澳门基金会	34	澳门理工学院	37
4	澳门大学	26	教育暨青年局	22
5	澳门理工学院	14	澳门大学	18
总计		150	总计	170

（三）社团出版单位出版情况

表5为社团出版单位出版情况。依次为澳门国际研究所，13种；澳门故事协会，10种；官乐宜基金会、圣公会澳门社会服务处、澳门池畔书艺研习社、澳门书画艺术联谊会、澳门动漫文化交流促进会各5种，共计48种，占社团出版数量

的17.9%。

表5 2018及2019年社团出版单位出版数量排行榜（前三位）

年份	2019		2018	
排行	出版单位	数量	出版单位	数量
1	澳门国际研究所	13	澳门国际研究所	15
2	澳门故事协会	10	澳门水墨艺术学会	14
3	官乐怡基金会	5	澳门故事协会	12
3	圣公会澳门社会服务处	5		
3	澳门池畔书艺研习社	5		
3	澳门书画艺术联谊会	5		
3	澳门动漫文化交流促进会	5		
总计		48		41

（四）私人出版单位出版情况

表6为私人出版单位出版情况。本年度第一位为文化公所，73种；第二位为人民科学出版社有限公司，26种；第三位为中国艺文出版社、中国艺术出版社，各22种；第四位为子粒文化发展一人有限公司，共16种；第五位为澳门启元出版社，13种，共计150种。

私人出版单位在澳门的出版规律，大致是刚创立时经常怀有雄心壮志，但经过数年营运，便会走向下坡，甚至结束。其中一个重要元素是由于国内外出版事业发达，发行网路完善，不少个人著作分别在国内外出版，或与社团合作自行出版。过往出版量较多的东方国际出版社、中西艺文出版社、澳门学人出版社、当代中国艺术出版社、飞翔出版社一人有限公司、澳门出版社有限公司、国际炎黄出版社、东望洋出版社等，出版数量均有大幅下降趋势，全年只出版一至两种图书。出版社没有出版业务难以维持生计，所以部分出版社转以协助本地机构排版及制作工作。虽然如此，本年首五位的出版单位，有三间为新成立，其出版数量大增，首五位的出版数量占本类别出版的数量42.9%，此为由公营转为民营的重要里程碑。

表6　2018及2019年私人出版单位出版数量排行榜（前五位）

年份	2019		2018	
排行	出版单位	数量	出版单位	数量
1	文化公所	73	人民科学出版社有限公司、中国艺文出版社	49
2	人民科学出版社有限公司	26	Praia Grande Edições, Ltda.、文声出版社、银河出版社、澳门日报出版社	36
3	中国艺文出版社、中国艺术出版社	22	读图时代出版社有限公司	7
4	子粒文化发展一人有限公司	16	Happy Macao 出版社、中国原创新媒体出版社有限公司、东方文粹	18
5	澳门启元出版社	13	洗心岛出版社有限公司、乐仁出版社、澳门启元出版社	5
总计		150		115

（五）学校出版概况

本年度的学校出版品数量不多，仍然维持在出版学校毕业特刊及学校的学生作品为主，加上部分学校出版品为内部发行，至今收到55种，估计有部分出版仍未收集得到，需要日后再作补充，参见表7。

表7　2018年及2019年学校出版数量排行榜（前三位）

年份	2019 年		2018 年	
排行	出版单位	数量	出版单位	数量
1	联国学校	35	澳门粤华中学	3
2	澳门劳工子弟学校	13	联国学校、澳门葡文学校	2
3	培正中学	7	凼仔坊众学校、庇道学校、培正中学、创新中学、慈幼中学、澳门国际学校、澳门劳工子弟学校、澳门圣家学校、澳门广大中学、澳门镜平学校	1
总计		55		17

四、新成立的出版单位情况

2019 年，澳门共新成立各类出版单位 59 家，包括个人自资出版 10 间、社团 25 间、私人出版社 22 间及学校 2 间。较 2018 年 48 间多了 11 间，其名称可参见表 8。

表 8　2019 年新成立出版单位

出版单位属性	单位名称
个人自资	Fernando Paulo da Cruz Cardinal
个人自资	Paula Rute Pereira Garcez Nunes Correia
个人自资	周咏雯
个人自资	林锦权
个人自资	胡祖祥
个人自资	郝元春
个人自资	贺一诚
个人自资	刘小平
个人自资	龙发枝
个人自资	顾跃
社团	10 Marias AssociaçãoCultural
社团	世界旅游经济研究中心
社团	亚洲艺粹会（澳门）
社团	亚洲药物滥用研究学会
社团	果栏六街区坊众互助会
社团	寻艺社
社团	华基书画艺术研究会
社团	妈阁庙
社团	澳门女子书法篆刻家协会
社团	澳门幻羽同人文化交流协会
社团	澳门月刊读者公益慈善会
社团	澳门四海国际文化艺术学会
社团	澳门佛教（国际）联合会

续表

出版单位属性	单位名称
社团	澳门采风粉画协会
社团	澳门城市大学研究生会
社团	澳门城市大学学生会
社团	澳门政治经济研究协会
社团	澳门科学与人工智能教育学会
社团	澳门美国商会
社团	澳门妇女界贺双庆筹备委员会
社团	澳门智者之友协进会
社团	澳门慈幼中学家长会
社团	澳门圣若瑟修院同学会
社团	澳门缅甸商会
社团	艺术无国界协会
私人出版社	BRICS-lawyers
私人出版社	Macau CB Technology and Creativity
私人出版社	Mandaria 儿童出版社有限公司
私人出版社	大壮出版社有限公司
私人出版社	子粒文化发展一人有限公司
私人出版社	小成文化传播（澳门）有限公司
私人出版社	中国澳亚视觉出版社有限公司
私人出版社	天悟出版及顾问有限公司
私人出版社	手绘小物
私人出版社	石岭
私人出版社	东方书雅有限公司
私人出版社	启蒙时代出版社有限公司
私人出版社	澳门大湾区时报有限公司
私人出版社	澳门儿童馆
私人出版社	澳门松果文化传播有限公司
私人出版社	澳门科学出版社有限公司
私人出版社	澳门画院有限公司
私人出版社	澳门瑞麟国际拍卖有限公司
私人出版社	隧光出版社有限公司
私人出版社	濠江都市报

续表

出版单位属性	单位名称
私人出版社	环球意识企业有限公司
私人出版社	艺竹有限公司
学校	同善堂中学
学校	新华学校（小幼部）

五、报纸及期刊出版情况

澳门出版的报纸及期刊约有 200 种，大部分以机构的通讯为主。其中较重要的有报纸 10 种及期刊 30 种，题材以澳门旅游、时事为主。学术期刊有 60 多种，内容以文史研究、法律、经济、教育等类别为主。澳门大学图书馆将 60 种较重要的编入澳门期刊网的电子检索系统内。其中有两种刊物包括《澳门理工学报》及澳门大学的"南国学术"均在内地具有一定的影响力，前者在中国人民大学 2018 年度复印报刊资料转载指数排行榜中，全文转载率位列第二名，转载量位列第五名，综合指数位列第四名。澳门理工学报总编辑刘泽生应邀在论坛上围绕"学术期刊的使命与科研管理评价目标的异同"作了专题发言。而后者则在"第六届全国高校社科期刊评优活动"中获得高度赞赏，被评为"全国高校社科名刊"；其中的栏目"东西文明对话"被评为"全国高校社科期刊特色栏目"；总编辑田卫平被评为"全国高校社科期刊优秀主编"。

2019 年创刊的期刊有 20 种。其中有 2 种有申请 ISSN 号码，除了跨域法政研究、Cash 3 创富经济杂志、澳门金融管理局货币及金融统计报告及澳门历史教育等 4 种为学术知识性期刊，其余均为机构的通讯，参见表 9。

表 9 2019 年创刊的报刊名单

期刊名称	主办单位	ISSN
Cash 3 创富经济杂志	欧文道、冯剑辉、张燕青主编	26631172
M magazine	澳门松果文化传播有限公司	
Orientis	圣若瑟大学	

续表

期刊名称	主办单位	ISSN
Zine lab	郝元春	
中国环球美术时报	澳门画院有限公司	
市政署兴趣班	市政署	
治安警少年团	治安警察局	
思路智库简报	思路智库	
红棉丝语	澳门镜平学校．"镜平人．镜平事"出版委员会	
国际管理标准动向	澳门生产力暨科技转移中心优质管理部	
盛放：澳门大学郑裕彤书院院刊	澳门大学．郑裕彤书院．院生会．宣传公关组	
跨域法政研究	启蒙时代出版社有限公司	
澳门水资源与供水（电子版）	海事及水务局	
澳门金融管理局货币及金融统计报告	澳门金融管理局	
澳门慈幼家长会通讯．小学部．中学部	澳门慈幼家长会	
澳门缅甸商会会刊	澳门缅甸商会	
澳门历史教育	澳门历史教育学会	2223831X
澳聘	澳门人才网	
濠江都市报	许焯胜主编	
烂鬼楼快报	果栏六街区坊众互助会	

六、出版业界交流

澳门从事图书出版的从业者不足 2 000 人，分别在近 300 个出版单位工作。其中有近 40% 为社团及业余性质的出版人。另约有 500 人从事报刊的出版与编辑工作。

澳门每年的三次大型书展，分别在 3 月、7 月及 11 月举行，先后由澳门出版协会及一书斋举办，每次均展出逾万种图书，平均每次入场人数约 2 万人。其主要客源为图书馆及个人读者。而本年度为庆祝澳门回归 20 年及作为第二届"相约澳门——中葡文化艺术节"的系列活动之一，由特别行政区文化局及中国图书进出口（集团）总公司合办了首届"澳门国际书展2019"；对外推广方面，本年度澳门出版业界参加了"香港国际书展""北京国际书展"及"南国书香暨羊城书展"。

特区政府继续重视及响应出版业界的诉求，文化局于 2018 年推展了一项为期两年的"澳门文化出版物外地发行计划"，协助本澳书商到香港及海外地区约 50 个发行书刊。

全年交流活动的具体情况可见《2018 年中国澳门特别行政区出版业大事记》。

七、文化产业基金资助项目

文化产业基金在本年一月再推出资助额上限五百万元的"出版综合服务平台专项资助计划"，文产基金指出，此是为澳门艺术、历史及文化的书籍出版提供一站式支持服务，包括出版纸本及电子书籍，为书籍申请一书两号、举行新书发布会、参加书展、于在线销售及在实体书店上架等。项目执行期 24 个月，资助名额一个，资助额上限 500 万澳门元，以实报实销形式资助。同时，出版平台的服务对象为机构、社团及个人，工作包括出版支持，项目实施期间最少要出版 40 本澳门书籍，其中包括策划、编辑、排版及校对；透过电子化将澳门书籍推往澳门以外的市场，尤其是内地的电子书平台；透过不同渠道销售、推广及发行澳门书籍，并组织澳门业界参加两次或以上在内地举办的书展，以及提供有助出版行业发展的服务。结果由文化公所获得此资助，并承诺于两年内出版六十种图书，包括澳门版、一书两号版和电子书；以澳门馆方式参加四次分别在北京和广州的书展，并向业界提供制作支持服务。

八、书店业

2019 年，澳门书店业的格局基本依旧，没有太大变化，共有门市书店及代理公司 36 家，包括澳门文化广场（3 家分店）、宏达图书中心（2 家分店）、澳门星光书店（2 家分店）、葡文书局、文采书店、一书斋、珠新图书公司、信息店、环球书局、耶路撒冷书城、浸信书局、圣保禄书局、活力文化、新城市图书中心、环亚图书公司、大丰啤令行、竞成贸易行、学术专业图书中心、澳门政府书店、乐知馆、大众书局、悦学越好有限公司、Milestone、井井三一儿童绘本书屋、正能量、游乐、慢调书旅、文化公所、边度有书、愉阅屋、开书店及在 2018 年 4 月成立的鞠智绘本屋等。澳门的二手书店约有 10 家、漫画店约 20 家、报刊批发商约 6 家。不少书店为谋求多元化经营、在售书之外拓展其他新的业务，成为复合型书店。

2019 年，澳门传统的图书出版数量激增，而且新出版的单位亦是历年之冠，可见业界于本年度有着快速的发展，加上政府将出版作为文创发展项目，推动业界到海外参加书界及开辟外销渠道。书店业在本年度亦没有结束的记录，虽然面对电子图书等新媒体的威胁，可是澳门每年有近 3 200 万的游客到访也令业绩大幅进步。澳门回归 20 周年的效应，澳门出版事业将进入另外一个新里程。

（王国强　澳门大学图书馆）

第三节　2019年中国台湾地区出版业发展报告

一、出版概况

出版产业根据产业链结构分为上游的创作端，包含作者与支持创作服务的版权经纪公司；中游的生产端，如负责编务与发行的出版社以及负责制版、印刷与装订的印刷厂；中下游的图书经销公司以及下游的销售端。台湾重要的出版社多半以出版集团的型态出现，包含城邦出版控股集团、远流出版社、皇冠、人人出版、悦知文化、小熊出版、有鹿文化、方智、人间出版社、是文化、大块文化、上河文化、上旗文化、三采、小知堂、五南、平安文化、世茂、究竟、脸谱、联经、天下文化、远见、行路、时报出版、福报文化等；台湾地区重要的图书经销公司包括联合发行与红蚂蚁；台湾地区重要的书店包含连锁书店（金石堂、诚品、三民书局、垫脚石、诺贝尔等）、网络书店（博客来网络书店、金石堂网络书店、读册、Pchome24h 购物书店等）、独立书店（茉莉二手书店、胡思二手书店、虎尾厝沙龙、三余书店、洪雅书房等）与特色书店（如女书店、水平书局等）、小说漫画及杂志出租店、电子书销售平台（如 Google 图书、Readmoo、Kobo、Pubu 电子书城、远传电信 E 书城、台湾大哥大 myBook、中华电信 HAMI 书城，以及偏向机构服务的电子书平台，如凌网 Hyread、华艺 airiti 以及联合在线 UDN 读书吧等）以及与图书馆密切合作的台湾云端书库。

而在图书相关产业公会方面，主要的组织包括：台北市杂志商业同业公会、台北市出版商业同业公会、台湾数位出版联盟、台湾独立书店文化协会、台湾电子书协会、台湾数位出版联盟协会、台湾数位有声书推展学会等。至于在培养出版相关产业人才的高等教育方面则有南华大学文创系（前身为南华大学出版研究所）、世新大学图文传播暨数位出版学系、台湾师范大学图文传播系等。

在台湾阅读形态的分析方面，根据 2020 年 3 月 1 日公布的《台湾阅读风貌及全民阅读力年度报告》中的资料显示，台湾地区民众在 2019 年进入各地公共图书馆的次数首度突破 1 亿人次，借阅人次提升至 2 295 万人次，图书总借阅册数达到 8 130 万册。在电子书阅读上，借阅册数成长 46.55%，达到 81 万册。2019 年读者阅读是以语言文学作品最感兴趣，其中，在语言文学类前 20 名排行榜，日本作家东野圭吾就有 7 部作品入榜，而在非文学类排行榜—哲学类书榜则有 9 位本土作家 11 部作品上榜，包括张曼娟与蔡康永等知名作家。而在整体阅读力表现绩优城市中，"直辖市组"由台北市夺冠，"县市人口 50 万以上组"及"县市人口 50 万以下组"则分别由苗栗县与台东县获得第 1 名，至于苗栗三湾乡每人年平均借书达 17.64 册，连续 6 年居台湾地区之冠。此外，高雄市民每人每年到馆 9.76 次、近八成台北市民拥有图书馆借阅证。

根据台湾地区书号中心的统计，2019 年台湾共有 4 952 家出版社申请图书 ISBN，共出版 36 810 种新书，其中电子书为 1 591 种，占总出版量的 4.32%。台湾出版机构在 2019 年增加 1 408 家，累计出版社为 34 725 家，近九成出版机构年出版量 10 种以下。若以出版社的种类来看，2019 年申请 ISBN 的出版社中，属于一般出版社的共出版 32 652 本新书，占整体新书市场的 88.70%；属于政府机关的出版社则出版 3 070 种新书，占整体新书市场的 8.34%；个人出版社则出版了 1 088 种新书，个人出版社所出版的新书比例由 2018 年的 2.58% 微幅提升到 2.96%，且是连续三年都微幅提升。

台湾新书出版数量连续两年低于 4 万种，同时也是近 20 年来台湾年度新书量首次低于 3.7 万种。在 4 952 家出版新书的出版社中，有 88.39% 的出版社所出版的新书数量低于 10 种，而电子书则是出版数量减少最多的类型。2019 年只有 210 家出版社申请电子书的 ISBN，与 2018 年相比电子书减少了 2 749 种。进一步分析不同规模出版社的新书出版状况：2019 年出版一本新书的出版社有 2 864 家，占 2019 年整体出版新书出版社的 57.84%，而出版超过 101 种新书的出版社则有 51 家，占 2019 年整体出版新书出版社的 1.03%。其他出版新书数量的统计分析分别是：出版 2 至 5 种共 1 200 家（24.23%）、出版 6 至 10 种新书共 313 家（6.32%）、出版 11 至 20 种新书共 235 家（4.75%），出版 21 至 30 种新书共 3 098 家（7.92%），出版 31 种至 100 种共 8 770 家（22.42%）。

二、发展现状分析

1. 图书出版类型

表1是统计台湾地区近三年各主题类型的新书出版情况,数据显示,2019年出版最多的新书类别是"人文史地(含哲学、宗教、史地、传记、考古等)"类,共计有4 269种新书,占新书总数的11.60%,不过该类图书的新书数量与去年相比减少了667种(下跌1.02%)。新书出版数量第二多的是"儿童读物(含绘本、故事书等)",共出版3 887种新书,占新书总数的10.56%,不过此类图书与2018年相比,新书数量少了694种(下跌1.21%),是新书出书量减少幅度最多的种类。第三位则是"社会科学(含统计、教育、礼俗、社会、财经、法政、军事等)",共出版3 790种新书,占新书总数的10.30%,第四位为"小说(含轻小说)",共出版3 497种新书,占新书总数的9.50%,第五位是"艺术(含音乐、建筑、雕塑、书画、摄影、美工、技艺、戏剧等)",共出版2 806种新书,占新书总数的7.62%。新书种类成长最多是"教科书",与2018年相比共增加459种(上升1.48%),其次则为"考试用书",增加397种(上升1.42%),成长第三位则是"漫画书"类,共增加241种(上升1.06%)。

表1 台湾地区近三年(2017—2019)图书出版类型统计

序号	图书类型	年度图书出版数量与比例		
		2017年	2018年	2019年
1	文学	2 781(6.88%)	2 643(6.76%)	2 351(6.39%)
2	小说	4 459(11.04%)	4 191(10.71%)	3 497(9.50%)
3	语言	1 408(3.49%)	1 318(3.37%)	1 054(2.86%)
4	字典工具书	271(0.67%)	149(0.38%)	119(0.32%)
5	教科书	1 647(4.08%)	1 479(3.78%)	1 938(5.26%)
6	考试用书	2 391(5.92%)	2 161(5.52%)	2 558(6.95%)
7	漫画书	2 419(5.99%)	2 497(6.38%)	2 738(7.44%)
8	心理励志	2 070(5.12%)	1 564(4.00%)	1 361(3.70%)
9	科学与技术	2 320(5.74%)	2 343(5.99%)	2 146(5.83%)

续表

序号	图书类型	年度图书出版数量与比例		
		2017 年	2018 年	2019 年
10	医学家政	2 584（6.40%）	2 552（6.52%）	2 078（5.64%）
11	商业与管理	2 166（5.36%）	1 682（4.30%）	1 492（4.05%）
12	社会科学	3 362（8.32%）	4 327（11.06%）	3 790（10.30%）
13	人文史地	4 156（10.29%）	4 936（12.62%）	4 269（11.60%）
14	儿童读物	3 487（8.63%）	3 788（9.68%）	3 887（10.56%）
15	艺术	2 923（7.23%）	2 810（7.18%）	2 806（7.62%）
16	休闲旅游	938（2.32%）	626（1.60%）	676（1.84%）
17	政府出版品	340（0.84%）	*	*
18	其他	679（1.68%）	48（0.12%）	50（0.14%）
合计		40 401	39 114	36 810

2. 适读对象

有关适读对象统计方面，属于"成人（一般）"图书最多，计 23 728 种，占全部新书总数的 64.46%；其次为"成人（学术）"有 5 046 种（占 13.71%），第三为"青少年"有 3 506 种（占 9.52%），标示属于"乐龄"族专属图书最少，且仅有 22 种，仅占全部新书总数的 0.06%；至于注记为"限制级"图书则有 1 005 种，占全部新书总数约 2.73%%。相关资料如表 2 所示。

表 2　台湾地区近三年（2017—2019）出版图书适读对象分类分析

适读对象	图书出版适读对象分类数量与比例		
	2017 年	2018 年	2019 年
成人（一般）	27 631（68.39%）	26 662（68.16%）	23 728（64.46%）
成人（学术）	5 451（13.49%）	4 747（12.14%）	5 046（13.71%）
青少年	3 347（8.28%）	3 503（8.96%）	3 506（9.52%）
学龄儿童	2 827（7.00%）	3 247（8.30%）	3 441（9.35%）
学前幼儿	1 091（2.70%）	936（0.05%）	1 067（2.90%）
乐龄	20（0.05%）	19（2.39%）	22（0.06%）
其他	34（0.08%）	—	—
合计	40 401	39 114	36 810

3. 翻译书

2018年台湾出版新书所使用的语文,属于繁体中文的新书有34 484种,约占全部新书总数的93.68%,以外文出版的书籍,最多的种类为英文书,共831种(占2.26%),其他如日文书则有98种、法文书13种、德文书10种等。属于"其他"语文的新书共有1 082种(2.94%),主要为东南亚语文、双语或多语对照等,主题类型以儿童读物、语言学习类、艺术类及考试用书等为最多。

台湾在2019年出版36 810种新书中,有9 632种图书标示为翻译图书,占全部新书总数26.17%,较2017年(24.05%)上升0.30%。翻译图书主要源自日本,有5 280种(占所有翻译图书之55.44%),较2017年增加54种;其次为美国2 102种(占翻译图书22.07%),较前一年增加26种;第三为英国686种(占7.20%)及韩国483种(占5.07%),分别减少17种及108种。

表3整理台湾翻译书出版类型的统计分析结果,翻译图书的来源国主要为日本,共有5 191种(占所有翻译图书的53.89%),不过与2018年减少89种,其次为美国的2 107种(占翻译图书的21.88%),第三则为英国的870种(占9.03%),比去年增加184种;第四为韩国459种(占翻译图书的4.77%)。

若以翻译书的种类来看,2019年翻译书中占比最高的种类是"漫画书",共2 417种(25.09%),占该类图书的25.09%,且较2018年增加158种。其次依序分别是"儿童读物(含绘本、故事书等)"的1 500种(15.57%)、"小说(含轻小说)"的1 129种(11.72%)、"人文史地"的766种(7.95%),以及"医学家政(含医学、保健、家事、食品营养、食谱等)"的757种(7.86%)。

表3 台湾地区2019年翻译书出版类型统计分析

	新书总数	翻译书总数	翻译书占该类比例	翻译书占新书比例	翻译书来源国				
					日本	美国	英国	韩国	其他
文学	2 351	311	3.23%	13.23%	80	46	102	20	63
小说	3 497	1 129	11.72%	32.28%	774	153	105	25	72
语言	1 054	86	0.89%	8.16%	21	7	2	42	14
字典	119	4	0.04%	3.36%	2	2	0	0	0
教科书	1 938	123	1.28%	6.35%	1	104	10	1	7

续表

	新书总数	翻译书总数	翻译书占该类比例	翻译书占新书比例	翻译书来源国				
					日本	美国	英国	韩国	其他
考试用书	2 558	72	0.75%	2.81%	17	27	0	28	0
漫画	2 738	2 417	25.09%	88.28%	2 372	7	0	16	22
心理励志	1 361	487	5.06%	35.78%	149	227	31	38	42
科学技术	2 146	406	4.22%	18.92%	172	158	43	14	19
医学家政	2 078	757	7.86%	36.43%	464	148	51	50	44
商业管理	1 492	451	4.68%	30.23%	207	207	17	7	13
社会科学	3 790	578	6.00%	15.25%	150	288	54	22	64
人文史地	4 269	766	7.95%	17.94%	139	379	90	18	140
儿童读物	3 887	1 500	15.57%	38.59%	308	284	321	149	438
艺术	2 806	401	4.16%	14.29%	225	66	32	20	58
休闲旅游	676	141	1.47%	20.86%	109	3	12	9	8
其他	50	3	0.03%	6.00%	1	1	0	0	1

4. 电子书

表 4 整理 2019 年台湾电子书出版类型的统计分析，2019 年电子书以"人文史地"类（305 种，占 19.17%）最多，其次为"儿童读物"有 189 种，占电子书总数 11.88%，第三为"社会科学"有 188 种（占 11.82%）。2019 年申请 ISBN 的 1 591 种电子书当中，档案格式以"EPUB"为主，计有 937 种，占电子书总数的 58.89%；"PDF"格式的比重则为 589 种，占电子书总数的 37.02%；"其他档案格式"则微幅成长为 65 种，占 4.09%。

表 4　台湾地区 2019 年电子书出版类型统计分析

序号	电子图书类型	数位图书出版数量与比例		
		2017 年	2018 年	2019 年
1	文学	408（9.86%）	501（11.54%）	149（9.37%）
2	小说	343（8.29%）	384（8.85%）	94（5.91%）
3	语言	137（3.31%）	71（1.64%）	19（1.19%）
4	字典工具书	4（0.10%）	65（1.50%）	2（0.13%）
5	教科书	20（0.48%）	23（0.53%）	39（2.45%）

续表

序号	电子图书类型	数位图书出版数量与比例		
		2017 年	2018 年	2019 年
6	考试用书	139（3.36%）	94（2.17%）	114（7.17%）
7	漫画	7（0.17%）	4（0.09%）	6（0.38%）
8	心理励志	458（11.07%）	334（7.70%）	30（1.89%）
9	科学与技术	124（3.00%）	333（7.67%）	135（8.49%）
10	医学家政	431（10.42%）	329（7.58%）	44（2.77%）
11	商业管理	692（16.73%）	250（5.76%）	185（11.63%）
12	社会科学	374（9.04%）	525（12.10%）	188（11.82%）
13	人文史地	77（13.95%）	627（14.45%）	305（19.17%）
14	儿童读物	147（3.55%）	531（12.24%）	189（11.88%）
15	艺术	93（2.25%）	156（3.59%）	82（5.15%）
16	休闲旅游	96（2.32%）	101（2.33%）	8（0.50%）
17	政府出版品	33（0.80%）	—	—
18	其他	53（1.28%）	12（0.28%）	2（0.13%）
合计		4 136	4 340	1 591

台湾图书出版产业面临少纸化以及多媒体的盛行，产生阅读人口减少以及阅读多元化的发展趋势，让每年新书出版数量约有四万种的出版产业面临许多经营上的压力，此时产业上下游的专业分工就显得十分重要。根据台湾地区"文化部"出版产业调查的报告可以发现，2019 上半年度台湾地区 12 岁以上民众购买纸本书的金额与 2018 年同期成长 3.57%，且在电子书的部分更是成长 64.14%。而随着电子书在台湾的出版产业中越来越被受到重视，图书经销公司所扮演的角色就越来越重要。图书经销公司是扮演出版产业链上游出版社与下游通路的重要关键角色，图书经销公司同时也需在出版社与通路之间协助商流、物流、金流与信息流等相关后勤支援服务。以往在图书产业链中，出版社与实体通路较常被关注，但是随着图书出版产业面临外在环境的巨大变化（少纸化与数字化的冲击），图书经销公司的势必需要在专业分工上展现出分工后的"专业"能力，唯有图书出版产业的上、中、下游达到专业分工、分工合作的目标，才能使出版产业维持竞争力，并称职地扮演支持传播文化的角色。

（黄昱凯　台湾南华大学文化创意事业管理学系副教授）

第五章
出版业大事记

第一节　2019年中国出版业大事记

1月

9日　以"文化坚守、赋能书业、共谋新局"为主题的2019民营书业峰会在北京举行。会上颁发了"2018年度民营书业影响力品牌""2018年度民营书业影响力人物""2018年度民营书业影响力机构""2018年度民营书业影响力书店"等10项奖项。

10日　"2019北京图书订货会高层论坛"在中国国际展览中心（老馆）举行。本次高层论坛主题为：新时代、新改革；新供给、新空间。中国出版协会理事长柳斌杰出席论坛并围绕"为建设出版强国而奋斗"作主旨演讲。

同日　全国"扫黄打非"办公室对外公布2018年度"扫黄打非"工作十大数据。2018年案件督办查办工作取得新突破，挂牌督办大要案达217起，创历年来督办案件数量最高。

10—12日　由中国出版协会、中国书刊发行业协会主办的2019年北京图书订货会在北京举办。参展单位达718家，展位2 527个，参展图书近40万种，观众达9.5万人，馆采码洋达8 700万元。

本月　中央和国家机关工委机关刊《旗帜》杂志在原《紫光阁》杂志的基础上，于2019年1月创刊。《旗帜》杂志为公开发行的月刊。

2月

12日　以"读书正好"为主题的第27届台北国际书展开幕。来自52个国家和地区的735家出版社参与此次展览，其中，来自大陆的20多家出版社展出图书5 000多种逾2万册。

14日　北京市召开游戏出版管理工作会议。会议提出，北京将实施原创游戏研发精品工程等多项加强游戏出版工作的举措。

25日 国家新闻出版署和中国作家协会在北京联合发布"2018年优秀网络文学原创作品"推介名单,《挚野》《零点》《白纸阳光》《运河码头》等24部作品入选。

本月 自然资源部、国家新闻出版署、海关总署、全国"扫黄打非"工作小组办公室联合印发《关于加强有关承印、进出口经营单位地图管理工作的通知》,要求切实做好地图进出口管理工作,严格规范承印、进出口单位地图经营行为,避免"问题地图"的产生。

3月

14日 多语种系列图书《中国关键词:"一带一路"篇》泰文版首发式暨中泰高端智库对话会在泰国曼谷举行,约150名中泰两国主要媒体代表和专家学者出席活动。

15日 国家新闻出版署发布《关于2018年"3·15"质检活动和违规问题处理情况的通报》,20家出版、印刷企业被点名。

18日 菲律宾首个中国图书中心在菲律宾大学亚洲中心举行成立揭幕仪式。

19日 由中国书刊发行业协会、云南出版集团有限责任公司等主办的"2019全国春季图采会"在昆明国际展览中心举办。

20日 中国音像与数字出版协会发布了《ISLI服务注册元数据规范》等5项团体标准。

23日 2019阳光知识产权论坛——知识产权保护助推改革开放会议在北京举办。本次论坛主论坛以"改革开放与中国知识产权法治建设"为主题,另外还设置了互联网创新与知识产权保护、知识产权司法保护与机制创新两个分论坛,以期共同促进我国知识产权制度完善和保护水平的提升。

29日 希腊首都雅典的百年老店艾弗索达克斯书店设立"中国书架",向当地读者提供内容涵盖当代中国、传统文化、文学、中文学习等方面的数十种中英文书籍。

29—30日 由湖南省出版物发行业协会、长沙市出版物发行行业协会主办的"第26届长沙图书交易会"在长沙湖南国际会展中心举办。

本月 京版十五社反盗版联盟2018年工作年会在北京召开。在年会上,该联盟迎来两位新成员——化学工业出版社和知识产权出版社,自此,联盟成员规模拓展到

38 个。

4月

12—14日 由国家新闻出版署、浙江省人民政府指导,以"e阅读,让生活更美好"为主题的第五届中国数字阅读大会在杭州举办。

16日 中国新闻出版研究院在北京公布第十六次全国国民阅读调查。数据显示,2018年我国成年国民各媒介综合阅读率保持增长势头,我国成年国民和未成年人有声阅读继续较快增长,移动有声APP平台已经成为听书的主流选择。

23日 新华书店网上商城首届读书大会在新华书店总店举行。

23—30日 海峡两岸"未来书店——新场景、新业态、新服务"研讨会在台北举行。

24日（当地时间） 以"阅读中国"为主题的第32届伊朗德黑兰国际书展中国主宾国活动在德黑兰霍梅尼大清真寺拉开帷幕。国务院新闻办公室副主任郭卫民,伊朗伊斯兰文化指导部部长赛义德·阿巴斯·萨勒希,伊朗伊斯兰共和国国家图书馆和档案馆馆长阿什拉芙·布鲁杰尔迪等嘉宾出席活动。

25—26日 第十六届中国民营书业发展高峰论坛在北京举行。

26日 《2018年中国网络版权保护年度报告》在北京发布。报告从网络版权的行政保护、司法保护和社会保护等层面,展示2018年我国网络版权保护情况,阐明网络版权保护对净化版权环境、促进版权产业发展、提高民族创新创造活力的重要作用。

5月

27日 由中国出版协会、贵州省委宣传部主办,贵州出版集团等单位联合承办的2019数博会"第二届新闻出版大数据高峰论坛"在贵阳举行。本次高峰论坛以"推进融合发展 构建产业生态"为主题,聚焦新形势下新闻出版业如何从数字化走向智能化,并积极应用新一代信息技术、互联网思维和新发展理念来推动行业融合发展。

31日 中国音像与数字出版协会团体标准化技术委员会在北京宣布成立。

6月

4日 以"数字环境下中韩版权交流与合作"为主题的2019中韩版权研讨会在四川成都举行。会议由中国国家版权局和韩国文化体育观光部联合主办。

11日 《习近平谈治国理政》第一卷塔吉克文版首发式暨中塔治国理政研讨会在塔首都杜尚别举行。塔吉克斯坦总统拉赫蒙致信祝贺《习近平谈治国理政》第一卷塔文版出版。

16日 庆祝光明日报创刊70周年座谈会在北京举行,中共中央政治局委员、中宣部部长黄坤明在会上宣读习近平的贺信并讲话。

18日 中金易云发布了为书店服务的大数据产品"书店宝",包括发行端(总部)和零售端两个部分,发行端能为发行机构提供实时数据分析及展现;零售端为门店使用,对于门店的销售、库存、选品等提供实时辅助决策。

27日 为期4天的第九届江苏书展在苏州举办。

7月

1日 中英版权研讨会在苏州举行。此次研讨会由中国国家版权局、英国知识产权局和英国驻华大使馆联合主办,会议聚焦新形势下国际版权交流合作,介绍研讨两国在网络版权保护、发展版权产业方面的举措和经验。

5日 中国—罗马尼亚学术出版合作中心成果发布会暨"一带一路"共建国家出版合作体新成员授牌仪式,在罗马尼亚首都布加勒斯特举行。本次活动是庆祝中罗建交70周年的重要人文交流活动,由国家新闻出版署指导,中国人民大学出版社与罗马尼亚文化院共同举办。

19日 首届深圳书展开幕,吸引近50万人次读者和45家图书馆热情参与,主分会场图书零售共1 076万元,馆配交易4 985万元。

22日 中央宣传部、国家民族事务委员会在北京联合举办第二卷民文版出版座谈会。

24日 教育部办公厅发布《关于进一步支持高校校园实体书店发展的指导意见》(以下简称《意见》)。《意见》要求,各高校应至少有一所图书经营品种、规模与本校特点相适应的校园实体书店，没有的应尽快补建，更好地满足高校校园日益增长的多样文化需求。

27—30 日　第 29 届全国图书交易博览会在陕西西安举办。

8 月

9 日　中国音像与数字出版协会发布《2018 中国网络文学发展报告》。报告显示，行业规模方面，2018 年重点网络文学总体营业收入 342 亿元，其中网络文学主营业务收入达 159.3 亿元，同比增长 23.3%，保持稳步增长。

同日　第二十次全国皮书年会在哈尔滨举办。社会科学文献出版社发布《智库成果蓝皮书：中国皮书发展报告（2019）》显示，皮书已经覆盖 700 余个研究领域，累计出版 800 余种 3 132 部，研创机构有近千家，皮书在全球以英文、俄文、日文、韩文等 10 余种语言出版发行。

14 日　2019 上海书展暨"书香中国"上海周在上海展览中心开幕，全国 500 多家出版社携 16 万余种图书参展，吸引了大批沪上读者参观选购。

19 日　2019 年"中国图书对外推广计划"外国专家座谈会在北京召开，主题为新中国国际出版 70 年与文明交流互鉴。来自 30 多个国家、60 多个海外出版与学术文化机构的出版人、专家学者和"中国图书对外推广计划"成员单位代表共 200 余人参会。

同日　第十五届精神文明建设"五个一工程"评选揭晓，《〈共产党宣言〉与新时代》等 5 本书获得特别奖，《主角》等 10 本书获得优秀作品奖。15 本图书，是出版人向新时代献礼的答卷，也凝聚着出版人讲好中国故事的文化自信与使命担当。

20 日　第十三届中华图书特殊贡献奖颁奖仪式在北京举行，15 位来自国外的作家、翻译家、出版家获奖；以色列、哈萨克斯坦、希腊、伊拉克 4 国首次有获奖人当选。

21 日　正在甘肃考察的中共中央总书记、国家主席、中央军委主席习近平来到位于兰州市区的读者出版集团有限公司，了解企业历史沿革、出版发行、经营管理等情况，看望《读者》编辑部工作人员。

21—25 日　以"壮丽七十载 书香新时代"为主题的第十七届北京国际图书节将在中国国际展览中心新馆举办。

21—25日　BIBF在中国国际展览中心（顺义新馆）举行，展览面积近10万平方米，共设立海外展区及版权中心、国内综合展区、北京国际童书展、国内专业展区及主宾国展区、北京国际图书节、文创区、销售区、图书馆馆配区8个展区。

26日　以"印刷出版文化与人类文明进步"为主题的2019年印刷出版文化国际研讨会在北京召开。来自中国、巴基斯坦、比利时、罗马尼亚、新加坡、俄罗斯、埃及等国的专家学者汇聚一堂，共同探寻新时代下传承传播灿烂印刷出版文化的新方法、新路径。

29日　"国家版图意识宣传教育"专项答题在"学习强国"学习平台上线。该专项答题由自然资源部地理信息管理司与中国地图出版集团共同编制。

本月　国家新闻出版署日前下发通知，确定《"十三五"国家重点图书、音像、电子出版物出版规划》第三次增补项目235个。规划实行动态管理，公布增补项目的同时，对撤销或变更的项目一并作出调整，确定出版单位申请撤销项目141个、变更项目14个。

本月　国家新闻出版署发布《2018年新闻出版产业分析报告》。《报告》显示，2018年，新闻出版产业营业收入、资产总额和所有者权益继续增长，经济规模稳步提升。全国出版、印刷和发行服务实现营业收入18 687.5亿元，较2017年增长3.1%；拥有资产总额23 414.2亿元，增长5.6%；所有者权益11 807.2亿元，增长4.4%。其中，图书出版营业收入、利润总额增长提速，营收增速在8个产业类别中名列第一。

9月

5日　以向蒙古国广大读者展示和介绍中国文化为宗旨的首批三家"中国图书阅览室"先后在蒙古国国立教育大学、蒙古国国家少儿图书馆、蒙古国乌兰巴托大学挂牌成立。

同日　由中国版权协会和台湾著作权保护协会主办的2019年海峡两岸版权保护论坛在吉林长春举办，两岸版权从业者就数字环境下该如何进行版权开发与保护这一主题分享经验、共商对策。

11日　国家新闻出版署和中国作家协会在北京联合发布"庆祝新中国成立70周年"主题网络文学作品暨2019年度优秀网络文学原创作品推介名单，金宇澄的《繁花》、阿耐的《大江东去》、唐家三少的《为了你，我愿意热爱整个世界》、辛夷坞的《致我们终将逝去的青春》等入选。

21日　第七届全国出版物馆配馆建交易会在山东泰安闭幕。本届展会吸引全国700家出版发行单位、1 500余家图书馆参与，现采图书达25万余种，实现现采码洋1.63亿元，为规格最高、规模最大、采购图书最多的一届。

10月

9日　由中宣部主办，中宣部出版局、中国版本图书馆、国家博物馆承办的"书影中的70年·新中国图书版本展"在国家博物馆开幕。中宣部常务副部长王晓晖，中宣部副部长梁言顺，北京市委常委、宣传部长杜飞进，国家博物馆馆长王春法及各界人士出席开幕式并观看展览。

17日　第五届浙江书展暨2019宁波读书节开幕。

同日　"宁波书展"首次升格为"浙江书展"。

20日　以"聚焦科技创新与出版业高质量发展"为主题的2019世界VR产业大会——新闻出版分论坛于江西南昌举行。聚焦展示了国内外"VR+内容"创新驱动与业态变革的最新发展和总体面貌。

本月　国家新闻出版署和中国作家协会日前联合推介"庆祝新中国成立70周年"主题网络文学作品暨2019年优秀网络文学原创作品。《大江东去》《繁花》《浩荡》《宛平城下》《传国功匠》等25部作品获推介。

11月

4—7日　中国大学出版社协会2019年年会暨第32届全国大学出版社图书订货会会员大会在山城重庆召开。来自全国各地上百家大学出版单位的负责人和一线编辑与会。

5日　在第三届东南亚中国图书巡回展马来西亚吉隆坡主会场举行的中马出版合作论坛上，长江传媒东南亚出版中心正式揭牌运营。

17日（当地时间）　第15届委内瑞拉国际图书博览会暨中国主宾国活动在委内瑞拉首都加拉加斯开幕。委内瑞拉总统马杜罗出席开幕式并致辞。

9日（当地时间） 中国国际图书贸易集团有限公司与委内瑞拉南方书店共同签署合作协议，委内瑞拉中国主题图书巡展正式拉开帷幕。同时，委内瑞拉首个"中国书架"也在南方书店揭幕。

11日 2019年度"最美的书"（原"中国最美的书"）评选结果在上海揭晓，25种图书从全国106家出版社的342件参赛作品中脱颖而出。其中，同济大学出版社出版的《陈从周造园三章》、化学工业出版社出版的《骨科小手术》、南京出版社出版的《漫长的告别》等将代表中国参加在德国莱比锡举行的2020年度"世界最美的书"评选。

15日 全国老龄办、中国老龄协会在北京发布2019年向全国老年人推荐优秀出版物入选名单。共有40余家出版单位的50种出版物入选，包括人文历史类图书13种、文学艺术类图书12种、养生保健类图书8种、生活休闲及其他类图书12种、电子音像类出版物5种。

同日 首届"海南岛国际图书（旅游）博览会"在三亚开幕。

12日至16日，中国期刊协会率团赴美国参加第四十二届世界期刊大会。由国际期刊联盟主办的此次盛会吸引了来自32个国家的60余位演讲嘉宾与近500名参会代表。议程主题涵盖了人工智能、数据挖掘、用户互动、5G应用、内容打造、收入模式创新等话题。

13日 中国科技出版传媒股份有限公司（简称中国科传）与法国物理学会、法国化学学会、法国光学学会、法国应用数学与工业学会4家学会在法国巴黎举行了收购Edition Diffusion Press Sciences SA（简称EDP Sciences）100%股权的签约仪式。

14日 中国书刊发行业协会少儿读物发行工作委员会（以下简称中发协少发工委）成立大会暨第一次全体会员会议在上海举行。会议审议并通过了中发协少发工委工作条例和选举办法。

20日 中国图书评论学会第三次会员代表大会在北京召开，中宣部副部长梁言顺出席会议并讲话。大会选举产生由192名理事组成的新一届理事会，郭义强当选中国图书评论学会第三届理事会会长。

21日 《文艺报》《人民文学》创刊70周年座谈会在北京召开。中共中央政治局委员、中宣部部长黄坤明出席并讲话。

22日　2019首都市民系列文化活动——"阅读北京"年度盛典在首都图书馆举办，盛典上对2019年"阅读北京"五大板块活动进行了成果展示和表彰颁奖。盛典活动由北京市委宣传部、北京市文化和旅游局主办。

25日　国家新闻出版署下发《关于2019年全国统一换发新闻记者证的通知》，决定从2019年12月2日至2020年3月31日，统一换发全国新闻单位的新闻记者证。2020年3月31日后旧版将全部作废。

28日　以"新中国出版人：奋进新时代"为主题的第八届韬奋出版人才高端论坛在四川成都举行。韬奋基金会理事长聂震宁等10位来自业界、学界的代表在主论坛上发表主题演讲。

29日　首届天府书展在成都开幕，受到各方关注，销售码洋近3 000万，已成为中西部地区重要的阅读平台。

本月　239家北京实体书店获得2019年度实体书店项目扶持，扶持资金近1亿元。其中重点扶持特色书店85家、最美书店10家、最具影响力书店2家。

12月

2日　以"数字新生态　版权新链接"为主题的2019成都国际数字版权交易博览会，在成都拉开帷幕。世界知识产权组织（WIPO）副总干事西尔维·福尔班，全国政协文化文史和学习委员会副主任、中国版权协会理事长阎晓宏等出席开幕式。

同日　2019年全国工会职工书屋图书配送启动仪式在北京举行，中华全国总工会党组书记、副主席、书记处第一书记李玉赋等全国工会职工书屋建设领导小组主要成员及相关单位负责同志出席启动仪式，为全国总工会职工书屋、便利型职工阅读站点、劳模书架以及首批"一带一路"项目职工书屋的获选单位和个人代表授牌赠书。

11—23日　2020年度国家出版基金项目评审工作在北京完成。

18—19日　2019年泰山国际新闻出版合作大会暨新闻出版小镇建设发布会在泰山新闻出版小镇举行。来自中国、德国、俄罗斯、波兰、日本、新加坡、韩国、葡萄牙、巴西、蒙古国、印度、伊朗、黎巴嫩、乌克兰、巴基斯坦、哈萨克斯坦等16国的300多位出版人会聚泰山脚下，纵论世界出版业，把脉未来发展趋势。

19日　第十五届毕昇印刷技术奖在北京揭晓。该奖项是我国印刷业最高奖项，20

名优秀印刷人获此殊荣,其中毕昇印刷杰出成就奖 8 名、毕昇印刷优秀新人奖 12 名。

24 日　中国图书进出口(集团)总公司在北京举办成立 70 周年大会。

26 日　中国出版协会"一带一路"出版工作委员会成立大会在北京举行。委员会由 1 个主任单位、23 个副主任单位和 70 多个成员单位组成。

本月　中国新闻出版研究院发布"2018 年中国版权产业经济贡献"的调研报告。调研显示,2018 年中国版权产业的行业增加值为 6.63 万亿元人民币,同比增长 9.0%;占 GDP 的比重为 7.37%,比上年提高 0.02 个百分点。中国版权产业在国民经济中的比重稳步提升,总体规模进一步壮大。

(邓杨　中国新闻出版研究院)

第二节　2019年中国香港特别行政区出版业大事记

1月

2日　香港公共图书馆由当日起至1月31日，设立"松一松　e阅读小站"网上专页，于馆藏中选出40本电子书籍供市民网上或下载阅读。图书馆亦于各区商场举行巡回展览，让市民体验电子阅读的乐趣。

这次40本馆藏电子书选自HyRead及SUEP中文电子书库，按内容主题和书本类别分为"生活达人""创意艺术""细味分享"和"喜阅无限"四大主题，方便读者按个人兴趣和需要选择。

12日　首个大型书展"湾仔书展——阅读在铜锣湾"一连两日举行，32家出版社提供逾22万册特价书＄10起。有关书展由湾仔区议会文化及康体事务委员会及香港书刊业商会合办。

14日　康乐及文化事务署流动图书馆即日起，在上水金钱村何东学校停车场增设服务站。

19日　本年"文学月会"以"探索儿童文学""文学阅读与写作"及"给我一个文学的理由"为主题，全年举行共八场文学讲座，由香港公共图书馆与香港文学评论学会主办。

20日　亚洲周刊"2018年十大好书"揭晓，10本"非小说类"优秀中文出版物中，有5本香港出版物入选，包括中华书局的《中国新生代农民工》、香港中文大学出版社《苏联流亡记》、天地图书的《热振活佛》《数风流人物（上、下册）》《天地长久》。

23日　香港商务印书馆于即日起一连8天举行"书送祝福"旧书回收活动，在指定门市收集市民捐赠图书，并于4月1至15日期间在香港中文大学书店及尖沙咀图书中心进行义卖，每本10元，收益扣除行政费用后，全数拨捐香港沃土发展社。

30日　联合出版集团发布了该集团2018年十项"年度新闻"和十本"年度好书"，向业务经营业绩优异和社会贡献突出的子公司颁发了集团奖项。其中，中华商务联合印刷公司获评"突出贡献奖"，中华商务贸易公司获评"转型成果奖"，数家子公司的15个项目获评"社会荣誉奖"。

本月　香港理工大学新学年第三度推行READ@ Poly阅读计划，由计划初期只供一年级生参与，延伸至全校一起阅读一本英文小说。本年度获选的英文书是Marjane Satrapi的 *Persepolis：The Story of a Childhood*。学生可以到图书馆借阅实体书、电子书或听电子书，他们还可免费获得一本相关年度推荐书，报名参加读书会讨论，以及撰写读后感赢取奖品等。

本月　随着传统纸媒日渐受到冲击，已有60年历史的香港杂志《武侠世界》结束一甲子的经营，本月底宣布停刊。《武侠世界》是香港历史最悠久的武侠杂志，由新报创办人罗斌创刊，其时正值武侠小说出版黄金时期的上世纪50年代。

2月

11日　联合出版（集团）有限公司名誉董事、三联书店（香港）有限公司名誉总经理萧滋先生于当日病逝，享年93岁。三联书店统筹《毕生尽瘁书业·典范永留心间：萧滋先生纪念册》出版工作。

26日　香港跨媒体创作人兼漫画家黎达达荣（原名黎达荣），在日本国际漫画赏（奖）中凭作品《十八楼烧肉》获得银奖。该奖项是由日本外务省于2007年5月设立，旨在奖励日本国外漫画人才、推动日本文化外交、促进日本与世界的漫画文化交流。

本月　香港儿童文学文化协会主办的第四届"香港图画书创作奖"公布获奖名单，首奖《找房子》，另外两本佳作分别是《3座4号》和《没有人知道的生日会》。该奖项于2013年获香港艺术发展局资助，以鼓励本土作者创作优质的儿童图画书为宗旨，并藉此推广香港儿童图画书的发展与出版。

3月

2—3日 教育局主办、香港出版总会协办的"阅读满 FUN 嘉年华"假荷里活广场举行,期望透过商场书展和文化活动,让幼儿园和小学学童享受阅读。大会给学校制作推荐阅读书单,教育局又邀请学校图书馆主任到现场挑选图书。两天展出图书 1 000 多本,共吸引逾千人进场看书,多场文化活动满座,场面热闹。

6日 香港中文大学于当天起至 3 月 28 日举办"博群书节——阅读是一场又一场的穿越",活动包括"读书会"和"漂书节",期望为校园营造阅读氛围,让中大学生、教职员和校友的情怀以书连结。

10日 香港出版总会、D Park 主办,教育局支持"阅读满 FUN 嘉年华",分两大部分:第一部分的五大主题阅读角展出图书,主题区分别有 STEM、健康生活、中国历史和中华文化、德育、其他(如语文),由本港出版社提供超过 2 000 种优质图书供在场家长及小朋友自由阅读;第二部分由名人及作家主持超过 20 个"阅读同乐"文化活动及互动故事分享会。两天共吸引了超过 2 000 人进场看书,多场文化活动满座。

21日 商务印书馆 Passage 戏曲中心店开幕,是第二间该公司全新风格主题图书礼品店,全方位展示戏曲中心的纪念品,搜罗各地戏曲主题的书籍及文创精品,如面谱、邮票、纪念币等,引入一系列传统本土礼品。

4月

10日 第二十九届全港诗词创作比赛(律诗)截稿。该项比赛由公共图书馆自 1991 年开始举办,目的是提高市民运用中国语文和欣赏韵文的能力。比赛单年比诗,双年比词,适逢今年属单年,即比试律诗。比赛分学生组和公开组两组。

23日 香港出版学会连续第四年与新论坛合办"香港全民阅读调查"举行发布会。今年成功访问了 1 876 人,具有一定的代表性,故获超过十家媒体报道发布会情况,引用调查报告的媒体更不计其数。调查发现近七成受访者表示过去一年有阅读印刷书籍,剩下三成未有阅读实体书的受访者中,近五成受访者表示从来没有阅读习惯,其余人士的主因则是"无时间或工作太忙",从整体阅读习惯来看,与过去两年结果相近。

23 日 适逢"世界阅读日",特区政府部门和书店举行大量的活动,推广阅读文化,以"4·23 喜阅无界限"为推广主题的全民阅读运动。香港公共图书馆与深圳图书馆、广东省立中山图书馆、澳门公共图书馆合办共读半小时活动;34 间本地公共图书馆设故事坊、"快闪图书馆"活动;今年世界阅读日创作比赛以"喜'阅'新一代"为主题、亲子阅读活动"走读香港公共交通工具系列"由本月至 7 月展开、南区开心读书人巡演和九龙城 STEM@图书馆同乐日均于本月举行。

25 日 香港太古集团为回应"世界阅读日",每年都会"以书会友",在太古坊 ArtisTree 举行"书出爱心"活动,以十元价钱义卖新旧二手书,邀请爱书人共襄善举,四天合共筹得善款逾 76 万港元,收益全数拨捐"香港小童群益会"及"义务工作发展局"。装置艺术别出心裁,延长摆放至 5 月中并配合母亲节举办花艺工作坊,该义工活动荣获建造业议会"非凡建造业义工项目银奖"。

同日 孙中山纪念馆举行"动与醒:五四新文化运动"展览的开幕典礼。重点展品包括 1915 年陈独秀创刊的《青年杂志》、傅斯年题赠友人的《新潮》杂志、鲁迅任北京大学国文系讲师的聘书、1916 年陈独秀撰写的《吾人最后之觉悟》、1933 年出版的《科学画报》、1920 年钱玄同抄写的胡适《文学改良刍议》和鲁迅第一本短篇小说集《呐喊》初版本等。

30 日 集团所属联合电子出版有限公司率先推出集"读""听""学"于一身的香港首个有声阅读 APP"知书",为香港市民带来首个源自香港的移动终端知识服务平台,为读者 24 小时全天候提供更方便、更灵活的阅读体验。

30 日 由集古斋主办,美术家出版社出版的《美术家》杂志复刊仪式暨"美术家沙龙"论坛在集古斋画廊举行。复刊后的《美术家》将作为季刊出版,杂志定位于学术性、专业性及知识性。

30 日 第十五届香港中文文学双年奖截止提名。该奖项在 1991 年首次由公共图书馆主办,来年举行,旨在表扬香港文学作家的杰出成就,鼓励他们继续创作优秀的文学作品,同时亦推动香港出版商出版香港文学作家的优秀中文作品。由 8 至 9 月期间举行五场以儿童少年文学、新诗、文学评论、小说及散文为主题的"香港中文文学双年奖"文学研讨会,探讨不同体裁的文学作品的创作与欣赏。

本月 香港公共图书馆、香港文艺社及香港诗歌节基金会合办"2019 年青年创作坊"，本月启动首项活动，希望透过研习班的形式，启发学生对文学的创作思维，藉此提升他们的语文水平。创作坊包括新诗、散文及微型小说三类，每类全年举办 6 至 7 次活动。

本月　由职业训练局资历架构主办、香港出版学会负责执行的"向中学生推广资历架构及行业先导计划（出版业）"，在 1 月和 4 月举办了多场活动，透过编辑工作坊和营销工作坊，让中学生了解出版行业的运作。

5 月

20 日　位于中区的一所古迹及艺术馆"大馆"自去年五月开幕以来，为本地及海外的访客带来一系列精彩的文化活动及消闲娱乐节目。为庆祝一周年，该馆举办"大馆 101"、探索多元深层次当代艺术的"村上隆对战村上隆"、互动剧场体验的"大馆剧场季""周年别注限定"纪念品及餐饮体验，以及在大馆 APP 上的全新互动游戏，标志大馆汇聚历史文化、启迪艺术灵感即将踏入一周年。

24 日　惩教署 2018 年年报电子版出版，回顾该署去年的羁管和更生工作，履行保障公众安全及防止罪案的使命。年报采用电子版，除了图片和影片外，该署亦首次加入互动游戏"惩教犬大搜查"，让公众了解惩教署警卫犬队的日常工作。

31 日　《美国陷阱》中文繁体版首发式暨"从《美国陷阱》看美国的全球经济战略和中美贸易战对谈会"在中环中商大厦举行，引发香港社会热烈反响。该书由香港中和出版有限公司出版。

本月　首本研究欧美及香港古迹活化专著《活现筑迹——工厦活化新生》出版，全书中英文对照，探讨历史建筑物可以为社会带来多种利益、保育方法等。书中聚焦联泰工业大厦活化再利用的真实案例，展示它经过长时间转变成银座式购物商场——"活@KCC"的过程及挑战。

6 月

15 日　骋志发展基金（发起机构）连同教育局及多个机构举办及支持推广阅读的"梦想阅读计划"闭幕礼暨《孩子的梦》结局创作大赛颁奖礼举行。"梦想阅读计划"是一项三年计划，让每一位受惠的学童拥有以自己的名字为故事主角的个性化图书，透过 2015 香港十大杰出青年林晓锋博士将科技融入儿童文学所撰写的《孩子的梦》，燃起孩子梦想的追求，开启阅读的习惯。这一年也按照社会需求来筹募经费，以支持更多三至八岁的基层学童。

20 日　香港电台与香港出版总会合办的"第十二届香港书奖"举行颁奖礼，评审团及公众从 478 本书选出 18 本入围书，类型包括：历史、文学，也有独特题裁如各行各业的招牌特色。"香港书奖"始于 2007 年，评审团从提名书籍中选出约 20 本进入决选，再从最后入围书籍中选出获奖书籍，公众投票占总评分 20%。

24 日　九龙巴士（一九三三）有限公司公布，该公司透过旧巴士及退役巴士捐赠计划，捐赠一部退役巴士给香港中国妇女会丘佐荣学校。香港中国妇女会丘佐荣学校将退役巴士配以"童梦之旅"为主题，期望小朋友踏上巴士之旅，启发他们的创意思维，创造自己的梦想。巴士下层改装为"童话图书馆"，在车窗及天花加上以童话故事为主题的人物图案，营造一个像童话世界的阅读环境，摆放不同类型的书籍，提供一个有趣的环境培养学生的阅读兴趣；巴士上层则化身为"STEM 梦工场"，提供场地及设备，提升学生对 STEM 相关活动的知识和参与。旧巴士及退役巴士捐赠计划于 2016 年年底开始，捐赠退役的巴士给非牟利机构循环再用，捐赠车种包括单层及双层巴士，申请者须提交计划书详述用途，及需要符合可持续发展要求。

28 日　香港出版学会公布"家长子女阅读调查"结果。该调查以网上形式进行，成功收集近 600 份回复问卷，以了解家长与子女的阅读习惯。整体而言，家长都是十分肯定阅读的重要性和重视亲子阅读，关键是家长自身阅读量偏低，家长一周的阅读中位时数只有 1.5 小时，比亲子阅读的 2 小时低，也比子女每周 3 小时的阅读中位数低。

本月　儿童文学月刊《木棉树》本月停刊。该杂志在 1998 年创刊，经营历 20 年，对象是小三至小六学生，内容涵盖童话、小说、童诗和时事。

本月　由香港教育城举办的"第 16 届十本好读"，该奖项接受学界投票，由学生、教师一人一票选出 2017/18 年度出版的心爱书籍和作家。

小学生组方面，"阿瑟·柯南·道尔、桥奇"票选为他们最爱作家、《福尔摩斯漫画版 8 神探归来》获小学生最爱书籍第一位，教师推荐好读第一位是《小小科学人：100 人体大发现》；中学生组方面，"君比"票选为他们最爱作家、《拾猫》获中学生最爱书籍的第一位，教师推荐好读第一位是《无言老师：遗体捐赠者给我们的生死教育课》。

7 月

4 日 出版与广告首次跨界合作，筹办"香港初创数码广告企业 X 出版宣传支持计划"，鼓励出版以多媒体方式，在社交媒体创作宣传。首届有 12 本图书获奖，当天举行颁奖礼。

17 日 由香港出版学会主办、香港特区政府"创意香港"赞助的"第二届香港出版双年奖"在香港会议展览中心圆满举行颁奖典礼，标志着香港出版史上第二批共 90 本获得专业肯定的图书已顺利诞生。除各类别奖项外，今届双年奖增设三个特别奖项，包括：出版大奖、优秀编辑奖和市场策划奖。

20 日 香港公共图书馆与香港儿童文艺协会在暑期第四年合办"2019 儿童文艺创作坊"，全年举办六次主题活动，今天是第一次活动。相关主题活动供家长偕小朋友一同参加，包括："儿童故事演绎及创作""儿童绘本创作"及"儿童诗歌朗诵及创作"等，反应良好。

23 日 由香港贸易发展局主办的"第 30 届香港书展"以及同期举行的"第 3 届香港运动消闲博览"于今天圆满结束。书展内的文化活动，连同由六月底开始于全港各区举行的"文化七月"，至今共举办超过 650 场文化活动，估计参与人次超过 30 万。香港书展期间，香港出版总会策划和承办了"国际出版论坛"，论坛主题：出版业的增长与创新，邀请业内专家向与会人士探讨出版业界的最新发展，反应踊跃。香港公共图书馆透过游戏专区及现场示范，向市民介绍图书馆丰富的电子资源馆藏。

本月 第二届"香港出版双年奖"颁奖典礼后，7 月至 12 月期间在港九各大书店举行得奖作品于巡礼，参与书店包括：香港三联书店、香港中华书局、香港商务印书馆、大众书局、诚品书店、天地书店等。此外，也在多家公共图书馆与读者见面。

本月 香港公共图书馆于 2019 年 7—8 月多区举行"快闪图书馆"，活动包括儿童故事时间、互动体感游戏、STEM 创意活动墙、电子阅读体验及主题书籍展览，各区活动另有特备节目如：升级再造工作坊、花式跳绳表演，让市民从活动中体验阅读的乐趣。

8月

3日　香港世界宣明会举行一年一度"旧书义卖筹款活动"圆满结束，每本书价格分类以10元和20元，筹得善款110万元用于宣明会在广西壮族自治区及陕西省农村的学前教育项目，帮助孩子启蒙心智，藉教育找到改善生活的机会，追寻梦想。

21日　联合出版集团在第26届北京国际图书博览会上首次举办"香港出品"版权沙龙。当天首次举办"香港出品"版权沙龙，向参展的国际出版同业、内地出版同行和广大读者，展示香港的出版特色与风格，同时与内地多家出版社签订版权协议。

22日　香港中文大学自学中心、香港文学研究中心、艺术行政主任办公室及吐露诗社联合主办的组织"书写力量"活动，向香港中文大学及公众征稿，诗作必须投稿者原创，入选作品将抄写于校园各处，或刊登于Facebook专页上，并有机会结集出版。

9月

23日　香港出版印刷唱片同业协会庆祝中华人民共和国成立70周年联欢晚会举行，逾600人济济一堂，场面热闹。

25日　联合出版集团与外交部属下《世界知识》杂志及新华社《环球》杂志在香港荔枝角饶宗颐文化馆举办"一带一路与大国外交七十年"高峰论坛和"一带一路与中国边境城市"图片展开幕典礼。

26日　为传承中国诗词艺术，提高市民运用中国语文和欣赏韵文的能力，康乐及文化事务署香港公共图书馆早前举办"第二十九届全港诗词创作比赛——律诗"，在中央图书馆举行颁奖礼。今届比赛共收到超过1 000多份参赛作品。所有获奖作品安排于香港中央图书馆和多间公共图书馆巡回展览。

本月　香港出版总会向香港特区政府"创意香港"申报"初创作家出版计划"，支持本地创作与出版，给予写作、编辑、设计、印刷、电子出版、推广（包括本地及海外）资助。期待2020年正式公布计划内容。

10月

17日　香港出版总会副会长率团参加在台北举行的"第二十四届两岸四地华文出

版年会",今年主题为"两岸出版—融合发展,共创未来"。通过年会为业界创造更多跨地区交流,促进两岸四地华文出版界沟通和共同发展。

24日　由康乐及文化事务署(康文署)香港公共图书馆主办的"首届香港图书馆节",由当日至11月6日在香港中央图书馆展开。香港图书馆节以"阅读·创意"为主题,举办展览、工作坊、讲座、音乐表演等连串精彩项目,从纸本、电子书到多媒体活动,透过静态及互动形式,让市民感受多重阅读体验。

28日　香港图书文具业商会承办"第十三届亚太文具协会联盟年会及亚太文化创意产业高峰论坛",论坛主题为"百年机遇,共建共享",以探讨"一带一路"及粤港澳大湾区带来的产业创新和发展机遇。来自亚太区国家和地区的20余个亚太文具协会联盟成员、企业代表和香港同业共超过200人参加活动。

11月

4日　康乐及文化事务署流动图书馆今天起,在上水围东庆路停车场增设服务站。

25日　香港出版总会会长参加香港授予公共图书馆图书借阅权联盟举办的"推广本地出版书籍及阅读文化先导计划"出版业界咨询会,与业界分享先导计划的内容及推行机制。

26日　由香港公共图书馆主办的"第十五届中文文学双年奖"公布结果。新诗组双年奖《旁观生活》、推荐奖《樱桃与金刚:诗选2013—2016》;散文组双年奖《不带感伤的回忆》、推荐奖《消失物志》;小说奖双年奖《我的世纪》、推荐奖《微尘记》;文学评论组双年奖《板荡时代的抒情:抗战时期的香港与文学》、推荐奖《遇上黑色电影:香港电影的逆向思维》和《译者与学者:香港与大英帝国中艾知识建构》;儿童少年文学组双年奖《绿色地狱》、推荐奖《大脚趾王》。获奖作品在指定公共图书馆巡回展览。

26日　香港入境事务处的新智能身份证及新一代香港特别行政区电子护照在High Security Printing Asia 2019的区域身份证明文件组别,分别赢得最佳新身份证及最佳新电子护照年度大奖,表扬其在防伪印刷、系统基建、推行护照、身份证或其他安全卡计划中表现出色。当天于日本横滨举行的颁奖典礼颁发奖项。

本月　中华商务联合印刷(香港)有限公司在今年的美国印刷大奖中斩获3项班

尼奖，14项精品奖和26项优异奖。其中，获得班尼奖的作品为：The Beatles Yellow Submarine、Every Day is Saturday 和《公司印后样册》。

　　本月　年度举行的"九龙城书节"因当月的社会不稳定局势，主办单位经商议后最终取消活动。

　　本月　由8月至本月，香港出版总会联同授借权大联盟、版权协会与康乐及文化事务署商讨"授借权"事宜。经多月努力磋商，最终落实"推广本地出版书籍及阅读文化先导计划"，由政府拨款3 000万港元（为期三年）与业界携手合作建立本地出版电子数据库及推广阅读活动。

[潘翠华　香港联合出版（集团）有限公司]

第三节　2019年中国澳门特别行政区出版业大事记

1月

澳门文化产业基金在今年一月推出包括资助金额上限五百万元的"出版综合服务平台专项资助计划",项目执行期为两年。

3月

22—30日　澳门出版协会、澳门理工学院合办的"二〇一九春季书香文化节"。有近160个参展单位、两千多个出版单位展销近15万种图书、音像及周边产品,还举办16场讲座活动。

26日　澳门理工学报总编辑刘泽生应邀在论坛上围绕"学术期刊的使命与科研管理评价目标的异同"作了专题发言。

6月

27—31日　由中华文化产业促进会主办,高等教育基金赞助的"环球华彩新加坡文创学习交流团二〇一九"一行17人,拜访了新加坡书籍理事会,获该会总监潘志云等接待。潘志云指出书籍理事会成立已超过50年,作为平台服务于出版机构、图书馆、文学组织等,推动母语文学,提高作家作品曝光率。期望未来有更多合作机会及空间,透过澳门平台进入内地出版市场。

7月

4日　中国出版集团公司董事长谭跃访澳门日报社长陆波,双方就图书出版、文化事业发展等交换意见。

4—7日　由特别行政区文化局主办，中国图书进出口（集团）总公司合办的首届澳门国际书展，在澳门威尼斯人酒店金光会展中心举行。同时作为第二届"相约澳门——中葡文化艺术节"的系列活动之一，本届书展以"品·味：澳门"为主题，以书为媒，以书聚友，展现澳门为联合国教科文组织"创意城市美食之都"的文化特色。

12—21日　由澳门理工学院与澳门阅读写作促进会合办的"第廿二届书市嘉年华"，本届是以"多维阅读．读出我们的未来"为主题，展出书籍近3万种。

17—23日　澳门特别行政区文化局与澳门基金会合作，于第30届"香港书展"设立"澳门馆"，并与澳门理工学院及澳门文化广场有限公司联合参展。

27—30日　澳门特别行政区文化局与澳门基金会合作，于西安举行的第二十九届全国图书交易博览会。设立的"澳门馆"图书展区。

8月

16日　澳门出版界举办广州2019南国书香暨羊城书展交流团。

16—20日　澳门文化公所与澳门文化广场合作，参加"2019南国书香暨羊城书展"，设澳门馆展出图书。

21—25日　澳门文化公所与澳门文化广场合作，参加"第26届北京国际书展"，设澳门馆展出图书。

22—24日　澳门出版界举办北京交流团访问了商务印书馆、社会科学文献出版社、人民文学出版社，先后与北京同行进行交流座谈。

10月

17日　澳门出版协会组团赴台湾，出席"第廿四届华文出版年会"。

11月

15—24日　澳门出版协会主办"二〇一九年秋季书香文化节"展出各类新书逾3万种，共超过15万册。

30日 台湾数字出版联盟主办，澳门图书馆暨信息管理协会、澳门出版协会及文化公所协办的"掀起数字出版——最新技术标准的神秘面纱"，邀请了台湾数字出版联盟专业技术组张育玮组长主讲。

（王国强 澳门大学）

第四节 2019年中国台湾地区出版业大事记

1月

10—12日 2019北京图书订货会于1月10日至12日在北京中国国际展览中心展开，设立台湾馆展示订货及版权、数字摊位，并另设图书馆专业采购馆配区，为台湾的出版与发行同业提供图书出口、版权输出贸易和业务交流的最佳平台。

27日 "漫游台湾——从漫画认识福尔摩沙"主题展展出以台湾历史与人文为主题的漫画，同时放映《海上传说：妈祖》《魔法阿妈》以及《原知原味》等影片，唤起大家对台湾神话的记忆。

28日 "好书大家读"优良少年儿童读物评选由台北市立图书馆、新北市立图书馆、国语日报社主办，幼狮少年、"中华民国"儿童文学学会协办，共有123个出版单位，单册图书904册、套书9套29册图书参加评选，入选书单共有单册图书213册、套书2套7册。亲子天下共有16本好书入选，为入选最多的童书出版社，其中"世界中的孩子"系列为唯一入选"知识性读物组（套书）"。

2月

12—17日 2019台北国际书展于2月17日圆满闭幕，6天展期展现出全台阅读大能量，总计有52国、735家出版社参与这次亚洲最盛大的文化出版盛事。第27届台北国际书展以十大创新、十大主题展馆，以及1 184场以上精彩阅读活动、汇聚来自世界各国的人气作家、本土读者强大能量的地气。

19—23日 第七届台北国际动漫节在台北南港展览馆登场，本次活动主办单位统计共有500个摊位、约65家厂商共襄盛举。本次在大会A、B舞台活动的部分，两天共计有35场签名见面会活动。

3月

21日 2019台北文学季以"文学街角的说书人"讲座与走读、"耳朵带路:街道寻声特展""移动台北、城区说书——市图好书展""文学·阅影展——萨雅吉雷",以及邀请华文小说家严歌苓来台分享等不同形式活动分享阅读文学的喜悦。

4月

15日 2019台北文学季特展"耳朵带路:台北街道寻声",以文学、声音、记忆、书写、音乐等关键词所交织的向度,在文本阅读的体悟启发、游走街道的身体经验、声音采集的感官响应的过程中,以各种形式靠近文学。

5月

8日 2019台北文学·阅影展举办。在中山北路光点台北的林荫一隅,一年一度的"台北文学·阅影展"于5月底举办,带领观众在影像中寻找文学的精神,看见文字如何翻飞转化成银幕上一幕幕的电影魔幻时刻。

9日 "2019波隆那入围插画家九人展暨台湾波隆那30特展"举办,新北阅读节最大亮点活动——"2019波隆那入围插画家九人展暨台湾波隆那30特展"即日起至5月29日止于新北市立图书馆总馆展出,插画家系列活动周周火热登场,还有四场精彩演讲,让喜爱插画及创作的民众参访。

31日 台湾出版业组团参加"2019新加坡书展"及"第十四届马来西亚海外华文书市",并以"文青制造·台湾出品"为主题策划台湾馆,与"国立"台湾文学馆携手合作,邀请台湾知名作家王聪威等前往新加坡,邀请文学馆馆长苏硕斌等前往马来西亚与新马读者分享自己的阅读经验。超过百家出版社参展共展出图书1 500余种,逾15 000册,另规划台湾日"台湾文青养成术"、台湾文学节"写作密室指南"等系列活动。

31日 出版的黎明——明代前期古籍特展截止,有鉴于明代研究的一片荣景,且今距离明朝建国650周年,特拣选具有代表性馆藏明代古籍精品近五十种,分类引荐大众,一睹明朝前期刻书事业的盛况。

6月

1—9日 台湾地区出版业参加的"第十四届马来西亚海外华文书市"于6月1日至9日于吉隆坡城中城会议中心举办,并设置台湾馆特别展出来自台湾地区的杰出图书。

14日 由金门县社教活动基金会、海峡出版发行集团、福建新华发行集团、福建省出版工作者协会与台湾图书出版事业协会联合主办,福建新华传媒发展有限公司、福建闽台图书有限公司等单位联合承办的"书香两岸·阅读金门:2019第十四届两岸金门书展",于14日至23日在台湾的金门、澎湖、花莲、高雄、台中、新竹、新北、台北、马祖等九个展点成功举办。

7月

11日 "2019好书交换"起跑,台南市42间图书馆开始收书,即日起至7月26日受理收书,喜欢分享好书的民众可将想要交换的书籍拿到本市各公共图书馆(萧垄儿童图书馆及台南文化中心艺文沙龙除外)换取换书卡。7月28日当天,凭换书卡前往各图书馆参加好书交换活动。此外,"换书卡"也是抽奖券,当天投入摸彩箱还能抽图书礼券。

18日 由美国印刷产业协会每年所举办的"世界印制大奖",7月16日正式宣布2019年各项奖项的得主,台湾"中华彩印"的《40年后再回首》和《汉饼》两本出版物荣获优秀奖,这是台湾纸本印刷业者首次在该奖项获得荣誉,代表台湾地区的印刷业已达到国际水平。

8月

12日 第43届金鼎奖得奖名单公布,本届金鼎奖计有1 229件作品报名,角逐包括杂志类、图书类、数字出版类及政府出版品类四大类组共20个奖项,计有29件作品脱颖而出,另有45件作品获优良出版品推荐。经各类组评审团共同评选,由儿童文学创作及研究者幸佳慧女士获得特别贡献奖殊荣。

15日 "2019台南书展"由台南市政府与桢德图书合办,以"畅游书海,阅读台南"为主题,在南纺世贸展览中心盛大展出。台南书展有六大主题书区,参展大型出版社包括春天出版、城邦集团等出版集团，共计百家出版社。

9月

20—22日　第15届海峡两岸图书交易会在厦门举办，本届海图会与天猫和台湾部落格来合作，设立"海图会"网上展。本届海图会继续秉承"书香两岸情系中华"主题，吸引两岸重点出版机构参展，进一步扩大深化两岸图书贸易、版权交易、产业合作，积极探索两岸融合发展新路，打造台胞台企登陆的第一家园，助推两岸文化交流。台湾参展出版机构约220家，台港澳展区展位134个。台湾参展单位数量为历届最多。

21日　2019台北诗歌节以"墙与啄木鸟"为题，邀请台湾以及来自不同国家的诗人与艺术家，一同窥诸历史，以诗句敲打社会的围墙。

10月

4日　为推广阅读及台湾文学创作、营销，营造良好艺文发展环境，台湾有关部门特制定"推广文学阅读及人文活动补助作业要点"，办理补助事宜。本要点补助项目分为三类：文学推广、阅读推广及人文思想推广。补助对象为依法令设立登记或立案之法人、公私立学校、民间团体等。

19日　台湾文学学会、"国立"清华大学台湾文学研究所举办2019台湾文学学会年会。2019年台湾文学年会邀请台湾文学研究者共同来探讨台湾"新文学"的面貌和种种可能，站在台湾新文学运动百年来所奠定基础之上，探讨文学的种种新生，展望其后续的发展。

11月

12日　台湾文学金典奖共设图书类及创作类两大奖项，图书类今年度首次采不分文类共同征奖。为鼓励新人创作，图书类亦首度增设蓓蕾奖，希冀透过征奖，扩增台湾文学视野、汇集文学长流。创作类则涵盖剧本创作奖、台语新诗创作奖、客语新诗创作奖、原住民汉语新诗创作奖四大类。2019台湾文学金典奖得奖名单揭晓，张贵兴《野猪渡河》夺得金典年度大奖，获得奖金100万元，图书类金典奖奖项得主共有7名，蓓蕾奖得主3名。

12 月

13—16 日　2019 华文朗读节在华山 1914 文创园区盛大展开。

17 日　镜文化"2019 年度好书"决审会议举行，入选书籍为 2018 年 10 月底至 2019 年 11 月上旬以前所出版书籍。这一年中，镜文化四位书评委员——黄宗洁、陈栢青、卢郁佳、廖伟棠，每月于镜文化轮流撰写书评专栏，所评述的书籍和每三个月选出的当季"评者之选"书籍，为"年度好书"的初选书籍；评选会议前，再由四位书评委员自初选书籍中选出共 34 本书复审书籍，于决审会议投票选出"华文创作"与"翻译"两大类共 20 本年度好书。

25 日　发行逾 30 年的中央社经典出版品"2020 世界年鉴"新书上市，该年鉴全面性、系统性汇编全球 2019 年要闻纪事。

（黄昱凯　台湾南华大学文化创意事业管理学系副教授）